21世纪工商管理特色教材

管理学

（第二版）

MANAGEMENT

汪克夷 齐丽云 刘 荣 ⊙ 编著

清华大学出版社
北 京

内容简介

本书由两部分共六章构成：第一部分介绍了管理学的相关基本概念，管理思想的演变过程，管理思想的最新进展；第二部分以管理职能学说为主线，分四章介绍了计划、组织、领导和控制四大主要职能。

本书在保留管理学主要传统内容的基础上，更多地吸收了管理领域的新思想、新理论、新方法，如：虚拟企业、学习型组织、供应链管理、电子商务、企业社会责任等。本书注重案例学习与理论学习的结合，在各章节配备了大量案例供学习者讨论，方便在学习管理理论的同时与实践结合起来。

本书主要面向以案例学习为特色的MBA学员，也可作为企业管理、市场营销等工商管理专业研究生、本科生的教材，还可供企业管理人员阅读和参考。

图书在版编目（CIP）数据

管理学/汪克夷，齐丽云，刘荣编著．--2版．--北京：清华大学出版社，2016（2021.9重印）
（21世纪工商管理特色教材）
ISBN 978-7-302-42006-4

Ⅰ．①管… Ⅱ．①汪… ②齐… ③刘… Ⅲ．①管理学－教材 Ⅳ．①C93

中国版本图书馆CIP数据核字(2015)第263161号

责任编辑：刘志彬
封面设计：汉风唐韵
责任校对：宋玉莲
责任印制：杨　艳

出版发行：清华大学出版社
网　址：http://www.tup.com.cn，http://www.wqbook.com
地　址：北京清华大学学研大厦A座　**邮　编**：100084
社 总 机：010-62770175　**邮　购**：010-62786544
投稿与读者服务：010-62776969，c-service@tup.tsinghua.edu.cn
质 量 反 馈：010-62772015，zhiliang@tup.tsinghua.edu.cn
印 装 者：北京九州迅驰传媒文化有限公司
经　销：全国新华书店
开　本：185mm×260mm　**印　张**：22.75　**字　数**：523千字
版　次：2010年6月第1版　2016年1月第2版　**印　次**：2021年9月第5次印刷
定　价：59.00元

产品编号：056380-02

21 世纪工商管理特色教材

编辑委员会

前言

本书出版后受到广大读者的欢迎。

再版之际编者结合在教学和培训中的使用情况对全书进行了认真的修改。

主要修改有三：

首先，精简内容，压缩篇幅，进一步突出了管理学的基本概念和四大职能。

其次，更换了全部案例，增加了数量，并且将案例编号列入目录中，方便读者的使用。

最后，逐字逐句进行推敲，力求文字精炼，表达准确。

奉献给读者新版的《管理学》中肯定还有不足之处，敬请读者不吝指教。

编　者

2015年9月

第一版前言

管理学是一门系统研究人类社会管理活动中的普遍规律、基本规律和一般方法的科学，是在近代社会化大生产条件下和自然科学与社会科学日益发展的基础上形成的，是管理科学的一门基础课。管理学是自然科学和社会科学两大领域交叉点上建立起来的一门综合交叉学科，涉及多个学科的知识，如：哲学、数学、社会学、心理学、技术科学、决策科学等。

管理学也是各大高等院校管理学院和商学院本科和研究生的必修课程，是管理类课程的基础。早在1987年，国家教委就明确要求把“管理学基础”作为普通高等院校本科经济管理专业的主干必修课程。因此，《管理学》课程教学在经济管理类，特别是管理类专业教学计划中的地位是非常重要的。

我们力图在本书中能够全面地介绍管理的基本思想、基本原理和基本方法以及管理思想的发展过程，抓住在现代科学技术飞速发展条件下管理思想的发展趋势。管理学是一门科学性和艺术性相结合的学科，要使学生既能牢牢掌握理论，又能在实践中灵活应用，即达到“既授之以鱼，又授之以渔”的目的，因此，在编写过程中我们除了对理论进行清楚的阐述和讲解外，充分体现了案例教学的价值和优势，注重引导和培养学生学习管理学的兴趣的引导和培养。

教材特色主要体现在以下几点：首先，在每章内容之前都安排了章节导读，有助于学生对本章内容进行大致的了解和初步的认识，并且每章开篇都有短小而精彩的案例作为引导；其次，在相关理论介绍和阐述后引入了相关的案例进行印证、说明；最后，在每一个章节的结束都安排了能够反映我国企业管理实践中所面临的具体问题的案例，帮助学生进一步掌握相关的理论，培养学生解决实践问题的能力。

本书由从事高校教学和科研工作多年、有着丰富的管理学教学经验的教师和博士合著，由汪克夷教授统稿。其中，汪克夷编写了第1章和第2章；齐丽云编写了第4章和第5章；刘荣编写了第3章和第6章。同时研究生张碧波、魏婷婷、曹海燕参与了教材编写过程中案例的搜集、整理以及排版工作。

本书主要面向以案例学习为特色的MBA学员，也可作为企业管理、市场营销等工商管理专业研究生、本科生的教材，同样适合企业管理人员阅读和参考。

受作者水平所限，书中难免有诸多不妥，恳请各位读者不吝批评并提出改进意见和建议，在此表示感谢。

同时，对书中所引用的相关案例的作者表示感谢。

目录

第一部分 管理的基本概念

本书案例

第一部分

管理的基本概念

第一章 管理、管理学和管理者

学习目标

学习本章之后,你应该能够:

1. 详细阐述管理的含义。
2. 详细阐述管理的重要性。
3. 了解管理的创新思想。
4. 详细阐述管理学及其特点。
5. 了解管理学的研究方法。
6. 了解如何成为一名成功的管理者。

开篇案例

案例 1.1 经理做得对吗?

某宾馆经理接到处分职工王大成的报告,他觉得问题不太清楚,就作了一番调查。事实是王大成的母亲患病住院,他母亲想喝鸡汤。由于王白天上班,晚上去医院陪母亲,连去市场买鸡的时间都没有。在这种情景下,他在餐厅里偷了一只鸡,犯了错误。经理了解了情况以后,批准了餐厅对王作记大过一次、扣发当月奖金。然后带着慰问品去医院看望王的母亲,并对他母亲说:王大成在工作中表现很好,在家里对你也很孝顺,他是你的好儿子。患病的母亲含笑听着。次日,经理找王大成谈话,先肯定他工作好,接着又指出偷公家东西是十分错误的，并征求其对处分的想法。

王大成对这种赏罚分明、合情合理的处理十分感动，并表示自己错了，愿意接受这种处分。这时，经理离开座位说：你母亲生病半个多月，我们都不知道，没有给予关心，我们很对不起你。说后，经理毕恭毕敬地向王大成鞠了一个躬。

思考题：

1. 从管理与道德的关系，分析王大成的行为。

2. 评价经理处理这件事的做法。

资料来源：作者不详. 经理做得对吗[DB]. 中文 word 文档库. [2014-05-16]. http://www.wordwendang.com/word_yiyao/0915/782434.html.

1.1 管理

1.1.1 管理的含义

1. 什么是管理

管理是人类生活中最常见、最普遍和最重要的活动之一。

大到一个国家的治理，涉及社会的方方面面，内涵十分丰富，包括建立一个完整的法律体系，制定和完善各项法律和各种规章制度；处理与其他国家之间的政治、经济关系，与各种世界性组织的关系；建设一支强大的国防力量，维护国家的主权和独立；制定社会发展规划，协调工农业、科技教育、财政金融、公检法、环境保护和治理污染、卫生体育、文化事业、宣传媒体等各行业各方面的发展，改善和提高人民的生活水平。到了省、直辖市、自治区这一级，除了外交和国防、地域范围变小、只可制定地方性法规外，管理工作同样涉及社会的方方面面。再往下，市和地区，县和区，直至乡镇和作为政府派出机构的街道办事处，都是麻雀虽小五脏俱全，具备管理上的各种功能。

说到社会的最小组成单位：家庭和个人，也都面临着同样性质的管理活动。就拿个人来说，要处理好与周围同事的关系，和谐共事；要安排每天的时间去完成各项任务和工作；安排好自己的收入和支出，制定购买大件商品的计划等。

以上我们是从国家到省市，一直到家庭和个人来考察了一下所进行的管理活动，对各种各样的单位来讲也同样要从事管理活动，其内涵有所不同。

从兴办一个企业说起，要对所进入的行业进行一番调查研究，对所计划生产销售产品的市场会怎么样进行调查，考察各种技术和工艺路线，完成可行性研究；一旦做出决定要上马，就会面临着筹措资金、制定企业章程、进行工商登记和注册、开展基建等工作；一直到设备安装调试完毕、投入生产、原材料采购、产品销售、在媒体上打广告、进行促销、建立完善的售后服务体系、收集用户意见、改进原有产品的质量和性能、开发新产品。这一系列复杂的活动，也是管理活动。企业如此，学校、科研院所、医院等各种单位也都大同小异，同样有一系列的管理活动。就是政府机关、社会团体也都有内部的管理工作和管理活动，设置各种机构、配备人员、明确岗位责任、建立规章制度，来保障机关工作的正常运行，从而行使自己的职能。

这些活动都可以称作管理活动，但又各不相同。到底什么是管理呢？

对这个问题的回答众说纷纭。因为每个人的出发点不一样，看问题的角度不一样，强调的重点不一样，加上个人的经历不同、地位不同，很难得出一个共同的看法来。在管理学发展过程中，许多管理学家都提出了自己的见解。

泰勒(Frederick Taylor)提倡的科学管理，改变了过去管理企业的传统方式，运用了标准化等方法大大提高了生产效率，这种通过分析来提高生产效率的方法很快推广到社会的其他领域。

法约尔(Henri Fayol)认为管理只是经营的六种职能活动之一(六种职能活动指技术活动、商业活动、财务活动、安全活动、会计活动和管理活动)。而管理活动则包含了五种因素，即：计划、组织、指挥、协调和控制。

古利克(Luther Gulick)进一步提出了管理七职能论：POSDCRB。这七项职能分别是：计划(Planning)、组织(Organizing)、人事(Staffing)、指挥(Directing)、协调(Coordinating)、报告(Reporting)和预算(Budgeting)。取这些职能英文单词的第一个字母即成 POSDCRB。

西蒙(H. A. Simon)认为决策贯穿管理的全过程，管理就是决策。西蒙等对决策的过程、准则等进行了深入研究。西蒙本人由于对决策理论所做的贡献，而荣获了 1978 年度诺贝尔经济学奖。

孔茨(Harold Koontz)则提出："管理就是设计和保持一种良好环境，使人在群体里高效率地完成既定目标。"为此，管理的职能是计划、组织、人事、领导和控制。管理适用于一切组织。

罗宾斯(S. P. Robbins)的看法与孔茨雷同，认为"管理是指同别人一起，或通过别人使活动完成得更有效的过程。"

我国的一些管理学家也都提出了自己的观点。

周三多教授认为"管理是社会组织中，为了实现预期目标，以人为中心进行的协调活动。"①

杨文士教授给出的管理定义为"一定组织中的管理者，通过实施计划、组织、人员配备、指导与领导、控制等职能来协调他人的活动，使别人同自己一起实现既定目标的活动过程。"②

芮明杰教授给管理下的定义是"管理是对组织的有限资源进行有效整合，以达成组织

---

① 周三多. 管理学——原理与方法[M]. 上海：复旦大学出版社，1997.

② 杨文士，焦叔斌，张雁等. 管理学原理[M]. 北京：中国人民大学出版社，2004.

既定目标与责任的动态创造性活动。”①

邢以群教授提出的概念为“管理是一个由计划、组织、领导、控制等职能组成的系统过程，是人们综合运用人力资源和其他资源以有效地实现目标的过程。”②

尽管各自研究管理的立场、方法和角度有所不同，综合起来看还是有相同之处的。即通过协调组织的各种资源来达到组织的目标，管理是一个实现目标的过程。

结合各家学说的长处和我们的实践工作，我们认为，“管理是各级管理者在执行计划、组织、领导和控制四项基本职能的过程中，通过优化配置和协调使用组织内的各种资源：人力、财力、物力和信息等，有效地达到组织目标的过程。”

2. 管理工作中的基本职能

以上提到了管理工作中的四项基本职能，即：计划、组织、领导和控制，这些职能的具体内容将分别在第 3 章到第 6 章论述。这里只做一个简单的介绍，以便更好地了解管理工作的特点。

因为中国文字的多义性，如“计划”，可以理解是制订好的计划，这时的计划是个名词；也可以认为是正在进行的计划活动，这时的计划是个动词。在文章中，可由上下文容易判断出同样的一个词是作名词讲，还是作动词讲。在讲到管理的职能时，这些词都作动词讲，理解为一种进行着的活动。

(1) 计划职能

为了确定组织的目标，首先要对未来的资源供应、市场、社会等环境的变化做出预测，然后根据目标提出若干个可以实施的方案，经过评价，确定实现目标的可行性并选择一个合适的方案，进而制定出实施计划所需的规则与程序。简而言之，就是要决定做什么，什么时候做，怎样做和谁来做。

(2) 组织职能

一旦制订出好的计划，就要对组织所拥有的各种资源进行配置和协调，把人员按一定的结构组织起来，使他们能按一定的程序运作，互相之间有明确的信息传递渠道，进而来保证组织目标的实现。

(3) 领导职能

组织中各级管理者必须要调动下级的积极性，才能保证组织目标的实现。一是要用各种方式和手段来激励下级成员，鼓励他们工作得更好；二是要带领和指挥下级成员同心协力去执行组织的任务。

(4) 控制职能

计划开始实施后，可能由于外界环境的变化超出了原来的预测，从而影响到计划的实施，或是由于人为因素的影响使计划中的某些工作产生了延误或返工等不正常情况，这样可能会使原定目标无法实现。此时，就要根据计划实施的实际情况进行调整，来保证原目

---

① 芮明杰. 管理学[M]. 北京：高等教育出版社，2000.

② 邢以群. 管理学[M]. 杭州：浙江大学出版社，2005.

标的实现。当然，也可能产生另外一种情况，即原目标已是不可能实现的了，那么就要对原目标进行修正，又要返回到计划职能。

管理工作中应该具有多少种职能，各有各的说法。法约尔认为管理活动包含五种因素，古利克认为有七项职能，孔茨提出五项职能，国外有的学者精简为四项职能：计划、组织、领导和控制。我国的徐国华教授认为五项职能是：计划、组织、控制、激励和领导，张今声教授更把管理的职能简化为三项：计划、组织、控制。不管是分成三项也罢，分成七项也好，它们所包含的内容是一致的，只是分法不同而已，对此不必拘泥于某种具体的分法。

3. 管理的含义

(1) 管理是一个围绕实现组织目标而展开的复杂过程

从以上对四项职能所包含内容的简单介绍可以看出，要想达到组织的目标，这些职能缺一不可。而达到目标的过程不会是简简单单、一帆风顺的。

就确定组织目标来说，这应该是计划职能包含的内容。但在一开始提出目标时，带有一定的不确定性，通过对环境的预测，对各种资源的优化配置，制定出实施的步骤，并能保证计划各部分的实施在时间上能衔接起来，这时候才能说这个目标是能实现的，成为整个组织为之奋斗的目标。如果这个目标不可能实现，就要修订原来的目标。如果目标是可以达到的，但不能激发整个组织为之奋斗，那么也要修订原来的目标。因此，制定目标的过程就可能是一个反复进行的过程。

每一项职能也是一个过程，在这个过程中也包含了其他职能的内容。以计划职能为例，为了提出组织的目标，并制订一个实施的计划，我们也需要进行一些组织职能的活动：要做些什么工作、选什么人来参加、每一项工作由谁来负责、如何调配所用的资源、时间进度、整个计划进行的过程中怎样进行领导、信息怎样沟通、怎样发挥参加人员的聪明才智……

从以上对控制职能内涵的介绍中也谈到，如果计划实施过程中，环境发生了较大的变化，造成的影响无法通过对计划进行局部的调整来弥补，就有可能对原定的目标和整个计划作修改。这是一种更大的反复。

明确目标、制订计划、开始实施，不断趋向于达到目标的过程是一个循环的过程。由于环境的变化和人为因素的影响，计划的实施与原定计划总会出现偏差，这时就要调整计划和重新调配资源，或是针对偏差采取有效的更正措施，来保证计划的顺利实施。此时，组织结构一般情况下是比较稳定的。要根据情况的变化采用新的激励措施，或是采用不同的领导方式。这样的过程循环进行，每一个循环都会有新的内容，直到实现组织目标，一个大的循环过程结束。在这个过程后期的某一时刻又会酝酿一个新的组织目标，意味着一个新的过程又在孕育，即将出现。循环过程周而复始，组织目标不断地提高到一个新的更高的境地，组织也就不断地发展壮大。

(2) 优化配置、协调使用各种资源，更好地达到组织目标

职能活动的开展、组织目标的实现，都必须使用各种资源（包括资金、厂房、设备等有形资产，也包括商标、品牌、商誉、知识产权等无形资产），可以概括成：人、财、物和信息。

人力、财力和物力的重要性是显而易见的，在此需要强调一下信息资源。信息如同人力资源、资金、厂房、设备、原材料一样是不可缺少的重要资源。管理工作中，我们时时刻刻要根据计划进展的情况、资源使用的情况、组织成员的情绪、环境的变化这些信息来进行分析、判断，不断进行决策，以保障计划的实施，从而实现组织的目标。管理工作离不开信息资源，在这一点上，可以毫不夸张地说，信息构成了管理工作的基础。

特别是在市场经济体制中的企业，面临着变化剧烈的市场，各具个性的顾客，有限的资源，咄咄逼人的竞争对手，在市场里如同在战场上一样。如果企业能捕捉到一条有利于企业发展的信息，抓住了先机，就能在市场竞争中脱颖而出。否则，一旦企业的竞争对手占了先机，就意味着企业开始走下坡路，步履艰难，甚至可能倒闭。从中可以看出信息对企业发展的重要性。

在今天的信息社会里，信息的数量太多，而且还在不断地增长，这种近乎爆炸式的增长对社会中每个组织和每个人来说几乎是一场灾难。一个组织如何去收集市场的信息、用户对自己产品或服务的意见、竞争对手的所作所为、社会经济发展状况、政策、法令等信息，并对收集到的信息进行分析、综合和判断，提供给决策者；在组织内部把各种信息送到相关部门，保持信息渠道的畅通，这些工作本身就是管理工作的重要组成部分。

任何一个组织都拥有一定数量的资源，但往往是有限的资源。组织在与环境进行物质、能量、信息的交换时，也从外界获得资源，但获取的数量也是有限的。组织的实力有强弱之分，其中一方面就体现在拥有资源的多寡和从外界获取资源的能力大小上，但这是一种相对的差别。在一般情况下，组织要以有限的资源去最有效地达到组织目标。

这里有一个效率和效益的问题。

效率是指用尽可能少的投入，得到尽可能多的产出。面对着稀少或短缺的各种资源，一个组织自然要把这些资源的最大作用发挥出来。可以是同样的投入，提高利用率，使产出增加；也可以是同样的产出，减少投入。如企业中的资金周转加快，就等同于可以占用较少的流动资金，因此加快资金的周转，同样也是提高了效率。一个多样化经营的大型公司内，不同经营领域中的各个事业部对资金的需要可能存在一个时间差，那么公司总部就可充分利用这个时间差，把资金调度好，让有限的资金在不同的事业部之间合理地周转而得到充分的利用。资源的充分利用，必须要依靠管理工作，一是要对资源进行优化配置；二是在使用过程中要进行合理的协调。

效益是指达到组织目标的程度。如果达不到组织目标，管理工作就是无效益的；如果达到了组织目标，管理工作是有效益的；如果能很好地达到组织目标，管理工作的效益就好。

在组织目标正确的前提下，效率与效益是相辅相成的。资源使用的效率高，在管理工作中上令下行，工作时间的利用率高，就一定能得到很好的效益。反之，效益就一定差。如果我们设想一下，目标决定错了，那么工作的效率越高，所造成的后果越糟糕。因此，在效率和效益中，效益是第一位的，它首先要求制定一个正确的目标，然后在实现目标的过程中要讲效率，效率越高，效益越好。

在现实生活中，人们往往对效率与效益的关系不能正确理解，在工作中造成了各种不应有的失误。如盖一幢楼，在片面强调节约投资的思想指导下，因陋就简，没有想到这栋楼本要使用50年或50年以上，结果落成没几年就落后了。此时扒掉也不是，不扒也不是。扒掉吧，再建新楼，以前的投资就白白地浪费了；不扒吧，与城市的建设、周围的环境、社会的发展太不协调。类似的例子不胜枚举。

因此，管理的第二个含义就是，要通过有效的管理来更好地达到组织的目标。

1.1.2 管理的重要性

1. 凡是有人群从事有目的的共同活动的地方都需要管理

在生产力水平低下的时代，还会有自给自足的庄园经济存在，农民基本靠自己生产的产出来维持一家人的生活。之所以说是基本，因为他还要用自己的产品去交换其他的生活必需品和劳动工具。但在今天的社会里，这种围墙早已被粉碎。一个人生活中所需的各种生活用品都是由许多职工在一起工作的企业生产的，而这个企业所用的原材料、零部件又是由其他企业提供的。你所享受到的各种服务，也是由各种各样的组织为你提供的。如银行是一个完整的组织，许多人在一起工作，加上装备精良的电子计算机系统，才能为你提供满意的金融服务。那么，作为你本人来讲，也许也在一个组织中工作，你与其他成员一起为社会提供产品和服务。

许多人在一个组织内共同工作，首先要靠一个共同的目标把大家维系在一起，按一定的结构组织起来，在共同遵守的规章制度下协调工作，这就需要管理。

企业、学校、医院、银行等各种不同的组织和许许多多的家庭又构成了更大范围的社会，也要靠管理来保证社会的各个部分能有序地运行。

就是个人的工作、生活也都需要很好地管理，有张有弛，在工作之余做些什么、学些什么，都要很好地安排。

总之，管理的重要性之一就是体现在管理的普遍性之中。社会、组织、家庭、个人都离不开管理。

2. 管理工作的好坏是决定一个组织实力和竞争力的最重要的因素之一

在激烈的市场竞争中，一个企业的实力如何、竞争力的强弱，往往决定了这个企业的命运。

一个企业的实力和竞争力取决于许多因素，如拥有的资源数量、商誉、开发新产品的能力、商品的品牌，等等。这些因素都会发生变化，这种变化取决于企业管理水平的高低。如果一个企业的管理水平逐渐在降低，那么这个企业的实力和竞争能力将逐渐下降。反之，管理水平的不断提高，将会促使企业的实力和竞争能力的增强。

企业能否适应变化着的环境，能否生产出合乎市场需求的产品，能否以较低的成本生产出合乎质量要求的产品，能否以有效的促销方式打开市场，能否建立起完善的售后服务体系……都要靠科学的管理，这就是企业的“内功”。

企业如此，一个学校也是一样。要能培养出合乎时代需要、社会需要的高素质人才，就要有一支高素质的师资队伍、好的教材、好的教学体系和后勤服务体系，这些也都要靠科学的管理。

3. 管理也是生产力

生产力取决于许多因素。就社会而言取决于社会的政治经济体制、拥有的自然资源及资源的合理和有效使用、国民素质和受教育水平等。就企业而言，取决于企业的经营体制和运行机制、拥有的各类资源和资源的有效利用、职工队伍的素质和员工积极性的发挥等。而这些因素之间如何协调起来，充分发挥作用就离不开管理。

通过管理可以大大提高资源的使用效率。或是通过激励政策调动组织成员的积极性，可以更有效地达到组织目标。所以从这层含义上讲管理是一种实实在在的生产力。

科学技术是生产力，可以推动生产力的提高和社会的进步。科学技术的发展离不开管理，要把科学技术和生产力的其他要素很好地结合起来转化为生产力也离不开管理。

在市场经济条件下，一个组织的管理好坏是决定其成败最重要的因素之一。在现实生活中，不乏这样的例子：科技人员拿了自己的创造发明或研究成果兴办了高新技术企业，但是真正发展壮大起来的仅仅是少数。这里的原因很多，但疏于管理肯定是一条重要的原因。有一位创业者感叹道："始于科技，成于管理。"

4. 管理水平是决定一个国家兴旺发达的重要因素之一

企业管理的好坏决定了一个企业的成败，对一个国家来说也是同样的。企业、学校、商场……都能管理得很好，国家自然就兴旺发达。

最明显的例子莫过于日本了。第二次世界大战战败后，日本近乎一片废墟，虽然在美国发动的朝鲜战争中日本的经济已经开始恢复，但日本毕竟是一个岛国，面积狭小，自然资源贫乏，可是在几十年间日本的经济飞速发展，日本的汽车、家电产品、照相机等许多产品遍布全世界，国民生产总值一度居世界第二位。这一经济奇迹的出现引起了西方企业界的紧张和管理学界的兴趣。

研究的结果是：日本人在自己民族文化和历史的基础上形成了一套有效的管理方法。美国学者在比较了美国大公司和日本松下电器公司的管理后，提出了管理的"7S 模型"，即结构(Structure)、战略(Strategy)、系统(System)、作风(Style)、人员(Staff)、技能(Skills)、共同的价值观(Shared Values)。显然日本的管理与西方的管理相比独具特色。日本人甚至提出了生产第四要素理论，即与土地、劳动和资本一样，管理也是生产要素之一。

5. 生产力的发展推动了管理的发展，而管理的发展又进一步推动了社会生产力的发展

在英国发生工业革命之前，生产力水平低，在手工作坊里，管理者同时也是生产者，主要是家庭成员在一起从事生产，一般只雇用少量的工人。在工业革命之后，蒸汽机的出现，把过去的手工作坊改变成工厂，管理生产相分离，管理思想逐渐形成，先后出现了像亚

当·斯密(Adam Smith)等管理学的先驱者。当时最重要的管理思想是劳动分工、实行专业化、标准化生产。

亚当·斯密在1776年发表的代表作《国富论》中举了一个制针的例子。一个受过训练的工人要独自完成针的制作,那么一天也制作不出20根来,如果把制作过程分成18道工序,由每个人负责1～2道工序,则10个人的厂一天可以生产48 000根针,即一个人平均日产4800根针,劳动生产率的提高是十分惊人的。

专业化、标准化的思想到了泰勒所处的时代,得到了更进一步发展。以后各种管理思想纷纷涌现,科学的管理代替了以前的传统、经验型的管理,极大地推动了生产力的发展。

今天科学技术的发展日新月异,生产力的发展更是突飞猛进,劳动生产率迅速提高,这一切给管理学提出了新的、更高的要求,也为管理学的发展创造了条件和提供了机会。

1.1.3 管理的二重性

马克思指出:“一切规模较大的直接社会劳动或共同劳动,都或多或少地需要指挥,以协调个人的活动,并执行生产总体的运动——不同于这一总体的独立器官的运动——所产生的一般职能。”[①]又指出,“凡是直接生产过程具有社会结合的过程形态,而不是表现为独立生产者的独立劳动的地方,都必然产生监督劳动和指挥劳动。”[②]

这两段论述清楚地告诉我们,社会生产是由许多人的共同劳动构成的,必须要进行协调才行,从这一点上说管理是与社会化大生产联结在一起的,同时社会化大生产也要求进行有效的管理,即通过发挥计划、组织、领导、控制职能,优化配置和高效地利用各种资源,以获得尽可能好的经济效益。如果不进行有效的管理,社会化大生产无法进行,社会也无法发展。这是规律,因此管理具有自然属性。

这两段论述,同时又告诉我们,协调许多人的共同劳动,必然要充分体现生产资料所有者的指挥和监督。离开了这种指挥和监督,无法进行协调,社会化大生产无法进行。此时,管理又体现出生产关系这一社会属性。

管理所体现出的自然属性和社会属性实质上是由生产过程具有二重性所决定的,这就是社会生产既是物质资料的再生产又是生产关系的再生产。

我们过去对管理具有自然属性和社会属性的认识上有很大的片面性。往往过多地强调在资本主义制度下资本家采用各种现代化的管理方法来加大对工人创造的剩余价值的剥削,以取得最大的资本利润率,抹杀了管理在生产过程中所起到的巨大作用和所体现出来的自然规律。其结果必然是把管理作为资本家对工人进行剥削的手段而予以排斥。这样做的结果其实是阻碍了我们国家经济建设和发展的步伐。

列宁在对“泰勒制”进行科学分析时提出,一方面,它是为资产阶级服务的,是榨取工人血汗的“科学”制度;另一方面,它又包含了一系列最丰富的科学成就。我们可以从西方

---

① 马克思,恩格斯.马克思恩格斯全集23卷.北京:中央编译出版社,307.

② 马克思,恩格斯.马克思恩格斯全集25卷.北京:中央编译出版社,43.

的管理方法、手段和管理学中学习到许多反映社会物质生产过程中具有普遍规律性的东西，在邓小平理论的指导下，为我所用，为建设具有中国特色的社会主义所用。

这种学习不是生搬硬套，不是生吞活剥，而是要结合我国的国情，结合我们优秀的历史传统，创造和形成具有中国特色的管理理论和管理方法。

日本人创造了不同于欧美的一整套管理制度、方法和思想，其实他们在许多地方是借鉴了我们的文化、历史传统，儒家思想显然是日本管理思想的主导之一，强调以人为本，对职工灌输效忠的思想等等。在如同战场的商战中，《孙子兵法》、《三国演义》等都被奉作圣明。甚至文化大革命以前我国的“二参一改三结合”也为日本人所用。这充分说明我国几千年形成的文明之中有许多至今还闪闪发光的思想值得我们去发掘，发扬光大，古为今用。

当今我们正处于一个从计划经济体制向社会主义市场经济体制转变，经济增长方式由粗放型向集约型转变的重大历史时刻，社会和时代要求我们，迅速地实现管理现代化，同时也为管理的现代化、管理思想的发展创造了前所未有的大好机会。邯钢、海尔等成功企业的经验的出现和迅速在全国各行业推广开来就是最好的例证。

中华民族的崛起呼唤着管理学者和管理工作者在伟大的实践中创造和发展具有中国特色的管理思想、管理方法，为管理科学的发展做出贡献。

1.1.4 管理创新

1. 熊彼特的创新思想

美籍奥地利经济学家约瑟夫·熊彼特(Joseph Schumpeter)于1912年出版了他的名著《经济发展理论》，在书中给出了创新的含义，论证了创新在经济发展过程中的重大作用，并作为他的经济理论的核心。

熊彼特提出的创新概念包括五种情况：①采用一种新的产品——也就是消费者还不熟悉的产品——或一种新产品的一种新的特性。②采用一种新的生产方法，也就是在有关的制造部门中尚未通过经验检定的方法，这种新的方法不需要建立在新的科学发现的基础之上；并且，也可以存在于商业上处理一种产品的新的方式之中。③开辟一个新的市场，也就是有关国家的某一制造部门以前不曾进入的市场，不管这个市场以前是否存在过。④掠取或控制原材料或半制成品的一种新的供应来源，不用考虑这种来源是已存在的，还是第一次创造出来的。⑤实现任何一种工业的新的组织，比如造成一种垄断地位，例如通过“托拉斯化”，或打破一种垄断地位。[①]

熊彼特所说五种情况下的创新已明确排除了技术创新——不是开发一种新产品，而是向消费者推销一种他们不熟悉的产品，采用一种新的生产方式——对企业资源进行新的配置，开辟新的市场，控制原材料和半制成品的新供应源，实现任何一种工业的新组织。这五个方面的内容实质上就是在管理中不断引入新的思想、新的方法以实现资源的新组合。因此，熊彼特是首次涉及管理创新概念的著名经济学家。

---

① 熊彼特. 经济发展理论[M]. 北京：商务印书馆，1990.

罗纳德·科斯(Ronald Coase)于1937年发表了论文《论企业的性质》,科斯教授提出,企业组织的产生和存在是为了用费用较低的企业内交易代替费用较高的市场交易。

奥利弗·威廉姆森(Oliver Williamson)进一步发展了科斯的思想,指出公司的形成和发展是追求节约交易费用的目的和效用的组织创新的结果。

随着生产力的发展,企业的规模进一步扩大。小阿尔弗雷德·钱德勒(Alfred Chandler Jr.)在《看得见的手——美国企业的管理革命》一书中指出大公司出现后,公司内职业经理们通过等级制度建立起的协调就会代替分散的小企业之间不协调的贸易过程。大公司发展的结果是形成了职业经理阶层和科层式管理方式。这与过去的管理方式相比是一次管理上的创新。

2. 时代的前进呼唤管理创新

在人类历史发展的长河中,每当社会生产力的提高有了一次飞跃,就必然要求管理有所创新,上一个新台阶。

第二次世界大战后科学技术的发展速度是前所未有的,正因如此,推动着社会生产力迅速提高。而生产力的迅速提高也有力地推动着管理的不断创新。新管理思想的涌现形成了"管理理论丛林现象"。

至今管理创新的势头不减。大致集中在以下几方面:

一是,越来越重视发挥人的作用,管理工作环绕着以人为中心来展开。从培育企业文化到人本管理。

二是,引入新的管理思想和方式。从迈克尔·波特(Michael Porter)1985年在他的著作《竞争优势》中提出了价值链的概念后,先后出现了"价值链管理"和"供应链管理",迈克尔·哈默(Michael Hammer)、托马斯·达文波特(Thomas Davenport)和詹姆斯·钱辟(James Champy)等人提出的"业务流程再造",威廉姆·戴维陶(William Davidow)等人提出的"虚拟企业",彼德·圣吉(Peter Senge)倡导的建立"学习型组织"。

爱德华兹·戴明(Edwards Deming)是20世纪50年代掀起全面质量管理的创始人之一。全面质量管理不仅是一场质量管理的革命,而且它所倡导的"强烈地关注顾客、坚持持续的改进、改进组织中每项工作的质量、向员工授权"等思想对管理产生了巨大的影响,远远超出了质量管理的范围。

三是,随着知识经济时代的到来,知识在社会发展和进步中的作用为人们所认识,过去资源和资本在经济增长中的地位正在被知识所替代。什么是知识,怎样发现知识和对知识进行管理,在管理过程中除了集成已有的技术外怎样开发新的技术,如何通过知识管理来提升企业的竞争力和使企业的价值增值。许多企业和组织投身于知识工程和知识管理的实践和研究,许多的学者和研究工作者也都围绕着知识工程和知识管理进行着实践和研究。对知识管理的研究正成为当前管理研究的一个热点,方兴未艾。

创新是一个民族进步的基石,是一个国家兴旺发达的不竭动力。完全可以说,人类社会的历史就是在不断创新中前进的历史。而创新也已提升到我国的国家战略层面,成为中国"十一五"规划纲要的战略重点之一。在"十一五"规划纲要中,政府明确提出:一、把增强自主创新能力作为科学技术发展的战略基点和调整产业结构、转变增长方式的中心环节；二、立足增强自主创新能力，推动经济发展，把增强自主创新能力作为国家战略，促进经济增长由主要依靠资金和物质要素投入带动向主要依靠科技进步和人力资本带动转变。中国要从大国迈向强国，核心问题是能否培育和提升创新能力，来支撑国民经济和社会发展。管理也必须进行不断的创新才能跟上社会前进的步伐。管理创新是时代和社会赋予我们的重任。

1.2 管理学

1.2.1 管理学及其特点

1. 管理学是一门系统研究管理活动的普遍规律、管理基本原理和一般方法的科学

管理活动是普遍存在的，但是不同性质的组织有其独特的内涵，管理的内容不同，方法也不尽相同，在此基础上进行科学的总结和概括可以形成各具特色、专门性强的各种管理科学。

按照管理对象的不同，可以将管理分为以下几类：

(1) 公共管理

公共管理是以政府为核心的公共部门整合社会的各种力量，广泛运用政治的、经济的、管理的、法律的方法，强化政府的治理能力，提升政府绩效和公共服务品质，从而实现公共福利与公共利益。公共管理作为公共行政和公共事务领域的一个组成部分，其重点在于将公共行政视为一门职业，将公共管理者视为这一职业的实践者。

公共管理从学科意义上讲，内容包括：公共管理原理、行政管理、城市管理、公共政策、发展管理、教育经济管理以及劳动社会保障等方向，公共管理学的兴起得益于全球化新公共管理运动，但进入 21 世纪后，尤其是电子政务的兴起使公共管理学在实践中不断遇到新的挑战，公共管理学研究进入百家争鸣的时代。

(2) 企业管理

所谓企业管理，就是由企业经理人员或经理机构对企业的经济活动过程进行计划、组织、领导和控制，以提高经济效益，实现盈利这一目的的活动总称。从内容上可以分为：战略管理、人力资源管理、市场营销管理、生产运作管理、财务管理、企业文化管理、信息管理、知识管理等。企业管理的任务不仅要合理地组织企业内部的全部生产活动，而且还必须把企业作为整个社会经济系统的一个要素，按照客观经济规律，科学地组织企业的全部经营活动。

企业管理是社会化大生产发展的客观要求和必然产物，是由人们在从事交换过程中的共同劳动所引起的。在社会生产发展到一定阶段，一切规模较大的共同劳动，都或多或少地需要进行指挥，以协调个人的活动；通过对整个劳动过程的监督和调节，使单个劳动服从生产总体的要求，以保证整个劳动过程按照人们预定的目标正常进行。在科学技术高度发达、产品日新月异、市场瞬息万变的现代社会中，企业管理就显得更加重要。

(3) 其他管理

所谓其他管理，是指各种微观领域的管理，如教育管理、卫生管理、各种公共场所的管理等。凡是有人群的地方都必须有管理。

按研究组织所处的行业或行业的细分来研究的话，可以去研究农业管理、林业管理、旅游管理、医院管理等。要上升到整个国家整个社会层次的话，可以有国民经济管理学。既然管理活动涉及整个社会的各个方面，不同领域、不同范围、不同层次的组织都会有自己的特殊内容，出现不同专业性的管理学是一点也不足为怪的。由于组织性质和目标不同，管理方式会有所差异，但其中仍然有许多共性的东西。在市场经济的社会里，企业是数量最多、作用最大的一类组织。本书重点以企业为对象叙述管理活动的基本规律和方法。

2. 管理学的特点

管理学作为一门学科与其他的学科相比，也有自己的特点，以下分别论述。

(1) 管理学是一门综合性的学科

人类为了生活和生产，对周围自然环境变化的规律早就有了研究，较早地形成了天文学、数学等自然科学的分支。从原始共产主义开始，原始人群居在一起生活，组织狩猎、分配食品……都离不开协调和配合，这就是一种管理，但在生产力十分低下的情况下，这种管理是十分简单的。一直到泰勒时代以后，才开始形成管理思想，科学的管理代替了以前的经验型管理，管理学的形成相对于其他学科来说是比较晚的，但这也使管理学的产生和发展可以吸取和综合其他学科的思想。

管理活动包括的范围非常广，涉及的知识面也非常宽。在制订计划时，首先要遇到的是对自然环境和社会环境的预测，这就是一个很复杂的问题，就说社会环境，它包括：国家的和世界的整个经济形势、行业的状况、市场前景、有关的政策法规、科学技术的发展等，有些可以做定量的预测，有些不能量化的因素要用不同的方式去预测。再如，组织中最重要的资源是人，人有男女老少之分，组织成员会来自不同的地区、受过不同的教育、在社会中有各自不同的经历，作为一个管理者如何去调动下属的积极性？你需要知道人的生理特点，需要研究一点心理学，掌握人与人之间交往的技巧等。

在一个完整的管理过程中，要优化配置、协调使用各种资源，要适应复杂变化的环境，要解决组织中产生的各种问题：有的是人际关系方面的问题、有的是生产过程的组织问题、有的是合理使用资源问题，这些问题十分复杂。

管理学研究内容的复杂性就决定了管理学要涉及社会科学、自然科学和工程技术科学中的众多学科，如：哲学、史学、社会学、政治学、法学、伦理学、人类学、生理学、心理学、数学、系统学、经济学、统计学、计算机学及其许多分支等。这也要求从事管理的实际工作者和管理学的教学工作者、研究工作者要以广博的知识作为基础。

(2) 管理学是一门实践性很强的科学

理论来自于实践，又对实践起着指导作用。管理学也同样是从人类千百年丰富的实践中总结而成的，也同样要去指导人们的管理工作。这与其他的科学是相同的，但相比之下，管理学的实践性更强。

我们已充分论述了管理工作是人类生活中最普遍的活动之一。有的人通过学习管理学，在掌握了管理活动之间的内在联系和规律后，在实际管理工作中较自觉地运用科学的思想和方法，工作起来较有成效。有的人会说，我没有学过管理学，也不见得不会管理工作。对一些简单的管理工作，通过实践也会掌握管理工作中的规律，这不等于说管理学中的基本思想、原理、方法不存在，只是不自觉地在运用而已。这时，可能效率低些，会走些弯路。下面的事实有助于说明以上的道理。对一个刚离开中学校门的大学本科生来说，学起管理学来会觉得这是非常抽象的，不易理解；而对工作过几年的工商管理硕士研究生来说，学习管理学会有一种豁然开朗的感觉，实践中经常遇到管理学中论述的事情，过去不知如何来看待，现在再回过头来看看，茅塞顿开。因此，管理工作总是在管理学中讲述的基本思想、基本原理和基本方法指导下展开的，只是有的自觉，有的不自觉罢了。

那么是否学好了管理学就一定能成为一个很好的管理者吗？答案是否定的。通过管理学的学习，只是掌握了一些普遍的原理和规律性的东西，并不等于学会了解决复杂的实际问题的本领，这种本领必须要在实践中获得和提高。

任何一个组织它所处的社会环境和自然环境都是很复杂的，组织中的成员又各有特色，不是从一个模子中出来的，而且环境因素和人的因素总是在不断地变化，做好管理工作绝不是学一些普遍性的规律所能解决的，必须要在实践中不断运用管理学的知识，不断增长才干和积累经验。

实践性强的特点，也与管理学的另一个特点有密切的关系，即管理学是一门不精确的学科。

(3) 管理学是一门不精确的学科

数学、物理学等科学是精确的科学，根据规律（一般都可以用数学公式表示，可以是线性的，也可以是用积分或微分形式表示的非线性的）和所给定的初始条件就可以得出问题的解。

工程技术方面的科学，除了上述的表达事物内在关系的规律外，也可以通过大量的统计数据得出一种统计规律形成的经验公式，在实际工作中加以应用。用这种体现内在关系或统计规律的数学公式——函数关系，来处理的都是那种可用恰当的度量衡标准来度量的量，可以精确地用数来表示度量的结果。

管理工作中所遇到的因素、所要解决的问题，除了像一些资源（物料的数量、资金等）、时间等可以精确地用数来表示外，有许多因素是不能用数来表示的，也就是无法精确地度量的。现实中有些因素尽管不能度量，但可以按一定的规则来量化，像体操运动员的比赛、举办歌手大奖赛等，都可以通过裁判员或评委对运动员的技巧、对规则的掌握，或是歌手的气质、发声技巧、表演能力等打分来分出高低。这些因素我们可以称做是可量化因素。但是管理工作中所遇到的一些环境因素的变化，人的思想情绪、心理变化等都是无法量化的。在管理工作中同时存在可以精确度量的因素、可以量化的因素和不可量化的因素。

管理工作中许多因素之间存在明确的关系，可以用数学公式，即函数关系来表示，而更多的关系是无法用函数关系来表示的，呈现一种错综复杂的关系，有的甚至是演绎推理也无法表达清楚。例如，某种激励政策在这个单位非常见效，到了别的单位就不怎么见效；或是对同一组织内的这部分成员起作用，对另一部分成员则不太起作用。那么激励政策和所达到的效果之间就不存在一种明确的函数关系。

基于以上两点原因，管理学科是不精确的。

大家知道，美国教授扎德(L. A. Zadeh)在1965年创立了模糊数学——研究和处理模糊性现象的数学。模糊数学的一个重要特点是可以用数学语言(隶属度)来研究和处理一部分用人类自然语言描述的内容。如一个人的高矮和胖瘦是可以精确度量的，但用自然语言描述某个人时不会迂腐到非要说身高多少厘米、体重多少公斤，只用高个子、不胖不瘦这样的语言描述即可。模糊数学中引入了对这些特征(高、胖)的隶属程度，然后可以进行逻辑推理等运算。模糊数学就是一种研究不确定性的数学。

模糊数学自1965年以来，发展很快，在许多领域得到了广泛的应用。智能型模糊控制的全自动洗衣机就是一个很好的例子，它可以根据衣物的多少自动确定水位，根据水的透明程度来决定漂洗的过程。根据模糊数学可以处理用自然语言描述的内容的特点，可以相信模糊数学如同运筹学等数学分支一样可以在管理学中找到用武之地，但它不可能完全解决那些不可量化因素的研究和处理方法，也不可能完全解决因素间复杂关系的研究方法。因此，管理学的不精确性仍将存在。

在管理学的研究中，定量分析和定性分析都是必需的，不能有所偏废。层次分析法(Analytic Hierarchy Process，AHP)就能把定性分析和定量分析结合起来。

(4) 管理学是一门科学，又是一门艺术

管理学的基本思想来源于实践，经过科学的概括和抽象，同时吸取了其他学科门类的科学思想。这种概括和抽象更能真实地反映人类的实践，更能反映管理工作中的内在规律，具有科学性。而这些基本思想又在实践中得到了验证，并且不断地得到丰富和提高。

管理学中的基本思想互相联结，形成了一个完整的体系，具有逻辑性。

管理学的基本思想随着社会生产力的飞速发展也在不断向前发展，来适应社会实践对管理工作和管理学提出的新要求。特别是现代科学技术的巨大发展，为管理学的发展提供了有利的条件，同时也提出了许多有待进一步解决的新问题，从而极大地促进了管理学的发展。管理学与其他科学的结合也正在进一步发展，不但吸取其他科学的发展成果，而且学科间的交叉更加广泛和深入。

这些都充分说明了管理学是一门科学，来源于实践，经过科学的总结而成，又指导了新的实践；管理学的理论构成了一个完整的体系；管理学随着社会生产力的提高而发展，与其他科学的结合也在不断发展。

但是，管理学除了具备科学的特点以外，又是一门艺术。作为艺术来讲，是指人在工作中能灵活运用各种知识并能熟练地应用巧妙的技能来获得成效。管理工作确实体现了这种特点。尤其以前管理工作较少运用数学等定量计算和优化的技术，更多地体现了这种艺术性。四十年前，我们曾为一家国有大型企业进行过产品结构优化的研究工作，这在当时的调度人员中引起了较大的震动。这些调度人员工作经验丰富，对生产中的工艺流程、企业的各种装置都了如指掌，对每年都要进行的排产已轻车熟路，他们认为这充分体现了他们工作中的艺术性。他们确实能根据经验和运用技巧较快地制定出几种较好的生产方案来。经过研究，在同样的目标下，运用优化理论，建立起一个数学模型，运用电子计算机就很快地在所有可能选择的方案中找到了更好的方案。

面对着管理工作中所遇到的问题，往往因为个人对复杂环境的认识程度不同、对管理学基本原理理解的深度不同、个人的社会经历不同和经验不同，而提出不同的解决方法。这种不同或多或少体现出一种艺术性。我们可以用音乐指挥家来说明这个问题，如果世界著名的指挥家卡拉扬、小泽征尔等去指挥同样的乐队演奏同一首世界名曲的话，他们对作曲家和乐曲的理解会有所不同，这种不同揉进了各自的指挥技巧中，就会给听众奉献上同一乐曲的不同风格。如果没有这种不同，不同的指挥家指挥同一乐曲的演奏都是千篇一律，那么就失去了艺术的魅力。

管理学的科学性和艺术性同时存在，两者之间并不排斥，重要的是如何把两者更好地结合起来。如在构建决策模型时，可以把领导者的经验和领导艺术结合到模型中，构造一个人机系统，充分发挥人和计算机各自的优点和长处，人的经验和判断能力得以运用，加上计算机的强大计算能力，使决策模型更加灵活，决策过程又能一目了然，最后的结果更容易被接受。

(5) 管理学是一门软科学

自从有了电子计算机以后，人们习惯把计算机主机、打印机、光盘机、交换机等设备称做硬件；把操作系统、应用程序等称做软件。如果只有硬件而无软件，电子计算机将无法运行。在硬件条件相似情况下，电子计算机(或计算机系统)的功能能否充分发挥，则取决于软件的水平。软件的重要性由此可见一斑。随着电子计算机的普及，软件产业迅速发展。

如同计算机中有硬件、软件之分一样，一个组织里的人、财、物等有形的资源就是硬件；管理则视为软件；管理学则称为软科学。通过很好的管理工作，可以充分调动组织成员的积极性，更好地利用各种资源，来获得好的经济效益和社会效益。

管理学作为一门软科学，与其他的科学知识、工程技术也有所不同。在企业里，工程技术人员可以运用他们的知识和技术改造现有的设备或改进现有的工艺过程或是设计新产品，在这一点上与管理是相同的：都要作用到有形的对象上，软的技术才能发挥作用。管理学除了要运用其他学科的知识作用于无生命的物体上，更重要的是要充分发挥组织中最重要的资源——人力资源的作用。管理者和管理工作的价值不能由自身来体现，而要通过其他的活动才能实现。如激励措施得当，设计人员的积极性调动得好，设计出的产品技术含量高、价值高、销路好，才体现出激励措施的价值来。管理工作是否有效，在实施前往往要靠管理者根据经验或主观意识来判断，它的成效要在较长时间里才能体现出来。

案例 1.2　“卓越服务”理念的衡量标准

新京港物业管理公司是一家中外合资企业，其总经理由香港投资方担任。这位总经理在物业管理这个行业中可说是专家中的专家，他秉持着“用卓越的服务不断提升顾客满意度”，并以此作为公司的企业文化。经过两年的运作，他发现部门间在协调、协作上常常产生很多的问题。由于各部门协作上的不良，因此顾客常常对他表达不满意。这些顾客都是在世界级的公司服务，他们对于顾客的服务也都以“世界级顾客服务”为方针，所以他们对物业管理的要求也自然用高标准来衡量。

一次，有位客户打报修电话，电力系统工程部接到电话后，派相关人员到达现场，经过检查后，发现问题不是出在他们所负责的弱电部分，这位工程师给强电主管打电话，对方的口气颇不友善，并直接答复说，他已经派人检查过，问题应该由弱电部分负责，可是这位负责弱电的工程师认为应该由强电部分负责，于是双方就开始理论，引起了争吵。由于双方之间的冲突，顾客没有及时得到服务，顾客特别向公司高管投诉。当公司高管把强、弱电主管分别找去谈话了解实情时，双方都还在互相推诿，认为应该对方负责。类似这种状况在这家物业管理公司里司空见惯，如果没有上层主管确定谁应负责，事情要推动就格外的不容易。

当物业公司需要住户填写表格时，行政部门就把此项任务交给前台人员协助办理。而前台人员对此却抱怨连连，由于他们平日工作比较烦琐，工作常需与他人互动，无法专心凝神思考，对于填写这种表格的事情他们认为其他部门也可协助完成。他们婉拒这项任务并设法推给其他部门人员。前台人员碰到顾客反映某些意见时，通常会请顾客打电话直接去找相关人员。他们在发挥更多的热忱及主动为顾客服务上无法落实公司理念。此外，前台与保安部门也存在着一些矛盾，他们之间的沟通及协作有时很困难。

又有一次，财务部的人员在大楼走道上，发现清扫过的水迹未擦干，他们应该通知行政部门注意此事，可是财务部觉得这不是他们的事情，没有及时反映，以致造成了顾客在湿滑的大理石地板上摔倒，受伤的客户要求物业赔偿，甚至扬言不再交物业费以示抗议。这也造成客户无法认同公司的声誉。还有一次，有客户投诉，工程技术人员在处理客户在办公室内加装空调时，坚持公司原则，态度强硬，没有体谅客户的困难，事后顾客在填写服务反馈表时，表示对服务非常不满意。工程技术人员竟然将表格退还给客户要求他重新填写，理由是，这种反馈会使他的绩效受到影响。因此，“卓越服务”的理念成为一种形式，成为一种表象。这位来自香港物业公司的总经理感到压力重重。

思考题：

1. 分析新京港物业管理公司案例中体现管理的实质是什么？管理作用如何体现？
2. 用管理的科学性与艺术性说明这个案例。
3. 如何解决新京港物业管理公司的管理问题，你有哪些建议？

资料来源：http://www.docin,com/p-65545582.html.

1.2.2 管理学的研究方法

1. 辩证唯物主义的观点和方法

与历史唯物主义一起组成了马克思主义哲学的辩证唯物主义是我们观察世界、认识世界的唯一正确的指导思想和方法，它不但构成了自然科学、社会科学和工程技术科学的基础，也提供了正确的、有效的研究方法。从管理学形成的发展过程来看，从管理学的特点来看，确是如此。

管理学的基本思想都是从人们的社会实践，特别是生产实践中来，经过总结和归纳形成了一些概念，又在实践中加以验证，不断完善和深化，经过许许多多的实践者和管理学者的共同努力，才形成了管理学这门学科，而且随着社会的进步和生产力的飞速发展，管理学也遇到了许多新的问题，如何进一步开发人力资源、充分调动人的积极性；如何有效地吸取高新技术的各项成果来改进和完善管理的形式和方法，管理学正努力在这两方面给出回答。正因如此，管理学可以说既是一门历史悠久的学科，又是一门年轻的学科。从中可以充分看出管理学基本原理的形成完全符合辩证唯物主义认识论的规律。

这不仅是我们研究管理学的方法，也同样是我们学习管理的方法。学习、实践、总结、提高……不断循环，而且每一个循环都有更充实的内容和新的提高。只要我们能自觉地运用辩证唯物主义的观点和方法，研究也好，学习也好，才能收到事半功倍的效果。

2. 系统科学的观点和方法

“系统科学是并列于自然科学和社会科学的，是基础科学”[①]。因此，系统科学同样是管理学的理论基础。

(1) 系统的特点

系统如同管理一样是我们常见、常用的一个词。对系统的定义也是多种多样，这里我们从介绍系统的特点着手。

系统是由许多要素按一定的方式组合起来的，称之为“集合性”。这里的许多是指两个或两个以上，系统的大小和所组成的要素多少有密切关系。某些要素可以按一定的方式组合成一个较大的要素，若干个较大的要素又可以组合成一个更大的要素……反过来讲系统中的要素是可以分解的。

要素和要素以一定的方式结合在一起就构成了系统。从系统的结构来看，系统是由许多大要素构成的，而大要素又是由许多的中要素构成，中要素又是由许多的小要素构成……这样的分解一直可以进行下去。由此可见系统的结构具有“层次性”。

系统中组成要素互相关联、互相制约，称之为“关联性”。大家会有疑问，难道不可能有一个要素与其他要素不关联、不制约吗？如果有，你可以重复这样一个过程，把那个要素从系统中除掉，既然它与其他要素无关，那么除掉后既不会影响系统的结构，也不会影响系统的功能。最后留下的这些要素互相关联、互相制约，去掉任何一个都不再构成原来的系统。

任一系统都具有特定的功能，特别是人类所创造的或所改造的系统，称之为“目的性”。汽车是人类创造的用于运输的系统，电视机是用于传递信息的系统，这样的例子太多了。

---

① 钱学森. 大力发展系统工程，尽早建立系统科学的体系[M]. 论系统工程. 长沙：湖南科学技术出版社，1982.

系统都必须存在于特定的环境中，与环境不断进行着物质、能量和信息的交换，称为“环境适应性”。系统必须要适应于环境，这是一个根本的前提，但这种适应不是被动的，这就体现在系统与环境间不断进行的物质、能量和信息的交换上。系统和环境之间的这种关系可以用图 1.1 表示。在这样的交换关系下，系统会对环境产生影响。

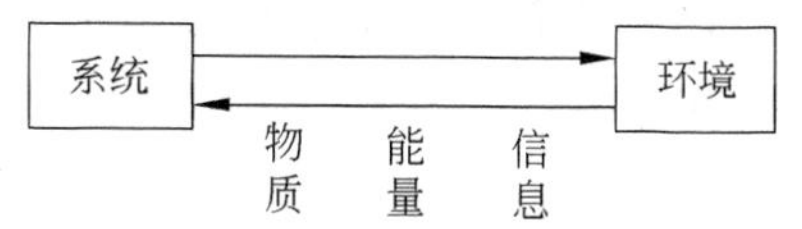

图 1.1　系统与环境间的交换关系

(2) 运用系统的观点学习和研究管理学

系统科学是基础科学，包含了丰富的内容，其本身又是由许多学科构成的，系统科学与管理学有着密切的关系，这将在下文中介绍，这部分将介绍一些研究和学习管理学的一些系统观点。

“整体性”。系统是由许多要素构成的，研究要素和要素间的关系是为了研究系统。管理可分成四大职能，又有许多的管理活动，任何一项管理活动都是整个管理工作的有机组成部分，都是为了更好地使用资源，有效地达到组织目标。除此之外，仅为了管理而去从事具体的管理活动是无任何意义的。不能“只见树木，不见森林”。

“系统性”。系统要素是有机地结合在一起的，不能孤立地就某个要素去研究，而是要把这个要素放在系统中去研究和分析。管理中的四大职能，许许多多的具体的管理活动，互相之间都紧密地联结在一起，要达到管理的目的，必须要协调组织好各种管理活动。说管理的核心是协调就体现了这种系统性。

“可分解性”。系统是由子系统构成的。一个巨型系统的构成要素不计其数，要素间的关系错综复杂，如果要描述动态性能的话，微分方程的阶数相当高，对这样系统的研究十分困难。运用这个观点，可以把巨型系统分解成几个大系统，大系统可再分解成小系统，一直分解下去，小系统的构成要素要少得多，要素之间的关系也会简单一些，微分方程的阶数也可降低，直到我们有办法研究为止。当然，这种分解的工作绝非是一个容易的事，但至少是提供了一种可能有效的解决问题的方法。

“开放性”。系统与周围环境不断进行着物质、能量和信息的交换，这就是系统的开放性。与此相反，一个系统与环境不进行这样的交换，即是一个封闭的系统，将变得越来越无序，最终走向死亡。这种交换性体现在系统具有的转换特性上，这也提供了一种研究系统的方法。如果系统内的每个要素的特性已知，要素间的关系已知，就可建立起一个数学模型来描述此系统，这就像一个箱子里的东西清清楚楚，称为“白箱”。如果一个系统非常复杂，或是用现有的科学知识描述不了系统内的要素和要素间的关系，就像一个箱子里的东西看不清，称为“黑箱”，这时对系统的研究可以用系统的输入和输出之间的关系来进行。如果一个系统的内部有些是清楚的，有些是不清楚的，如同一个“灰箱”，我们也可以去研究系统的输入与输出间的关系。

“发展性”。系统要在环境中生存，要能适应环境。而环境时时刻刻都在发生变化。有时变得快些，有时变得慢些；有时变化大些，有时变化小些。总而言之，变是绝对的，不变是相对的。这种变化不以人们的意志为转移。环境变了，系统也要变，要变得能适应新的环境。如不能适应系统就要死亡。因此，我们要用发展的眼光来看待周围的事物和人，切忌持有一成不变的观点。

从以上这些基本观点可以引申出许多观点。如系统的“目的性”是靠系统的转换特性来实现的。也就是说要使系统能实现某些目的，就要使系统具有所要求的转换特性，才能实现希望实现的目的。

(3) 系统科学与管理学

用系统的观点和思想来改造自然界系统或创造出人类所需要的系统，这就是系统工程的任务，显然系统工程是工程技术。系统工程要和专业相结合，形成许多门类的系统工程，除了各种专业知识和理论外，系统工程有一些共同的学科基础，包括：运筹学、控制论、计算科学、计算技术和非线性科学等。钱学森同志把系统科学的作用已提到了一门基础科学的地位。从管理学中的基本思想和基本原理来看，确实是建立在系统科学的思想、原理和方法之上的，系统科学与自然科学、社会科学和工程技术一样是管理学的基础。

系统科学非常年轻，发展非常迅速。

路·冯·贝塔兰菲(Ludwig Von Bertalanffy)把生物整体及其环境作为一个大系统来研究，于20世纪40年代创立了“一般系统论”，强调系统的开放性，把研究工作推广到研究人的生理、人的心理和许多社会现象。

普利高津(I. Prigogine)于1969年提出了耗散结构理论，指出一个远离平衡的开放系统(甚至包括社会的、经济的系统)通过与外界不断交换物质和能量，可能从原来无序的混乱状态转变为在时间上、空间上或功能上的有效状态。

赫·哈肯(Hermann Haken)于1971年提出了称为“协同学”的理论，指出无论什么系统从无序向有序的变化都是大量子系统相互作用又协调一致的结果，社会中的许多问题都可以用“协同学”来进行某种解释。

勒·托姆(René Thom)1972年的“突变论”试图解释人类社会和自然界中不连续和突变的现象。

曼·艾根(Manfred Eigen)和彼·舒斯特(Peter Schuster)于1979年出版了“超循环：一个自然的自组织原理”，系统阐述了超循环理论。该理论探讨了生命起源的一个关键问题：生物信息起源问题，提出了自然界演化的自组织原理，并指出在神经组织和社会组织中也存在超循环的组织形式。

特别要介绍一下蓬勃发展中的非线性科学(包括孤立子、混沌、分维等)。我们研究客观世界习惯于把复杂的现象进行分解，然后进行研究，最后再综合起来，但这意味着我们认为世界是线性的。而客观世界是非线性的，线性只是非线性的一种近似。

我们只是简单地介绍了系统科学中一些新领域的发展，期待着这些理论的进一步发展，并能与管理学的研究逐渐结合起来，促进管理科学更好地发展。

3. 理论联系实践

管理学是一门实践性非常强的学科，它来自于以前人类实践活动科学的总结，也将进一步指导新的实践活动。在给MBA研究生或本科生讲授管理学这门课时，老师所得到的感受完全不同。前者大学毕业后大多已有了几年的工作实践，担当过管理工作或接受别人的领导，对课堂上讲授的思想往往能够产生共鸣：这些都是我们以往工作中经常遇到的，怎么没有深入的去想想呢？学完后觉得在理论上有了大大的提高，豁然开朗。后者出了中学的校门，刚进入大学的校门，在管理工作中没有任何实践，只能是作为一种知识来学习。这样，前者的学习效果就好一些。

管理学的学习要理论联系实践，但更重要的是要指导今后的实践，不断研究实践中遇到的新问题，总结自己的经验，把这些经验系统化、科学化，以至于抽象、概括上升到理论。这样一个不断循环前进的过程，也同样要理论联系实践。在大学里是培养不出管理学家的。

在课堂上学习管理学除了联系自己的工作实践外，还有一种理论联系实践的方法，这样做对实践经验不足的部分 MBA 研究生和本科生也可起到一定的弥补作用，这就是案例教学。

采用案例教学方法是著名的哈佛大学商学院的特色之一。哈佛商学院成立于 1908 年，近 100 年来向社会输送了大批优秀的工商管理人才，据最近美国《幸福》杂志的调查，全美 500 家最大公司的高级管理人员中，有近 20%是哈佛商学院的毕业生，由此可见哈佛商学院的巨大影响和成功。

案例教学法是通过案例给学生们一个实际的情况，让他们在这样的环境里充当一个实际经营者的角色，可以是总经理、财务经理……通过 800 余个案例的分析，学生已经对企业管理中可能遇到的问题都进行了分析、判断，并作出了决策，从而培养出了实际工作能力。

国内的高校尽管在教学的硬件环境上、案例的编写和积累上都存在不足，但在全国 MBA 教学指导委员会的指导下，越来越多地在各门课程中采用了案例教学。我们在编写本教材时，从第 1 章到第 6 章多数章节的开始和结束都安排了相关的案例，力争与该章节所介绍的内容有机的结合、互动，同时在每章结束都有一个综合性的案例，供教学参考使用。

1.2.3 学习管理学的重要性

管理学在总结前人管理工作实践的基础上，提出了管理工作中的基本思想和一般规律，为以后学习管理科学的其他学科，如组织行为学、人力资源管理、财务管理、市场营销、战略管理等打下了基础。因此，管理学这门课成为管理类专业本科生和 MBA 研究生的基础课程。

我国正处于从计划经济体制向市场经济体制转变、经济增长方式从粗放型向集约型转变的关键时刻，国有大型企业要按现代企业制度(建立适应社会主义市场经济需要的，产权清晰、权责明确、政企分开、管理科学的现代企业制度)进行改制，国有中小企业要放开，可以搞股份合作制、承包、租赁，最后还是要落在管理科学上。体制改革和管理科学两者不可偏废，不然企业怎么到市场中去竞争、去拼搏？我国加入世贸组织，关税水平进一步降低，许多非关税的保护措施逐渐取消，我国企业在国际市场上频繁遭遇到反倾销和产品标准等歧视，我国企业的竞争形势变得更加严峻，这就迫切要求企业通过科学的管理来增强自身的竞争能力。这个道理对三资企业和民营企业都是一样的。通过学习管理学和管理科学中的其他分支来提高企业管理人员的管理能力和管理水平就是十分重要的了。

作为企业的管理者，可能来自于基层岗位和技术岗位，他们也需要通过学习管理学来提高自己的管理水平，以应对与过去所不同的要求和环境。

1.3 管理者

1.3.1 管理者的定义和分类

1. 管理者的定义

一个企业有大量的成员从事生产第一线的工作，也有的从事生产辅助性的工作、勤务性的工作，也有的从事管理工作，各有分工。其他的组织也与企业相类似。我们把在组织中从事管理工作负有领导和指挥下级去完成任务职责的组织成员称为管理者。

2. 管理者的类型

(1) 按所从事的业务来区分

管理工作各不相同，可以按具体的业务来区分。很自然，可以按所从事的业务工作来区分不同的管理者，如从事计划工作、统计工作、财会工作、技术工作、人事工作、销售工作等。

(2)按管理者在组织结构中的层次来区分

第一种区分方法的特点是侧重于从事相同的业务工作。但在管理学中研究的是带共性的对象和问题，尽管也研究人事职能、财务管理等，但我们是放在整个管理过程中来研究的。因此，第一种分法就有局限性。如果我们按管理者在组织结构中的层次来区分的话，就可以研究不同的管理者在组织中、管理过程中的地位和作用，而不会涉及具体的业务内容。

高层管理者。通俗地讲就是一个组织的头头们。组织有大小、成员有多少，但只要是代表该组织的那些管理者，就是高层管理者，不必看称谓是什么。大学、中学、小学的校长、副校长，都是他们所代表的那个学校的高层管理者。大公司的头头称总裁或总经理，部门的头头称经理，但这个经理就和一般小公司的头头也称经理就大不一样了。俗话说，“宁为鸡首，不为牛尾”反映了这种差别。高层管理者们除了代表一个组织外，主要是要把握本组织的发展方向、确定长远的目标、与其他组织的沟通联系。

中层管理者。我们通常称为中层干部。他们是一个组织中各个部门的负责人，如公司中的部门经理、企业中的车间主任等。他们要贯彻、执行高层管理者的意图，把任务落实到基层单位，并检查、督促、协调基层管理者的工作，保证任务的完成。他们要完成高层管理者交办的工作，并向他们提供进行决策所需的信息和各种方案。他们的作用主要是上情下达，承上启下。

基层管理者。他们是组织中最下层的管理者，直接面向在第一线工作的组织成员，组织他们按要求去完成各项任务。企业车间里的班组长，职能部门中的科长或股长或组长们。他们所接到的指令是具体的、明确的；所能调动的资源是有限的，为完成任务所必须的;任务也是明确的:带领和指挥下级有效地完成任务。他们要向上级报告任务的执行情况,反映工作中遇到的困难并请求支持,也要起到承上启下的作用。

这种区分方法更能适应一般的情况,对一个只有几名、十几名雇员的私人企业来说,老板也就是管理者,他是直接指挥工人和具体从事管理工作业务的人员,此时相当于一个基层管理者,同时他又代表了这个企业并对此负全责,起到了高层管理者的作用,无非他是集三个层次的管理者于一身而已。

上面讲到一个组织的高层管理者与他们所代表组织的大小无关,但要承认,组织越大,结构的层次越多,此时该组织内的高层管理者和基层管理者的含义不变,只是中层管理者又要分成若干层次。在三个层次的管理者中,中层管理者的情况最为复杂,高层管理者和基层管理者的概念清楚。因此,我们可以把中层管理者定义为处于高层管理者和基层管理者之间的管理者。

以一个活跃在多个经营领域的大公司为例,它可以对每一个经营领域设一个事业部,而事业部管理若干个生产企业,并可设立几个职能部门来分管各种管理工作,如计划、财务、人事、销售等。则该大公司的中层管理者就包括了事业部的总经理、企业的经理、事业部内职能部门的经理、公司本部职能部门的经理。公司的经营领域越多、经营区域越广、规模越大,层次就越多。以美国的通用电气公司为例,它是世界上最大的电器和电子设备制造公司,生产的产品种类繁多,从家用电器到工业电气设备一应俱全,还是一个巨大的军火承包商。通用电气公司在20世纪50年代初就采用了事业部制,一共分为20个独立经营、独立核算的事业部。随着公司业务的不断扩大,组织机构也在不断地调整。到了1963年,公司的机构为五个集团组、25个分部和110个部门。到1967年,又扩充为10个集团组、50个分部、170个部门。到1971年,为了适应市场的激烈竞争,又在事业部内设立了可对产品进行单独管理、便于事业部将人力物力集中使用的"战略事业单位"。到1978年为了应付美国经济停滞不前的局面,在事业部之上又成立了"超事业部"来统辖和协调几个事业部,这样整个通用电气公司分为5个超事业部、9个集团、50个事业部和49个战略事业单位。由此可见,随着经营范围的扩大,机构越来越庞大,层次也越来越多。

这种区分方法又具有一定的相对性。如事业部的总经理在公司里只能算是一个中层管理者,但在自己的事业部内,他就是高层管理者。他在公司总部的协调下,根据总部的发展规划来制订事业部的发展规划,对事业部的经营负全责。

1.3.2 管理者的作用

把不同层次管理者在管理过程中所发挥作用的共同点归纳为以下几点。

1. 人际关系方面

(1) 代表性

任何层次的管理者都有一种代表性,高层管理者代表整个组织;中层管理者代表一个部门;基层管理者代表一个基层单位。但是中层管理者和基层管理者的代表性只在本组织内部有意义。这种代表性体现于管理者可以在相应的正式场合或社交场合中代表自己所在的组织(或部门或基层单位)，与对等的组织进行沟通，在相应的文件上签字等。

(2) 沟通

管理者在管理过程中的主要工作是和人打交道，要向自己的上级汇报任务执行情况，要与同级的管理者交换情况，要向下级布置工作。除此之外，人与人之间也需要交流思想感情。因此，任何一个管理者都要在组织内部与上下左右进行沟通。

通过沟通，可以使信息在组织内部畅通，及时发挥作用；一旦组织做出一项决策，可以在充分交换意见的基础上，统一思想，进而统一行动；在组织成员之间，特别是在上下级之间建立和保持良好的人际关系。

为了使沟通能发挥其应有的作用，提倡沟通的双方要进行双向沟通，即一方把沟通的内容告诉了另一方，另一方要把自己的想法、感受反馈给前者，往复进行。双向沟通较为费时，但起到的作用较大，沟通的效果也好。

(3) 指挥和激励下级有效地完成任务

作为一个管理者，在与下级进行双向沟通中要发挥作用，但沟通并不是目的，而是要通过沟通更好地带领大家去完成组织交给的任务。在这一过程中管理者对下级负有管理的责任，要指挥和激励他们，安排好每个人的工作，协调好彼此间的关系，对每个人的工作要给予指导或进行培训，考核每个人的工作，根据考核标准再给予奖励或惩罚，用各种方法来调动每个人的积极性。这样才能真正担负起管理下级的责任。

2. 信息方面

管理者在信息方面除了要向上下左右传递信息，进行沟通外，还要起到以下作用。

(1) 发现信息

管理者在组织中要接收他人传递来的信息，更重要的是去发现、收集有关自己工作范围内的各种信息，与本组织相关的信息。其来源可以是调查研究的结果，社会公众的反映，报纸、杂志、广播、电视上的消息，出台的政策、法规，公布的统计数据、资料，相关组织或竞争对手的动向。这些有用的信息将对本组织制定发展目标、计划和政策起到极大的作用。

(2) 加工信息

由于了解到的情况可能有水分，或是竞争对手放的烟幕，或是传递环节过多产生了信息的失真，作为一个管理者还有对收集的情况进行加工的责任，进行适当的分析，做到去伪存真、由表及里、由此及彼。

(3) 保持信息渠道的畅通

这有两重含义。一是信息的传递也要是双向的，发送者除了要使信息传递到接收者外，还应能及时收到反馈信息，保证接收者明确无误地收到了。二是要保证信息正确地传递到需要的一方。现在办公自动化的设备越来越普及、性能好、操作方便，为信息传递带来了便利的条件，同时也带来了负面影响，即每个人收到的信息越来越多，造成了灾难性的局面：管理者被淹没在信息的海洋中。管理者要花费大量的时间和精力才能从收到的大量信息中找到对自己有用的信息。信息正确传递，有利于避免这种堵塞现象。

在一个规模较大的组织内部，会存在类似信息中心这样的部门，它的职责除了保证计算机系统的正常运行外，当然是收集、加工、分析、传递信息，但这并不能代替每个管理者在信息方面的作用。

3. 决策方面

一个管理者在自己的工作范围内，总是会遇到各种各样的问题，需要他拿主意、作决定，也就是说在决策方面发挥作用，大致有以下几个内容。

(1) 提出供决策用的方案

遇到了问题，如在自己的职权范围内可以解决的话，他要在几个可以用来解决问题的方案中反复进行权衡，选出合理的方案来做出决策；如需要请求上级帮助和支援时，他也要提出几种可供选择的方案供上级考虑。

(2) 调配资源，实施计划

根据实施计划的要求，管理者调配自己所掌握的各种资源，随着实施过程的进展，及时根据进度和外界环境的变化，调整资源的使用。合理地使用资源，包括资源使用量与时间的配合，才能保证资源使用的效率和任务的完成，以最小的投入获得尽可能大的产出。

(3) 协调好各方面的关系，解决好内部的矛盾和分歧

一个管理者往往要协调好三方面的关系。首先是和上级的关系要协调好，及时向上级请示汇报，争取支持，也要交流各自的思想感情，建立良好的关系。二是要和自己的左邻右舍各个部门的管理者建立良好的关系，以便在工作中发生困难和产生矛盾时，彼此间能相互理解和支持。最后是要协调好下级间的关系，每个人的职责明确，保证在工作中彼此间不推诿、不扯皮，在工作中有矛盾时，认真听取各方的意见，不偏袒任何一方，真正做到一碗水端平，化解矛盾，解决分歧。

以上只是对管理者在管理过程中所发挥的作用按照三个方面，即人际关系方面、信息方面和决策方面进行了归纳。

1.3.3 管理者应具备的素质

管理者要做好自己所承担的管理工作，并获得成功，当然要学好管理学和管理学科中其他相关课程的基本思想、理论和方法，指导自己的管理工作实践，在实践中加以创造性的运用，不断总结，不断提高。做到这一点是完全必要的，但是还不够。基本的技能、优秀的品德、丰富的知识、良好的心理素质以及实践能力等素质也是影响管理者成功的重要因素。

1. 应具备的基本技能和能力

(1) 技术技能

管理者要具备一定的技术技能，要能掌握解决自己分管范围内出现问题的技术和方法。对不同层次管理者的技术技能的要求是不同的。基层管理者的工作明确，管理范围

较窄，遇到的问题较简单、技术性较强、时间性较强，因此他必须是分管范围内的行家里手。随着职务的晋升，层次的升高，管理者的管理范围变宽，直至整个组织，这时，他所遇到的问题往往是全局性的，要综合运用各种知识来解决。管理者应该善于总结，积累解决问题的经验。丰富的经验不但有助于解决某个范围中的问题，也会提供不同的思路，起到举一反三的作用，帮助解决更大范围内的问题。

（2）人际关系技能

管理者要接受上级的领导，要和同级协调关系，要指挥下级，总之要和人打交道，因此人际关系方面的技能是必不可少的。在这方面一是要以诚待人；二是要能设身处地为对方着想；三是说话要有分寸、讲究方式和方法。至于经验，也要在实践中总结。企业中不同层次的管理者对人际关系技能掌握的要求有所不同。相对于较低层次的管理者来讲，高层管理者要在不同的场合、更复杂的情况下与人打交道，更要注意保持自己的形象，视不同对象采取不同的方式，与组织外的人打交道时是这样，与组织内的成员打交道时也是这样。地位越高，越要注意平等待人，不能盛气凌人，不能以势压人。在这方面，层次越高，对掌握好人际关系方面技能的要求也越高。

（3）综合分析能力

管理者应该具备综合分析能力。工作中所产生的问题会以不同的形式表示出来，当我们观察到各种现象时，有的可能是一种假象，有的可能是表面现象。管理者必须要掌握分析、综合的能力，透过现象看本质，在此基础上采取适当的措施，并要充分考虑到这些措施对其他方面可能产生的影响。高层管理者应该具备更强的综合分析能力。因为在其他各个层次的管理者都很好地担当起他们的职责后，出现在高层管理者面前的问题更具全局性、更复杂，涉及的因素更多、范围更广。基层管理者的错误只影响到组织中一个很小的局部，而且在其上级的干预下容易得到更正。而一个企业的高层管理者要是不能正确分析市场的变化，不能及时调整企业的战略，将给企业带来灾难性的后果。从这点来看，企业对高层管理者的分析、综合能力要求是非常高的。

（4）创新能力

面对着不断变化的环境和不断出现的新问题，管理者应具备创新的能力。由于时间、地点、环境的变化，管理者经常会遇到前所未有的新问题，管理者要研究新问题是在什么条件和什么背景下产生的，与以往相类似的问题有什么不同之处，运用自己多方面的知识和经验，进行分析和判断，找出新问题中的内在规律性的东西，进行逻辑推理，再到实践中去验证解决问题的方案，然后总结提高，形成新概念和新思想。

创新包括三层含义：创新是推动经济社会发展的动力；创新是一个过程，从科学技术知识的产生，到产品设计、试制、生产、营销，乃至实现产业化，形成规模经济；创新还是一个体系，包括技术创新、管理创新、组织创新和服务创新等。而具有中国特色的“自主创新”有三种模式：原始创新、集成创新和引进消化吸收再创新。

创新能力有一部分是来自于不断发问的能力和坚持不懈的精神；创新能力还可以在一定的知识积累的基础上，可以训练出来、启发出来，甚至可以“逼出来”；创新最关键的条件是要解放自己。因为一切创造力都根源于人的潜在能力的发挥。越是高层的管理者，他遇到新问题的可能性越多，就越需要有较强的创新能力。尤其是我国正处于不断变革的社会主义建设时期，新情况、新问题层出不穷，需要每个人去进行创新。

上面论述到的管理者应该具有的技术技能、人际关系方面的技能、综合分析能力和创新能力，对不同层次管理者的要求是不相同的，可以用图 1.2 来表明。

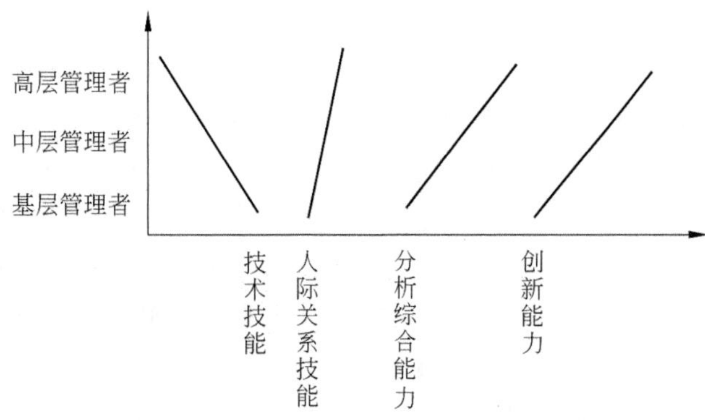

图 1.2　对不同层次管理者的技能要求

案例 1.3　　郭宁的升迁

郭宁最近被一家生产机电产品的公司聘为总裁。在他准备去接任此职的前一天晚上，他浮想联翩，回忆起他在该公司工作 20 多年的情况。

他在大学时学的是工业管理工程，大学毕业获得学位后就到该公司工作，最初担任液压装配单位的助理监督。当时他感到真不知道如何工作，因为他对液压装配所知甚少，在管理工作上也没有实际经验，他感到每天都手忙脚乱。可是他非常认真学习。一方面，他仔细阅读该单位所制订的工作手册，并努力学习有关的技术书刊；另一方面，监督长也主动对他指点，使他渐渐摆脱了困境，胜任了工作。经过半年多时间的努力，他已有能力独担液压装配的监督长工作。可是，当时公司没有提升他为监督长，而是直接提升他为装配部经理，负责包括液压装配在内的四个装配单位的领导工作。

在他当助理监督时，他主要关心的是每日作业管理，技术性很强。而当他担任装配部经理时，他发现自己不能只关心当天的装配工作状况。他还得做出此后数周乃至数月的规划，还要完成许多报告和参加许多会议，他没有多少时间去承担他过去喜欢的技术职责。当上装配部经理不久，他就发现原有的装配工作手册已经基本过时，因为公司已经安装了许多新的设备，吸收了一些新的技术，这令他花了整整一年时间去修订工作手册，使之切合实际。在修订手册过程中，他发现要让装配工作与整个公司的生产作业协调起来是需要有很多讲究的，他主动到几个工厂去访问，学到了许多新的工作方法，他把这些吸收来的东西也写到修订的工作手册中去。由于该公司的生产工艺频繁发生变化，工作手册也不得不经常修订，郭宁对此都完成得很出色。他工作了几年后，不但自己学会了这些工作，而且还学会如何把这些工作交给助手去做，教他们如何做好，这样，他可以腾出更多时间用于规划工作和帮助他的下属工作得更好，以及花费更多时间去参加会议、批阅报告和完成自己向上级的工作汇报。

当他担任装配部经理6年之后，正好该公司负责规划工作的副总裁辞职应聘于其他公司，郭宁便主动申请担任此职务。在同另外5名竞争者较量之后，郭宁正式提升为规划工作副总裁。他自信拥有担任此新职的能力，但由于此高级职务工作的复杂性，使他在刚接任工作时碰到不少麻烦。例如，他感到难预测1年之后的产品需求情况。可是一个新工厂的开工，乃至一个新产品的投入生产，一般都需要在数年前作出准备。而且，在新的岗位上他还要不断协调市场营销、财务、人事、生产等部门之间的关系，这些工作他过去都不熟悉。他在新的岗位上越来越感到：越是职位上升，越难于仅仅按标准的工作程序去进行工作。但是，他还是渐渐适应了该项工作，做出了成绩，以后又被提升为负责生产工作的副总裁，而这一职位通常是由该公司资历最深的、辈分最高的副总裁担任的。到了现在，郭宁又被提升为总裁。他知道，一个人当上公司最高主管职位之时，他应该自信自己有处理可能出现的任何情况的才能，但他也明白自己尚未达到这样的水平。因此，他不禁想到自己明天就要上任，今后数月的情况会是怎么样？他不免为此担忧！

思考题：

1. 在任装配部经理时，郭宁干得很出色，你认为原因是什么？
2. 分析郭宁当上公司总裁后，他的管理职责与过去相比有了哪些变化？他应当如何适应这种变化？

资料来源：http://www.docin.com/9-48635184.html.

2. 要具有优秀的品德

自党的十一届三中全会以来，改革开放，我国的经济建设快速发展。往往在变革的时候、社会向前发展的时候，总会涌现出一大批杰出的英雄人物，其中包括优秀的企业家，同时也总会有昙花一现的人物。这些人物风光一时，最终还是被历史无情地淘汰，究其原因，挡不住金钱的诱惑而贪婪成性、追求享乐而无穷尽地挥霍国家或集体的财富、权钱交易、自我恶性膨胀……根子还是人生观的问题——为什么活在世界上。正确树立人生观是具备优秀品德的首要之点。

一个人具有什么样的品德，核心是他有什么样的价值观。价值观是抽象的，它体现了每个人对周围客观存在的、影响自身发展的各种事物的重要性的看法和评价，从他的思想观念和行为准则上表现出来。中华民族的腾飞将是一个较长时间的过程，振兴中华、匹夫有责，作为管理者更要有强烈的使命感和紧迫的责任感，把小我融合到振兴中华的伟业中去。

把远大的理想落实到本职工作中，怀着强烈的进取心，渴望在管理工作的岗位上有所作为，踏踏实实，勇挑重担，克服种种困难，在工作中作出成绩。

3. 要有丰富的知识

我们已经论述过管理学是一门综合性强的科学，在学习管理学时要涉及许多学科。

在管理工作的实践中，也要接触到管理学科和其他学科的知识。

以企业为例，要做好管理工作就要熟悉本企业相关的许多工程技术方面的知识。计算机在企业中的应用越来越广泛，办公自动化（Office Automation，OA）、管理信息系统（Management Information System，MIS）、决策支持系统（Decision Support System，DSS）等，已经成为管理工作中不可缺少的组成部分，这就需要管理者熟练掌握使用计算机的能力，管理工作中的业务知识；要有心理学方面的知识，用于协调上下、左右的关系，做好人的工作；要掌握政治、经济方面的知识，以学好和掌握好党的方针、政策和国家的有关法规，把握经济发展的规律。

特别要强调的是掌握法律知识。市场经济在某种意义上可以说是法制经济，在市场经济体制中的企业与企业间、企业与消费者间的关系和行为要靠法律来规范。我国在历史上就是一个法制不够健全的国家，在文化大革命以后，特别是近年来，全国人大加紧制定各项法律，各省市人大也纷纷出台了许多地方性的条例，在全国持续展开了法制教育，这都是为了使国家和经济能在一个健全的法律体系中正常运行。与企业有关的法律，如“公司法”、“合同法”、“反不正当竞争法”、“专利法”等越来越健全。企业要在法律允许的范围内运行，需要管理者自觉学习法律方面的知识，同时也要会运用法律武器来维护企业的正当权益，在市场经济错综复杂的情况下，企业被人钻了法律的空子而上当受骗的案例不在少数，这也迫使管理者非要认真学习法律知识不可。

也许你会说，我的本职工作是管理工作而不是去当一个律师，不可能熟知各种法律的条文。但是管理工作需要管理者学习法律方面的知识，建立法制观念，这样一旦有了问题你就去找企业聘请的法律顾问或律师事务所的律师征求意见和寻求法律上的帮助。特别是企业在采取重大行动时，在签订重大合同时，事先都要详细征求律师的意见，避免因可能会出现的漏洞而造成的损失和遗憾。

4. 要有良好的心理素质

一个人具有很高的智商和很强的能力，未必能在他的事业中获得成功，这说明还有一个因素——心理素质起着很重要的作用。而这一点往往容易被人所忽略。

一个管理者在日常工作中可能由于疏忽而造成了失误；也可能在与同事交往中，一片好意被人误解；也可能遇到了新问题，在新产品开发中、在开拓新市场中、在工作中采用新方法时能大胆创新，但未获成功；在解决困难的过程中，遇到了挫折；在与对手竞争中，遭到了失败，等等。诸如此类，举不胜举。此时，首先遇到的问题是：在困难、误解、风险、失败、挫折面前你能否承受住巨大的压力。能，则还有前进和成功的可能；否，为压力所压垮，什么也谈不上。在人的一生中，遭受挫折和失败是常事，而能否以良好的心理素质来承受各种压力就不是人人都能做到的，再加上一些客观原因，事业上的成功者只是少数。

要有很强的自我控制能力。一个人会有顺利的时候、成功的时候，但也会有遇到失败的时候；自己的好主意、好办法，不能被别人接受，甚至遭到拒绝；下级未能按指示办事，把事情办砸了；在工作中、生活中遇到了不顺心的事；到了一个新环境，人生地不熟，焦虑不安。这时人的情绪往往波动大，这就需要有很强的自我控制能力才行，控制情绪、控制言行。在承受压力的同时，也需要自我控制能力。

在工作中要能承受压力，要能自我控制，在个人生活中、在家庭生活中也是如此。但是一个人不可能永远在压力下生活，这就需要自我调节，有张有弛。以乐观的态度看待人生，看待竞争和压力，适时调节一下自己的生活，参加一些娱乐活动，休几天假养精蓄锐。适当地转移一下自己的兴奋点，阅读几本书，做些手工。

除了要具有优秀的品质、丰富的知识和良好的心理素质外，注意自己的穿着、仪表、举止和谈吐也都是必要的。

5. 重视实践

成功的管理者不可能是天生的。承认一个人的天赋在成长过程中的作用，但是更要强调教育和实践的作用。在学校里接受教育，学习各种知识，打好基础。走上工作岗位后，再回学校深造，在工作之余持之以恒的更新和补充知识。因此，接受教育是成长过程中不可缺少的，但又不是为了学习而学习，学是为了用，从这一点上说，实践是成长的关键。

管理者要在事业中获得成功，必须要在管理工作的实践中经受磨炼，积累经验，增长才干，不断学习，不断提高素质，舍此别无他法。

1.4 本书的内容安排

本书共包括两大部分，6 章内容。

第一部分：管理的基本概念，包含第 1 章和第 2 章的内容。第 1 章介绍了管理的概念，什么是管理学和管理者。为本书建立了相关的基本概念。第 2 章介绍了管理思想的形成过程和发展，从中可以领悟到一个基本原理，即管理思想是随着生产力的发展而发展起来的，今后还将继续不断地发展。

第二部分：管理的基本职能。包含了从第 3 章到第 6 章，分别介绍了管理中的四个职能，即计划职能、组织职能、领导职能和控制职能，从而掌握管理工作中具体内容和管理的过程。

这 6 章内容的关系可用图 1.3 来表示。

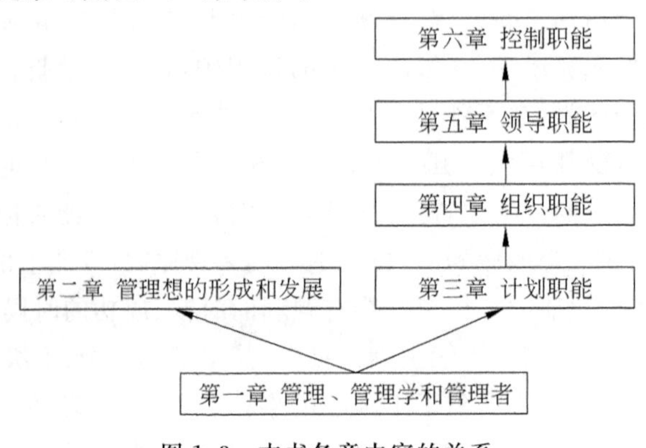

图 1.3 本书各章内容的关系

讨论案例

案例1.4　研发部经理不好当

引言

李聪是中日合资企业华方公司最年轻的部门经理。现在他心情十分不好，就在刚才研发一科的科长王先向他递交了辞职报告。王先与他同年来到公司，既是他工作的得力干将，又是他大学的同班同学。这个辞呈让他很受打击。这半年多来，研发部士气低下，已经有三位跳槽去了外企。李聪上任才半个月，正是需要支持的时候。王先自己走了还不算，临出门时留下句话：这里没有多大发展前景，研发部经理这个位置没法当，别把技术也丢了，我建议你也考虑换个公司。

华方公司

2001年9月中日合资华方（北京）技术有限公司（简称华方公司）成立，主要从事TLCD面板的生产和销售，现有员工800多名，产品制造量位居全球前五名，主要客户有西门子、首信、东信、康佳等。最近两年华方在无锡与石家庄两地投资几十亿元人民币建立了两个制造企业。随着公司市场规模不断扩大，产品的种类得到了拓展，已经有了良好的品牌效应和制造平台，并且形成了稳定的研发队伍。但是在发展的过程中，公司也面临供应链不稳定，市场企划与技术规划力量不足等问题。近年国内市场竞争加剧，2008年公司提出了开拓国际市场的目标。

华方公司在总经理下设四个部门，包括制造部、商务部、综合管理部以及研发部。其中，研发部下设研发一科、研发二科和结构科三个业务部门，以及两个管理部门：研发管理科和产品技术科。研发一科与研发二科是根据客户所在区域划分的平行部门，它们在作项目时，会各自与结构科共同工作，开发设计图纸，这三个科的成员都围绕项目进行组织，成员多数为专业对口的大学本科毕业生。管理科是常设的机构，主要的工作包括研发分工、资产管理、项目评估、部门运行统计等十几项管理工作，该部门的成员学历较低，多为大专，每个人有清晰独立的工作内容，不像其他科，人员之间需要配合工作。

研发部的发展历程

华方公司投入研发是制造业竞争激烈所逼迫。2002年到2003年，华方公司是仅加工黑白显示模块的代工企业；2003年1月到6月，公司开始进入国产化阶段，一些部件开始由国内供应商提供，当时国内技术一片空白。2003年8月，为了摆脱技术受控，提高量产合格率降低成本，公司决定开发产品的测试系统。从生产技术部临时抽调4位年轻的技术骨干成立了LCM驱动小组，分别担当了硬件、软件、结构方面的设计工作，每天工作14个小时，于9月底攻克了难关。

2004年夏天，手机市场对价格和研发速度的要求异常迫切，代工模式面临挑战，业务出现滑坡，公司决定投入开发适用于量产的测试技术，成立了W项目团队。得到采购部、生产技术部和客户的全力配合。成功申请专利，拥有了自主知识产权。公司从单纯的OEM企业开始了转型。拥有了自有知识产权的技术，生产成本降低，在2004年一些国内OEM企业陷入困境时，华方公司依然得到了不错的利润回报。

此后，研发部门每年从应届毕业生中招进一些技术人员，并从生产技术部等其他部门调过来一些人员。目前已经有5个核心研发团队，53位技术人员，员工总数达到72位。研发部近年的工作主要包括开拓产品类别，改良现有产品。2008年公司提出了在技术上进行突破，进入中尺寸领域；将市场从国内扩展到国外，成为索爱、LG等国外一流企业的供应商。

李聪的两位上级

李聪在公司员工的眼里是一个幸运儿，是2003年参与研发的4位技术人员之一，受王健赏识被迅速提拔。王健是西北大学的经济学学士，加入华方的母公司华顺集团，在国贸部从基层做到了部长的职位，后受命组建华方公司。2005年被总部调去另一新公司任老总。王健是个大高个，性情爽朗，平时不苟言笑，有种天生的领袖魅力，年轻人都喜欢他。公司成立之初，多数员工都住公司临时租的楼房。清晨他会开车顺路在员工楼前停车等候前来搭车的员工，尤其在下雨天。但是工作中的事他会一查到底，绝不放过，批评时不讲情面。王健对研发工作非常重视，自己兼任部门经理，在大会小会上反复提出要重视研发，要市场与研发一起上，要自主创新摆脱技术依赖。王健在时研发部的成员每天工作十几个小时，每个月拿着1500多元的低工资，办公室里灯火通明，充满干劲。

王健走后，研发部的经理由日方指派过来，他就是40岁的松本一郎。松本一直在日本工作，精明利落，专业技术很强，非常敬业。研发部大大小小的会议，他从没有迟到过一次，如果是他主持，与会者保准会提前拿到相关会议材料。有一次研发一科的王彬前天晚上加班睡过了，早上9:15的会议上晚来了10分钟，松本就让他站了15分钟。此后，开会拖沓的现象没有了。2006年松本在公司的ISO9001认证工作中主持了研发流程与研发制度化建设工作，对研发部的内部管理做了不少实事。但是研发部的人似乎不愿接触松本。有时，松本也想通过部门的K歌和外出春游等活动与大家处得轻松些，但是每次他一到，员工不敢随意说笑。李聪当时任研发二科的科长，在工作上与松本合作不错，而且相对其他人，李聪与松本的沟通比较充分，两人虽谈不上私交，但是松本对李聪的技术能力与沟通能力很欣赏，并且信任李聪。松本回国后，李聪被提到部门经理的位置。

“研发部的工作量太轻”

李聪当上这个经理后，有点迷茫。研发部经理的工作忙是忙了些，他感觉没有什么他应付不了的，但是当前的工作对他没有多大挑战，不过薪水很不错。他感觉有劲使不上，问题好像在人的管理上，好像又不是。自从李聪当了研发部经理，他就开始关注员工言行，琢磨如何与人沟通，进行管理。如果谁做得不好，通常他会用温和的方式来解决。部门员工都比较年轻，李聪的技术又好，而且为人随和勤奋，与员工相处不错。但是，队伍并不稳定。有天中午，李聪穿过大办公室时，向机位上瞄了一眼，发现有人在网上浏览职业信息。而且，过了晚上七点人就走光了。按理说公司的薪酬还是有吸引力的，但是年轻人总是好高骛远的，或者说是想要更多的挑战。

目前研发人力全部投入在定制式项目订单中，项目订单是商务中心从客户那里争取来的，这样的订单对研发部提出的要求只有一个：降低成本。90%的客户问题研发部门可以在一天内解决，只有一小部分难题需要一周时间解决，也有极少数的问题可能最终解决不了。该产业的技术更新换代速度快、项目规模小数量多，而且公司对研发人员的绩效是根据部门项目订单完成情况来调拨。研发部的人基本上就是围着订单转。许多研发工作已经成为例行的工作。在一次经理例会时，生产技术部的经理在会上抱怨生产技术部工作量超载，顺带提出研发部的工作量太轻，是否可以抽几个人过来，被李聪当场反驳。外面人对研发部有意见，研发人员对其他部门的人也不是没有抱怨。

“研发部真没有地位”

李聪记得有一天在公司餐厅遇到工程师小方，看他一脸沮丧。询问之下小方很委屈地说：“我们研发部门真没地位，在我们这里商务部的人就是大爷，出了问题也没人替我们说话。”原来，根据流程要求，质检部门要求研发部只有接到商务部签发的客户确认书后，才可以进行研发，但是商务部的客户确认书往往不能及时下发，为此产生的时间滞后，对制造部门的生产周期要求必然提高，制造部门返过来责备研发部门为何不能提前进行产品设计。这一次，小方所在的项目团队就因为这方面的原因和商务部产生了争议，小方当时情绪激动，和对方拍了桌子，说了一些不好听的话。

事后商务部的钱经理告到松本那里，松本就不留情面地训斥了小方：“你要做的是反思自己的工作，商务部是我们的内部客户，工作上的事岂可争辩推诿！今天的行为你要好好思过”。小方十分委屈：“明明是商务部的人不讲理，挨训的人却是我这个工程师。我连解释的机会也没有。只有我们研发部门的流程是被控制的，商务部门的流程却不受控制。他们怎么不像我们部门一样，对外宽对内严呢，这根本就是不按原则做事。我们拿的是公司的平均工资，不像商务部还有提成。他们光待遇好责任低，凭什么要高我们一等！”

李聪知道小方说的事其实不止一次发生过。比如，在量产前往往会有研发设计变更，但是商务部根本不让研发部门参与量产的审批，而一旦研发部门变更了设计带来了产品规格的变动，商务部门必定抱怨是研发部的工作导致了需求不能得到很好满足。而且在认证一个部件时，商务部的采购人员要求研发部必须提交采购申请单，否则不列入采购日程。但是研发部门要求的采购确认单却没有人回复。对此，研发部人员只有通过不断地电话询问，对方的态度也不太好，研发人员有时心里感觉很憋气。更令人生气的是，采购部门没有经过认证就实施采购，造成了滞料，严重影响了利润率。收拾烂摊子的事由研发部与生产技术部干，商务部的人按着销售额照拿不菲的奖金。商务部这种强人作风，李聪认为同部门领导的强硬作风有关。

霸气的钱经理

商务部钱经理深得总经理的欣赏。钱经理口才极好，已经归纳出许多口号，比如目前提倡的“大鱼吃小鱼”、“质量与速度并重”、“整合社会资源，以规模取胜，以速度取胜”等观点深得杨总的心意。钱经理曾在一次重要会议上，公然评价研发部门“没有技术”，提出对于公司现阶段而言可行的路径是技术跟随战略，而不是作技术创新。在市场需求旺盛的时候，公司的口号也一度由“为市场服务”转为“为出货服务”。钱经理认为技术不是公司的强项，投入巨资就是做出专利又能怎么样。

钱经理的观念在公司很有市场，拿下订单，顺利出货是公司的关键业务。李聪很不以为然，企业没有研发谈何竞争力。但是研发部的现状，要压下钱经理的气焰还得努力。去年来了个洋博士，在这里骄傲地待了没两个月就走了。现在的研发部，李聪的技术才干是最出色的，研发部有什么解决不了的难题，都是李聪出来解决，李聪每天要工作十多个小时。上任研发部经理时，杨总让李聪每个月给他提一份发展建议书，李聪一有空就琢磨如何管好研发部，真是有些时间不够用的感觉。

尾声

上午杨总召集经理们开了一个会，向他们传达一个意见，希望重新对两年前被大家漠视的 F 项目进行研发。李聪清晰地记得当时商务部钱经理对于做这个项目极力反对，认为当前国内供应商的现况，投资做 F 项目是纸上谈兵。李聪前两天还听说华方的一个主要竞敌也开始投入这个项目，大量招兵买马。李聪感觉很头痛，当前研发部的情况如果不改变，F 项目很难出色完成。记得在上周五的研发部业务研讨班上，李聪看到大家心情比较放松，难得时间又较为宽裕，就询问道：“研发部的工作要靠大家一起努力，如果大家对部门有什么建议，可以提出来，我们一起沟通解决。”但是当时所有的人都不言语，还是小方打了圆场，现场传阅了最近他在供应商展会上得到的技术信息。面对这令人泄劲的场面，李聪耳边响起了当年王总带领他们几个人挑灯夜战时说的那句话“永不言败、永不言累、永不言难、永不放弃”。现在有了研发部，有了队伍，却没了干劲，李聪在心里说研发部经理不好当。

思考题：

1. 李聪在公司中扮演了哪些角色？
2. 李聪遇到了怎样的困境？造成此局面的可能原因有哪些？
3. 请你给李聪提一些解决问题建议。

资料来源：http://www.chinadmd.com/fire/oaa66psxxi3ueivuzewsewis_1.html.

本章小结

管理是人类生活中最常见、最普遍和最重要的活动之一。大到一个国家的治理，小到家庭和个人，都面临着同样性质的管理活动。然而不同领域、不同范围的管理活动又各不相同。在人类社会发展过程中，许多管理学家就“什么是管理”提出了自己的见解。虽然各学者对管理的定义各不相同，然而管理的重要性却得到了普遍认可。从生产力水平低下的庄园经济到生产力水平高度发达的市场经济时代，这一观点贯穿了整个人类发展历史。

管理既具有社会化大生产这一自然属性，又体现出生产关系这一社会属性。

经过历代管理学家的抽象，管理渐渐形成一门学科：管理学。管理学是一门系统研究管理活动的普遍规律、管理基本原理和一般方法的科学。有综合性、实践性强、不精确等特点；既是一门科学又是一门艺术。研究管理学主要用辩证唯物主义和系统科学的观点和方法。

管理者是从事管理工作负有领导和指挥下级去完成任务职责的组织成员。管理者按照不同的方法有不同的分类，一般可以根据其在组织结构中的层次来区分为：高层管理者、中层管理者和基层管理者。虽然不同层次的管理者在管理过程中所发挥的作用不同，但是不同层次的管理者也有其共性，这些共性主要体现在人际关系、信息和决策三个方面。这也决定了一个管理者应该具有的技能：技术技能、人际关系技能、综合分析能力和创新能力等。

管理者要在事业中获得成功，必须要经受磨炼，积累经验，增长才干，在管理工作的实践中不断成长。

第二章 管理思想的形成

学习目标

学习本章之后，你应该能够：

1. 了解管理思想形成和发展。
2. 了解管理思想的早期和萌芽阶段。
3. 了解泰勒的贡献。
4. 熟悉科学管理的内容，以及法约尔的管理职能和管理原则。
5. 了解霍桑试验。
6. 了解梅奥德的人群关系理论。
7. 了解现代管理理论的基本思想。

开篇案例

案例 2.1　齐鲁石化的"信得过"管理

齐鲁石化公司是一个现代石油化工生产的企业，由于这种行业具有特殊性和危险性，公司一开始就实行从严从实管理，制定岗位操作要求，实行公司、厂两级的检查和奖惩制度。1990 年 7 月，公司所属烯烃厂裂解一班工人提出"自我管理，让领导放心"的口号，并提出"免检"申请。公司抓住这一契机，在全公司推广创"免检"活动，并细化为一套可操作的行为准则：(1)工作职责标准化；(2)专业管理制度化；(3)现场管理定量化；(4)岗位培训星级化；(5)工作安排定期化；(6)工作过程程序化；(7)经济责任和管理责任契约化；(8)考核奖惩定量化；(9)台账资料规格化；(10)管理手段现代化。

公司开展"信得过"活动，是企业基层以及整个企业的管理水平有了显著提高。主要表现在：(1)职工的主人翁意识普遍增强，实现了职工从"我被管理"到"我来管理"，群众性从严管理蔚然成风。(2)基层建设方面明确了由专业管理制度、管理人员职责范围和工作标准、班级岗位十项规章制度等三方面构成，使基层管理水平有了明显提高。(3)星级管理使职工主动学技术、技能，努力成为多面手；对管理装置工艺流程全面了解，提高了处理本岗本系统突发事件的应变能力，事故发生率大幅度降低。(4)企业经济效益显著提高。

思考题：

1. 齐鲁石化的"信得过"管理采用了哪些管理的基本方法？

2. 从齐鲁石化例子，分析企业应如何坚持以人为中心的管理。

资料来源：http://www.wenku.baidu.com/view/c2a3are9856a561252d36f81.html.

2.1 管理思想的形成和发展阶段

管理思想的产生可以追溯到世界上有了人类的时候，随着人类社会的进步管理思想逐步发展起来。发展阶段大致可以分为五个，即早期管理思想、管理思想的萌芽阶段、古典管理理论阶段、新古典管理理论阶段和现代管理理论阶段。

2.1.1 早期管理思想（18 世纪以前）

原始社会的生产力水平非常低，人们为了在恶劣的自然环境中生存，必须集体从事生产活动，如在狩猎时需要由一群人来合作进行，有的从事驱赶、有的挖掘陷阱、有的担任射杀任务，捕获了猎物后进行分配等等，这些活动都需要人们组织起来协调进行，实际上这就是管理活动。

一直到 18 世纪，在这漫长的历史时期，生产力增长十分缓慢，庄园式的自给自足的农村经济和作坊式的手工工业，基本上都是以家庭为单位进行的，家长在从事生产活动的同时进行简单的管理工作。尽管在古代，中、外都有一些浩大的工程，其组织工作的复杂连今人也都自叹不如。毕竟在当时的历史条件下虽有管理活动和管理实践，但无法形成系统的管理思想。

2.1.2 管理思想的萌芽阶段（18 世纪—19 世纪末）

早在 14 世纪至 15 世纪，欧洲就产生了资本主义的萌芽，英国、法国先后爆发了资产阶级革命，推翻了封建地主阶级的统治，为生产力的进一步发展扫清了障碍。经过 18 世纪到 19 世纪的工业革命，才最后确立了资本主义。

1733 年，英国人约翰·怀亚特发明了纺织机，机器的大量使用使手工作坊向工厂发展，大量的工人在一起从事生产活动，社会生产力大大提高。工厂制逐渐替代了手工作坊，也带来了一系列的新问题，在专业化生产的条件下不同岗位的工人彼此之间如何协调工作，工人与机器之间、机器与机器之间如何配合，怎样对工人进行培训、激励和管理等，这些问题与手工作坊的管理完全不同。在这样的背景下，管理工作中的计划、组织、控制等职能逐渐形成，同时专门从事管理工作的管理人员从工人中逐渐分离出来，在实践的基础上开始形成管理思想。同期出版的许多著作也开始探讨管理思想。

2.1.3 古典管理理论阶段（19世纪末—20世纪30年代）

随着生产力的提高，整个社会发生了巨大的变化。技术进步加快，企业的规模越来越大，遇到了中、小型企业发展过程中没有遇到过的问题，如效率低、管理困难、机构如何设置，怎样运用一套完整的、科学的管理思想和管理方法来解决这些管理上的新问题，使之与迅速扩大的生产力相适应。

工厂主靠自己的经验，采用传统的方法进行管理，为了能获取更高的利润，往往采取延长劳动时间、加大劳动强度的办法，这样做必然激起工人的反抗，引起劳资双方关系的紧张。单靠经验的传统管理方法不行，迫切需要通过改进管理来缓和劳资之间的矛盾，同时使工厂主获得利润。

在上述原因的推动下，许多管理者和工程师进行了改进管理的研究。其中以泰勒为代表，成就显著，被后人尊称为“科学管理之父”，他的代表作是1911年发表的《科学管理原理》一书。在这一阶段，管理学逐步形成。

2.1.4 新古典管理理论阶段（20世纪三四十年代）

泰勒的科学管理理论和方法得到了广泛的运用，对提高劳动生产率起了很大的作用，但是科学管理思想的特点是重视物而轻视人的因素，把人看作机器一般，强调对工人严加管理，以规范化和标准化的措施，辅以金钱的刺激来提高劳动生产率，而没有顾及工人在社会生活中与他人之间的交往和精神上、感情上的需求，其结果并没有有效地提高劳动生产率，反而引起了工人的不满和反抗。

随着科学技术的进步，企业的生产规模不断扩大，工人的文化水平和技术水平都有了提高，在这种情况下采用严格管理和金钱刺激就失去了过去所能起到的作用。在新形势下需要研究人的因素，研究怎样才能调动工人的积极性，从而提高劳动生产率。

当初为了验证生产环境对工人劳动生产率的影响，于1924年开始在位于美国芝加哥郊外的西方电器公司霍桑工厂进行了试验。但是试验的结果却发现与原来的想象并不一致，那么到底是什么因素与工人的劳动生产率有关呢？于是西方电器公司邀请了哈佛大学心理学家梅奥(Gearge. E. Mayo)和罗特利斯伯格(F. J. Roethlisberger)从1926年开始重新进行了试验，一直到1932年结束。这就是管理思想发展过程中具有重要意义的“霍桑试验”，并在此基础上创建了“人际关系学说”。

这一阶段管理思想的特点是把人看作是社会的人，研究与人相关的社会因素。

2.1.5 现代管理理论阶段（第二次世界大战后）

第二次世界大战后，许多国家都致力于本国经济的发展，科学技术迅速发展，生产规模急剧扩大，生产的社会化程度日益提高，这一切都推动了生产力的迅速发展和对管理研究的进一步深入。许多学者结合前人的经验和理论，从不同的角度出发对管理进行多方面的研究，提出各种不同的分析方法和思想，产生了多种管理学派，出现了“管理理论丛林”现象。这种现象的出现说明了管理受到社会各界广泛的重视，大家都来进行研究，出现了“百家争鸣”的局面，这些学派之间互相补充，从各个方面来阐述管理中的各种有关问题，极大地丰富了管理思想和管理科学。

这一阶段的另一个显著特点是，数学在管理中得到了日益广泛的应用，主要是运筹学(Operational Research，OR)。在第二次世界大战期间，英国为了使其有限的空中力量能与德国大规模的空中力量相抗衡，并取得最佳战果，于是请数学家来解决空中力量的最优配置问题。无独有偶，当时美国组织了盟国的船队穿越大西洋向英国等欧洲盟国运送弹药、给养等军需品和人员，船队在大西洋遭到了德国U型潜艇肆无忌惮的攻击，损失惨重。怎样配置和协调使用飞机和水面舰艇来护航，以至于如何确定深水炸弹的最佳爆炸深度，来提高盟国船队的生存概率，成了亟待解决的重要问题。在数学家的帮助下，运用数学方法圆满地解决了这一难题。第二次世界大战中发展起来的运筹学在战后得到了广泛的应用，特别是在管理工作中。

运筹学是一种定量的科学方法，它研究的是在一定条件下，统筹安排各个环节、各个活动，从许多可行的方案中去选择一个使目标最好的方案，达到最好的效果或最高的效益。在计划、决策和控制等方面能发挥很大的作用。

数学模型在管理工作中得到越来越多的应用，加上计算机技术的迅速发展，促进了管理科学的进一步发展。

管理思想发展阶段的划分并不是绝对的。从不同的研究角度出发，划分的阶段数不一样，起止年代也可能不一样。一个阶段的主导管理思想往往孕育于前一个阶段之中，如对人的心理因素研究就早在以泰勒为代表的阶段中就开始了，只是霍桑试验对人类行为的研究起了巨大的推动作用。

案例 2.2　管理的理论流派

某大学管理学教授在讲授古典管理理论时，竭力推崇科学管理的创始人泰勒的历史功勋，鼓吹泰勒所主张的“有必要用严密的科学知识代替老的单凭经验或个人知识行事”的观点，并且宣传法约尔的14条管理原则。后来，在介绍经验主义学派的理论时，这位教授又强调企业管理学要从实际经验出发，而不应该从一般原则出发来进行管理和研究。他还说，E. 戴尔(Ernest Dale)在其著作中故意不用“原则”一词，断然反对有任何关于组织和管理的“普遍原则”。

在介绍权变理论学派的观点时，这位教授又鼓吹在企业管理中要根据企业所处的内外条件随机应变，没有什么一成不变、普遍适用的“最好的”管理理论和方法。

不少学生却认为这位教授的讲课前后矛盾，胸无定见，要求教授予以解答。教授却笑而不答，反倒要求学生自己去思考，得出自己的结论。

思考题：

1. 你是否认为教授的上述观点是前后矛盾的？为什么？
2. 管理学究竟是一门科学，还是一门艺术？

资料来源：http://www.doc88.com/p-38261851633.html.

2.2 管理思想的早期和萌芽阶段

2.2.1 早期管理活动和管理思想

自从有了人类，就有了分工协作和组织管理工作。尽管生产力低下，但在严密的组织和管理下，无论在外国还是在中国都出现过宏伟的建设工程，著名的埃及金字塔和中国的万里长城就是最好的例证。

1. 国外古代管理活动和管理思想

在公元前 5000 年左右，古埃及人建造了世界七大奇迹之一的大金字塔。据考察，建造大金字塔共耗用万斤重的大石块 230 多万块，动用了 10 万人力，耗时 20 年。在浩大的工程中先干什么、后干什么，每个人每天都干什么活，采石、运输、砌石等工作之间如何协调等，涉及一系列的工程设计、组织施工、工程管理等方面知识。组织管理工作的严密和卓有成效，连我们现代人也要叹为观止。

古罗马帝国兴盛时期，疆域辽阔，包括了整个欧洲和北非，人口五千万，治理这样一个庞大的帝国谈何容易。公元 284 年，当时的皇帝戴克利先把整个帝国分成 101 个省，这些省归并为 13 个区，再进一步归并为 4 个大区。皇帝自己兼任一个大区的领导，再委派 3 个助手分别管辖余下的 3 个大区。大区的首脑委派领导各个区的总督，再由总督委派领导各省的省长。省长只管本省内的民政，而不统率军队。这样做使省长既无法以军队来反抗中央政权，又能根据当地的特点来治理好本省。这种政权的组织形式使罗马皇帝能号令整个帝国并保持了帝国的稳定。

与此类似，罗马天主教的组织结构基本上是在公元 2 世纪建立的，教会的最高权威集中于罗马，教会有一个简单的权力结构，至今这种结构基本上没有什么变化。

除了上述有代表性的人类管理活动的实践外，在古代的各种著作中可以见到许多有关管理思想的论述。

《圣经》中有一段记载，希伯来人领袖摩西的岳父对摩西事必躬亲的做法提出了批评，说：“你这种做事的方式不对头，你会累垮的。你承担的事情太繁重，光靠你个人是完不成的。”然后提出建议：“你应当从百姓中挑选出能干的人，封他们为千夫长、百夫长、五十夫长和十夫长，让他们审理百姓的各种案件。凡是大事呈报到你这里，所有的小事由他们去解决，这样他们会替你分担许多容易处理的琐事。如果你能这样做，这是上帝的旨意，那么你就能在位长久，所有的百姓将安居乐业。”

公元前 2000 年左右，古巴比伦国王汉谟拉比建立了强大的中央集权国家，并颁布了有 282 条法规的《汉谟拉比法典》，其中有许多条款对人的行为和活动作了规定，以此来调节人与人之间的关系和规范个人的行为。

公元前 370 年，希腊学者瑟诺芬以做鞋为例，一个人缝鞋底，一个人进行裁剪，另一个人制作鞋帮，再由一个人把鞋的各部分组装起来，指出一个从事高度专业化工作的人一定能工作得最好。这种思想和 19 世纪初泰勒提出的专业化分工的思想几乎是一致的。

到了 16 世纪，意大利一位著名的思想家和历史学家马基亚维利（Niccolo Machiavelli）在其多部著作中阐述了许多管理思想，具有较大影响的是他提出了管理四原则。

（1）群众认可

所有的政府能否持续存在要依赖于群众的支持。即权力是自下而上的，而不是自上而下的。

（2）内聚力

要使国家能持续存在，必须有内聚力。一个君主要依靠自己的朋友来维持组织的统一并使自己的事业获得成功。同时，要使人民确信自己的君主是值得信赖的，也知道君主期望于他们的是什么，有明确的责任性。国家要有固定的法律和政策来维持稳定。

（3）领导方法

君主要通过努力刻苦的学习来掌握领导方法。一个君主要以自己的榜样来鼓舞自己的人民，振奋精神，在国家遭受侵略时，能使人民团结在君主的周围同仇敌忾。要能与各个集团打成一片，又要处处维持尊严。要奖励那些对国家有益、作出贡献的人，保证公民受到公正的对待，以此鼓励公民从事各种职业。能明智地利用各种机会，能顺应时代的潮流。总之，作为一个君主要有特殊的能力。

（4）生存意志

要有强烈的生存意志，在困难的时候能坚韧不拔，为国家的生存而奋斗。

马基亚维利所说的原则适用于君主领导和管理一个国家，同样适用于管理一个组织，在管理思想的发展中起了相当大的作用。

2. 中国古代的管理活动和管理思想

万里长城始建于公元前 200 多年，动用人力几十万，历时 100 年。东起河北省的山海关，西止甘肃省的嘉峪关，横跨河北、北京、山西、内蒙古、陕西、宁夏和甘肃七个省、市、自治区，蜿蜒于崇山峻岭之中长达 6700 公里。这样浩大的工程靠严密的组织，完善的管理才得以完成。据《春秋》记载，当时的计划十分周到细致，不仅计算了城墙的土石方量，连所需的人力、材料，以及从何处征集劳力，他们往返的路程、所需口粮，各地应担负的任务也都一一明确分配。万里长城不仅是古代中国人民留给世界的一个奇迹，也是古代中国人民最好的管理实践。

在宋真宗祥符年间，由于皇城失火，宏伟的昭君宫被烧毁，大臣丁渭受命全权负责宫殿的修复。这在当时，工程浩大，不仅要进行完整的施工设计，还要解决诸多的困难：清理废墟的垃圾无处堆放、烧砖烧瓦无处取土、大型木材石料运输极其困难。丁渭对此提出了一个巧妙的方案：先在宫殿前的街道挖沟，用取出的土烧砖烧瓦；再把京城附近的汴水引入沟渠中，形成一条运河，用船把各地的木材石料等建筑材料运到宫前，解决了运输问题；最后沟渠撤水，把清理废墟的碎砖烂瓦就地回填，修复原来的街道。这个方案合理、高效的同时解决了三个问题。这是中国古代成功的一次管理实践。

中国古代的许多著作都有管理思想的论述。

春秋战国时期，杰出的军事家孙武的《孙子兵法》共 13 篇，充满着辩证法的智慧，许多策略思想不仅在军事方面能发挥巨大作用，在管理上也有重要意义。今天日本的许多公司把《孙子兵法》作为培训经理的必读书籍。

战国时期的另一部著作《周礼》对封建国家管理体制进行了理想化的设计，内容包括了政治、经济、财政、教育、军事、司法和工程各个方面。特别是对封建国家的经济管理方面的论述和设计都达到了相当高的水平。

孙膑运用运筹学和对策论的思想，帮助田忌在赛马中胜了齐王。齐王和田忌赛马，各出三匹，每匹马赛一场，共赛三场。胜数多者获胜。然而齐王具有优势，因为两人的三匹马分别以速度快慢依次排一、二、三后，齐王的三匹马都分别比田忌的三匹马快一些，如果这样比赛，齐王要以三比零获胜。孙膑为田忌出主意，以己方最慢的马对齐王最快的马，以己方最快的马对齐王第二快的马，以己方第二快的马对齐王最慢的马，结果田忌以二比一的优势获胜。

中国古代关于领导艺术、经济管理方面的思想可以在许多著作中找到，如《孙子兵法》、《周礼》、《墨子》、《老子》、《齐民要术》、《天工开物》等，极大地丰富了管理思想。

2.2.2 工业革命推动了管理思想的发展

工业革命促进了生产力的较大发展，工厂制的建立对管理提出了许多新问题，这一时期的许多人从各方面对管理工作进行了研究，推动了管理思想的发展。

1. 劳动分工

英国政治经济学家亚当·斯密(Adam Smith)于1776年发表的《国民财富的性质和原因的研究》(以下简称《国富论》)中以制针业为例说明了劳动分工提高了劳动生产率。

一个受过训练的工人独自完成制针的全过程，最快每天也不过制作20根针。如果将制针分解成许多单一的作业，由几个工人分别来完成其中之一的作业，拔丝、矫直、切段、磨针尖、在另一端钻孔做针鼻……则平均每个人每天可以制针4800根。

斯密分析了其中的原因，劳动分工使每个人只从事单一性和重复性的作业，提高了技巧和熟练程度，节省了从一种作业变换到另一种作业所耗费的时间，有利于发明专门使用的机器，更进一步节省了时间。今天广泛采用的专业化工作和专业化生产无疑与斯密的劳动分工可以提高劳动生产率的思想是一脉相承的。

斯密通过对社会经济活动的研究，提出了如下的观点：人们在经济活动中出自追求个人利益的目的，必须顾及他人的利益，形成了共同利益的基础，由此推动了社会的发展，每个人在经济活动中追求个人的经济利益，即是“经济人”的观点构成了当时管理活动的一个理论基础。

英国的数学家查尔斯·巴贝奇(Charles Babbage)在几年时间里走遍了英国和欧洲的许多工厂研究管理问题，1832年出版的《关于机械和制造的经济效益》一书中，他把管理问题分为制造的经济原理和制造的机械原理来进行研究。在有关经济原理的研究中，他强调劳动分工的有效性，通过劳动分工可以节省训练时间，减少训练中所耗费的材料，节省了从一道工序转向下一道工序所需的时间，不必改变所用的工具而节省了时间，通过反复进行同一类的作业而使技术熟悉并加快了工作速度，便于改进和发明工具和机械。

2. 企业所有权和管理权的关系

亚当·斯密在《国富论》中认为企业的所有权和管理权一般是分开的，特别是当赚钱的时候更是如此。

法国经济学家萨伊(Jean Baptiste Say)首先提出除了土地、劳动力、资本外，管理是生产的第四个要素。并且指出，有些企业家由于同其他人合伙或借入资本而只拥有企业的部分所有权。此时，这类企业家承担起了经营这个企业的责任，要雇佣工人、购买原材料、寻求消费者、保持生产的正常进行，经营企业要冒风险，他就必须负全责来监督和经营企业。这样的企业家只有部分的所有权，却掌握企业全部的经营权。

3. 管理的职能

许多经济学家都各自提出了管理工作中的一些职能。

如：萨伊强调计划职能的重要。塞缪尔·纽曼(Samuelp Newman)在1835年出版的著作中认为管理人员的职能是"计划、安排和实施各种不同的生产过程。"劳伦斯·劳克林(Lawrence Laughlin)提出"管理人员选择厂址，控制财务，买进原料并卖出产品，同工人打交道，给工人安排任务并进行劳动分级，注意市场动态，知道什么时候应该出售产品，什么时候应该保留自己的产品，能够满意地找出什么是买主真正需要的，并使自己的货物适合于这种需要。"

有一些经济学家则注意到了组织职能和对职工的培训。范布伦·邓斯洛(Van Buren Denslou)在1868年出版的《社会、政府和工业的经济哲学原则》中指出："雇主从属于公众，而每一雇员从属于自己的雇主。这样，整个企业的力量才能从事于满足公众需要的工作。这就是工业中的组织。"弗朗西斯·鲍恩(Frances Bowen)则强调了命令统一原则，"任何一个大企业要取得成功，其主要条件是要有一个行政首脑，而且要是一个很能干的行政首脑。"埃米尔·德·拉维勒耶(Emile de Laveleye)指出："通过对一无所有的工人的训练来帮助他们，是劳动力雇主的责任。""政府首先应关心建立一些训练良好的工业管理人员的机构。"艾尔弗雷德·马歇尔(Alfred Marshall)则在1892年出版的《工业经济学原理》一书中提出："在培训工人的能力方面的投资费用不论是由谁来负担，这种能力都将成为工人自己的财产，而那些帮助工人的人的美德，就将主要成为它本身的报酬。"

4. 管理人员应具备的品质

塞缪尔·纽曼(Samuelp Newman)在1835年出版的《政治经济学原理》中认为："要成为一个好的企业家，需要有一些品质，而这些品质，很少发现在同一个人身上都具备。他应该具备不寻常的远见和深思熟虑，使他能很好地制订计划。他在实施计划时必须有不屈不挠和坚持目标的精神。他还必须常常监督和指挥别人的工作。为了做好这项工作，他必须既谨慎又有决断。为了成功地从事某些生产工作，既要有丰富的一般事务的知识，又要有丰富的具体的职业知识。"有人还认为应该加上忠诚和热心，有人把自力更生和敏捷也作为合格的管理人员必须具备的品德。

5. 激励

埃米尔·德·拉维勒耶(Emilede Laveleye)认为凡是能实行激励的地方，计件工资最能提高生产率。约翰·斯图尔特·穆勒(John Stuart Mill)则在《政治经济学原理》中提出：“有许多办法可以使职工的利益同公司营业的成功发生更密切的关系。在全部自负盈亏的工作同为他人工作而领取固定的日薪、周薪或年薪之间，是有许多中间的办法的。”

值得一提的是查尔斯·巴贝奇在《关于机械和制造的经济效益》中主张采用工资加利润分享的制度，来调动工人的积极性，并且可以调和劳资之间的关系。他认为这样做有许多好处，每个工人的利益与工厂的发展和效益的高低直接有关；每个工人都会关心浪费和管理不善的问题，并提出改进的建议；促使每个部门改进工作；有利于激励工人提高自己的技术水平和形成良好的品德；工人和雇主的利益一致，消除隔阂，减少矛盾和冲突，有利于企业的进一步发展。

总之，在这一阶段中对管理问题的研究有了进展，提出了许多思想，但还未能形成一门管理的科学。

2.3 泰勒的科学管理

2.3.1 泰勒的生平和贡献

1. 生平简介

泰勒(Fredreick W. Taylor，1856—1915 年)出生于美国费城的一个律师家庭，在母亲的抚育下长大。从少年时代起，他对任何事情都有一股刨根问底、追求真理的劲头，观察问题缜密，并有进行验证的决心。在继承父业的思想指导下，他考上了哈佛大学的法律系，由于得了眼疾，不得不辍学。1875 年进入费城的一家机械厂当徒工。1878 年进入费城的米德维尔钢铁公司当技工，由于工作努力，表现突出，很快由一般工人提拔为车间管理员、技师、工长、维修工厂制图部主任，于 1884 年被提升为总工程师。

1890 年至 1893 年间，泰勒在一家制造纸板纤维的制造投资公司担任总经理。1893 年至 1898 年期间，他独立开业从事管理咨询工作。1898 年至 1901 年间，他受雇于宾夕法尼亚的伯利恒钢铁公司从事顾问工作，进行了著名的搬运生铁块和铁锹实验。1901 年以后，他用大部分的时间从事写作、讲演，宣传他的科学管理。1906 年出任美国机械工程师学会主席。1915 年 3 月 21 日于费城去世，后人在他的墓碑上刻着：科学管理之父——F. W. 泰勒。

2. 对管理思想的贡献

泰勒在企业里从工人干起，对工人的劳动和生活有切身的体会。当时，企业家往往采用低工资、延长劳动时间、提高劳动强度、雇佣女工和童工等手段来剥削工人，追求利润。工人的实际工资收入不断下降，劳资双方之间的对立加深，发生了有组织的怠工。泰勒认识到，粗陋、因循守旧、放任自流的管理是造成有组织怠工的原因。

管理人员只凭过去的经验和感觉进行管理，不对工作进行科学的分析，没有一定的计划和程序，一切放任自流。工人要绝对服从管理，在工作中每个人根据各自的经验和技能、任意选择工具、采取自认为是适当的方法来进行。作业的流程、材料的采购和运输、产品的销售等，既无一定的计划，也无一定的程序。正确核算成本的制度很落后。在这种放任式的管理下，只能希望工人在获得最大限度工资的动机下，用计件工资制来提高劳动生产率，管理人员则不必做任何努力来改进管理工作。实际上，工人如果提高了效率，增加了工资收入，管理人员就单方面降低工资率，工人则以有组织的怠工来对抗。

泰勒发现，由于怠工，工人的实际劳动生产率只有他们可发挥的劳动生产率的三分之一左右。产生有组织怠工的原因，不外乎是：工人怕都以最佳的效率工作的话，会迫使有的工人失业；每天的工作量是由管理者任意决定的，管理者还经常降低工人的工资率；管理者对工人的劳动不做任何的科学研究，不对工人进行帮助和指导，只是一味地用计件工资制刺激工人提高效率。泰勒认为通过科学的管理，可以提高劳动生产率，工人因此增加了工资收入，企业家因单位产品劳务费的下降而增加利润。拿今天的话来说，只要把蛋糕做大了，劳资双方各自所得从量上说都多了。

泰勒定义的科学管理四原则如下：

(1) 科学研究工人的工作，以科学的操作方法代替过去单凭经验的老方法。

(2) 认真挑选工人，对他们进行科学操作方法的培训。

(3) 与工人进行真诚的合作，一切工作都按科学的原则进行。

(4) 改变过去所有工作和责任都由工人承担的做法，由管理者和工人共同来承担。

泰勒本人取得过发明高速工具钢等专利，在管理方面发表过许多重要著作，有《计件工资制》(1895 年)、《车间管理》(1903 年)、《科学管理原理》(1911 年)以及 1912 年他在美国国会众议院特别委员会对科学管理听证会上的证词。他的代表作《科学管理原理》一书的出版意味着管理科学的形成。

2.3.2 科学管理的内容

科学管理的中心问题是提高劳动生产率。

1. 工作定额

为了科学地制定工作定额，首先要进行时间和动作研究。把工人的操作分解成基本动作，再对尽可能多的工人测定完成这些基本动作所需的时间。同时选定最适用的工具、机器，决定最适当的操作程序，消除错误的动作和不必要的动作，得出最有效的操作方法，作为标准。然后，累计完成这些基本动作的时间，加上必要的休息时间和其他延误时间，就可以得到完成这些操作的标准时间。由此来制定“合理的日工作量”。

泰勒在伯利恒钢铁公司进行了有名的“搬运生铁块试验”。该公司有 75 名工人负责把 92 磅重的生铁块搬运 30 米的距离装到铁路货车上，他们每天平均搬运 12.5 吨，日工资 1.15 美元。泰勒找了一名工人进行试验，试验各种搬运姿势、行走的速度、持握的位置对搬运量的影响，多长的休息时间为好。经过分析确定装运生铁块的最佳方法和 57%的时间用于休息，使每个工人的日搬运量达到 47 吨至 48 吨。同时工人的工资收入也有了提高，日工资达到了 1.85 美元。

2. 标准化

要使工人在工作中采用标准的操作方法，使用标准化的工具、机器和材料，来提高劳动生产率。

泰勒在伯利恒钢铁公司做过另一项著名的"铁锹试验"。当时公司的铲运工人拿着自己家的铁锹上班，这些铁锹各式各样，大小不等。堆料场里的物料有铁矿石、煤粉、焦炭等，每个工人的日工作量为 16 吨。泰勒经过观察，发现由于物料的比重不一样，每铁锹的负载就大不一样，如果是铁矿石的话，每铁锹有 38 磅；如果是煤粉，每铁锹只有 3.5 磅。到底每铁锹多大的负载才是最好的？经过试验最后确定一铁锹 21 磅对工人是最适宜的。又进一步研究了为达到这一标准负载，又适用于每种物料的各种铁锹的形状和规格。这样大大提高了工作效率，平均每人每天的操作量提高到 59 吨，堆料场的工人从 400 人至 600 人降到了仅需 140 人，工人的日工资从 1.15 美元提高到 1.88 美元。

把铁锹试验中一系列的数据归纳成数据表。经过适当的计算，铁锹试验的结果如表 2.1 所示。

表 2.1 铁锹试验的结果

	单　位	试验前	试验后
日工作量	吨/日	16	59
铲运工人数	人	516	140
铲运工人日工资	美元/人	1.15	1.88
铲运工人工资总数	美元	593.4	263.2

看到了表 2.1，你有什么想法？

3. 能力与工作相适应

为了提高劳动生产率，泰勒认为必须挑选第一流的工人去工作。所谓的第一流，是指该工人的能力最适合做这种工作，并且愿意去做。要根据每个人不同的能力，把他们分配到相应的工作岗位上，并进行培训，教会他们科学的工作方法，使他们成为一流的工人，激励他们努力工作。

在制定工作定额时，泰勒提出以"第一流的工人在不损害其健康的情况下维持较长年限的速度"为标准。这种速度不是突击性的、短时冲刺式的，而是可以长期维持的正常速度。

4. 差别计件付酬制

付酬制度合理与否与工人的积极性有很大的关系。计时付酬，体现不出工人劳动的数量。计件工资虽是按工人的劳动数量付酬，但工人怕一旦提高了劳动效率后，雇主再降低工资率，这等于增加了劳动强度。

泰勒提出了新的付酬制度，首先要科学地制定工作定额，然后对不同的工作规定不同的工资率，用差别计件工资制来鼓励工人完成或超额完成工作定额。如果工人完成或超额完成定额，则定额内的部分连同超额部分都按比正常单价高25%计酬。如果工人完不成定额，则按比正常单价低20%计酬。泰勒认为这样做会大大提高工人的积极性，从而大大提高劳动生产率。

5. 计划职能与执行职能相分离

泰勒认为应该用科学的工作方法取代经验工作法。经验工作法是指每个工人使用什么样的操作方法、使用什么工具都根据自己的经验决定。这样工效的高低取决于他们的操作方法和所用的工具是否合理，以及个人的熟练程度和努力程度。泰勒主张明确划分计划职能和执行职能，由管理部门来进行时间和动作研究，制定科学的工作定额和标准化的操作方法，选用工具、拟订计划和发布指示、命令，把实际的执行情况与标准相比较并进行控制，由工人执行。这样做，科学的工作方法才被采用和实施。

以上五条为科学管理的主要内容。

泰勒认为科学管理的关键是工人和雇主都要进行精神革命，"对雇主和工人在相互关系和相互的职务与责任方面的精神态度实行根本性的革命"。通过劳资双方互相协作来提高劳动生产率，对双方都有利，工人可以得到工资的提高，雇主可以降低成本。前述的"铁锹实验"中，工人日工资从1.15美元提高到1.88美元，而每吨物料的搬运费从7.5美分降到3.3美分。泰勒论述道："劳资双方在科学管理中所发生的精神革命是：双方都不把盈余的分配看成头等大事，而把注意力转移到增加盈余的量上来，直到盈余大到这样的程度，以至不必为任何分配而进行争吵。"他们共同努力所创造的盈余，足够给工人大量增加工资，并同样给雇主大量增加利润。

"科学管理"理论并非泰勒一个人的发明，而是把19世纪在英、美等国产生、发展起来的各种理论加以综合而成的一整套思想。

2.3.3 科学管理理论的其他代表人物

1. 亨利·甘特(Henry Gantt)

亨利·甘特是美国管理学家、机械工程师，是泰勒在米德维尔钢铁公司和伯利恒钢铁公司的亲密合作者。他与泰勒合作通过调查研究来科学地提高工人的劳动生产率，发展了泰勒的某些思想。例如，他提出了"计件奖励工资制"，除了按日支付有保证的工资外，超额部分给予奖励，这样完不成定额的可以得到原定的日工资。引入了一种对领班的奖金制度，只要领班手下所有的工人都完成了定额，不仅工人而且领班本人都可得到一份额外的奖金。

甘特的最大贡献是创造了"甘特图"，在纵坐标轴上表示出所计划的工作，在横坐标轴上表示时间，可方便地用于工期安排和控制，为以后出现的"关键路线法"打下了基础。

2. 弗兰克和莉莲·吉尔布雷斯(Frank,Lilian Gilbreth)

他们是泰勒最杰出的追随者。弗兰克·吉尔布雷斯曾是位建筑承包商，于1912年聆听了泰勒的演讲后，与他的心理学家夫人一起致力于研究科学管理。

弗兰克·吉尔布雷斯毕生致力于提高效率，用减少劳动中不必要的动作来提高效率。他在研究砌砖动作时，把砌外墙砖的动作从18个减少到4个，砌内墙砖的动作从18个减少到2个。开发出一种新的堆放砖的方法，利用专门设计的脚手架减少弯腰动作；调配灰浆的浓度，减少工人平放砖后用泥刀去敲砖的动作。

吉尔布雷斯夫妇首先使用摄影的方法来记录和分析工人的动作，寻找出合理的最佳动作，纠正工人在操作中的多余动作，来提高工作效率。他们设计出一套称为基本动作元素的体系来标识手的17种基本动作，研究起来更精确。

3. 福特

美国的福特在泰勒的单工序动作研究的基础上，为了提高企业的竞争力，进而对如何提高整个生产过程的生产效率进行了研究。他充分考虑了大量生产的优点，规定了各个工序的标准时间，使整个生产过程在时间上协调起来，创造工厂第一条流水生产线——汽车流水生产线，从而提高了整个企业的生产效率，并使成本明显降低。福特为了利于企业向大量生产发展，进行了多方面的标准化工作，包括：产品系列化——减少产品类型，以便实行大量生产；零件规格化——以利提高零件的互换性；工厂专业化——不同的零件分别由专门的工厂或车间制造；机器及工具专业化——以提高工作效率并为自动化打下基础；作业专门化——使各工种的工人反复地进行同一种简单的作业。

4. 艾默森

艾默森是美国圣太妃铁路的工程师，也是美国早期的科学管理研究工作者，他曾和泰勒有过密切的联系，并独立地发展了科学管理的许多原理，在工时测定、成本、提高效率、消除浪费等方面都做出了贡献。他积极宣传效率观念，1912年发表了《十二项效率原则》一书，书中提出的十二条效率原则是：(1)明确的目标；(2)科学的判断；(3)优秀的咨询；(4)纪律；(5)公平的处理；(6)可行、及时、准确、充分、永久的记录；(7)生产调度；(8)时间安排标准化；(9)工作环境标准化；(10)操作标准化；(11)工作标准化的书面说明；(12)效率奖励。

案例2.3　福特公司是如何管理员工的?

亨利·福特二世对于职工问题十分重视。他曾经在大会上发表了有关此项内容的讲演："我们应该像过去重视机械要素取得成功那样，重视人性要素，这样才能解决战后的工业问题。而且，劳工契约要像两家公司签订商业合同那样，进行有效率、有良好作风的协商。"

亨利二世说到做到，他起用贝克当总经理，来改变他在接替老亨利时，公司职员消极怠工的局面。首先贝克以友好的态度来与职工建立联系，使他们消除了怕被"炒鱿鱼"的顾虑，也善意批评他们不应该消极怠工，互相扯皮。为了共同的利益，劳资双方应当同舟共济。他同时也虚心听取工人们的意见，并积极耐心地着手解决一个个存在的问题，还和工会主席一道制定了一项《雇员参与计划》，在各车间成立由工人组成的“解决问题小组”。

工人们有了发言权，不但解决了他们生活方面的问题，更重要的是对工厂的整个生产工作起到了积极的推动作用。兰吉尔载重汽车和布朗Ⅱ型轿车的空前成功就是其中突出的例子。投产前，公司大胆打破了那种“工人只能按图施工”的常规，而是把设计方案摆出来，请工人们“评头论足”，提出意见，工人们提出的各种合理化建议共达749项，经研究，采纳了其中542项，其中有两项意见的效果非常显著。在以前装配车架和车身时，工人得站在一个槽沟里，手拿沉重的扳手，低着头把螺栓拧上螺母。由于工作十分吃力，因而往往干得马马虎虎，影响了汽车质量，工人格莱姆说：“为什么不能把螺母先装在车架上，让工人站在地上就能拧螺母呢？”

这个建议被采纳，既减轻了劳动强度，又使质量和效率大为提高，另一位工人建议，在把车身放到底盘上去时，可使装配线先暂停片刻，这样既可以使车身和底盘两部分的工作容易做好，又能避免发生意外伤害。此建议被采纳后果然达到了预期效果，正因为如此，他们自豪地说：“我们的兰吉尔载重汽车和布朗Ⅱ型轿车的质量可以和日本任何一种汽车一比高低了！”

为了把《雇员参与计划》辐射开来，福特还经常组织由工人和管理人员组成的代表团到世界各地的协作工厂访问并传经送宝。这充分体现了员工参与和决策的重要性。

一、团结一致共建福特

20世纪70年代到90年代，日本汽车大举打入美国市场，势如破竹。1978—1982年，福特汽车销量每年下降47%。1980年出现了34年来第一次亏损，这也是当年美国企业史上最大的亏损。1980—1982年，三年亏损总额达33亿美元。与此同时工会也是福特公司面临的一大难题，十多年前，工会工人举行了一次罢工，使当时的生产完全陷入瘫痪状态。面对这两大压力，福特公司却在5年内扭转了局势。原因是从1982年开始，福特公司在管理层大量裁员，并且在生产、工程、设备及产品设计等几个方面都作了突破性改革，即加强内部的合作性和投入感。鉴于福特员工一向与管理层处于对立状态，对管理层极为不信任，因而公司管理层把努力团结工会作为主要目标，经过数年努力，将工会由对立面转为联手人，化敌为友，终于使福特有了大转机。

目前，福特公司内部已形成了一个“员工参与计划”。员工投入感、合作性不断提高，福特现在一辆车的生产成本减少了195美元，大大缩短了与日本的差距，而这一切的改变就在于公司上下能够相互沟通；内部管理层、工人和职员改变了过去相互敌对的态度。领导者关心职工，也因此引发了职工对企业的“知遇之恩”，从而努力工作促进企业发展。从福特二世重振雄风的事例中我们也可以得到许多关于职工管理的启示。

（一）尊重每一位职工

这个宗旨就像一条看不见的线，贯穿于福特公司管理企业的活动，同时也贯穿于企业领导的思想，这个基本信念对于其他任何企业领导来说都是不能忘记的，不但不能忘记，而且还应该扎扎实实地将它付诸实施。如果口是心非，受到惩罚的不是别人，只能是企业本身。

“生产效率的提高，不在于什么奥秘，而纯粹是在于人们的忠诚，他们经过成效卓著的训练而产生的献身精神，他们个人对公司成就的认同感，用最简单的话说，就在于职工及其领导人之间的那种充满人情味的关系。”这段话揭示了这样一点：“人是最宝贵的资源，对人尊重使工作成为一种新型的具有人情味的活动——爱你的职工，他会加倍地爱你的企业。”尽管绝大多数经理都能够意识到人的重要性，但在现实中并不是绝大多数的经理都能真正地尊重人，尽管有些是他们无意识的行为。那么，怎样才算是尊重人呢？我们从福特公司所获得的巨大成功中，大致可以发现一些适合于所有企业的一般性原则。

1. 要使职工真正地感到自己是重要的。在人类社会中，每一个人都是重要的，在企业中也并不例外。因此，企业领导不论是在制订计划还是在日常的交往中，都必须发自内心地记住这一定义。并且要把这一定义处处体现在自己的行动上。贝克经理在谈到自己对于职工的态度时说：“当我每次看到某个人的时候，我都要一丝不苟地对待他们，使他们认识到自己的重要性。心不在焉只会给他们带来伤害。”所以他在与工人相处时，都以友好、平等的态度来倾听他们的谈话，帮助他们解决各种困难。这样一来，职工们会以更加高昂的士气去进行工作。俗话说得好，人心都是肉长的。一个感到别人对自己友好并尊重自己的人，是不会以怨报德的。这样一来，企业就会招揽更多的人才。一个会揽才的企业，总会比只知对财、物斤斤计较的企业兴旺发达的。

2. 要认真倾听职工意见。工作在装配线上的工人们由于天天与生产线接触，因而，往往比领导更熟悉生产情况，他们完全可能想到经理们所想不到的意见来提高劳动生产率。此时，领导是否能够倾听工人意见便至关重要。如果当职工找你来谈关于公司生产经营等方面的建议，或其他有关企业事宜，而被你拒绝的话，则会使他（她）的自尊心受到伤害，而对工作感到心灰意冷，最终影响企业劳动生产率。特别是青年人，往往会因为受到上级的责难怀恨在心而怠工，生产次品来进行报复。所以作为一个企业领导，即使不从人情的角度来考虑，也应当从企业经济效益得失的角度考虑，认真倾听职工的意见。“士为知己者用”，如果连坐下来听听对方的谈话都做不到，那就更说不上使人才为你所用了。

3. 对每一位职工都要真诚相待，信而不疑。这与上面谈及的对高层领导人员用人不疑大胆放权是同出一辙，人与人之间最宝贵的是真诚。只有建立在彼此推心置腹、真诚相待、信而不疑基础上的友谊，才能经得起考验。管理人员要是真正尊重职工，就必须和职工建立起这种经得起考验的友谊。但要想到这一点，并不是一件很容易的事，这要求管理者无论身居何职都要坚持不耻下问，与部属间兄弟般相处。福特公司曾经向职工公开账目，这一做法使职工大为感动。实际上这种做法对职工来说无疑产生了一种强大的凝聚力，它使职工从内心感到公司的盈亏与自身利益息息相关，公司繁荣昌盛就是自己的荣誉，分享成功使他们士气更旺盛，而且也会激起他们奋起直追的感情。这就是坦诚关系的妙用。

（二）全员参与生产与决策

这一点是福特公司在职工管理方法中最突出的一点。公司赋予了职工参与决策的权力，缩小了职工与管理者的距离，职工的独立性和自主性得到了尊重和发挥，积极性也随之高涨。“全员参与制度”的实施激发了职工潜力，为企业带来巨大效益。“参与制”不仅在福特公司，而且在美国许多企业，以至世界各地使用和发展着，实践证明：一旦劳动力参与管理，生产效率将成倍提高，企业的发展将会获得强大的原动力。“参与制”的最主要特征是将所有能够下放到基层的管理的权限全部下放。对职工报以信任的态度并不断征求他们的意见。这使管理者无论遇到什么困难，都可以得到职工的广泛支持，那种命令式的家长作风被完全排除。同时，这种职工参与管理制度，在某种程度上缓和了劳资间势不两立的矛盾冲突，改变了管理阶层与工人阶层泾渭分明的局面，大大减轻了企业的内耗。20 世纪 90 年代，是企业分权、授权与自由的时代，我们应该紧握时代的脉搏，给职工权力，赋予义务，获得更多的支持与帮助。

二、造就新一代汽车工人

人才是成就事业的支柱，没有人才就是空谈。在当今新技术革命中，世界各国之间，或一个国家各企业竞争的焦点已经集中在人才上。这里的人才不仅仅指高水平的专业人才，而且也有一大批作为生产基础的高素质职工队伍。所以福特公司期望在今后 10 年内更换 50%的工人，这些工作将由受过高等教育而又干劲十足的人担任。

当福特公司决定招聘工人时，应聘者趋之若鹜，远高于计划招聘人数，面对众多应聘者，福特公司采取了雇员筛选法，应聘者参加了 3 个小时的考试，这些考试包括数字、阅读技术材料并回答问题，在各种手艺测验中选择一项。随后在分数较高而且有扎实工作经验的 1000 名应聘者进行初选。至少由两名公司雇员对候选人进行面试，选择最有前途的求职者。最后，候选人还必须通过吸毒检查和体检，由医生确定，他们是否能胜任工作。由于福特公司注意网罗受过高等教育的人员，因此其新工人的整体情况呈现受过高等教育人的比例上升的趋势。上过大学的约占 1/3；有 4 年本科学位的约占 4%；持中学毕业证书的人约占 97%，都高出原有工人的比例。

制造业现在也不像过去那样被人瞧不起，不少受过高等教育的人也乐意在组装线上拧螺丝。例如，威廉·沃德是一个获得历史学位的大学毕业生，却进入了福特公司的一个装配厂，虽然现在福特公司不指望雇佣的新工人都是大学毕业生，但他们在工厂不断发展之际无疑想招聘到一些可以节省培训和再培训费用的工人。同时福特公司正大幅度裁减管理人员，让工人自己负起某种责任，好保证质量，重新改进生产程序和改进产品。无疑，在此方面，受到教育程度高的人具有一定优势。受过更高教育的人进入福特公司显示着新一代美国汽车制造工人正在出现。对于造就新一代工人队伍这一方面公开招聘、严格筛选是应该令我们注意的。公开招聘制度是对人事管理上的权力主义、官僚主义的一种冲击和抑制，也是对个人主动精神的激励。

从以上对福特公司人事管理的分析中，我们可以看到能否采用正确的用人之道是一个企业成败的关键所在，管理不善是最大的浪费，即使拥有最先进的科学技术，也不能发挥作用，所以我们必须从人力资本的观点看问题，组织和管理好人才，只有这样，才能保证我们的事业欣欣向荣。

思考题：

1. 相较于老福特时期，现在的福特公司有哪些改变？
2. 《雇员参与计划》的指导思路是什么？为了达到什么目的？

3. 你认为福特公司这样的管理方式会不会造成大家各执己见，思想不统一的局面？

资料来源：http://blog.sina.com.cn/s/blog-4e4ac3d401000biv.html.

2.4 管理过程和管理组织理论

2.4.1 法约尔的管理职能和管理原则

1. 法约尔(Henri Fayol)的生平

亨利·法约尔，法国人，1860 年从圣艾帝安国立矿业学院毕业后进入法国一流的康门塔里-福尔香堡采矿冶金公司工作，成为一名采矿工程师。不久被提拔为该公司一个矿井的经理，1888 年出任该公司的总经理。当时这家公司正面临着破产的危机，法约尔用新的管理方式挽救了危局，在法国产业史上留下了光辉的业绩。法约尔自己说："尽管矿井、工厂、财源、销路、董事会、职工同原来都是一样的，只是运用了新的管理方式，公司才得以同衰落时一样的步调复兴和发展。"

1916 年法国矿业协会的年报公开发表了他的著作《工业管理和一般管理》。1918 年他辞去矿业公司的总经理职务，开设了"管理研究所"。从此以后，他不仅把他的管理理论应用于企业的经营，也为在军队组织和行政机构中的普及和应用进行不懈的努力。

法约尔和泰勒都是同时代的杰出人物，管理科学的奠基人。泰勒是以普通工人的身份进入工厂的，他以工厂内部提高效率为出发点来研究管理。法约尔作为公司的高层领导，将其 30 年的经验经过升华，形成了涉及整个企业的管理理论，管理理论还适用于政府、军队等各个部门。他说："不管规模大小，也不管工业、商业、政治、宗教等事业如何，在一切事业的经营中，管理发挥着极其重要的作用。"

2. 法约尔的管理思想

(1) 企业的基本活动

法约尔指出，任何企业的经营包括六种基本活动，管理只是其中之一，这六种基本活动是：

技术性的活动，指生产、制造、加工等活动。

商业性的活动，指采购、销售和交换。

财务性的活动，指资金的筹措、运用和控制。

会计性的活动，指货物盘点、会计、成本统计、核算。

安全性的活动，指设备维护、商品和人员的保护。

管理性的活动，指计划、组织、指挥、协调和控制。

法约尔经过分析后发现，对工人主要要求的是技术能力。随着在组织层次中职位的提高，人员的技术能力的重要性降低，对管理能力的要求逐渐提高。随着企业规模的扩大，管理能力显得越来越重要。

(2) 管理的基本职能

法约尔首次把管理活动划分为计划、组织、指挥、协调和控制五大基本职能，并对此进行了详细的分析。指出："计划就是探索未来和制定行动方案；组织就是建立企业的物质和社会的双重结构；指挥就是使其人员发挥作用；协调就是连接、联合、调和所有的活动和力量；控制就是注意一切是否按已制定的规章和下达的命令进行。"

管理活动不是经理或领导人个人的责任，是由领导人和全体组织成员共同分工承担的。

管理与经营不同。法约尔说："所谓经营，就是努力确保六种固有活动的顺利运转，以便把事业拥有的资源变成最大的成果，进而促使事业实现它的目的。"而管理仅仅是六种经营基本活动中的一种。

3. 管理原则

法约尔在他的《工业管理与一般管理》一书中首先提出了一般管理的14条原则。

(1) 分工

在技术工作和管理工作中进行专业化分工可以提高效率。

(2) 权力与责任

权力是指"指挥他人的权以及促使他人服从的力"。在行使权力的同时，必须承担相应的责任，不能出现有权无责和有责无权的现象。

法约尔区分了管理者的职位权力和个人权力，前者由个人的职位高低而定，后者是由个人的品德、智慧和能力等个人特性形成的。作为一个优秀的领导人必须是两者兼有。

(3) 纪律

纪律是企业领导人同下属人员之间在服从、勤勉、积极、举止和尊敬方面所达成的一种协议。组织内所有成员都要通过各方达成的协议对自己在组织内的行为进行控制，这对企业管理能否成功至关重要。不管任何一级的管理者和其下属都必须受纪律的约束。执行纪律要严明、公正。

(4) 统一指挥

无论何时组织内每一个人只能服从一个上级并接受他的命令，这不仅是一条管理原则，而且是一条定律。组织中的冲突、不稳定往往源于双重命令。因此，各级领导人应特别注意这一条。

(5) 统一领导

凡具有相同目标的活动，只能有一个领导，一个计划。

统一领导原则与统一指挥原则是不相同的。通过建立完善的组织来实现一个社会团体的统一领导，而统一指挥取决于人员如何发挥作用。统一指挥必须在统一领导下才能存在，但不是来源于统一领导。

(6) 个人利益服从集体利益

集体的目标必须包含员工个人的目标，但个人和小集体的利益不能超越组织的利益。当两者矛盾时，各级管理者都要以身作则，使其一致。

(7) 合理的报酬

工资制度应当公平，对工作成绩与效率优良者应给予奖励。但奖励应有一定的限度，即以能激起职工的积极性为限。法约尔认为，任何良好的工资制度都无法取代优良的管理。

(8) 适当的集权与分权

提高下属重要性的做法就是分权，降低这种重要性的做法就是集权。要根据企业的性质、条件、环境、成员的素质来恰当地决定集权和分权的程度。当企业的实际情况发生变化时，要适时改变集权和分权的程度。

(9) 跳板原则

在企业的管理机构中，从最高一级到最低一级有一条明确的等级链，它既是执行权力的线路，又是信息传递的渠道。为了保证命令的统一，不能轻易违背等级链，请示要逐级进行，指令也要逐级下达。有时这样做会产生信息延误现象，为此法约尔设计了一种“跳板”，也称“法约尔桥”(Fayol bridge)。

法约尔用图来解释(见图 2.1)。他说：“在一个等级制度表现为 I—A—S 双梯形式的企业里，假设要使它的 F 部门与 P 部门发生联系，这就需要沿着等级路线攀登从 F 到 A 的阶梯，然后再从 A 下到 P。这之间，在每一级都要停下来。然后再从 P 上升到 A，从 A 下降到 F，回到原出发点。”

“非常明显，如果通过 F－P 这一‘跳板’，直接从 F 到 P，问题就简单多了，速度也快多了，人们经常也是这样做的。”

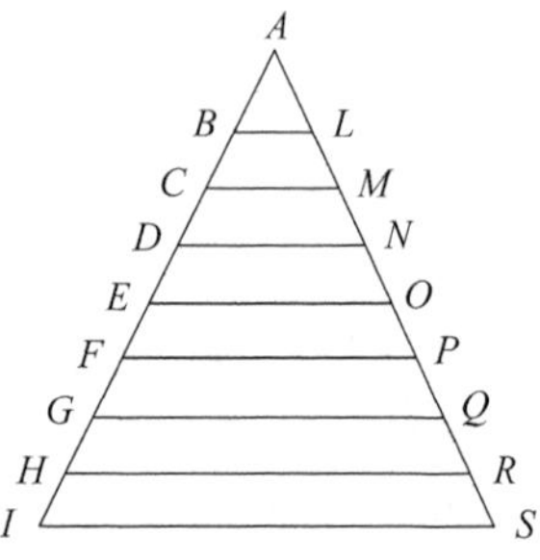

图 2.1　跳板原则解释

这时要有一个前提，即 F 和 P 各自的上级 E 和 O 要允许他们直接联系，F 和 P 共同商定的事情也要立即分别向 E 和 O 汇报。这样做既维护了统一指挥的原则，又大大提高了组织的工作效率。

(10) 秩序

设备、工具要排列有序，每个成员都有自己确定的位置，都在各自的岗位上发挥作用。做到这一点有赖于有效的组织，以及为每个岗位选择合适的人。

(11) 公平

每个人都希望自己的领导人能公平地对待他及他的工作，如果领导人做不到这一点，就会影响他们发挥积极性。

(12) 保持人员稳定

经过长时间的实践后，一个人方能有效地从事某项工作，因此人员的经常调动，将使工作收不到良好的效果。任何组织都要保持稳定的员工队伍，鼓励员工长期为组织服务。

(13) 首创精神

首创精神是创立和推行一项计划的动力。领导者要有首创精神，还要鼓励全体成员发挥其首创精神，一方面培养了成员的敏感性和能力；另一方面也将有利于组织的发展。

(14) 团结精神

注意保持和维护集体中人与人之间团结、和谐、协作的关系，这是企业发展的巨大力量。所以领导者应尽力保持和巩固企业成员之间的团结。

以上 14 条管理原则是法约尔总结了成功的经验和失败的教训后提出的。这些原则是灵活的，要能真正用好它们，就需要在实践中积累经验，掌握好尺度。

案例 2.4　　究竟是谁的责任

某天深夜，总经理偶尔发现加油站员工在值班期间违规睡觉。第二天他便把企管部经理叫到办公室批评了一顿，责怪企管部监督不力，制度执行不严。企管部经理感觉很委屈：相关公司制度企管部已经认真制定完成，向公司各个部门交代沟通也很清楚，并且企管部也在认真监督检查各部门的执行情况，但是不可能面面俱到，深夜里发生这种事，企管部也没有办法避免；况且加油站作为企管部的平级部门，企管部经理无权直接指挥加油站经理，发生这种事情，也就不应该由企管部承担责任（挨骂），而应由加油站经理负责 。

在该公司中，组织手册中规定：总经理负责全面主持公司的管理和业务；企管部经理作为公司综合管理部门负责人，主管公司规章制度的组织修订、监督执行以及对公司各部门的考核奖惩；加油站作为公司下属业务部门，等级上与企管部平级，其经理作为该业务部门负责人，负责实施该部门的业务运作和管理。

思考题：

1. 在这件事情里，到底谁应该负责任，应负什么责任？
2. 怎样做才能避免此类事件的发生？

资料来源：http://www.xycontre.com/yylk/showArticle.usp?ArticleIP=9207.

2.4.2　组织理论及其代表人物

1. 韦伯的古典组织理论

韦伯(Max Weber)1864 年生于德国爱尔福特的一个富裕家庭，1882 年进入海德堡大学攻读法律，先后就读于柏林大学和哥丁根大学；1889 年撰写了关于中世纪商业公司的博士论文。他担任过柏林大学的教授、政府顾问等，是德国著名的社会学家。他的代表作为《社会组织与经济组织》，在该书中他提出了现代社会最有效和合理的组织形式，因此韦伯被称为“古典组织理论”的创始人。

韦伯认为任何组织都必须有某种形式的权力作为基础。有三种纯粹形式的权力：理性-合法的权力、传统的权力和超凡的权力。传统权力是靠世袭得来而非靠能力，超凡权力过于带有感性色彩和非理性，只有理性-合法的权力才能作为理想组织结构的基础。这种理想组织模式的特点有以下几个方面：

(1) 明确分工

把组织内的所有工作分解，有明确的分工，明确规定每个职位的权力和责任。

(2) 权力体系

各种职位按权力等级排列，下级人员要服从上一级人员的指挥和领导。

(3) 人员的考评和教育

人员的任用完全根据职务的要求，通过正式考评和教育、训练来实行。

(4) 职业管理人员

管理人员有固定的薪金和明文规定的晋升制度，是一种职业管理人员，而不是组织的所有者。

(5) 遵守规则和纪律

组织中包括管理人员在内所有成员必须严格遵守组织的规则和纪律，确保统一性。

(6) 组织中成员之间的关系

这种关系以理性准则为指导，不受个人情感的影响。组织内部是这样，组织与外界的关系也是如此。

韦伯的组织模式为许多组织的设计提供了一种规范化的典型。

2. 厄威克(Lyndall F. Urwick)和古利克(Luther Gulick)

林德尔·厄威克早年就读于英国牛津大学，先后出任过国际管理学院院长、伦敦厄威克·奥尔管理顾问公司董事长等职，主要著作有《管理的要素》《组织的科学原则》《管理备要》等。他提出了适用于一切组织的十条原则：

(1) 目标原则

每个组织和它的每个部分都需要有明确的目标。

(2) 专业化原则

应尽可能规定每个成员和每个集体执行单一的任务。

(3) 协调原则

组织工作的目的是协调，促进集体活动的步调一致。

(4) 职权原则

应从上到下规定各级人员的职权范围。

(5) 职责原则

上级对下级承担绝对的责任。

(6) 明确性原则

每个职位的内容、所承担的责任、享有的职权及同其他职位的相互关系都应明文规定并公布周知。

(7) 一致性原则

每个职位的职责和职权相一致。

(8) 管理跨度原则

每个上级管理所属的下级最多应是6个，管理层次越低则跨度越大。

(9) 平衡原则

组织内各单位的工作内容应互相平衡，工作与职权平衡。

(10) 连续性原则

改组是连续不断的过程，对此每个单位应有具体规定。

卢瑟·古利克在与厄威克合编的《管理科学论文集》(1937年出版)中，把古典管理学派的管理职能加以系统化，提出了“POSDCRB”七职能论，即：计划(Planning)、组织(Organizing)、人事(Staffing)、指挥(Directing)、协调(Coordinating)、报告(Reporting)和预算(Budgetting)。

2.5 霍桑试验和梅奥的人群关系论

2.5.1 孟斯特伯格的工业心理学研究

早在18世纪,罗伯特·欧文(Robert Owen)由于见到许多苏格兰工厂中恶劣的生产环境,工人每天要工作13个小时,大量雇用童工,有的童工年龄还未满10岁,雇主关心自己的机器设备胜过关心他们的雇员,于是在1825年提出要在法律上规定日工作时间,制定童工法,普及教育,由企业提供午餐,企业要参与社区发展计划。他指出,把钱花在提高劳动力素质上是最佳的投资之一。他认为,关心雇员既能为企业带来高利润,又能减轻工人的痛苦。这些思想使欧文领先于时代100多年,成为现代管理中的行为学派的先驱者之一。

雨果·孟斯特伯格(Hugo Munsterberg)是位德国人,工业心理学的创始人之一。他的专业是心理学和医学,后来把兴趣转向了心理学在工业中的应用,并于1913年发表了《心理学与工业效率》一书。在书中,他论述了对人类行为进行科学研究以辨认出一般模式和解释个人差异之间的重要性。建议用心理测验来改进对雇员的选拔,通过对人类行为的研究来使生产率和心理调适最大化,搞清用什么样的方式刺激和诱导工人是最有效的。他认为科学管理和工业心理学一样,都是通过科学的工作分析,使个人的技能和能力更好地适合各种工作的要求,来提高生产率。

2.5.2 霍桑试验

霍桑试验是在西方电器公司设在芝加哥附近的霍桑电话机工厂中实施的,从1924年至1932年,历时8年。

开始,西方电器公司的工程师想测试不同的照明水平对工人生产率的影响。为此设立一个试验组和一个对照组,在试验组中给予了不同的照明强度,在对照组中则保持原有的照明强度不变。试验中发现,当试验组的照明强度增加时,两个组的产量都增加;当试验组的照明强度下降时,两个组的产量继续增加;只有当照明光线降到月光的水平时,试验组的产量才下降。由此只能得出结论:工作条件的好坏与劳动生产率没有直接关系,但又如何解释工人的行为呢?

到1927年,工程师们邀请哈佛大学的埃尔顿·梅奥(Elton Mayo)等人参加研究。

第二阶段试验从1927年至1928年,在继电器装配室进行。选择了5名女装配工和1名画线工在单独的一间工作室内工作,以便有效地控制各种影响产量的因素。在试验中分期改善条件,如改进材料供应方法、增加工间休息、供应午餐和茶点、缩短工作时间、实行团体计件工资制等,在工作时间内大家可以互相自由交谈。这些条件的变化,使产量上升。但一年半后,取消了工间休息和供应的午餐、茶点,恢复每周工作六天,但产量仍维持在高水平上。经过研究,发现其他因素对产量无多大影响,而监督和指导方式的改善能促使工人改变工作态度、增加产量,于是决定进一步研究工人的工作态度和可能影响工人工作态度的其他因素。这成为霍桑试验的一个转折点。

第三阶段从 1928 年至 1931 年，进行大规模的访谈。两年内在全公司范围内进行访问和调查，达 2 万多人次。从开始的问卷式访谈，到后来的自由交谈，使研究人员发现影响生产力最重要的因素是工作中形成的人群关系，而不是待遇和工作环境。每个工人的工作效率不完全取决于他们自身，而且要受小组内其他同事的影响。在此基础上进入了第四阶段。

第四阶段从 1931 年至 1932 年，在接线板接线工作室进行。该室有 9 位接线工、3 位焊接工和 2 位检查员。在第四阶段有许多重要发现。

第一，大部分成员都自行限制产量。公司规定的工作定额为每天焊接 7312 个接点，但工人们只完成 6000～6600 个接点，原因是怕公司再提高工作定额，怕因此造成一部分人失业，要保护工作速度较慢的同事。

第二，工人对不同级别的上级持不同态度。把小组长看作是组内的成员，对小组长以上的上级，级别越高越受大家的尊敬，大家的表现也越好。

第三，成员中存在着一些小派系。每一个小派系都有自己的一套行为规范，派系中的成员如违反这些规范就要受到惩罚，谁要想加入就必须遵守这些规范。

通过霍桑试验，可以得出一个结论：人们的生产效率不仅要受到物质条件和环境的影响，更重要的是受社会因素和心理因素等方面的影响。

2.5.3 梅奥的人群关系论

梅奥是澳大利亚人，后移居美国。曾经学过逻辑学、哲学和医学三个专业。从 1926 年起受聘于哈佛大学。于 1933 年出版了《工业文明中人的问题》一书。在书中，梅奥总结了亲身参加和指导霍桑试验的经验，阐述了与古典管理理论不同的观点——人群关系理论，为管理思想的发展作出了巨大的贡献。

人群关系理论的主要内容为：

1. 工人是“社会人”而不是“经济人”

科学管理认为金钱是刺激人们工作积极性的唯一动力，把人看做是“经济人”。梅奥认为，工人是“社会人”，除了物质方面的条件外，他们有社会、心理方面的需求，因此社会和心理因素对积极性的影响更大。

2. 企业中存在着非正式组织

正式组织是为了实现企业目标而规定成员之间职责范围的一种结构。而企业成员在共同的工作中必然相互间产生关系，由此而形成人们之间的共同感情，进而构成一个体系，成为非正式组织。形成非正式组织的原因多种多样，可以是有共同的兴趣爱好、来自同一个地区、毕业于同一所学校、亲朋关系、工作关系等。非正式组织客观存在，而古典管理理论仅注重正式组织是远远不够的。

非正式组织的存在对企业有利有弊。当非正式组织中部分成员认为上级的政策和目标对己不利，就可能强迫其他成员与他们保持一致，进行集体抵制，不利于企业政策的贯彻执行，使劳动生产率无法提高。但非正式组织的存在也为其成员提供了一个交流感情的场合和机会，使人感到温暖，促进人员的稳定。作为管理者来说，要认识到非正式组织存在的作用，搞好成员间的沟通和协作，充分发挥每个人的作用，来提高劳动生产率。

3. 生产效率的提高主要取决于职工的工作态度和他与周围人的关系

梅奥认为提高生产效率的主要途径是力争提高职工的满足度，即工人对社会因素特别是人群关系方面的满足程度，在安全方面、友谊方面、自己的工作能否被社会、上级和同事认可等。如果满足度高，则工作的积极性、主动性与协作精神就高，即士气高。士气越高，生产效率就越高。所以，管理者要善于提高职工的士气。

梅奥的人群关系理论开辟了管理理论的一个新领域，为行为科学的发展奠定了基础。

案例 2.5　　自我改善的柔性管理

大连三洋制冷有限公司(简称大连三洋)成立于 1992 年 9 月，于 1993 年正式投产，现有职工 400 余人，是由日本三洋电机株式会社、中国大连冷冻机股份有限公司和日本日商岩井株式会社三家合资兴办的企业。

大连三洋是在激烈的市场竞争中成立的。当时它们对外，面对来自国内外同行业企业形成的市场压力；对内，则面临着如何把引进的高新技术转化成高质量的产品，如何使在文化程度、价值观念、思维方式、行为方式等各方面有着巨大差异的员工，形成统一的经营理念和行为准则，适应公司发展的需要的问题。因此，大连三洋成立伊始，即把严格管理作为企业管理的主导思想，强化遵纪守规意识。

可是，随着公司的发展和员工素质的不断提高，原有的制度、管理思想和方法，有的已不能适应企业的管理需要，有的满足不了员工实现其精神价值的需要。更为重要的是，随着国内外市场竞争的激烈，大连三洋如何增强自身应变能力，为用户提供不同需求的制冷机产品，就成为公司发展过程中必须要解决的问题。因此，公司针对逐渐培养起来的员工自我管理的意识，使其逐步升华成为立足岗位的自我改善行为，即自我改善的柔性管理，从而增强了公司在激烈市场竞争中的应变能力。

大连三洋的经营领导者在实践柔性管理中深深地领悟到，公司不能把员工当成“经济人”，他们是“社会人”和“自我实现的人”。基于此，大连三洋形成了自己特有的经营理念和企业价值观，并逐步形成了职工自我改善的柔性管理。通过这种管理和其他改革办法，大连三洋不但当年投产当年盈利，而且 5 年利税超亿元，合资各方连续 3 年分红，很快就收回了投资，并净赚了两个大连三洋。以下是大连三洋自我改善的柔性管理运作的部分内容：

员工是改善活动的主体，公司从员工入厂开始，即坚持进行以“爱我公司”为核心的教育，以“创造无止境改善”为基础的自我完善教育，以“现场就是市场”为意识的危机教育。他们在吸纳和研究员工危机意识与改善欲求的基础上，总结出了自我改善的 10 条观念：

1. 抛弃僵化固定的观念。
2. 过多地强调理由，是不求进取的表现。
3. 立即改正错误，是提高自身素质的必由之路。
4. 真正的原因，在“为什么”的反复追问中产生。

5. 从不可能中寻找解决问题的方法。

6. 只要你开动脑筋，就能打开创意的大门。

7. 改善的成功，来源于集体的智慧和努力。

8. 更要重视不花大钱的改善。

9. 完美的追求，从点的改善开始。

10. 改善是无止境的。

这10条基本观念，如今在大连三洋已成为职工立足岗位自我改善的指导思想和自觉的行为。

大连三洋的职工自我改善是在严格管理的基础上日渐形成的。从公司创建起，他们就制定了严格规范的管理制度，要求员工要适应制度、遵守制度，而当员工把严格遵守制度当成他们自我安全和成长需要的自觉行动时，就进一步使制度能有利于发挥员工的潜能，使制度能促进员工的发展并具有相对的灵活性。

例如，他们现在的"员工五准则"中第一条"严守时间"规定的后面附有这样的解释，"当您由于身体不适、交通堵塞、家庭有困难，不能按时到公司时，请拨打7317375通知公司。"在这里没有单纯"不准迟到"、"不准早退"的硬性规定，充分体现了公司规章制度"人性化"的一面。公司创立日举行社庆，公司将所有员工的家属都请来予以慰问。逢年过节，公司常驻外地的营销人员，总会收到总经理亲自执笔的慰问信。在他们那里，"努力工作型"的员工受到尊重。职工合理化提案被采纳的有奖，未被采纳的也会受到鼓励。企业与员工共存，为员工提供舒适的工作环境，不断提升着员工的生活质量，员工以极大的热情关心公司的发展，通过立足岗位的自我改善成了公司发展的强大动力。

思考题：

1. 试分析三洋柔性管理模式的内涵。

2. 在三洋的柔性管理中体现了怎样的管理思想转变？

资料来源：http://www.docin.com/p-89439583.html.

2.6 现代管理理论

第二次世界大战以后，现代科学技术迅速发展，生产力迅速增长，企业的规模越来越大，经济的国际化进程加速，这一切都给管理工作带来许多新问题，引起了人们对管理工作的普遍重视。科学技术，特别是运筹学、电子计算机等与管理紧密结合。除管理工作者和管理学家外，其他领域的一些专家，如社会学家、经济学家、生物学家、数学家等都纷纷加入了研究管理的队伍，他们从不同的角度，用不同的方法来进行研究。这一切为管理理论的发展创造了极其有利的条件，出现了研究管理理论的各种学派，呈现了"百家争鸣、百花齐放"的繁荣景象。已故的美国管理学家哈罗德·孔茨(Harold Koontz)形象地称之为"管理理论丛林"。

在这一节里，主要介绍第二次世界大战后出现的一些新理论和主要学派。学派怎么分，由于各人的看法不一致，分法也肯定不同，只是希望通过介绍使大家了解一个全貌。

2.6.1 现代管理理论丛林

1. 管理程序学派

管理程序学派是在法约尔管理思想的基础上发展起来的，代表人物为美国的哈罗德·孔茨和西里尔·奥唐奈(Cyril O'Donnell)，他们的代表作为两人合著的《管理学》。

在法约尔将管理分为计划、组织、指挥、控制、协调五种职能的基础上，该学派将管理看作是组织实现其目标的过程，这样的过程是一种程序和许多相关联的职能，这就为研究管理提供了一个框架式的结构。一方面，可以对这些职能分别进行分析和研究，提出和采取有效措施，更好地达到组织目标；另一方面，新的方法和新的思想可以容纳在计划、组织和控制等职能中。通过对过程的分析，得出规律，建立起相应的管理理论。因此，该学派的思想容易为大家所接受。

该学派的理论是建立在以下几个方面。

(1) 管理是个过程，在对管理人员的功能进行分析的基础上，可将此过程进行优化分解。

(2) 许多企业在长期实践中形成的管理经验可作为获取一些基本概念和普遍原则的基础。可运用这些原理来改进管理。

(3) 这些概念可作为研究的重点，以确定它们的正确性，并提高它们在实践中的作用和可行性。

(4) 这些概念的正确性被验证后，可成为管理理论的组成部分。

(5) 管理是一种技能，可通过掌握其基本规律来提高技能。

(6) 管理的原理客观存在，并不因为在某情况下没得到应用而否认其的存在。

(7) 管理理论极有必要涵盖知识的各个领域，把它们作为自己学科的理论基础。

这一学派的基本方法是首先研究管理者的功能，然后对这些功能进行分析，从复杂的管理实践中提炼出基本概念。

但该学派的思想也存在一些缺陷，把管理看作是一种程序的观点较适用于静态的、稳定的组织，不适宜用于动态多变的环境。管理的职能不能普遍适用于各种性质不同、结构不同的组织。实现组织目标的过程对不同的组织和组织内不同的层次来说有较大的差别。

2. 社会合作系统学派

该学派的创始人为巴纳德(Barnard)，出生于1886年，1906年进入哈佛大学经济系学习。1909年离开哈佛后，进入美国电报电话公司，1927年起担任美国新泽西贝尔公司的总经理直至退休。他还先后在许多组织中兼过职，如在洛克菲勒基金会任董事长四年等，他的代表作为《经理的职能》。

他把组织分成正式组织和非正式组织。正式组织不论其规模大小和级别高低，要存在和发展必须具备三个条件：明确的目标、协作的意愿和意见交流。在正式组织中还存在着一种因工作关系而形成的有一定的看法、习惯和准则的非正式组织，它存在于正式组织中，会给正式组织带来双重影响，既有不利的一面，也可能有利于提高效率。

他提出，组织要继续存在的话，取决于成员在向组织做“贡献”的同时能否从组织中得到满足个人目标而提供的效用，称为“诱因”。如果组织提供的诱因等于或大于个人的贡献，组织就保持平衡。只有这样组织才能存在和发展。同时要看到成员向组织提供的贡献是组织提供诱因的源泉，如果不能有效地产生诱因，两者间的平衡也难维持。组织效率是指实现组织目标的程度，它不仅取决于通过保持诱因和贡献的内部平衡，确保实现组织目标所需的成员间进行协作的积极性；也取决于组织的对外平衡，即同组织以外的经济、技术和社会的外部环境之间的平衡。

巴纳德不赞同完全依靠权力结构来使下级服从命令的做法，提出了权力来源于接受的理论。只有当下级理解命令并且有执行的能力时，当要求他们采取的行动符合他们对组织目标的看法，同时也符合他们的个人利益时，命令才会被接受。

这一学派以组织理论为研究重点，将组织看作是一种人与人相互之间协作的一个系统，是一个社会系统，要受到社会环境各方面因素的影响。主要的理论观点为：

(1) 正式组织存在有三个条件：有一个共同的目标；每一成员都有协作的意愿，并愿意为实现组织目标而做出贡献；有一个彼此沟通的信息系统，可进行意见交流。

(2) 组织继续生存将取决于在组织能否顺利地实现目标以及在达到目标的过程中能否使成员顺利达到个人的目的，还要取决于组织对环境适应的程度。

(3) 经理的职能有三条：建立和维持一套信息传递的系统、善于激励组织成员为实现组织目标而做出贡献、确定组织目标。

组织是协作社会系统的概念为许多涉及管理的社会科学家所接受，并将它应用到任何具有明确目标的协作集体和行为系统中，把这个领域的研究称为“组织理论”。

3. 群体行为学派

这个学派与人际关系行为学派密切相关，两者常常被混淆在一起。但它主要关心的是人在群体中的行为，而不是个人行为；以社会学和社会心理学为基础，而不是以个人心理学为基础。它研究的对象是各种群体的行为方式，从小群体的文化和行为方式到大群体的行为构成。一般把后者的内容称为“组织行为”(Organizational Behavior)，这里的组织可以是公司、政府机关、医院或任何一种事业内任何群体关系的系统或模式。

最早的代表人物就是参与和组织霍桑试验的梅奥，在20世纪50年代，美国管理学家克里斯·阿吉里斯(Chris Argyris)提出一种“不成熟-成熟交替循环的模式”，指出“如果一个组织不为人们提供使他们成熟起来的机会，或不提供把他们作为已经成熟的个人来对待的机会，那么人们就会变得忧虑、沮丧，甚至还会按违背组织目标的方式行事。”

该学派中的许多研究者对管理做出了很多有价值的贡献。

群体行为学派对群体行为的研究和分析对管理的研究和对实际工作的指导上都有很大的作用，但这种研究和分析并不是管理工作的全部内容。

4. 系统管理理论学派

系统管理理论是用系统的观点来分析和研究组织结构模式、管理的基本职能和管理过程，并建立系统模式用于分析。这一理论是卡斯特(F. E. Kast)、罗森茨威克(J. E. Rosenzweig)和约翰逊(R. A. Johnson)等美国管理学家在系统论和控制论的基础上建立起来的。卡斯特的代表作为《系统理论和管理》。该学派的主要思想为：

组织是一个人们建立的系统，是由相互关联、相互依存的要素构成的。根据需要我们可以把系统分解成子系统，子系统还可以再分解。如为了研究一个系统的构成，可以把系统从结构上分解成若干个子系统。如为了研究一个系统的功能，可以把系统分解成各个功能子系统，则对系统的研究可以从研究子系统和子系统之间的关系着手。

系统在环境中生存，与环境进行物质、能量和信息的交换，是一个开放的系统。系统从环境输入资源，通过转化过程把资源转化为产出物，一部分产出物为维持系统而消耗，其余部分输出到环境中。在投入-转化-产出的过程中不断进行自我调节，以获得自身的发展。

运用系统的思想可以充分认识到组织中的各个部分是互相关联、互相影响的，整个管理工作的各个职能和各个过程之间也是互相关联、互相影响的，这样有利于克服管理人员中只重视自己那部分的工作而忽视了组织中整体的作用和组织目标，提高运用全局观念来做好本职工作的自觉性。

5. 决策理论学派

主要代表人物是曾获得1978年诺贝尔经济奖的美国卡内基-梅隆大学的教授赫伯特·西蒙(Herbert Simon)，他的代表作为《管理决策新科学》。这一学派的思想是在社会系统学派的基础上发展起来的，结合了第二次世界大战以后发展起来的系统理论、运筹学、计算机技术等科学技术，形成了关于决策和决策方法的完整理论体系，其要点如下。

管理的关键是决策，因此管理中要采用制定决策的科学方法和合理的决策程序。

决策是个复杂的过程。一般来说包括4个阶段：首先是搜集情况阶段，搜集组织所处的环境中有关社会、经济、技术等各方面的信息和组织内部的情况，为下一步拟订方案提供依据；其次是在已确定的目标基础上，尽可能找出所有可能采用的方案来；然后是对多个可选用的方案中进行评价；最后，对多个可选用方案进行比较和选择，作出决策。实际上在进行决策时，这4个阶段可能要交叉，可能要反复。我们把决策通俗地称为“拍板”，这仅仅是最后下决心的时候，而为了拍这个板要做许多的工作才行。

组织中的决策问题，有一些是反复经常出现的或是一种例行的决策，一般可以采用上述的4个阶段来进行，称为程序化决策。也会遇到那种从未出现过的，或问题的确切性质和结构还不很清楚的相当复杂的决策，也可能是对一些突发事件要马上进行决策，这类决策称之为非程序化决策。根据决策条件，决策还可分为确定型决策、随机型决策和非确定型决策，每一种决策所采用的方法都不同。

在决策过程中往往采用满意准则而不是最优准则。进行决策时涉及方方面面的很多因素，能构建成数学模型的只是少数，很难使用优化方法。由于决策问题所面临的环境十分复杂，我们不可能掌握所有有关的信息，也可能所掌握的信息中有些部分并不真实地反映实际，在这种情况下我们无法使决策达到最优。加上环境的多变，导致了作出最优决策所依据的条件时时在变，使得最优决策也得经常变化，这给决策的实施造成了极大的困难，甚至于无法实施。如果问题比较复杂，为了使决策方案有微小的改进而要花费大量的时间、精力和经费的话，显然也是不上算的，因此没有必要追求最优。所以我们在决策中往往采用满意准则。

随着信息技术的不断发展，计算机系统被广泛应用于管理工作中，出现了人机交互的决策支持系统（Decision Support System，DSS），DSS 可以帮助决策者进行决策分析，而绝不是代替决策者进行决策。

6. 权变理论学派

权变理论是一种较新的管理思想，代表人物为琼·伍德沃德（Joan Woodward），其代表作为《工业组织：理论和实践》。

权变理论认为，组织和组织成员的行为是复杂的，加上环境的复杂性和不断的变化，使得普遍适用的有效管理方法实质上是不可能存在的。没有一种理论和一种方法适用于所有的情况，那么就应该根据具体情况来选用合适的管理方法。为此，要进行大量的调查研究，然后把组织的情况进行分类，建立不同的模式，再选用合适的管理方式。该学派是从系统观点来考察问题的，它的理论核心就是通过组织的各子系统内部和各子系统之间的相互联系，以及组织和它所处的环境之间的联系，来确定各种变数的关系类型和结构。它强调在管理中要根据组织所处的内外部条件随机应变，针对不同的具体条件寻求不同的最合适的管理模式、方案或方法。

在建立模式时要考虑到：组织的规模越大，所需的协调工作量就越大；不同形式的组织，有不同的目标，采用不同的工艺技术；管理者位置的高低直接影响到他所采用的管理方式；不同的职位要求不同的权力；由于个人之间的差异，管理者对每个下级的影响是不同的；管理者要考虑到环境因素的稳定性，来采取不同的管理方法。

权变理论学派同经验主义学派有密切的关系，但又有所不同。经验主义学派的研究重点是各个企业的实际管理经验，是个别实例的具体解决办法，然后才在比较研究的基础上做出概括；而权变理论学派的重点则在通过大量事例的研究和概括，把各种各样的情况归纳为几个基本类型，并给每一类型找出一种模型。所以它强调权变关系是两个或更多可变因素之间的关系，权变管理是一种依据环境自变量和管理思想及管理技术因变量之间的关系，来确定的对当时当地最有效的管理方法。

权变理论可以说是继承了各种管理思想，只是强调了在各种不同情况下要找到适用的理论和方法。

7. 数量管理学派

数量管理学派产生于第二次世界大战时期，它是指以现代自然科学和技术的最新成果（如先进的数学方法、电子计算机技术、系统论、信息论和控制论等）为手段，运用数学模型，对管理领域中的人、财、物和信息资料进行系统的定量分析，并做出最优规划和决策的理论。其特点是：

（1）注重选择与运用科学的方法。

（2）通过建立数学模型来解决管理中存在的问题。

(3) 注重系统分析方法在管理实践中的应用，强调系统性。

(4) 注重决策的科学化。有助于管理人员估计不同的可能选择，如果明确各种方案包含的风险与机会，便更有可能做出正确的决策。

(5) 强调的是经济与技术问题，而不注重社会心理问题。

(6) 注重于强调计算机在企业管理中的应用。

因而，从一定意义上说，这一学派注重对技术问题和经济问题的定量的、系统的分析。

数量管理学派的主要内容包括：

(1) 运筹学

运筹学(Operational Research，OR)是数量管理理论的基础，是在第二次世界大战中，一些英国科学家为了解决雷达的合理布置问题而发展的数学分析和计算技术。就其内容而言，运筹学是一种分析的、实验的和定量的方法，专门研究在既定的物质条件(人、财、物)下，为达到一定目的，运用科学方法(主要是数学方法)，进行数量分析，统筹兼顾研究对象的整个活动中各个环节之间的关系，为选择最优方案提供数量上的依据，以便做出综合性的合理安排，从而最经济、最有效地使用人、财和物。运筹学后来被应用到管理领域。

(2) 系统分析

"系统分析"这一概念最初由美国兰德公司于1949年提出。运用科学和数学的方法对系统中的事件进行研究和分析，就是系统分析。其特点是，解决管理问题时要从全局出发，进行分析和研究，以制定出正确的决策。因此，系统分析一般有以下几个步骤：

① 弄清并确定这一系统的最终目标，同时明确每个特定阶段的目标和任务。

② 必须把研究对象看作一个整体，一个统一的系统，然后确定每个局部要解决的任务，研究它们之间以及它们与总体目标之间的相互关系和相互影响。

③ 寻求完成总体目标及与之相联系的各个局部任务的可供选择的方案。

④ 对可供选择的方案进行分析和比较，选出最优方案。

⑤ 组织各项工作的实施。

2.6.2 企业文化理论

1980年秋，美国《商业周刊》的一期报道中首先使用了"企业文化"，而后为企业界和理论界认同。1982年哈佛大学首次开设了《企业文化课》，许多大学竞相效仿。20世纪80年代初，美国先后出版了4部重要著作，威廉·大内(William G. Ouchi)的《Z理论——美国企业界怎样迎接日本的挑战》、理查德·帕斯卡尔(Richard T. Pascale)和安东尼·阿索斯(Antony G. Athos)的《日本企业管理艺术》、特伦斯·迪尔(T. Dill)和爱伦·肯尼迪(A. Kennedy)的《企业文化》、托马斯·彼德斯(Thomas Peters)和小罗伯特·沃特曼(Robert Waterman Jr.)的《追求卓越——美国管理最佳公司的经验》，标志着企业文化理论的诞生。

1. 产生的背景

第二次世界大战后，美国的经济发展迅速，成为世界头号经济强国。但在20世纪70

年代初石油危机的冲击下，美国企业的竞争能力被大大削弱。而第二次世界大战的战败国之一日本，经过短短的二三十年的发展，以锐不可当的态势，迅速成为世界经济强国之一。为什么资源匮乏的狭小的岛国，能取得如此成就？

许多美国专家认真总结本国公司的管理理论和实践，同时对日本企业的成功进行考察和研究，通过比较和分析得出了一个结论：美国的企业管理思想和管理方式落后于日本。日本很好地把民族传统文化融合到企业管理中，形成企业全体员工共有的集体价值观念，在企业中营造一种和谐共处、感情色彩浓厚的文化氛围，使员工树立起与企业荣辱与共的信念、团队精神、强烈的责任感，企业则着力于人的管理、培养人才、提高员工的文化素质，而员工则努力工作，效忠于企业。美国企业看重的是技术和装备，在管理中注重理性化，在管理技术上强调严密的组织结构和规章制度以及定量分析，与日本的管理相比没有重视精神的作用和文化的力量。

正是从日本成功的企业管理的实践中，发展起了企业文化理论。

2. 企业文化理论简介

这部分内容主要介绍以上提到的奠定了企业文化理论的4部名著的内容。

日裔美籍教授大内花费了八九年的时间，对日、美两国典型企业进行深入的调查和对比研究后，出版了《Z理论——美国企业界怎样迎接日本的挑战》一书，针对美国企业盛行的A型组织和日本成功的J型组织，提出了“Z型组织”的模式。Z型组织的特点是：①实行长期雇佣制或终身雇佣制，使职工在职业有保障的前提下，更关心企业的利益；②对职工实行长期考核和逐步提升制度；③培养多专多能的人才；④采取集体研究、集体决策和个人负责的决策方式；⑤既要依靠科学的定量分析和严格的控制手段，又要注重对人的经验和潜能进行细致有效的启发；⑥树立员工平等观念，上下级之间建立一种融洽、信任的关系；⑦利润并不是企业的目的，而是通过向顾客提供真正的价值和帮助职工成长所得到的回报。

A、J、Z三种组织的管理模式可以归纳成表2.2。

在《日本企业管理艺术》一书中，作者通过对日、美许多行业的32家企业的调查，提出了“7S理论”：结构(Structure)、战略(Strategy)、制度(System)、技能(Skills)、作风(Style)、人员(Staffs)和最高目标(Superordinate Goals)。这7个S构成了以最高目标为核心的网络，忽视了其中任何一个因素或各因素间的协调将影响管理的成效。在7个因素中，战略、结构和制度是硬性因素，人员、技能、作风和最高目标是软性因素。美国企业过于强调了硬性因素；而日本企业在肯定硬性因素作用的前提下，较好地兼顾了软性因素，这就是在石油危机等严峻形势下，日本企业经营得比美国企业好的原因之一。

表2.2 A、J、Z三种组织的管理模式比较

	A模式	J模式	Z模式
雇佣制	短期雇佣制	终身雇佣制	长期雇佣制
决策方式	个人决策	集体决策	集体决策

续表

	A 模式	J 模式	Z 模式
负责制	个人负责	集体负责	个人负责
评价和提升的速度	短期而快速	长期而缓慢	长期而缓慢
控制过程	明确的控制	含蓄的控制	含蓄与明确兼用
职工的发展	专业化方向	多面性发展	适当照顾向多面性发展
对员工的关怀	只关心在职期	长期关心	在职期的个人和家庭

《企业文化》一书在搜集数万家美国企业的丰富材料后，提出：塑造一个强有力的文化是企业取得成功的取胜之道。认为企业文化包含了五个要素：企业环境——企业所处的环境是形成企业文化唯一的影响因素；价值观——企业的基本概念和信仰，是企业文化的核心；英雄——企业的模范，最好地体现了企业的价值观，是全体员工学习的榜样；习俗和仪式——企业的风俗习惯、文化活动；文化网络——管理者传播文化的各种渠道，用来培育企业价值观，增强凝聚力。

《追求卓越——美国管理最佳公司的经验》一书的作者通过对美国 40 多家公司的研究，概括了美国优秀公司的八大特征：贵在行动；紧靠顾客；自主和企业家精神；尊重职工；领导身体力行；发挥优势，扬长避短；组织结构简单，公司总部精干；宽严相济，张弛结合。

除了以上介绍的一些美国学者的著作外，也有许多日本学者著书来论述企业文化。如河野丰弘在《改造企业文化》一书中，认为企业文化包含两个层次的内容：一是体现了经营理念的指导文化，二是在指导文化影响下的企业日常文化，体现为各层次员工具有的价值观念和行为方式。森岛通夫在《日本为什么"成功"》中提出日本的成功在某种意义上是弘扬了本国文化传统的结果。名和太郎的《经济与文化》中论述了发展经济要重视文化力的作用。

这些著作都是在大量的调查研究的基础上，通过科学的分析，提出了独到的新见解，为企业文化理论奠定了理论基础。

3. 企业文化的功能

企业文化是企业在环境中生存和发展过程中形成的，它也必然对环境产生影响。

环境是独立于企业之外，不以企业的主观意志为转移的，对企业的生存和发展产生影响的各种因素之总和。它包括自然因素和社会因素，在社会因素中主要有政治、经济、科学技术等方面。在改革和开放方针的指引下，我国的工作走上了以经济建设为中心的道路，随着经济体制的改革，从过去的计划经济体制向社会主义市场经济体制转变，企业面临着激烈的市场竞争，优胜劣汰是每个企业面临的考验和挑战。正因如此，发挥企业员工的积极性，把他们的意志的力量聚集起来，建设好自己的企业文化成为每个企业所关注的重要工作之一，这也是推动我国对企业文化的研究和实践的不竭动力。

企业是社会的重要组成部分，企业文化也是社会大文化的重要组成部分。每个企业都能建设好自己的企业文化必将有利于整个社会的文化建设，这就是企业文化的辐射功能。

在管理中真正做到以人为中心，充分调动员工的积极性，创造条件让员工发挥各自的聪明才智，有利于企业搞好科学管理，劳动生产率的提高必然有利于实现经济增长方式的转变，最终有利于实现我国经济健康、快速、持续的增长。社会发展的经济基础建设好了，也会有利于社会文化的建设。

企业文化对企业管理的更直接、更重要的作用一般可从以下五个方面来论述。

（1）导向功能

企业文化作为一种价值取向，规定了企业所追求的目标，体现出企业在一定时期内的发展方向。这是企业整体的共同追求和共同的利益，与员工的个人目标相融合，使员工能自觉地为实现企业目标而努力奋斗。同时，共同的价值观为全体员工提供了具有方向性的思想观念，他们以此为准绳来判断周围的事物和指导自己的日常言行。

（2）凝聚功能

在共有的价值观基础上和共同目标的激励下，全体员工紧密地团结在一起，同心同德，为了共同的事业而努力奋斗、拼搏。共同的目标、共同的利益，使企业与员工、员工与员工之间凝聚在一起并形成了团队精神，并在这种奋斗的过程中，领导者与被领导之间、员工之间互相关怀、互相理解、互相帮助，真正融合成一个命运的共同体。每个人都为生活在这样一个企业中感到自豪，同时努力处处维护集体并为集体作出贡献。

（3）规范功能

通过制度文化和道德规范对员工的行为产生约束作用，使其符合企业的价值观和发展的需要。企业在生产经营中需要制订出各种规章制度来保证企业的正常运作，而企业文化则通过共有的价值观、道德观念、舆论等的作用使员工认同企业的规章制度，并产生约束力量，使员工不但能自觉遵守规章制度，而且能自觉地规范自己的言和行。

（4）激励功能

在实现企业目标的奋斗过程中，企业文化为员工创造了一种努力进取、团结拼搏的良好氛围，以人为中心的管理思想和管理方式特别重视培养员工的素质，调动他们的积极性和创造性，在实现企业目标的过程中体现出自身的价值。在良好的氛围中，每个人都因自己对企业所作的贡献而得到大家的尊重，在日常生活和工作中得到大家的关心和理解。员工在参与管理和参与决策的过程中都有机会施展自己的聪明才智，使得企业中的优秀人才能脱颖而出。通过学习和实践，每个人都可以为今后的发展打下基础和创造条件。

（5）调适功能

由于企业员工具有共同的价值观，对一些问题的看法比较一致，加上有共同的语言、相互信任、彼此理解，能进行充分、有效的交流，形成团结、融洽、互相关心、互相帮助的氛围。外界环境的变化，总会在员工的思想中产生影响，需要员工及时地调整自己的心态，正确认识和对待这种变化，消除不利影响和吸收积极因素。企业为了适应环境的变化，也在不断地进行各种调整，有时这种调整会改变已有的工作习惯或是影响到个人的利益，需要员工迅速地响应这种调整，增强自觉性和适应能力。除了企业进行的调整外，企业时时处在变化中，这种变化最终会影响已形成的良好人际关系上，此时需要员工能积极主动地进行调整和适应，继续保持企业与员工、员工与员工之间的良好关系。企业文化的建立有助于员工在变化中调整自己的心态，主动适应环境变化和由此带来企业内的各种变化。

案例 2.6 韩国企业：共同体式的企业文化

韩国的成功企业非常重视企业中的人和团结精神，积极致力于创立能够反映员工创造性建议和意见的企业文化，提倡每个员工承担责任、爱社会和主人翁精神，从而形成了共同体式的企业文化。东洋制果公司的“好丽友家族会议”、东洋证券公司的“青年理事会制度”等都是由企业的最高经营者直接听取员工意见和建议的制度，而东洋水泥公司的“一起向前运动”，则是由工会组织的经营革新运动。

此外，韩国大多数成功企业在“公司的成长与健康的劳资关系是同步的”这样一种信念指导下，积极培育“劳资共同体意识”和“劳资和解”气氛，从而使企业的经营活动能够在稳定的劳资关系中顺利进行。韩国众多的优秀企业都制定了诸如“修订福利制度”、“员工持股制度”、“对员工采取家庭成员式待遇”、“通过提供经营情报诱导员工参与企业经营”、“终生员工”等一系列制度，特别是许多优秀的中小企业常常将企业的经营状况向自己的员工公开，通过经营者与员工之间坚实的人际关系实现劳资和解。正因为有了劳资间的相互信任，企业才克服了许许多多意想不到的经营危机。

鲜京集团把在劳资协商中能够提及的事项（工资、福利等）和不能提及的事项（经营决策权、人事权等）严格区分，分别采取不同的政策；同时公司还将经营状况向员工公开，培育了让工会自己判断企业经营能力的土壤，其结果是遏制了因劳资纠纷而导致的经营损失。锦湖电器公司则规定，每月召开一次的经营计划会议必须有工会代表参加，将公司所有的经营情况向员工全部公开，以排除劳资不信任的阴影，建立良好的相互信任关系；工会方面也会分析公司每周的生产情况，并向会员说明企业的现状。“劳资不疑”的精神深深植根于企业内部，正是这种劳资和解的氛围有力地推动了韩国企业的发展。

同时，韩国的优秀企业大都以“人才第一”为基点，通过建立企业内部的研修院或利用产业教育机构培育了大量优秀的人才。现在韩国主要的企业集团都已采用了科学的人力资源管理制度。一些专业性比较强的大企业和中小企业为了拥有自己的专业技术人才，还建立了相应的人才储备系统，或是从销售额中提取一定的比例持续进行教育投资。此外，韩国的优势企业还普遍重视员工的海外研修工作，以促进员工的自我开发。

三星集团的创始人李秉哲会长生前就信奉“疑则不用，用则不疑”的信条，主张对三星的员工实行“国内最高待遇”。为此，三星公司采用了公开招聘录用制度，新员工一旦被公司录用就要接受三星公司彻底的培训，目的是使之成为“三星之星”，以实现公司成为超一流企业的目标。三星公司在“企业即人”的创业精神指引下，彻底贯彻了“能力主义”、“适才适用”、“赏罚分明”等原则。为了挖掘企业员工的潜在能力，除了总公司建立有三星集团综合研修院外，各分公司分别建立了自己的研修院，并通过海外研修等形式对员工进行有效的教育培训。LG 集团则通过建立“社长评价委员会”、“人事咨询委员会”、“人才开发委员会”等机构，对高级管理人员进行系统的培育。

韩国通过任用有能力的职业经理（专门经营者），从而创立了经营责任体制，并培育了责任经营的风气，其主要的企业集团都建立了事业本部制，根据经营活动多元化的要求采用具备专门经营能力的经营者这一制度，有力地推动了企业的良性发展；专门行业的大企业则通过按产品组建事业部，将经营者分为管理主管和经营主管，按事业部实施独立资产等方式确立了经营责任体制。伴随着企业经营的多元化，鲜京集团迎入了一批职业经理人，公司将经营权委托给他们，同时要求他们对自己的经营决策负责，这一措施使公司的市场分析和经营预测能力得到了明显的提高。

思考题：

1. 本案例中，你认为三星集团的核心价值观是什么？
2. 请对比中韩企业文化的差异。

资料来源：http://www.broot.com/contents/23/17805.html.

2.7 管理思想的新进展

2.7.1 虚拟企业

1992年威廉姆·戴维陶（William Davidow）和迈克尔·马隆（Michael Malone）出版了《虚拟公司》（*The Virtual Corporation*）一书，总结了由于信息技术普遍应用，能提供虚拟产品并进行了彻底改造的企业组织——“虚拟企业”（Virtual Enterprise）的出现和发展过程，进一步在世界上引起了对虚拟企业这种观念的重视，引发了管理上的一场新的变革。

（1）虚拟产品和虚拟企业

先要解释一下什么是虚拟，传统上虚拟是指某物所拥有的力量或能力来自他物。最早使用于计算机方面，以前我们习惯每个人都使用自己的计算机，当计算机每秒执行指令的速度大大提高后，就出现了一台主机联结若干台终端的使用方式。由于主机的功能很强，每台终端前的使用者都可以认为自己在单独使用一台计算机，这就是一种虚拟现实——几个使用者同时使用一台计算机，但对每个用户来讲他都拥有一台任何时间都可单独使用的计算机。

企业所提供的服务也可以看做是该企业的产品，可用虚拟产品（Virtual Products）来涵盖虚拟服务。虚拟产品的最终形式与传统产品形式上的差异并不大，但它可以在许多地点快速为用户提供多样化的选择，即虚拟产品的生产不再受时间、空间和种类的限制，它的生产符合成本效益原则。显然虚拟产品的出现离不开信息技术所提供的各种条件、企业灵活的组织结构和柔性生产方式。过去我们撰写的论文、报告要送到印刷厂或打字社去，不是用铅字排版加铅印，就是用中文打字机加油印才能变成印刷品。今天事情简单多了，只要有一台电脑和打印机，我们可以用方正排版系统或是Word或是WPS，在家里、办公室就得到了漂亮的印刷品。日本的汽车业正努力为顾客提供新的服务：为顾客订做轿车，只要顾客下订单，工厂根据顾客的要求进行组装，三天内交货。航空公司和旅行社使用电脑订票系统，完全改变了过去的手工操作，使旅客享受到快捷、完备的服务，就好像所有的相关工作人员都在为他提供服务一样。这些都是虚拟产品和虚拟服务的实例。

虚拟企业是一种崭新的企业组织形式，它是由不同的企业（或其中一些部门）按某一特定任务要求而临时组建的企业，它没有固定不变的组织系统，没有看得见的有形公司，但却是一个经济实体。任务完成后就宣告解散。①

虚拟企业与传统企业相比，具有明显的不同，但它又是在传统企业的基础上经过彻底的改造而产生的。首先，虚拟企业几乎没有边界，不同的企业之间、企业与供应商之间、企业与用户之间的关系可以根据需要随时进行组合、不断地改变。为了提供虚拟产品，也就是根据用户的不同需要即时生产产品，用户要参与产品的设计，产品的设计、制造系统具有很强的适应性，并有相应的与供应商、销售商之间的关系，使得设计、制造、销售等传统企业功能的界限日益模糊，取而代之以一种新的企业——虚拟企业。其次，企业内部的组织结构和岗位责任经常要变化，出现了无定形的情况。甚至连员工的概念也发生了变化，因为用户、供应商也都参与了产品的设计，在一定的时期内他们成了不是员工的员工。企业要与顾客、供应商、销售商密切结合，共享信息、设备等，彼此之间构成了一个网络，发挥各自不同的功能，这就必然影响到企业内部的结构，并且随时随地根据外界环境调整结构和功能，使企业的组织结构具有高度弹性。再次，在虚拟企业工作的员工所从事的不再是过去那种接受上级指令，被动应付式的工作；而是充满了挑战性，他们要具有良好的技能，懂得运用信息，能迅速适应环境变化，能与管理部门、用户、供应商、销售商乃至社会和政府部门充分合作。最后，虚拟企业综合运用了现代科学的最新成果，特别是信息技术与现代制造技术的结合，计算机辅助设计和制造、柔性加工系统、准时生产制、计算机信息系统，在计算机网络上进行市场分析、产品的开发设计、生产的管理，用计算机网络联结用户、供应商和销售商。在此基础上，企业才能迅速对用户的需要和市场需求的变化做出有效的响应，能极大地提高生产效率，使企业在激烈的市场竞争中保持竞争优势。可以说没有信息技术的高度发展，也就没有实现虚拟企业的可能。

(2) 企业实现虚拟化的关键

在市场激烈竞争的压力下，在现代科学技术迅速发展的推动下，企业实现虚拟化成为一种必然趋势和自然的选择。在实现虚拟化的过程中，一是要充分运用信息技术，这一点在以前的章节中已做过充分的论述，不必重复，而且对成熟的技术来说，不存在难度问题；二是要转变思想观念，可以体现在以下几个方面。

① 要在供应商、制造商、销售商和用户之间建立新型关系。在激烈的市场竞争中，四者之间具有共同命运。对用户（非日用品用户）而言，希望与厂商建立长期的、良好的关系，从而得到良好的服务，在企业的运行中得到更大的发言权，参与产品的设计和生产，来满足自己对产品、对服务的要求。而厂商若能保持与老用户的关系可以降低经营成本，对用户的深入了解也有利于为用户提供更好的服务。以此类推，供应商不仅要向制造商及时提供价廉物美的零部件，还要积极参与制造商的产品开发和设计，制造商则要给供应商以充分的信任，吸引他们参加企业的产品开发设计等活动，分享有关的重要信息，这几个方面互相依赖，互相渗透，相同的命运把大家联结在一起，不同企业间的界限趋于模糊，很难加以区分。这种新型的关系体现于彼此间有着共同的命运和共享信息资源。

---

① 王众托. 信息化与管理变革的系统观[J].《系统工程理论与实践》，1998(2).

② 企业外部关系的变化必然要影响企业内部的组织结构。为了使工作在第一线、直接与用户接触的员工能及时向用户提供满意的服务，必须充分地授权给他们。在员工具有较高素质的情况下，知道如何正确处理和解决各种问题，能通过计算机网络及时准确地掌握各种信息，那么过去担负着指挥和信息传递作用的基层管理者、甚至中层管理者都可以大大减少，组织结构向扁平化方向发展，带来的好处就是企业对外界环境变化的反应速度大大加快。在组织结构扁平化的同时，管理者的角色由监督者变为指导下级的教练，要充分信任自己的下属，授权给他们，对他们进行培训，帮助他们解决所遇到的问题，引导他们参与管理和决策，大家要同舟共济。这些都与传统观念格格不入，可能因触犯既得利益而引起抵触和对抗。

③ 正确运用信息技术。用常规方法来运用信息技术，只能代替手工操作或是部分脑力劳动，只能起到部分提高工作效率的作用，无法充分发挥信息技术的作用。最能说明这个问题的例子是用微电脑当打字机用，使用方便，图文并茂，但发挥了微电脑多少功能呢？我们不能按老的生产方式和管理方式来运用信息技术。从虚拟企业的特点出发，运用信息技术使供应商、制造商、销售商和用户之间能迅速地交换和共享信息，为用户参与产品的开发设计提供条件，灵活地组合开发、设计、制造等功能，这都要求企业运用信息技术来收集、处理、传递各种信息，使企业能迅速响应用户的不同要求和市场的变化。在信息技术提供的条件下，实现企业的虚拟化，这才是运用信息技术的出发点之一。

(3) 虚拟企业给我们的启示

在长期计划经济体制下，我国的经济发展出现了一种极不正常的现象，即地方的经济发展追求自成体系，企业则追求大而全、小而全，造成了低水平的重复、资源浪费、效益低下。这是农村自给自足小农经济思想的表现，万事不求人。长期延续的这种状况，也是造成我国国有企业陷于困境的重要原因之一。当前我们正面临着两个根本性转变的关键时刻，虚拟企业的思想和组织形式无疑为我们提供了可借鉴的思路和方法。打破原有的企业组织领导体制，发挥各自的优势和长处，进行企业和企业间的重新组合，在求得整体优势的前提下获得各自企业的最大效益，从而提高社会的效益。

在我国已经有成功的例子——新疆 2 型联合收割机的生产销售。在农机具市场普遍疲软的情况下，新疆 2 型联合收割机十分火爆，交了预付款还不一定拿到货。原因是新疆联合收割机厂从 1986 年开始，根据对农机需求的信息，开发小型自走式联合收割机——新疆 2 型。到 1993 年推出 100 台，由于价格低(仅为大型收割机售价的 1/4)，收割的损耗为 1%(低于国家标准两个百分点，因此而增收的麦子可抵销收割费)，性能好(不惧草、不惧潮、可割麦和稻等)很快赢得了市场。1996 年生产了 3 000 台，远远满足不了市场的需求。如果把生产能力扩大到年产万台，需投资 2 亿元，增加职工 2 000 人，需 3 年的时间。

在这种形势下厂方不是忙于铺摊子，而是果断地在华北等收割机的主要市场里寻找合作伙伴，挑选一些有实力、管理好的农机厂作为自己的分厂。由总厂提供技术、管理、主要零部件、质量保障，由分厂生产部分零部件和进行总装。生产能力很快扩大到 2 万台，占领了 70%的市场，年销售收入达 7 亿多元，创利税 1.5 亿元。

过去收割机上用的发动机、轮胎等要从沿海地区运进新疆，整机又要从新疆运到华北等地，每台收割机的运费就达 1 万元。现在就近组装、就近销售，运费只有 2 000 元，每台收割机节省的运费就达七八千元，增强了产品的竞争力。同时盘活了一大批闲置的资产，迅速形成生产能力。新疆总厂还不断地对新疆 2 型联合收割机进行技术改进，改革销售工作，从每年的 9 月份开始销售，并对提前购机者让利，实现了收割机销售无淡季。在生产新疆 2 型的同时，新疆 3 型的研制正在加紧进行，玉米收割机和棉花采摘机也正在研制。

2.7.2 学习型组织

企业如何进行自我调整和改造来适应迅速变化的环境，求得生存和发展，是企业界和管理学界普遍关注的问题。彼德·圣吉(Peter Senge)于 1990 年出版了《第五项修炼》(*The Fifth Discipline*)一书，提出一个组织要成为学习型的组织才能立于不败之地的观点。现有许多企业正在进行这方面的尝试和努力。

(1) 学习型组织(Learning Organization)的五项修炼

过去我们习惯于线性地思考问题，把大问题进行分解，分析后再综合起来，这种人为的简化、分解、再综合有可能背离了事物的真实面目，使我们往往容易看到局部的、孤立的、静止的现象而忽略了事物的整体性，其结果必然是人类在错综复杂的世界面前陷于困境。圣吉在他的著作里，把学习型组织的五项技能称之为五项修炼，而且首先介绍的是第五项修炼——系统思考。

一个企业乃至整个社会都是一个系统。在系统中，各个组成部分之间互相关联，系统中的各项活动与系统的组成部分间息息相关，活动之间也互相影响，这种影响和活动的结果都要经过若干时间后才能显现出来，这就是系统观念。对于身处局部的个人来讲，要能把握住系统的整体、全局的变化是很困难的，但我们又非得这样做不可。要不然完全可能出现局部有利的事情，却对全局不利；对自己是合理的，却给别人带来困难；今天看来是可行的，但长远来看却是有害的。今天人类面临着不可再生资源的过度开发、人口急剧增长、环境污染等一系列的困境，何尝不是过去那种思维方式和行为所造成的呢！因此，圣吉把系统思考作为第五项修炼，但又首先介绍，并且以“第五项修炼”作为书名。

第一项修炼：自我超越。通过学习不断理清并加深个人的真正愿望，集中精力，培养耐心，客观地观察和面对现实，从真心向往的愿望出发，不断努力实现。这是学习型组织的精神基础。只有能够超越自我的人才能不断地实现他们内心深处最想实现的愿望，全身心地投入、不断创造、不断超越，成为终身的学习。个人对于学习的意愿和能力则构成了组织整体对于学习的意愿与能力。但是很少有组织鼓励其成员以这种方式来学习，也只有少数人能够通过学习不断发展自我。

进行自我超越的修炼，要从建立发自内心的个人愿景开始。愿景是一个特定的结果、一种期望未来的景象，可以是一种物质上的追求，也可以是渴望对社会的贡献。理清愿景，努力认清并客观地面对现实。愿景与现实间的差距产生了“创造性张力”，使你为实现愿景而努力，在这个过程中不断克服对自己的怀疑：缺乏必要的能力和不够资格得到所想要的。在进行自我超越修炼时要特别注意培养潜意识，许多日常生活中的动作和经过长期训练的熟练动作并不需要我们下意识去完成，而是靠潜意识的作用。通过发掘内心真正想要的结果来培养潜意识，把焦点对准想要的结果，客观地面对现实，运用潜意识来形成创造性张力。

第二项修炼：改善心智模式。圣吉提出心智模式是根深蒂固于心中，影响我们如何了解这个世界以及如何采取行动的许多假设、成见，或图像、印象。一个人的心智模式是在长期的生活实践中日积月累形成的，它在不知不觉中影响个人的思维方式和行为方式。两个人以各自的心智模式去观察同一事物，会有不同的描述。同样不同的心智模式会导致不同的概括性看法，在不同的看法指导下自然会出现不同的行为方式。心智模式将随着时代的变化而变化。如何建立健全的心智模式来帮助组织的学习呢？书中介绍了几种方法，其中之一是壳牌石油公司建立的方法“情境企划”。20 世纪 70 年代初，公司的企划部门将未来可能突然转变的状况，拟成几种情景，交由公司的管理者去思考。他们从现有的心智模式出发，认为石油业将像以往那样继续发展下去，但这是以当时全球的政治形势和石化工业的特点出发所作的假设。这种假设在未来的形势下不一定能站住脚，那么在新的情况下怎么办，从而开始培养和建立新的心智模式。当石油输出国组织于 1973 年至 1974 年实行石油禁运政策后，壳牌石油公司正是预见到了局势将会动荡，采取了必要的措施，使公司顺利发展，壳牌石油公司在 1970 年时还是世界七大石油公司中最弱的，到了 1979 年已与埃克森石油公司并列首位。把企划看做是学习，是组织的学习过程，从而建立起共有的心智模式是十分有效的。

第三项修炼：建立共同愿景。组织有一个能实现的共同愿景，一定能鼓舞人心。大家为实现共同的目标而努力，这种努力不是组织强求的，而是一种出自内心的渴望。共同的愿景能将每个人都紧密地结合起来，改变成员与组织间的关系，为组织的学习提供了焦点和能量，可以说没有共同愿景，就不会有学习型的组织。

要建立共同愿景先要鼓励个人愿景，有了个人愿景才有可能汇集成共同的愿景。个人愿景实质上是对周围世界的关注，如果没有个人自己的愿景，那么他只能附和别人的愿景，那只是种顺从，而不能是发自内心。要形成一种氛围鼓励每个人都有自己的愿景，然后建立共同的愿景，这是困难的一步，因为不能强迫别人接受。要走好这一步，必须放弃共同愿景是由最高层做出并宣布的或来自组织制度化规划过程的传统观念，建立共同愿景是组织所进行的持续不断的工作过程。也是组织成员间互相交换看法，充分表达自己的愿景，认真听取别人的愿景，互相启发，融汇成共同的愿景的过程。这样形成的愿景才是我们每个人共同拥有的，才能激发每个人用自己的努力去实现共同的愿景。作为学习型的组织并不是要追求一个远大、动人的愿景，而是要用愿景和组织现状之间的差距来激发成员的努力。

第四项修炼：团体学习。每个人都是作为一分子生活在一个组织之中。在组织起来进行学习的团体中，所形成的集体智慧要高于个人智慧，而且在团体的学习过程中，每个人彼此之间互相启发，所得到的学习效果要好得多，学习的速度也快得多。在现代组织中，学习的单位是团体而非个人，没有团体的学习，也就没有学习型组织。

团体学习是一种集体进行的修炼，一般采用“深度会谈”和“讨论”两种不同的团体交谈方式，在深度会谈时，每个人撇开自己的思想，以各种各样的观点来探讨复杂的问题，交换各自的想法，找出彼此间不一致的地方，增进集体思维的敏感性。而讨论是提出不同的看法并加以辩护，衡量各种可能的想法，找出一个较好的想法。团体学习要定期进行虚拟世界的演练，在运用信息技术模拟出一个真实的世界的基础上探索各种行动可能产生的结果，可以重复进行，以便进行各种方案的比较，从中找到更好的方案，同时可以演练互相之间的合作。

融合了这五项修炼方能造就出一个学习型的组织。通过第五项修炼能把其他各项修炼结合成一体，互相促动。而系统思考也要靠其他四项修炼来发挥作用，运用系统能使我们科学地、正确地认识客观世界。学习型组织则促使我们了解环境的变化，并且能适应环境的变化。

(2) 系统思考的方法

圣吉运用系统动力学(System Dynamics)的原理为如何进行系统思考建立了一批系统的基础模型，简称“系统基模”。在系统思考中，“增强的回馈”、“调节的回馈”和“时间滞延”是一些基本的概念，可以用来构成各种系统基模。在一个存在增强反馈的系统中，微小的变化会导致产生巨大的影响。而存在调节反馈作用的系统中，尽管有变化，系统仍能稳定。行动与所产生的结果之间存在时间差，这就是时间滞延。

《第五项修炼》中列举了九个系统基模，它们是：“反应迟缓的调节回路”，由于调节作用到产生结果存在时间滞延，有可能使所采取的调节作用比所需要的要大，也可能因发现不了变化而无法采取任何调节作用；“成长上限”，成长的系统由于遇到了限制，或是调节回路起作用，使系统停止成长进而衰落；“舍本求末”，对产生的问题治标不治本，症状暂时消除，但问题没有得到彻底解决，最后造成系统丧失了解决问题的能力；“目标侵蚀”，与舍本求末类似，短期方案的采用导致了长期目标的逐渐降低；“恶性竞争”，竞争双方中一方优势的产生导致对方的抗衡，在对立情绪下都想要压倒对方；“富者愈富”，使用相同有限资源的两个活动，其中之一因表现好，得到的资源多，优势就强，进入良性循环，而另一个因表现较差，得到的资源就少，陷入了恶性循环之中；“共同悲剧”，使用相同的有限资源的多个个体因不断的发展，造成了资源的短缺；“饮鸩止渴”，一个短期有效的对策会对今后的长期目标产生不良影响，问题逐渐恶化，越来越依赖此短期对策；“成长与投资不足”，当一个企业的成长趋近上限时，可以投资扩充产能，突破成长的上限，但这种投资必须在成长降低之前，否则永远达不到所设想的目标。

熟练地运用系统基模，有助于我们深入了解所研究问题的结构，以及各种因素如何发挥作用；有利于寻求解决问题的方法，是进行系统思考的有力工具。

2.7.3 供应链管理

(1) 供应链管理的产生和发展

随着科学技术的迅速发展，使社会生产力以前所未有的速度提高，企业之间的竞争日益加剧。消费者消费水平的不断提高，追求个性化消费。尽管企业在不断提高新产品的开发能力，但是产品的生命周期也在迅速缩短。消费需求的多样化，使企业不得不推出更多的产品品种，而对变化迅速的市场，企业必须尽可能提高对变化的响应速度。这一切使企业面临着巨大的压力。虽然企业也采用了许多先进的制造技术和管理方法，但在传统的管理模式下无法摆脱困境。

企业为了占有制造资源和控制生产过程，传统的模式是扩大自身规模，或是参股到供应商企业。这是“纵向一体化”(Vertical Integration)管理模式。过去我国企业的“大而全”、“小而全”就是典型。采用纵向一体化模式在过去是有效的，但在今天变化迅速的环境里暴露出许多的缺陷。一是增加了企业投资的负担，不管是扩大规模还是参股于其他企业都需要增加大量的投资。二是有可能因一体化实施时间长而失去市场机会，增加了风险。三是企业因此而增加了管理业务。四是在许多业务领域里面临不同对手的竞争。五是随着一体化程度的加深，同时增大了行业风险。

在传统的管理模式下，企业关注的是自身资源的优化使用。而一个企业所拥有的资源毕竟是有限的，在巨大的压力面前，企业有必要打开眼界、去借助和整合其他企业的资源，从 20 世纪 80 年代后期开始，越来越多的企业摒弃了纵向一体化的模式，随之而来的是“横向一体化”(Horizontal Integration)思想的兴起。

横向一体化的基本思想是，企业只抓最核心的东西：产品方向和市场。在生产上只抓关键零部件的生产，如有可能的话把零部件全部外委加工。充分利用其他企业的资源来迅速响应市场的需求。这样形成了一条从供应商到制造商再到分销商的贯穿所有企业的“链”，在链上相邻节点企业之间是需求与供应的关系，形成了供应链(Supply Chain)；链上所有的企业必须协同运行才能受益，这就产生了供应链管理的思想和运作模式。

供应链管理把单个企业资源的范畴扩大到供应链上所有的节点企业，使节点企业间在共同利益的基础上结成战略联盟。供应链管理模式利用现代信息技术，通过改造和集成业务流程，与供应商、分销商直至客户建立密切的联盟关系，实施电子商务，可以大大地提高企业的竞争力。

供应链管理可以实现客户化的定制生产，对市场变化做到迅速反应，使供应具有柔性，做到与最终需求同步生产，集成合作伙伴的能力，全面应用电子商务等有效的运作方式。毫无疑问这将给企业带来巨大的效益。据有关资料统计，供应链管理的实施可以使企业总成本下降 10%；供应链上的节点企业按时交货率提高 15%以上；订货-生产的周期时间缩短 25%～35%；供应链上的节点企业生产率增值提高 10%以上，等等。

(2) 供应链管理的内涵

什么是供应链，至今尚未形成一个统一的定义。传统的供应链是指制造企业的一个内部过程，把从外部采购来的原材料和零部件，经过生产和销售环节，把制成品传递到分销商和用户。也有学者认为供应链表示的是制造商和供应商之间的关系。现在比较一致的看法是，“供应链是围绕核心企业，通过对信息流、物流和资金流的控制，从采购原材料开始，制成中间产品以及最终产品，最后由销售网络把产品送到消费者手中的由供应商、制造商、分销商、零售商直至最终用户连成一个整体的功能网链结构模式。”

从以上的定义来看，供应链有一个核心企业，可以是制造商，也可以是大型零售企业集团。围绕着核心企业，有供应商以及供应商的供应商、销售渠道、用户以及用户的用户。而且供应商可以为一个核心企业提供零部件，也可以为其他核心企业提供。用户也可以同时是其他供应链的用户。这不是一条简单的“链”，而是一个非常复杂的网络。在供应链上有从原材料、零部件供应到用户的物流和供应信息流，有从用户起始的资金流和需求信息流。随着从原材料供应起始的物流，价值在不断增加。

由此看来供应链的结构是非常复杂的。节点企业可以是不同行业的，不同区域的，甚至是不同国家的。节点企业可以分属不同的供应链，增加了结构的复杂性。供应链是建立在满足用户需求的基础上的，由需求驱动。供应链具有动态性，一是市场的需求、环境在变，二是节点企业也在变，可能有新加入者，也可能会有退出、被淘汰者。

供应链管理以同步化、集成化生产计划为指导，以各种技术为支持，尤其以 Internet/Intranet 为依托，围绕供应、生产作业、物流和满足需求来实施的。供应链管理的目标在于提高用户服务水平和降低总的交易成本，并且在两个目标之间进行协调。

供应链管理可以细分为职能领域和辅助领域。前者包括产品工程、产品技术保证、采购、生产管理、库存控制、仓储管理、分销管理等。后者包括客户服务、设计、会计核算、人力资源管理、市场营销等。

供应链管理还应包括以下一些主要内容：战略性供应商和用户合作关系管理；产品需求预测和计划；供应链设计（节点企业、资源等的评价、选择和定位）；企业内和企业间物料供应与需求管理；基于供应链管理的产品设计、制造管理、生产集成化计划、跟踪和控制；用户和物流管理；企业间资金管理，交互信息管理等。

供应链的运营机制，一是合作机制，各节点企业之间体现了一种战略合作关系，企业内外资源的集成和优化使用。二是决策机制，在开放的环境下信息交换和共享，群体决策。三是激励机制，建立供应链企业的业绩评价和激励机制。四是自律机制，对产品、服务和业绩进行评价，不断改进。

(3) 实现集成化供应链管理

要成功地实施供应链管理，不但要把企业内的业务和资源作为一个整体来管理，节点企业之间也要联结成一个整体，从这一点出发，企业内的业务和资源管理也要从供应链的整体着眼，形成集成化的供应链管理体系。

企业从传统的管理模式转向集成化管理模式一般要经过四个步骤。

第一步，进行基础建设。在原有的管理基础上，分析企业内部影响实施供应链管理的阻力和动力，分析企业外部环境的变化及其对企业的影响。在分析企业现状的基础上，找出不足之处，加以改进来完善企业内的供应链管理。

第二步，职能集成。在这阶段主要集中处理企业内部的物流。围绕核心流程对物流实施集成化管理，对业务流程进行再造，成立跨职能的业务团队，对组织机构优化，加强和提高职能部门之间的合作，更好地满足用户的各种需求。

第三步，集成企业内部的供应链。一是要集成企业内部的供应链；二是要集成企业内部供应链和外部供应链中的供应商、用户管理部分形成内部集成化的供应链。在这一阶段企业资源计划（Enterprise Resource Planning，ERP）是一个很好的工具，它集成了企业业务流程中的主要部分，如：订单管理、财务管理、库存管理、生产制造管理、采购管理等职能。

第四步，集成企业外部供应链。这是实现集成化供应链管理的关键阶段。将企业内部的供应链与外部的供应商、用户集成起来，将整个供应链集成起来，形成一个集成化的供应网链。要通过互联网把各个节点企业的信息系统连接起来，信息交互和信息共享，保证整个供应链的同步运作。

在实现了整个供应链管理集成的基础上，为了更好地适应变化的环境，可以进一步形成一个动态的供应链网链结构。

2.7.4 电子商务

(1) 电子商务的产生和发展

随着互联网的迅速发展和日益广泛的应用，一种新的商业运作模式——电子商务正在蓬勃开展。经济全球化推进了世界范围内资源的优化和产业结构的调整，企业间的贸易往来激增，这就带来了以纸为载体的单证和文件数量爆炸性的增长。企业迫切要求提高单证和文件的传递和处理速度，提高效率、降低费用。

信息技术的发展使得互联网成为全球范围内通信的媒体，上网用户的数量迅速增长，互联网越来越普及，为电子商务的发展提供了坚实的基础。

电子商务的发展过程可以用图 2.2 来表示。

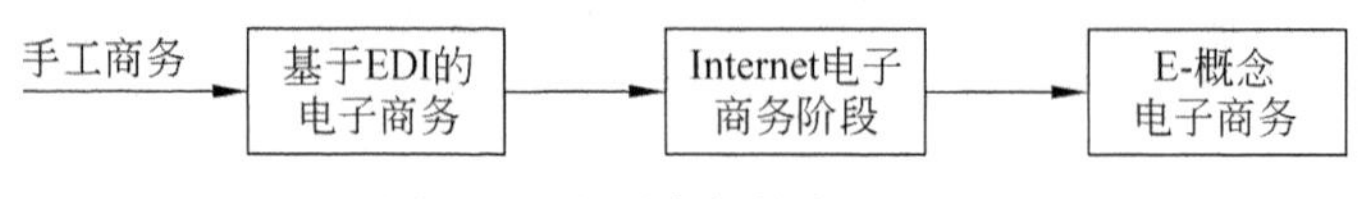

图 2.2 电子商务的发展过程

在第一阶段中，运用电子数据交换技术(Electronic Data Interchange，EDI)，通过计算机贸易伙伴之间可以自动交换商务活动中的数据。

为了降低信息的传递成本，借助全球普及的互联网来实现信息的交换，用低廉的成本实现信息共享。在互联网上做到商务活动的电子化。这是第二阶段。

到了第三阶段，信息技术与人类的生活、社会的活动更加紧密地结合在一起，远程教育、远程医疗、电子政务等得到了迅速的发展。同样的商务活动，包括各种不同的模式，紧密结合，应用越来越广泛。

(2) 电子商务的概念

电子商务(Electronic Commerce，EC)可以理解为在互联网上进行商务活动。对此新的概念学术界和企业界有各种定义，大致可以分为狭义和广义两类。

从狭义上讲，电子商务是在现代社会里，在互联网上运用信息技术及其设施，高效率、低成本地从事以商品交换为中心的各种商业活动。如在网上销售书籍等商品，在网上提供各种咨询、培训等。

从广义上讲，电子商务是运用信息技术及其设施进行广泛的商务活动。与狭义的定义相比，运用的信息技术及设施可以从电报、电话、传真直至互联网，范围更广；涉及的商务活动广泛，除了网上销售外，还应包括企业间、企业与政府间等方面的活动。

电子商务一般按商务活动的参与者来进行分类，大致分为以下三类。

第一类是企业对消费者(B to C)。指企业在互联网上为消费者提供各种商品的销售，如书籍、鲜花、计算机等；或在互联网上向消费者提供咨询、信息服务等。

第二类为企业对企业(B to B)。指企业间通过互联网进行查询、订货、合同签订、支付等商业活动。

第三类为企业对政府(B to G)。指企业与政府间通过互联网来办理各种事务活动。如政府可以在网上采购，企业可以在网上报税、报关、办理工商营业执照等。

(3) 电子商务的优势

与传统的商务活动相比,电子商务有着许多的优势。

电子商务的兴起大大地增加了商机。电子商务是建立在互联网和信息技术的基础之上,信息的传递和处理的速度非常迅速,明显地加快了商务活动的节奏。可以实现 24 小时在线,极大地便利了不同时区企业之间的业务联系,使企业在一年 365 天中做到全天候 24 小时地为顾客服务。互联网的扩展,地球村成为现实,企业的商务活动可以遍及全球。

企业可以降低交易成本,减少库存,缩短生产周期。借助互联网,企业可以在全球范围内寻求供应商,与供应商信息共享,可减少因信息传递时间和不准确性所带来的损失,并可以降低采购的成本。企业也可以方便地在互联网上发布有关企业产品的各种信息。应该说电子商务的开展对中小企业特别有利。企业通过互联网可以及时了解市场的变化,及时对生产进行调整,加快与供应商的信息交换,从而做到零库存管理。通过加强库存管理降低库存量,提高库存周转率,可以减少运营的成本。通过互联网将相关企业紧紧地联结在一起,从产品的开发设计、零部件的制作到产品的销售和服务,不同地区不同单位可以协同工作,大大地缩短产品的生产周期,从而在一定程度上减少经营中的风险。

(4) 电子商务带来的影响

电子商务成为经济发展的推动力。在信息技术的支持下,商务活动中人员的交往、文件的传递、资金的流动很容易在互联网进行信息交换和网上支付,节省了人力和时间,大大降低了成本,从而提高了效益。企业发布产品信息,为用户提供各种咨询,进行所需信息的搜索和查询,可以大大减少因信息不畅而带来的损失。企业间的联系更加紧密,企业可以更方便地参与到国际分工中,优化配置各种资源。这一切因电子商务而带来的好处,必然推动全球经济以更快的速度向前发展。

电子商务改变了商务活动的方式,同时也改变了人们的消费方式。消费者很容易在互联网上获得企业和企业所生产产品的信息,进行商品的比较和选购,可以方便地参与到企业新产品的开发设计中。

企业在电子商务中不管是面对其他企业还是面对消费者,彼此的交往比之前要密切、迅速、有效得多。特别是结合供应链管理,企业已不再是一个孤立的实体,而是与供应商、销售商、消费者结合成一个利益共同体,不仅仅是一种买卖关系。供应链上的节点企业之间要协调一致,要共享资源和效益,共同面对竞争的环境。在这种新形势下,企业内部如何进行管理的变革和创新,企业之间如何协调,就成为管理中要解决的新问题。因此,电子商务的兴起不仅改变了企业的生产方式,也提出了许多管理的新问题,有待我们在实践和理论上加以解决。时代的发展未有尽头,管理思想的发展将进入百花齐放、百家争鸣的繁荣时期。

2.7.5 企业社会责任

(1) 企业社会责任的概念

企业社会责任的概念(corporate social responsibility,CSR)最早是由英国学者 Oliver Sheldon 在 1924 年提出的,在 90 年的发展历程中,也并未形成一个被普遍接受的概念。西方发达国家在企业社会责任的理论和实践都要比我们国家早,也更好。然而,那些在西方国家光彩四溢的理论却在我国出现了水土不服的病症。近年来，我国已经有很多的学者致力于研究本土化的企业社会责任理论，并且取得了丰硕的成果。其中一种较为全面的观点是从责任治理、经济发展、人权、劳动实践、环境、公平运营、消费者问题以及社区发展八个主题来诠释企业社会责任。突破了以往的将企业经济发展与履行社会责任相对立的老旧狭隘思想。另外一种比较流行的划分是，企业社会责任包含慈善责任、伦理责任、法律责任、经济责任。从本质上来看，关于企业社会责任所包含的内容基本上有了一定的共识，只是划分的方法不同，划分后的结果就会有不同而已，但是“药”并没有什么不同。

（2）企业社会责任研究的演进

CSR的研究始于Bowen(1953)《商人的社会责任》一书，自此CSR成为一个“兼收并蓄”的领域。20世纪70年代之前对CSR的研究主要集中在“企业是否应当承担社会责任”和“CSR概念的辩论”上，70年代以后CSR才作为学术理论被广泛关注。首先是Sethi在McGuire研究基础上提出了企业行为的“社会义务”、“社会责任”和“社会响应”三阶段模型，将研究注意力从CSR的概念转移到企业社会表现上。之后，Carroll提出了CSR的“经济责任、法律责任、伦理责任和自由决定的责任”金字塔模型，得到学术界一致认可，至今广为采用。80年代开始更多关注CSR工具理论的发展，Aupperle、Carroll and Hatfield实证探寻了CSR与盈利性的关系，Wartick and Cochran把Carroll的结构进一步拓展为“原则——过程——政策”的模型，表明了CSR理论研究向实践应用的发展。90年代，利益相关者理论、商业伦理理论以及企业公民理论等许多新理念的出现使得CSR研究外延逐渐扩大。21世纪开始，学术界更多关注CSR的管理应用，从Frooman的利益相关者分类，Arlow的CSR评价，Porter、Davis and MacDonald的CSR管理，到2011年ISO26000《社会责任指南》的发布，CSR的研究已经形成较为完整的理论体系。

近40年来，国内外学者在CSR研究方面取得了许多创造性成果。从CSR研究的地域范围来看，将从“以西方为中心”向各个国家转移，成为一个全球范围关注的研究领域。从CSR理论发展趋势来看，初步形成了理论框架，利益相关者理论成为CSR研究的重要理论基石。从CSR研究的外延来看，将形成一个多学科交叉的研究领域，尤其是与人力资源管理、战略管理、营销管理、知识管理和可持续发展领域的交叉研究。从CSR实践发展来看，如何推动CSR实践将会成为该领域未来研究的重点，并将会出现多样化的局面，如关注不同情境、不同类型企业的CSR问题等。

（3）企业履行社会责任的驱动因素

在20世纪70年代，诺贝尔经济学奖得主、新古典主义经济学之父米尔顿·弗里德曼对企业履行社会责任问题始终坚持批判的立场。他认为，公司只有在追逐更多利润的过程中才会增加整个社会利益，如果公司管理者出于社会责任的目的花公司的钱，实质上就是像政府向股东征税一样，那么就失去了股东选择管理者的理由。从他的论据里，可以看出这位经济学之父所理解的企业社会责任是不同于今时今日的，他把公司追逐更多的利润放到了企业社会责任的对立面，这是他认识的狭隘之处。今天的定义是，企业社会责任包含经济发展，这两者并不是矛盾的，关键是要把握一个度的问题。要反对企业走向任何一个极端，强调既要有经济上的追求，也要有非经济上的追求。不厚此薄彼才是企业履行社会责任的高境界。

案例 2.7　　雀巢公司婴儿奶粉危机的经验与教训

20 世纪 70 年代初，人们开始对在发展中国家推广并销售婴儿奶粉而感到不安。因为有证据表明，西方跨国公司任意销售的奶粉导致婴儿营养不良。媒介对此已有报道，但那些西方公司却无所反应。

1977 年，一场著名的“抵制雀巢产品”运动在美国爆发了。美国婴儿奶制品行动联合会的会员到处劝说美国公民不要购买“雀巢”产品，批评这家瑞士公司在发展中国家有不道德的商业行为，对此雀巢公司只是一味地为自己辩护，结果遭到了新闻媒介更猛烈的抨击。整个危机持续了十几年，正如美国新闻记者米尔顿所言，“抵制雀巢产品”运动是“有史以来人们向大型跨国公司发起的一场最为激烈和最动感情的战斗”。直到 1984 年 1 月，由于雀巢公司承认并实施世界卫生组织有关经销母乳替代品的国际法规，国际抵制雀巢产品运动委员会才宣布结束抵制运动。

美国一个主要的抵制运动团体负责人道格拉斯说：“雀巢公司现已成为整个商业社会的模范，它创立了一种新的企业行为标准。”得到社会有关各方支持的产品抵制组织，作为国际社会上一支合法且非常有用的力量，它不仅对雀巢公司，而且对其他跨国企业的经营活动提出了新的问题。抵制运动的结束也表明营利组织能够经常性地对社会关注作出积极反应，以向社会负责。让我们回过头来看一下，其实这场产品抵制运动是完全可以避免的，问题出在这家大型跨国公司未能尽早地注意到社会公众的合法要求，与社会上那些有影响的决策人物的传播沟通工作也做得不好。不幸的是，整个商业社会尤其是这家公司，往往不能正确地对待社会活动家的批评建议，该公司甚至对一些教会领袖所提出的严肃的道德问题都采取了冷漠的态度，一味强调所谓的科学性和合法性，结果非但没令人感到公司关心社会公众提出的问题，相反还给人留下了公司不肯让步的坏印象。显然，这样的传播沟通是失败的。

当婴儿奶制品问题在 1970 年第一次被人们提出来时，雀巢公司试图把它作为营养健康问题予以处理，公司提供不少科学和有关的数据分析，但问题并没有得到解决，人们因感到雀巢公司忽视了他们合法和严肃的要求而对公司敌意倍增。

当瑞士的一个不大的社会活动组织指责雀巢产品“杀婴”时，雀巢公司以“诽谤罪”起诉该组织且打赢了官司。但那份长长的公开判决书使得这场法律上的胜利变成了公司的一次公关危机事件，它直接导致了人们对其产品的抵制运动。当一些政治活动家号召大家抵制雀巢产品时，教会领袖和一些社会团体加入了进来。他们中的一些人把雀巢公司的问题看成是严重的社会政治问题，并认为以盈利为目的的企业只关心赚钱，而不管人们的死活。

雀巢公司作为第三世界婴儿奶制品公司的最大供应商，当时成了社会活动家批判商业社会的靶子，成了“以剥削来赚利润”的反面企业典型。

那些抵制运动的团体希望雀巢公司能在饱尝抵制运动给其带来的直接和间接后果后，最终了解企业应该承担的社会责任。他们希望雀巢公司能改变其漠视社会的态度。随着对话的不断进行，情形确实发生了变化，相互的理解沟通对各跨国公司的行为都产生了积极的影响。如同现代许多社会政治运动一样，抵制雀巢产品运动在美国开展得尤为轰轰烈烈。雀巢公司在美国既不生产也不销售婴儿奶制品，但其美国分公司却因抵制运动而蒙受巨大损失。

直到1980年末，雀巢公司才意识到正统的法律手段并不能解决所有的问题，它需要一种能更好地协调各方关系的新颖的国际公共事务手段。于是，1981年初公司在华盛顿成立了雀巢营养协调中心，这是一个公司而非一个事务性办事处。它的目的在于协调北美一系列营养研究活动，并从全球收集由公司指导或支持的所有改善第三世界母亲和儿童营养的研究项目信息，以在西半球进行传播。除此之外它还负责处理抵制运动问题。

1980年末至1981年初，正当公司开始正确对待批评，建立雀巢营养协调中心，以便采取更为迅速、更加有效的措施，来实施具有建设性意义的新的合作战略时，发生了这样两件事：

第一件事是美国最大的、也是最受人尊敬的社会道德组织之一，美国卫理公会联合教会决定成立一个特别工作组，调查雀巢公司市场行为的真相，以决定在两年内卫理公会联合教会是否加入抵制运动。这个特别工作组的大多数成员由那些对雀巢公司行为持怀疑态度且公开倾向于抵制运动的教会人员和神学家组成，但是他们是一些有良知的宗教人员，他们确实关心穷人，而且愿意与雀巢公司对话，但前提是这种对话能对有关婴儿奶制品问题的争论产生积极的结果。

第二件事是总部设在日内瓦的世界卫生组织1981年5月通过了对其成员国有指导性意义的“经销母乳替代品建议准则”。雀巢公司当即在瑞士发表声明，支持该准则的宗旨与原则，并且在一个月后的华盛顿美国国会听证会上再次重申了这一立场。

卫理公会教会联合会和雀巢公司同时意识到：这一建议准则为它们提供了一个双方可以接受的原则框架，它们可以在这个框架内来讨论雀巢产品的问题。另外，雀巢公司又作出了一个反应性举动，它提供了一份详尽的参考报告，说明公司一系列业已采取的措施，如与有关国家合作，遵守这些国家的法规；在尊重国家主权的前提下履行世界卫生组织的“经销母乳替代品建议准则”。

1982年2月12日，雀巢公司的两个重要人物，新任执行总裁赫尔穆特和执行副总裁卡尔博士飞到夏威夷的代顿，与美国卫理公会教会联合会婴儿奶制品特别工作组进行会谈。会谈取得了成功，并在双方最高层建立了良好的个人关系，卫理公会教会联合会确信雀巢公司的声明得到了公司最高层的支持。这次会谈成了双方对抗中的最重要的转折点。

随后不久，卫理公会教会联合会全国委员会新任主席飞到瑞士，与雀巢公司高层管理人员进行会谈，直接向公司表示了教会领袖们所关注的问题，并且得到了公司愿履行世界卫生组织“经销母乳替代品建议准则”的保证。这次访问同样十分成功，它最终消除了双方长期以来的误解，在彼此间架起了一座重要的、诚恳的、信任的桥梁。

1982年3月，尽管只有少数几个国家采取具体行动，来实施“建议准则”，但雀巢公司对该公司在第三世界国家的所有经理人员进行了细致的指导，要求他们在所在国的单位单方面履行“建议准则”，而不管这些国家是否已采纳了这一准则。同时，雀巢公司给所有销售雀巢婴儿奶制品国家的卫生部长写信，保证尊重其国家主权，遵守这些国家的法规。

公司还采纳了一种适合第三世界国家的政策，即如果这些准则比所在国的法规更严厉的话，也应严格履行世界卫生组织的准则。

同年5月，雀巢公司宣布成立一个独立的雀巢婴儿奶制品审查委员会，这个委员会由无争议的、独立的教会领袖、科学家和教育专家组成，委员会主席为美国前国务卿、参议员埃德蒙德。委员会的主要任务是监督"建议准则"的实施情况；如果需要的话，还可建议改变市场营销行为，以确保该准则的正确执行。

尽管雀巢公司已经公开承诺履行世界卫生组织的准则，并且建立了严格的内部审查制度来保证地区经理人员遵守公司的规定，雀巢营养协调中心还是认为有必要在公司外部有一个公正无私的、受人尊敬的社会监察机构来检查公司规定的执行情况。因为它知道，尽管公司在以前的争辩有其一定的道理，但公司在公众面前仍面临信任度的问题。

雀巢营养协调中心提出的这一无先例的管理建议，实际上面临着很大的风险，公司极可能因委员会中个别人的不满而陷入一种尴尬的境地。但这一举动后被许多学者和记者描述为"企业历史中一个真正的、史无前例的行为"。

1983年1月，抵制运动中的最大组织——美国教师联合会决定撤销对雀巢产品的抵制决定。这个组织以及最强力支持抵制运动的《华盛顿邮报》认为雀巢已克服它以前的问题，现在应该是谈论其他问题的时候了。根据这些情况，《天主教邮报》出版商蒙斯洛认为抵制者如果继续采取不妥协的态度，会很容易使人们认为抵制运动超出了它的最初目的。

思考题：

1. 从雀巢公司对待危机态度的转变来看，一个企业应该如何正确处理危机事件？
2. 你认为企业是否应承担社会责任？它是否会影响企业的经营绩效？

资料来源：http://www.em-cn.com/Article/200702/125097-2.html.

2.7.6 其他管理新思想

(1) 风险管理

风险管理(Risk Management)，又名危机管理，是一个管理过程，指对组织运营中要面临的内部的、外部的可能危害组织利益的不确定性，采用各种方法进行预测、分析与衡量，制定并执行相应的控制措施，以获得组织利润最大化的过程。包括风险的确定、度量、评估和方法选择和效果评价几个步骤。良好的风险管理有助于降低决策错误之概率、避免损失之可能、相对提高企业本身之附加价值。

风险管理作为企业的一种管理活动，起源于20世纪50年代的美国。当时美国一些大公司发生了重大损失使公司高层决策者开始认识到风险管理的重要性。其中一次是1953年8月12日通用汽车公司在密歇根州的一个汽车变速箱厂因火灾损失了5 000万美元，成为美国历史上损失最为严重的15起重大火灾之一。这场大火与50年代其他一些偶发事件一起，推动了美国风险管理活动的兴起。后来，随着经济、社会和技术的迅速发展，人类开始面临越来越多、越来越严重的风险。科学技术的进步在给人类带来巨大利益的同时，也给社会带来了前所未有的风险。1979年3月美国三哩岛核电站的爆炸事故，1984年12月3日美国联合碳化物公司在印度的一家农药厂发生了毒气泄漏事故，1986年苏联切尔诺贝利核电站发生的核事故等一系列事件，大大推动了风险管理在世界范围内的发展，同时，在美国的商学院里首先出现了一门涉及如何对企业的人员、财产、责任、财务资源等进行保护的新型管理学科，这就是风险管理。

(2) 标杆管理

标杆管理(Benchmarking)起源于20世纪70年代末80年代初，在美国学习日本的运动中，首先开辟标杆管理先河的是施乐公司，后经美国生产力与质量中心系统化和规范化。标杆管理，又称基准管理，是一种管理上的有效工具，指一个组织瞄准一个比自己绩效更高的组织进行比较、分析、判断，从而使自己企业得到不断的改进，取得更好的绩效，不断超越自己，超越标杆，追求卓越。其核心是向业内或者企业外的最优秀的企业学习，通过学习企业重新思考和改进经营实践，创造自己的最佳实践，这实际上是模仿创新的过程。

从本质上看，标杆管理是一种面向实践、面向过程的以方法为主的管理方式。它与流程重组、企业再造一样，基本思想是系统优化，不断完善和持续改进。但标杆管理是站在全行业甚至全球角度寻找标杆，突破了企业的职能分工界限和企业性质与行业局限，它重视实际经验，强调具体的环节界面和流程，因而更具有特色。其次，标杆管理也是一种直接的、中断式的、渐进的管理方法，其思想是企业的业务流程环节都可以解剖、分解和细化。企业可以寻找整体最佳实践，也可以发掘优秀"片断"进行标杆比较，由于现实中不同的企业各有"长短"，所以这种"片断"标杆可以使企业的比较视角更开阔，也容易使企业集百家之长。

标杆管理通常包括标准标杆管理(Standards Benchmarking)、流程标杆管理(Process Benchmarking)、结果标杆管理(Results Benchmarking)。

(3) 价值管理

价值管理(Value Management)在企业中被广泛地引入管理行为，其定义为：依据组织的愿景，公司设定符合愿景与企业文化的若干价值信念，并具体落实到员工的日常工作上，一般的工作性质或问题，只要与公司的价值信念一致，员工即不必层层请示，就可以直接执行工作或解决问题。

美国管理学者肯·布兰佳(Ken Blanchard)在《价值管理》(《Managing by values》)一书中，认为唯有公司的大多数股东、员工和消费者都能成功，公司才有成功的前提；为达到此"共好"(Gung Ho)的组织目标，组织必须逐步建立能为成员广泛接受的"核心信念"(Core Beliefs)，并且在内部工作与外部服务上付诸实施，成为组织的标准行为典范，使其能获得真实的与全面的顾客满意。

价值管理对企业的好处在于，不仅能够传承落实企业的愿景，更能设定企业的员工守则、工作信条等，在组织内部进行各层面的沟通，凝聚组织、团体、团队与个人的目标成为共同信念，以增加组织成员的生活品质满意度，最终做好顾客服务、持续的组织竞争力和获得长久的事业成功。

(4) 六西格玛质量管理

六西格玛质量管理(Six Sigma)，即是获得和保持企业在经营上的成功并将其经营业绩最大化的综合管理体系和发展战略，是使企业获得快速增长的经营方式。六西格玛管理是“寻求同时增加顾客满意和企业经济增长的经营战略途径”，是使企业获得快速增长和竞争力的经营方式。

在六西格玛管理中强调“度量”的重要性，没有度量就没有管理。这里不仅仅要度量“产品”符合顾客要求的程度，还要度量服务乃至工作过程等。因此，六西格玛质量的含义已经不仅局限在产品特性，还包括了企业的服务和工作质量。如果一个企业的核心业务过程能够达到六西格玛质量水平，那么意味着这个企业可以用最短的周期、最低的成本满足顾客的需求，它不是单纯技术方法的引用，而是一种全新的管理模式。

(5) 知识管理

近年来全球科技产业的兴起说明在知识经济时代，知识已经成为企业最重要的资产，是企业提升竞争能力的核心要素，是企业获利的重要手段之一。因此，面对知识竞争形态，企业的成败将从拥有的有形资产(土地、机器设备、劳工)多寡的农业经济和工业经济，转而进入以拥有知识为主体的知识经济。知识经济竞争的策略则注重于如何开发、扩散并善于运用知识。管理学者彼得·德鲁克早在1965年即预言：“知识将取代土地、劳动、资本与机器设备，成为最重要的生产因素。”

知识管理(Knowledge Management，KM)是一个具有复杂性和多面性的研究领域，所谓知识管理就是在组织中建构一个量化与质化的知识系统，让组织中的知识透过获得、传递、整合、分享、使用和创新等一系列知识活动，通过社会化、外在化、内在化和组合化四个过程形成企业的知识螺旋，使得知识在员工和员工之间，员工和组织之间不断的交互、增值，以支撑企业的生产经营活动。

知识管理是一种漫长的经营策略，带给企业的好处主要表现在以下方面：

① 创造企业新竞争价值。

② 增加企业利润。

③ 降低企业成本。

④ 提高企业效率。

⑤ 建立企业新文化。

(6) 客户关系管理

客户关系管理(Customer Relationship Management，CRM)的思想起源于美国20世纪80年代初提出的“接触管理”，即专门收集整理客户与公司联系的所有信息；到90年代初期则演变成为包括电话服务中心与支持资料分析的客户服务；1996年后一些公司把研发销售力量自动化系统以及客户服务系统合并起来，再加上销售、现场服务，形成集销售、服务于一体的呼叫中心，逐步完善了CRM。当时，企业无论大小为了更有效地管理它们与客户之间的关系都积极地实施客户关系管理；随后，Gartner集团正式提出了CRM的概念，加速了CRM的发展。近年来，随着知识管理理论的成熟以及知识发现、商业智能等技术手段的不断完善，CRM更多地融入了知识管理的理念。

目前学术界对于客户关系管理的定义尚未达成一致，主要有战略观、哲学观、能力观、技术工具和流程观几种观点。可以认为CRM为通过信息系统的使用，以规范企业与客户来往的一切互动行为与信息，为有效管理企业的顾客关系，应针对所有的客户进行市场细分和差异化服务。CRM能够有效地解决企业面对客户的复杂烦琐事务，为企业创造迅速反应客户需求、弹性回应市场变化、缩短客户服务时间与流程、提高客户服务满意度等效益。

（7）客户知识管理

客户知识管理（Customer Knowledge Management，CKM）是知识管理和客户关系管理在新的市场环境下的延伸，它所要面对的是新的竞争态势。客户知识管理是一种新的管理思想，而并非是知识管理和客户关系管理理论的简单且粗糙的再罗列。它是从一个全新的角度来考察和分析客户知识管理问题，今时今日仍然处于发展完善的过程之中。粗略地说，所谓客户知识管理就是对客户知识进行管理，管理的目的即是为了有效地实现组织的目标。这个定义里需要仔细界定的就是什么是客户知识？它有哪些特性？尽管在具体的表述上会有不同，多数学者在客户知识的概念上还是趋向于一致的。客户知识不仅包含了客户需求的知识，还包含了客户所掌握的关于竞争对手的知识、行业的其他相关知识以及其他可能对企业有用的知识。这些知识对于企业新产品的开发、成本降低、改进服务、提高利润率等都有很高的价值和意义，而这些知识往往又是企业自己所无法获取的。

一般认为，客户知识具有以下特殊的性质：

① 组织超越性。客户知识管理突破了企业的界限，延伸到了企业以外的客户群中。构建客户知识管理体系不仅存在于企业内部，而且也存在于企业和客户之间，具有超越组织界限的特性。

② 动态性。企业的客户知识并非一种静态的存在物，它是因时、因地、因特定产业而发展变化的。

③ 隐含性。客户知识往往隐含在大量的客户信息之中，需要经过深入的分析才能获得。

④ 组织依赖性。客户知识也是要依赖于组织资本而存在的，比如企业文化、企业在长期运行过程中形成特有的对问题的处理方式和表达方式等。

⑤ 较高的转移成本。这是由客户知识的隐含性特征所带来的影响。隐形知识的获取是要比显性知识的获取更具有难度的，支付更高的成本也是自然之事。

⑥ 可转化为关系资本。客户知识作为衡量客户关系的重要尺度，在组织中经过一定过程可转化为体现组织与客户关系的关系资本。

（8）经营结果取向管理

经营结果取向管理（Results-Based Management，RBM）相对于强调功能的管理、过程取向的管理和重视投入的管理，更专注于从制度的角度管理经营的结果与产出的品质，并且极为显著地将经营管理的分析焦点和运筹焦点，放在经营的结果和管理的绩效上。在管理技术方面，经营结果取向管理非常强调绩效的衡量，以“按绩效付给薪酬”、“按绩效实施管理”、“按绩效分配预算”为原则，运用信息管理和计划学习，以及灵活地设计各种营收、毛利率、销售成本、资产、负债等财务结果指标来衡量与控制，以提供监督、评估与报告经营结果。

经营结果取向管理的问题在于，组织要花费大量的时间去制订各种指标，传统的绩效衡量指标可能无法测算出管理绩效的所有层面，而且，并非所有的绩效都可以量化，指标之间可能是互相冲突的。要实施经营结果取向管理，须先具备绩效管理的各种成功要件。

2.7.7 现代管理思想发展的特点

管理是组织实现目标的关键因素，是社会进步的重要力量，随着时间的推移和社会的发展进步，其本身也在不断地变化和发展。现代企业管理的发展特点主要有：

1. 战略化

随着社会化大生产的发展，社会生产日趋复杂，社会环境变幻莫测，企业间竞争的日趋激烈，企业与环境的联系日益紧密，企业管理所涉及的因素日益增多、日趋复杂，企业在进行经营管理决策时已经不能再仅仅局限于内部因素和眼前的得失，而必须达到前所未有的高度和广度，能够制定和实现正确的战略，关系到组织的兴亡。

企业要适应全球市场的激烈竞争，必须对自己的发展有一个战略规划，要在彻底了解和准确把握企业内部条件和外部环境变化的同时，结合本企业的特点，制订出最适合的企业战略。企业如果没有科学的战略目标、长远打算，只顾眼前和一时的成就，便不可能持续发展，更不可能在竞争中取胜，企业唯有运筹帷幄、深谋远虑，才能战略制胜，才能不断壮大发展。战略研究的成功与否，则取决于对客观事实的实际了解。分析能力和预测技术的发展使战略计划研究成为左右组织或企业成败的关键因素，因此从实际出发注重对长期计划和战略研究，必将成为管理中突出的热门课题。

2. 知识化

随着以微型电脑、激光技术、生物工程和新能源开发为中心的新科技革命的兴起与发展，生产技术、社会需求以及市场竞争等日新月异、瞬息万变，随着知识经济的到来，知识成为了企业发展的重要资源之一。获取丰富而准确的知识，是正确而迅速地进行决策的前提。企业知识化就是将知识技术应用于企业产品的研究、开发、生产、销售和经营之中，不断提高资源开发效率，获取经济效益的过程。

一个企业能否在激烈的竞争中得以生存和发展，它的产品和服务能否满足客户的需求，首先在于企业能否及时获取必要和准确的知识，包括来自于市场知识、客户知识、供应商的知识、联盟伙伴的知识等，能否将获取的知识按照企业的需求进行整合，进而企业是否具有一定的平台和措施保证知识可以迅速地在员工之间、员工与客户之间、员工和组织之间分享，最重要的是能否把知识融合到企业的产品和生产研发和服务过程之中，融合到企业的整个经营与管理工作之中，进行创新和发展，形成企业的知识螺旋。

知识管理也是随着时代的需求而新兴起来的一门新的管理学研究领域。比尔·盖茨(Bill Gates)在《未来时速》一书中多处谈及知识管理，他说："作为一个总的概念——搜集和组织信息、把信息传播给需要它的人、不断地通过分析和合作来优化信息——知识管理对企业的发展是很有用的……知识管理是个手段，不是目的。"美国生产力和质量中心

(American Productivity & Quality Center，APQC)认为知识管理应该是组织有意识采取的一项战略，它保证能够在最需要的时间将最需要的知识传送给最需要的人。这样可以帮助人们共享信息，并将通过不同的方式付诸实践，最终达到提高组织业绩的目的。

3. 虚拟化

虚拟企业作为一种全新的企业组织形式和经营管理模式，正为越来越多的企业所重视和利用。虚拟企业是指由若干独立的企业为了快速响应变化的市场，通过先进的网络信息技术建立的临时企业联合体。其实质是在企业内部资源有限的情况下，借助外部资源进行整合弥补，以最大限度地提高企业的竞争力。

与传统企业相比，虚拟企业具有明显的特点：(1)边界模糊。虚拟企业不同于传统法律意义的经济实体，并不具备独立的法人资格。在一般情况下，虚拟企业既没有统一的办公地点，也没有完整形态的组织结构和层次，并且突破了各自企业产权的限制，促使企业的边界越来越模糊。(2)流动性和灵活性强。虚拟企业是在核心企业的基础上形成专门化功能，由不同的企业出于共同盈利的目标结合在一起，一旦达到合作目标，就可能随之解散。(3)发达的信息网络是虚拟企业运作的基础。网络信息技术的发展使得人们可以借助信息高速公路联结相距遥远的企业，通过信息的交换确定合作伙伴关系，促使所有合作方都能共享虚拟企业在设计、生产和营销等方面的相关信息，协调各方的步调。(4)特有的风险性。虚拟企业存在特有的风险，可能由一方的失误造成多方的重大损失。

4. 人性化

在传统管理中，大生产以机器为中心，工人只是机器系统的配件，人被当作物，管理的中心是物。但是，随着信息时代的到来，组织中最缺乏的不是资金和机器，而是高素质的人才。组织中人的作用，在组织中越来越显出重要作用。这就促使管理部门日益重视人的因素，管理工作的中心也从物转向人。传统管理和现代管理的一个重要区别，就是管理中心从物本管理到人本管理。

在任何管理中，人是决定的因素。一切管理活动以人为根本出发点，调动人的积极性，尽量发挥人的自我实现精神，充分发挥人的主观能动性。管理的这一特征，要求管理理论研究也要坚持以人为中心，把对人的研究作为管理理论研究的重要内容。第一代管理理论主要是：经济人和物本管理。泰勒的科学管理建立在“经济人”假设前提下，强调以事、物为中心，人成为机器附属。第二代管理理论注重“社会人”与“人本管理”。强调人与人之间友好相处，调动人的积极性，一切管理活动要以调动人的积极性为目的，做好人的根本工作。20 世纪 80 年代以来出现的文化管理，强调实现自我的企业文化，把对组织中人性、人的行为研究放在日益重要的地位。

为此，管理都要以人为中心，把提高人的素质、处理人际关系、满足人的需求、调动人的主动性、积极性和创造性的工作放在首位。在管理方式上，现代管理更强调用柔的方法，尊重个人的价值和能力，通过激励、鼓励人，以感情调动职工积极性、主动性和创造性，最充分地调动所有员工的工作积极性,以实现人力资源的优化及合理配置。

5. 网络化

如果说在昨天网络化还是一个梦,那么今天人类已经进入了梦的世界,只是现在的进入还是不彻底的,依然有很大的空间等着我们去探索。如果你还不相信网络化已经成为当下的一个潮流,以为那还是有待到达的彼岸,那么看看你身边有多少人在使用QQ、微博、微信、陌陌与朋友随时随地地交流,有多少同学坐在寝室的电脑前订回家的火车票或者飞机票,在你的身边有多少来自世界其他国家的同学。需要注意的是,信息化不是网络化的全部,它只是网络化的一个支持因素。没有人可以否认信息化在网络化发展中的重要作用,但是将信息化等同于网络化无疑是井底之蛙。简单来说,网络化就是使所有的"点"不再孤单。

随着越来越多的大企业的跨地区经营,以及小企业越来越多地参与到与别的企业的合作中,企业早已难以独善其身。而管理者所要考虑的也不再仅仅是某个"点"的问题,更包括其他"点"的情况以及"点"与"点"之间的关系情况,即网络中的问题。组织经营的网络化带来了管理网络化的要求,从一定程度上来说,管理的有效程度,取决于管理者所站的高度、所能把握的广度。大企业可以全球到达,四处布"点",形成属于自己的网络,为自己的强大服务;小企业没有大企业的能力,但是可以把自己发展成某个网络中的"点",以成员企业的身份来享受大网络带来的种种益处。加入网络或者创建网络可以创造更大的价值已不再是什么秘密,因而摆脱"单身"会成为每一个管理者的苦苦追求。因而,准确地说,网络化已经不再是什么趋势,因为它是已经存在的东西,而真正的趋势应该是,网络的全覆盖。

6. 全球化

随着经济全球化的进程,全球的资源共享,在"平坦"的世界里,人才、信息、技术以及资本的高速流动和迁移,改变了全球商业竞争的游戏规则,越来越多的企业加入全球扩张的行列。跨国公司作为企业全球化经营的主要推动者,在这场浪潮中起到了很关键的作用。跨国公司主要是指以本国为基地,通过对外直接投资,在世界各地设立分支机构或子公司,从事国际化生产和经营活动的垄断企业。跨国公司应具备以下三要素:第一,跨国公司是指一个工商企业,组成这个企业的实体在两个或两个以上的国家内经营业务,而不论其采取何种法律形式经营,也不论其在哪一经济领域经营;第二,这种企业有一个中央决策体系,因而具有共同的政策,此等政策可能反映企业的全球战略目标;第三,这种企业的各个实体分享资源、信息以及分担责任。

全球化经营的趋势导致了管理向全球化方向的发展。世界范围内的大分工,生产资料和产品的世界性转移让更多的本土企业身份发生了变化。在管理中需要考虑更多的全球化的因素,不能只将眼光局限于一国或者一个地区。管理的全球化就是要立足于全球来对组织进行管理,这不仅是对跨国企业的要求,对于每一个想要把握机遇的小企业来说也是必须要拥有的胸怀。道理就在于,胸怀天下者才有可能得天下。

案例 2.8 克莱斯勒公司如何应对新的挑战

在 20 世纪 80 年代，李·艾珂卡因拯救濒临破产的美国汽车巨头之一克莱斯勒公司而声名鹊起。但是，克莱斯勒公司又面临另外一场挑战：在过热的竞争和预测到的世界汽车产业生产能力过剩的环境中求生存。为了度过这场危机并再次成功地进行竞争，克莱斯勒不得不先解决以下问题：

首先，世界汽车产业的生产能力过剩，意味着所有汽车制造商都将竭尽全力保持或增加它们的市场份额。美国的汽车公司要靠增加投资来提高效率，日本的汽车制造商也不断在美国建厂。欧洲和韩国的厂商也想增加他们在美国的市场份额。艾珂卡承认，需要对某些车型削价，为此，他运用打折扣和其他激励手段来吸引消费者进入克莱斯勒的汽车陈列室。可是，艾珂卡和克莱斯勒都认为，价格是唯一得到更多买主的方法。但从长期性来看，这不是最好方法。克莱斯勒必须解决的第二个问题是改进它所生产汽车的质量和性能。艾珂卡承认，把注意力过分集中在市场营销和财务方面，而把产品开发拱手让给了其他厂家是不好的。他还认识到，必须重视向消费者提供的售后服务的高质量。艾珂卡的第三个问题是把美国汽车公司（AMC）和克莱斯勒的动作结合起来。兼并美国汽车公司意味着克莱斯勒要解雇许多员工，这包括蓝领工人和白领阶层。剩余的员工对这种解雇的态度从愤怒到担心，这给克莱斯勒的管理产生了巨大的压力：难以和劳工方面密切合作、回避骚乱，确保汽车质量和劳动生产率。

为了生存，克莱斯勒承认，公司各级管理人员和设计、营销、工程和生产方面员工应通力协作，以团队形式开发和制造与消费者的需要相匹配的高质量产品。克莱斯勒的未来还要以提高效率为基础。今天，克莱斯勒一直注重降低成本、提高质量并靠团队合作的方式提高产品开发的速度，并发展与供应商、消费者的良好关系。在其他方面，艾珂卡要求供应商提供降低成本的建议——他已收到上千条这样的提议。艾珂卡说，降低成本的关键是"让全部 1 万名员工都谈降低成本"。

艾珂卡现已从克莱斯勒公司总裁的职位退休。有些分析家开始预见克莱斯勒的艰难时光，但一位现任主管却说，克莱斯勒有一项大优势：它从前有过一次危机，却度过了危机并生存下来，所以，克莱斯勒能够向过去学到宝贵的东西。

思考题：

1. 如何用当代管理学方法解决克莱斯勒面临的问题？在今天该怎么做？
2. 如何用权变管理的思想解决克莱斯勒面临的问题？

资料来源：http://tieba.baidu.com/p/2794970977.

讨论案例

案例 2.9 广州鹰斯特生活电器公司：准时生产（JIT）

引言

"今天是个好日子"，歌声不断从窗外飘来，今天是鹰斯特生活电器公司成立十周年庆典的日子，员工们正在准备公司的庆典活动。但即使如此，公司运作董事阿历山大依然难得放松。近期，人工成本在涨，材料成本在涨，租赁成本在涨，“涨”声四起，公司面对着巨大的压力。如果再不进行有效的措施，前几年的“好”日子将一去不复返。

摆在阿历山大台面上有两份报告：一份是本月度公司的经营月报，其中销售报表、成本报表、质量报表都显示公司依然处于良好的运作中，但库存报告中，存货周转得分依然是零分，跟2006年相比没有任何提高，而且，外租仓库的月租费用也达到了4万元人民币；另一份是持续公司改善部经理史达摩的关于在公司内实行JIT生产的可行性报告。

公司早在去年就想导入JIT的生产模式，但各部门经理们意见分歧。物流经理桑迪是JIT的支持者，因为库存量常大于储存空间的容量，她不得不要求将货物放在过道、室外，甚至外租的仓库，她已经多次提交扩建仓库的请求了。

但也有很多人认为JIT取得成功的大多是那些零部件体积大、占用大量资金的公司，像丰田、本田等汽车公司，而鹰斯特公司的零部件体积不大，没有实行JIT的必要。产品体积小、产量大、产品型号的生命周期长，实行JIT的好处并不明显，而且很可能会影响产品的交货期。公司认为不仅要提供高质量的产品，还要交货迅速，公司产品的价格才可以比竞争对手都高。

看着这两份报告，想着布朗总裁要求他下周在就要开的董事会上作的管理创新和愿景规划报告的要求，他的脑子飞快地思考着：公司有必要实施JIT生产吗?

1　公司发展及现状

鹰斯特生活电器公司是一个专注于生产电水壶温控器的企业，于1950年在英国建立。凭借其雄厚的研发力量、完善的客户服务和可靠的产品质量，自1985年以来得到了长足的发展，至今已经成为一个拥有800多人的工厂。因在其所在领域取得的巨大成就，曾分别于1995年和1998年获英女王企业大奖中的出口成就大奖；于1995年取得英国制造业成就大奖；于2000年获得英女王企业大奖中的创新奖；于2002年取得英女王企业大奖中的国际贸易奖。

鹰斯特公司在全球100多个国家申请超过250项的专利，在中国有100多项专利。专利权带来了可观的市场份额。据统计，鹰斯特公司的产品占有约全球60%的市场份额，每天超过十亿人次在使用鹰斯特公司的产品。

目前鹰斯特公司有2个工厂，一个在广州，于1997年成立；一个在英国(案例图2.1)。英国总部主要负责公司产品的设计开发和销售，英国的工厂主要生产关键的零部件；广州的工厂承担着公司绝大部分的生产任务，从采购到组装。因而广州工厂在运作方面占有较高的比重，生产运作的改变将会着重于广州工厂。

鹰斯特公司的主流产品分为三个系列，分别是P系列、O系列和W系列产品(案例表2.1)。P系列产品，1985年上市，结构简单，专利期已过，现受国内厂家冲击较大；O系列产品，1995年上市，设计美观、方便，且还处于专利保护期中，是目前公司利润的贡献点；2003年公司进入了电水壶的过滤器产品市场，成功开发了W系列的新产品，全球水资源污染日益严重，它将会是未来的利润增长点。

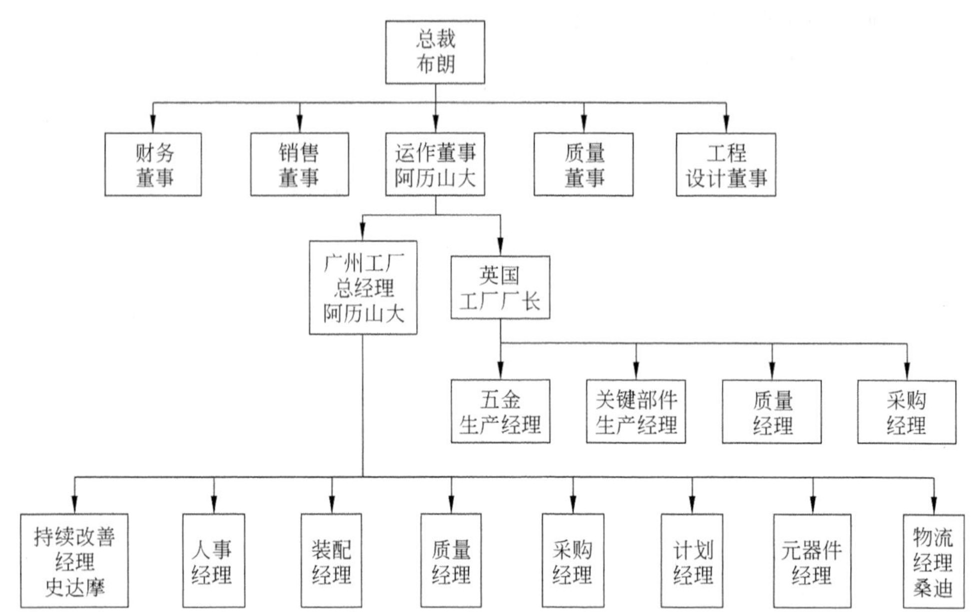

案例图 2.1 鹰斯特生活电器公司的组织结构图

案例表 2.1 鹰斯特公司产品系列、占销售额和形状

产品系列	占销售额/%	产 品 形 状
P 系列	20	
O 系列	70	
W 系列	10	

2 行业背景

2.1 企业环境

作为一种配件，电水壶用温控器行业的发展无疑跟电水壶行业的变化休戚相关，“电水壶行业‘打雷’，电水壶温控器行业就会‘下雨’”这种说法毫不为过。因而随着中国成为全球家用电器生产基地，电水壶行业对温控器的需求量正在迅速增长（见案例图 2.2）。

广东是电热水壶主要的生产基地，全国90%的电热水壶生产厂家都云集在广东，在广东顺德电热水壶生产厂家就有几百家，广东中山市电热水壶生产厂家也有一百多家，广州电热水壶生产厂家也好几十家，这些电热水壶生产厂家中有规模较大的，而大部分电热水壶生产厂家都是一些来料加工形式的加工厂。

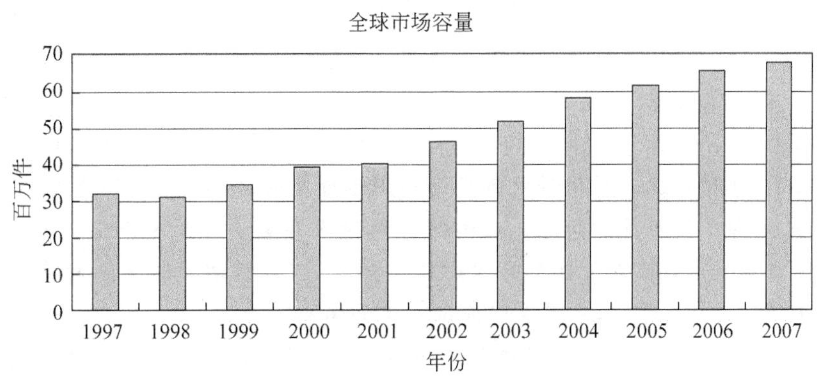

案例图2.2　全球电水壶温控器的发展

2.2　顾客

鹰斯特公司产品集中在高端产品市场，依靠拥有的专利技术，同配装温控器的电热水壶可以实现壶体与底座之间360度任意角度对接这一技术帮助打开了不少市场。同时，鹰斯特公司在研发和服务方面投入了巨大的人力和物力，从模具开发、图纸设计、生产流程到产品测试，提供更为专业、更高科技含量的全套服务，以提供质优价高的产品。这得到了全球著名品牌公司的青睐，如Siemens、Philips、Kenwood、Bosch、Sanyo、Midea等。同时也基于鹰斯特公司一向卓越的品质，很多品牌公司为了维持其品牌声誉，也会要求其在中国大陆的OEM公司同样使用鹰斯特公司的温控器。据调查，在全球市场上鹰斯特公司在电水壶领域拥有约60%的市场份额。

2.3　竞争对手

在国内市场上，竞争对手主要来自国内从事机械式温控器生产的企业，例如佛山通恒和江苏常宝，这两家企业规模较大；中龙、九方、元雁等国内企业，具备一定的生产规模。外资品牌主要有BUD、英思、E. O. G. 等。各家在市场争夺战中寸步不让。但对于鹰斯特公司来说，最大的竞争还来自中国大陆众多的小厂，特别是广东、浙江一代的小企业。温控器产品本身技术含量低，它们模仿新产品速度快，以低廉成本，提供低廉产品，以低价销售策略争夺市场。所以在中国市场上，鹰斯特公司只占了30%的市场份额，而众多中国小厂却拥有了50%的国内市场份额。

2.4　危机

但当公司经过多年高速发展以及多年稳居市场占有率第一之后，管理层已经初现疲态，在产品开发、服务水准、服务速度上，正在逐渐地失去原有的优势；同时企业内的高库存也掩盖了不少管理问题，并养成了依赖思想，出现问题时应对缓慢。同时，面对生产成本的增加，而售价却年年降低，企业的利润不断下降。

3 生产流程和供应链现状

3.1 现状介绍

公司的生产部位于一幢两层的厂房中，一楼是塑胶件生产部，二楼是组装部。产品主要由金属部件和塑胶件装配而成。塑胶件在一楼的元器件部生产后，包括体积较大的结构件和体积较小的功能件，入库待装配部领用；金属件，包括起固定作用的固定板和导电作用的叶片、双金属片等，由英国工厂生产后运来。

公司在1998年建立了MRP系统，2004年在英国总部、英国工厂、中国工厂、中国香港同时建立了ERP系统。原材料的需求计划由已确定的订单、预测和库存量确定，预测周期一般为13周。注塑件的仓库一般维持一周的库存量。装配生产完全根据客户已下的订单来安排，所以装配工人生产时间比较有弹性，可以根据订单量安排每天工作8小时、9.5小时或10.5小时，但每周至少保证一天的休息。

为了保证产品能满足严酷的家电行业测试，所用塑胶料都由巴斯夫公司或杜邦公司提供，订货期为2个月。为得到较好的价钱折扣，交货的最少批量为15吨。广州工厂每周塑胶用量为28吨，为防止因船期发生延误而导致停产，仓库维持每天的最低库存量为25吨。现公司也在计划试用国产塑胶料来代替进口原材料，这样可以将最低库存量降低到12吨。

为得到较好的导电性，所有的五金原材料都由英国进口，如铜、银、锌铁板等材料，除少量的五金件外发在中国大陆加工外，其他基本上都在英国工厂加工成零部件，然后通过船运至广州工厂，交付时间为6个星期。同样为避免因缺少零件停产，维持五金件的库存为1周用量(见案例表2.2)。

案例表2.2 各配件的交货和库存情况

名称	来源	交货时间	库存量	占用资金/%
五金件原材料	英国	8周	2周	3
塑胶原材料	中国	8周	1周	7
塑胶件	中国广州	1天	1周	40
五金件	英国	6周	1.5周	20
五金件	中国	6周	1周	10
核心零部件	英国	6周	1.5周	
成品				20

3.2 物料供应的复杂性

因为鹰斯特公司只有收到客户的货款后，才会安排生产，在这过程中，客户会提供订单预测，但对预测的结果不承担任何法律和经济的风险，基于“牛鞭效应”，实际订单都会有上下30%的波动。同时，在原材料的供应商中，面对的都是巴斯夫、杜邦、奥林等超级大公司，在同它们的"博弈"中都只能处于下风，材料的交货期长达8周，加工成元器件后的船期又要6周（见案例表2.2），因而，要实现成品一周的交货期，对物料供应的要求和预测是非常高的。

4 面临的问题

2006年11月，窗外，北风呼呼地吹着，鹰斯特公司的大会议室内却热气腾腾，部门经理们正在讨论明年的指标和预算。大家都尽可能地为自己部门争取利益和预算，对是否实施JIT又分成了明显的对立立场。

4.1 支持者的理由

支持者认为，公司应该尽快实施JIT项目，实施此项目带来的效果将会是显而易见的：

首先，将会降低库存，从而降低库存物品占用的资金，同时也加速了资金的流通，提高了资金的周转率。

其次，将减少所需仓库的面积，现场管理也将得以改善。目前的库存状况，将会造成仓库面积短缺1 000多平方米，走廊、通道都摆满了产品，既造成现场零乱，又造成安全隐患。

最后，过高的库存掩盖了很多运作的缺陷。实施JIT项目必然会要求提高质量、提高效率、导入快速换模技术等，通过这些改善，将会增加公司的竞争力。

4.2 反对者的理由

但也有相当的反对者认为，虽然公司的成品质量水平在行业中处于前列，但元器件的供应商还是会偶尔出现质量问题，所以必须要建立相当的库存，当部分材料出现质量问题时，才能有足够的替换品让生产线都能正常运转。特别是金属部件和核心部件，由于由英国工厂运来，运输周期长。假如实施JIT而降低库存，出现质量问题时，没有替代品势必造成装配线停产。同时，在低库存的情况下，也会有些订单因为没有元器件而无法快速交货。这些都会降低客户的满意度。

其次，广东每年都会面对缺电，鹰斯特公司虽然被评为重点外商单位，但在缺电严重时，也会被安排轮休；注塑机要靠电能将固态的塑胶粒加热成熔融状，特别是起动时更需消耗大量的电能，同时，开机和停机都要浪费一定的塑胶料。在塑胶料价格高涨和电能紧张的今天，频繁地开停机，会造成较大的浪费。

最后，高库存也并不一定就会得不偿失。塑胶料、铜材市场行情节节高涨，目前公司的资金链也不紧张，当能以较低的价格采购大量的原材料，并得到一定的价格折扣，也会提高资金的收益率。

5 尾声

往日热闹非凡的办公室静悄悄的，这反而让阿历山大不习惯，窗外的热闹景象让他的思绪更加凌乱。

思考题：

1. 说说你对JIT生产模式的理解；思考该公司是否适合用JIT生产模式。

2. 假如你是该公司的拍板人，你决定要实行 JIT 生产模式，那么如何解决以上的难题？

资料来源：http://www.docin.com/p-801543334.html

本章小结

管理思想的产生可以追溯到世界上有了人类的时候，随着人类社会的进步管理思想逐步发展起来。发展阶段大致可以分为五个，即早期管理思想、管理思想的萌芽阶段、古典管理理论阶段、新古典管理理论阶段和现代管理理论阶段。

管理思想的早期和萌芽阶段持续到 19 世纪末期。18 世纪以前的生产力水平非常低，农村经济和作坊式的手工工业基本上都是以家庭为单位进行的，家长在从事生产活动的同时进行简单的管理工作。工业革命促进了生产力的较大发展，工厂制度的建立对管理提出了许多新问题，推动了管理思想的发展。

古典管理理论阶段从 19 世纪末持续到 20 世纪 30 年代，在这一阶段，管理学逐步形成。许多管理者和工程师进行了改进管理的研究，主要代表人物是"科学管理之父"泰勒，他的科学管理论文和方法在新古典管理理论阶段(20 世纪 30～40 年代)得到了广泛的运用。在这一阶段，管理者们发现随着公司规模的扩大以及工人文化水平的提高，采用严格管理和金钱刺激已经失去了过去所能起到的作用。于是在新形势下，霍桑于 1932 年进行了为期 8 年的"霍桑试验"，并在此基础上创建了"人际关系学说"。

第二次世界大战以后，管理的研究进入到现代管理理论的研究阶段。在这一阶段，许多学者结合前人的经验和理论，从不同的角度出发对管理进行多方面的研究，产生了多种管理学派，出现了"百家争鸣"的局面。各学派之间互相补充，从各个方面来阐述管理中的有关问题，极大地丰富了管理思想和管理科学。

管理思想发展阶段的划分并不是绝对的。本书按照上述阶段对其进行划分，并在此基础上，分阶段阐述了管理思想的发展。作为管理者，实践锻炼纵然重要，在理论上了解管理思想的发展历程也是必要的。

第二部分

管理职能

第三章 计划职能

学习目标

学习本章之后,你应该能够:

1. 理解计划与计划工作的概念。
2. 理解计划的内容与特征。
3. 了解计划的类型与表现形式。
4. 掌握战略的基本理论。
5. 了解制定计划的步骤。
6. 掌握制定计划的方法。
7. 理解预测的概念和程序。
8. 了解预测方法。
9. 理解决策的概念。
10. 掌握决策的过程。
11. 掌握决策的各种类型。
12. 学会用不同的决策方法解决不同的决策问题。
13. 理解目标的概念、作用与特征。
14. 掌握目标管理的特点和基本程序。

开篇案例

案例 3.1　　新任厂长的产品决策

某工具厂从1990年以来一直经营生产A产品，虽然产品品种单一，但是市场销路一直很好。后来由于经济政策的暂时调整及客观条件的变化，A产品严重滞销，企业职工连续半年只能拿50%的工资，更谈不上奖金，企业职工怨声载道，积极性受到极大的影响。

新厂长上任后，决心一年改变工厂的面貌。他发现该厂与其他部门合作的环保产品B产品是成功的，于是决定下马A产品，改产B产品。一年过去，企业总算没有亏损，但工厂日子仍然不十分好过。

后来市场形势发生了巨大的变化，原来的A产品市场脱销，用户纷纷来函来电希望该厂能尽快回复A产品的生产。与此同时，B产品销路不好。这种情况下，厂长又回过头来抓A产品，但一时又无法搞上去，无论数量和质量都不能恢复到原来的水平。为此，集团公司领导对该厂厂长很不满意，甚至认为改产是错误的决策，厂长感到很委屈，总是想不通。

思考题：

1. 你认为该厂长的决策是否有错误？请你做详细分析。
2. 如果你是该厂厂长，你在决策过程中应如何去做？

资料来源：http://www.jiaoyanshi.com/article-2516-1.html

3.1　计划概述

3.1.1　计划的含义和特征

1. 计划的含义

“计划”一词既可以是名词，也可以是动词。作为动词来讲，计划是指对各种企业目标的分析、制定和调整以及对企业实现这些目标的各种可行方案的设计这一系列相关联的行为、行动或活动。作为名词来讲，计划就是指计划活动的结果，包括企业使命和目标的说明以及战略、政策、预算等计划方案。管理者的计划工作，就是把计划作为一种特定的管理行为。只有企业中每个人都清楚了解了工作的目标和目的以及实现它们的方法，每个人的工作才能取得有效的成果。计划职能就是使人们知道他们被希望去实现的是什么，这样企业整体的努力才有效。计划是管理最基本的职能，也是管理的基本活动。

计划工作就像一座桥梁，尽管我们所处的现实与预期的目标有差距，但计划工作能帮助我们实现预期的目标。

2. 计划的特征

计划的特征可以概括为目的性、首位性、普遍性、效率性和创造性。

(1) 目的性

在企业中，各种计划及其所有的派生计划，都应该有助于完成企业的总目标和各个阶段的目标。一个企业能够生存，首要的一点就是通过有意识的合作来完成群体的目标，这是管理的基本特征，计划工作是最明确反映管理基本特征的主要职能活动。

(2) 首位性

由于计划、组织、领导和控制等方面的管理活动都是为了支持实现企业的目标，而计划工作直接涉及制定整个集体努力完成的目标，因此，计划工作放在所有其他管理职能的实施之前是合乎逻辑的，虽然在实践中，所有的管理职能相互交织形成一个行动的网络，计划工作直接影响且始终贯穿于组织、领导和控制等管理活动中。图 3.1 概略地描述了这种相互关系。

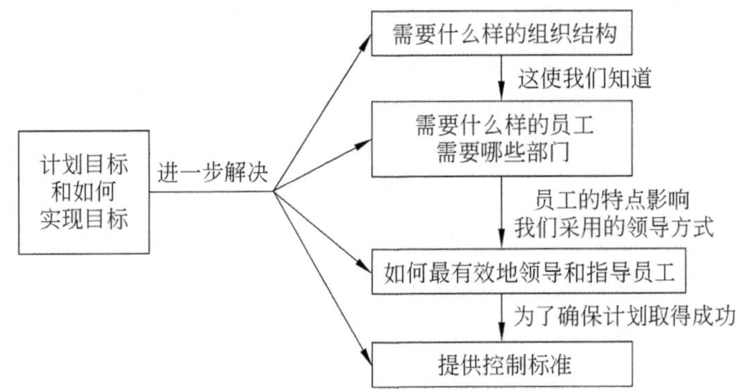

图 3.1 计划位于各种管理职能首位

计划对组织、领导工作的影响表现在，企业要实现某一特定的目标，可能要在局部或整体上改变企业的组织结构，比如设立新的职能部门或改变原有的职权关系，这就需要在人员配备方面考虑委任新的部门管理者，调整和充实关键部门的人员以及培训员工等。而组织结构和员工构成的变化，必然会影响到领导方式和激励方式。

计划工作和控制工作更是不可分割的。计划是控制的基础，为控制工作提供标准。因为控制就是纠正偏离计划的偏差，以保证计划的目标能够实现。显然未经计划的活动是无法控制的，没有计划指导的控制是无意义的。另外，要有效地行使控制职能，就要根据情况的变化拟订新的计划或不断修改原有计划，而这又将成为下一步控制工作的基础。计划工作与控制工作这种相辅相成、连续不断的关系，通常被称为计划——控制——计划循环。

(3) 普遍性

虽然计划工作的特点和范围随各级管理者的层次、职权不同而不同，计划工作是每位管理者无法回避的职能工作。每一个管理者，无论是总经理还是班组长都要从事计划工作。高层管理者不可能也没必要对自己组织内的一切活动作出确切的说明，他的任务应该是负责制定战略性计划，而那些具体的计划由下级完成。这种情况的出现主要是由于人的能力是有限的，而现代组织中工作却是纷繁复杂的，即使是最聪明、最能干的领导人也不可能包揽全部的计划工作。另外，授予下级某些制定计划的权力，还有助于调动下级的积极性，挖掘下级的潜力，使下级感受到自身存在的价值。这无疑对贯彻执行计划，高效地完成组织目标大有好处。

（4）效率性

计划的效率是用来衡量计划的经济效益的。它是用实现企业的总目标和一定时期的目标所得到的利益，扣除为制定和实施计划所需要的费用和其他预计不到的损失之后的总额来测定的。要使计划工作有效，不仅要确保实现目标，还要从众多方案中选择最合理的资源配置方案，以求得合理利用资源和提高效率。就效率这个概念而言，一般是指投入和产出之间的比率，但计划效率这个概念，不仅包括人们通常理解的按资金、工时或成本表示的投入产出比率，还包括组织成员个人或群体的满意程度，后者对计划效率的影响也是不难理解的，如果计划使一个企业内很多人不满意或不高兴，那么这样的计划甚至连目标都不可能实现，更谈不上效率了。例如，一个赔本公司新上任的总经理企图通过成批裁减员工，来达到改组公司和迅速削减支出的目的，这样做的后果使员工终日忧心忡忡，导致生产率大大降低。最后，这位新上任总经理消灭亏损获得利润的目标，不得不以失败告终。

（5）创造性

计划工作总是针对需要解决的新问题和可能发生的新变化、新机会来做出决定的，因而它是一个创造性的管理过程。它是对管理活动的设计，这一点类似于一项产品或一项工程的设计。正如一种新产品的成功在于创新一样，成功的计划也依赖于创新。

3.1.2 计划的类型

1. 按计划期限分类

按计划期限，可将计划分为长期计划、中期计划和短期计划。

长期计划期限一般在 5 年以上，它规定在这段较长的时间内组织以及组织的各部分从事活动应该达到什么样的状态和目标，是企业发展的蓝图。

中期计划在 1～5 年期间，中期计划来自组织的长期计划，并按照长期计划的执行情况和预测到的具体条件变化进行编制。它比长期计划更详细、更具体，具有衔接长期计划和短期计划的作用，它赋予长期计划具体内容，又为短期计划指明了方向。

短期计划在 1 年左右。短期计划比中期计划更为详细具体，能够满足具体实施的需要，短期计划与企业中每个成员都密切相关，它的实施是实现企业整体目标和战略计划的基础。

不同的企业计划活动的期限有很大的差异，长、中、短期计划分界线并不是绝对的。一项计划宜覆盖多长的时间间隔，应该考虑以下两方面因素：一是计划前提条件在这段时期内的明确程度能否与计划内容所要求的详尽程度相吻合。计划工作所依据的前提条件是指在制定计划时需设定的该计划在未来执行期间内将面临的环境条件。计划所要规定的内容越是详尽，或者计划所涉及的领域越是宽广，那么制定计划时需要设定的环境条件就越多，同样，计划执行期跨越的时间越长，对较远未来的环境条件就越难以做出准确的预期。因此，从经济和有效地确立计划所需依据的前提条件角度考虑，计划必须保持适当的范围。另一个要考虑的因素是当前计划影响到组织对未来许诺的程度。当前的计划越是影响到对未来的许诺，那么计划的时间期限就应当越长。因为企业不是为未来的决策制定计划，而是为现在正做出的决策制定其落实的计划。今天的决策往往成为企业对未来行动或开支的一种许诺。许诺概念要求计划期限应该延伸到足够远，以便在此期限内能够实现企业当前做出的许诺。计划覆盖的时间跨度过长或者过短，都将是无效的。

2. 按计划的层次分类

按制定计划的层次不同，可将计划分为战略计划、战术计划和作业计划。

(1) 战略计划

战略计划是确定组织主要目标、采取行动并合理配置实现目标所需资源的一种总体规划。它是一种方向性决策，是一种受环境约束的决策。战略计划一般由组织的高层管理者来制定，是关于企业长期利益最大化的决策。战略计划具体来讲，是企业围绕它与环境长期关系这一核心问题，从企业内部不同层次上系统地提出有关自身发展的方向和行动方案，用以指导企业整体经营活动，达到资源运用效率和效益的统一，侧重于确定企业要做“什么事”(What)以及“为什么”(Why)要做这件事。战略计划时间跨度长，涉及范围广；内容比较抽象，不要求直接的操作性；计划的前提是不确定的，具有较高的风险性。

通常，战略计划就是一种长期计划，但长期计划并不一定都是战略计划。在长期计划过程中，企业有可能只是根据历史数据，运用简单的外推法来预见企业未来，这样所制定的计划方案未必能反映外部环境的变化，也不会将企业引导到体现活动目标和内容有重大变革的战略方向上来。战略计划并不是一般的长期计划，而是在对企业内外环境进行战略分析并做出具有战略意义的决策的基础上而制定的长期计划。战略计划已经被许多大组织所采用，而且越来越引起普遍的重视。

(2) 战术计划

战术计划是为实现战略计划而采取的手段，比战略计划具有更大的灵活性。它是战略计划的一部分，服从于战略计划，为实现战略目标服务。战术计划一般由中层管理者制定，时间跨度较短，内容也比较具体，是实施总战略计划的步骤和方法，回答由“何人”在“何时”、“何地”、通过“何种办法”以及使用“多少资源”来做这事。

战略计划与战术计划的关系是全局与局部、长远利益与当前利益的辩证统一的关系。战略计划就是总体布局的规划，战术计划则是具体的计划。组织的战略计划主要针对资源、目标、政策和环境等方面，战术计划则主要涉及资源和时间等的具体规定和限制以及对人力的合理调配和使用。战略计划是通过具体战术计划的有效实现而实现的。

(3) 作业计划

作业计划是根据战略计划和战术计划而制定的执行性计划，目的是指导管理者逐步而又系统地实施战略及战术计划规定的任务。它一般由下级管理者制定，时间跨度短且非常具体，涉及每一天工作活动的安排。

3. 按计划的职能分类

根据计划的具体职能内容，可将计划分为生产计划、销售计划、财务计划、人事计划等。企业要从事生产、营销、财务、人事等方面的活动，就要相应地为这些活动和职能业务部门制定计划。

4. 按计划的内容分类

按计划的内容，可将计划分为综合性计划和专业性计划。

综合性计划是对业务经营过程各方面所做的全面的规划和安排。在较长一段时期内执行的战略计划往往是覆盖面较广泛的综合性计划，但短期计划也有的是综合性的，比如企业在制定年度生产经营计划时就往往需要编制综合经营计划。

专业性计划则是对某一专业领域职能工作所作的计划，它通常是对综合性计划某一方面内容的分解和落实。比如，与业务经营活动直接相关的产品研发计划、生产计划、销售计划以及为业务活动顺利开展服务的人力资源计划、产品成本计划、财务计划、物资供应计划、设备维修计划和技术改造计划等，就是特定职能领域的专业性计划。这些计划都只涉及企业活动的某一方面，它们与综合性计划构成一种局部与整体的关系。专业领域的计划并不一定都是短期的。相对说来，长期性的专业计划主要涉及该业务领域的活动能力调整或业务规模的发展，短期性的专业计划则主要涉及业务活动的具体安排。比如，长期产品计划主要涉及新产品系列和新品种的开发，短期产品计划则主要与已有品种的结构改进、功能完善有关。长期生产计划安排了企业生产规模的扩张及实施步骤，短期生产计划则主要涉及不同车间和班组的季、月、旬乃至周的作业进度安排。长期的营销计划关系到推销方式或销售渠道的选择与建立，而短期的营销计划则寻求对现有营销手段和网络的充分利用。再以服务于这些业务经营活动开展的辅助性职能来说，长期财务计划是要决定为满足业务规模发展和资金（本）量增大的需要，企业应如何建立新的融资渠道或选择不同的融资方式，而短期财务计划则研究如何保证资金的供应或如何监督这些资金的使用效果。相似地，长期人事计划要研究如何为了保证组织的发展、提高成员的素质而建设一支强有力的员工队伍，短期人事计划则研究如何将具备不同素质和特点的组织成员安排在不同的岗位上，使他们的能力和积极性得到充分的发挥。显然，从不同角度划分的各种计划形式并不是孤立存在的，而是彼此交叉和相互关联在一起的。

3.1.3 计划的要素

计划的要素可以分为宗旨（Mission）、目标（Objective）、战略（Strategy）、政策（Policy）、程序（Procedure）、规则（Rule）、规划（Program）和预算（Budget）等几种。在某种程度上，这些要素是一种层次体系，可以用图 3.2 表示。

1. 宗旨（Mission）

宗旨是一个企业继续生存的目的或原因，它反映的是企业的价值观念、经营理念和管理哲学等根本性的问题。企业内每个管理层次都应在明确理解宗旨的基础上进行自己的

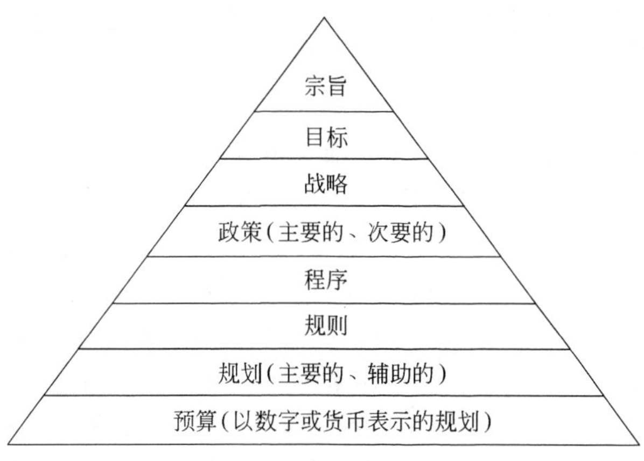

图 3.2　计划要素的层次体系

工作。要确定一个企业的宗旨,首先必须回答一个问题:我们在管理上试图要为谁来干什么?比如说一个企业的宗旨是回答企业生存于社会的目的是什么,等等。显然企业要为社会提供所需要的产品或服务,高等学校要为社会培养人才、从事科学研究、提供服务。

2. 目标(Objective)

目标是在充分理解企业宗旨的条件下建立的,它是任何一项活动的预期结果。企业中各个管理层次都应该建立自己的目标,但是企业低层目标必须和企业高层目标相一致。要成功地确立一个企业目标,首先应尽量将目标量化。例如,在某一时期将利润增长10%这样一个目标比仅仅说:"我们要增长利润"要好得多;另外,实现目标的时间应尽量具体。每个人都应该知道目标应在什么时候完成。很明显,一个没有时间期限的目标是没有挑战性的,也是没有意义的。比如,利润增长10%这样一个目标是在年底完成还是在三五年后完成呢?它们的差异是显而易见的。最后,确定的目标应既具有挑战性又能够实现。如果一个目标定得太低,太容易实现,就不会对员工有什么激励作用,目标实现了,也不会有太多的成就感和满意感。相反,如果目标定得太高,可望而不可即,又会大大挫伤员工的士气。

3. 战略(Strategy)

战略这个词来自军事用语,是指通过对交战双方进行分析判断而做出对战争全局的筹划和指导。它具有对抗和竞争的含义,总是针对竞争对手的优势和劣势以及对方正在和可能采取的行动来做出反应。因此,只要存在竞争,且竞争成败取决于因长期准备和持续努力而获得的优势地位,就需要制定战略。

对企业来说,战略是为实现企业长远目标所选择的发展方向、所确定的行动方针以及资源分配方针和资源分配方案的一个总纲。战略的目的是通过一系列的主要目标和政策来决定组织未来的长远发展,它并不涉及企业如何去实现目标,因为这是企业很多主要的和次要的支持性计划的任务。

4. 政策(Policy)

政策是预先确定的用来指导或沟通决策过程中思想和行为的明文规定。制定政策首先应该充分分析企业目标。任何一个企业都有相应的很多部门，企业中各部门都要制定自己部门的政策，如人事、市场、研究开发、生产和财务等部门的政策。但是不同部门的政策应该相互协调，它们的目标应该是企业整体利益最优，而不是为了制定政策部门的利益而损害整体利益。要制定政策，管理者必须具有下属相应部门的知识。制定政策应注意以下几方面。首先，制定政策必须以客观存在的真实信息为基础。其次，政策应该是明确的、可理解的、易于文字表达的。政策是用来指导行动的，只有相关人员意识到它的存在，才能按照政策的要求去做。最后，政策应该既灵活又稳定，这两者并不矛盾，而是相互依赖的。一般情况下，政策应该是稳定的，但当环境条件发生变化时，政策又应该足够灵活来适应这种变化。组织层次越高，它相应的政策应该越稳定。因为组织的高层次政策应用的范围广，涉及的因素多，与企业的目标息息相关。一般来说，政策允许有例外。

5. 程序(Procedure)

程序是为完成某一特定计划而规定的一系列步骤。企业中许多管理活动是重复发生的，处理这类问题应该有标准的过程，这就是程序。如果说政策是人们思考问题的指南，那么程序则是行动的指南，它详细说明完成某种活动的准确方式，其实质是对未来要进行的行动规定时间顺序，对企业内大多数政策来说，都应该规定相应的程序来指导政策的执行。

6. 规则(Rule)

规则是一种最简单的计划。它是指导或禁止在某种场合采取某种特定行动的具体的、详细的规定。比如，在某个特定场所要求戴安全帽就是一种规则。规则和程序在定义上可能有一些重叠。程序由许多步骤组成，若不考虑时间顺序，其中的一步可能就是规则。另外，与政策相比，规则主要阐明某一活动中必须遵循的法则，具有强制性。制定政策、程序和规则都是为了指导实现企业目标的行动。如果我们能够保证企业内每个人都非常清楚根本的目标，而且他们的工作都与企业的目标完全一致，就没有太大的必要制定政策、程序和规则了。但很多情况下，不是每个成员对目标的理解都是很明确的，有时各部门可能会制定出相互间冲突的目标，这样，企业就有必要制定政策、程序和规则，而且它们应该比作为基础的目标更明确、更具体、更易于理解。通常情况下，规则不允许有例外。

7. 规划(Program)

规划是为实施某一既定方针而做的一个综合性计划。它包括目标、政策、程序、规则、任务分配、执行步骤、使用资源等。规划有大有小，比如，一个航空公司用几亿美元购买一个机群的客机，就是一个很大的规划；而一个企业质量管理小组的活动规划则要小得多。规划的时限也差别很大，长远的规划如企业为提高员工素质制定的 5 年培训规划。规划一般是粗线条的、纲要性的。许多大的规划都需要有派生出来的小的规划来支持,每个小的规划也都会给总的规划带来影响。由于计划工作的质量总是受制于薄弱环节,小规划的不当或失误会造成不必要的费用和利润损失,甚至最终会耽误主要规划的完成。因此,规划工作的各个部分彼此协调并不是件容易的事,需要有特别严格和精湛的管理技能,需要严谨地运用系统思想和系统方法。

8. 预算(Budget)

预算是用数字表示预期结果的一份报表。它也是一种计划,可以称之为"数字化"的计划,这种数字形式有助于更准确地执行计划,预算可以用财务术语或其他计量单位来表示。它的主要作用就是帮助组织的高层管理者和各级管理人员从数字的角度,更全面、细致地了解组织经营管理活动的规模、重点和预期成果。预算也是一种控制方法,这一点将在控制职能中详细介绍。

3.1.4 战略管理简介

1. 战略的概念

管理学大师彼得·德鲁克早在 1954 年就间接提出了战略的问题。他认为一个企业应该回答以下两个问题:我们的企业是什么?它应该是什么?从而为战略下了一个比较含蓄、范围较小的定义。在这个定义里,战略的核心是明确企业的远期目标和中近期目标。

对企业战略的定义也是众家各有所长,我们的定义为:企业面对激烈变化、严峻挑战的经营环境,为求得长期生存和不断发展而进行的总体性谋划。

在 3.1.3 计划要素中也提到过"战略",要注意两者的区别。计划的构成有 8 个要素,战略是其中之一。而在这一部分中讲的战略则是战略管理这一学科中的内容。前者的内涵只涉及为实现企业长远目标所选择的发展方向、所确定的行动方针以及资源分配方针和资源分配方案的一个总纲。而后者的内涵要丰富得多,既包括应对企业生存和发展的战略目标,也包括实现目标的战略方案。

2. 战略的层次

(1) 公司层战略

如果一个公司拥有一种以上的事业,即是一个多样化经营的企业,那么它将需要一个公司层战略。这个战略寻求回答这样的问题:我们应当拥有什么样的事业组织?公司层战略应当决定每一种事业在组织中的地位。

(2) 事业层战略

事业层战略寻求回答这样的问题:在我们的每一项事业领域里应当如何进行竞争?对于只经营一种事业的小企业,或是不从事多元化经营的大型组织,事业层战略与公司层战略是一回事。对于拥有多种事业的组织,每一个经营部门会有自己的战略,这种战略规定该经营单位提供的产品或服务以及向哪些顾客提供产品或服务等。当一个组织从事多种不同的事业时，建立战略事业单位更便于计划和控制。战略事业单位代表一种单一的事业或相关的事业组合，每一个战略事业单位应当有自己独特的使命和竞争对手，这使得每一个战略事业单位有自己的战略，有别于其他战略事业单位。

（3）职能层战略

职能层战略寻求回答这样的问题：我们怎么支撑事业层战略？职能部门，如研究与开发、制造、市场营销、人力资源和财务部门，应当与事业层战略保持一致，并为事业层战略提供支持。

3. 战略管理

战略管理是指在制定、实施和评价指导全局工作并决定全局命运的方针、方式和计划活动中，通过一定的程序和技术，获取最有效率和效果的过程。

（1）确定组织当前的宗旨、目标和战略

每个企业都有一个宗旨，它规定了企业的目的和回答了下述问题：我们到底从事的是什么事业？定义企业的宗旨促使管理层仔细确定企业的产品和服务范围。决定组织从事的事业的性质，对于非营利性企业非常重要。医院、政府机构和学校也必须确立自己的宗旨。比如学校究竟是训练学生从事某项职业，还是训练学生从事特定的工作，还是通过计划周密且丰富的文化教育培养学生的基本素质。

（2）分析环境

环境是管理行动的主要制约因素，环境分析是战略管理过程的关键要素，因为企业的环境在很大程度上决定了管理层可能的选择。环境分析可以分为宏观环境分析和行业环境分析两个层面。每个企业的管理层都需要分析它所处的环境，准确把握环境的变化和发展趋势及其对企业的重要影响。

（3）发现机会和威胁

分析了环境之后，管理层需要评估有哪些机会可以发掘以及企业可能面临哪些威胁。

（4）分析企业的资源和能力

企业内部的资源和能力状况对于战略的选择也非常重要，比如员工的技能、新产品开发能力、营销能力、机器设备状况、组织的资金情况等。

（5）识别优势和劣势

通过对企业内部资源的分析，管理层可以明确评价组织的优势和劣势，识别出什么是企业与众不同的能力，也就是决定作为企业的竞争武器的独特机能和资源。

（6）SWOT 分析

进行 SWOT 分析，把对企业的优势（Strengths）、劣势（Weaknesses）、机会（Opportunities）和威胁（Threats）的分析组合在一起，以便发现企业可能采用的各种战略方案。

（7）制定恰当的战略

战略需要分别在公司层、事业层和职能层设立。特别是管理层需要开发和评价不同的战略选择，然后选定一组符合三个层次要求的战略。这些战略能够最佳地发挥组织的优势和充分利用环境的机会。此时管理层将寻求组织的恰当定位，以便获得领先于竞争对手的相对优势。

(8) 制定战略计划

企业战略是企业面对一个较长时期所制定的计划，在实施中必须把战略目标进行两个方面的分解，即按时间分解——以年为单位和按企业的层次分解。这样企业里的各个的经营单位和战略实施的相关职能部门在整个战略期间都有了明确的各个年度目标。在这些目标下，制定政策、配置资源、协调相关部门的活动，必要的话调整组织结构，培育企业文化，制定出与战略实施相关的计划，即战略计划。战略计划与日常的经营计划是不同的。

(9) 实施战略

无论战略计划制定的多么有效，如果不能恰当地实施，仍不会成功。最高管理层的领导能力是实施战略成功的一个必要因素，而中层和基层管理者执行高层管理者的计划的主动性也同样关键。管理层需要招聘、选拔、培训、处罚、调换、提升，甚至可能解雇员工，以实现组织的战略目标。

(10) 评价结果

战略管理过程的最后一步是评价结果，包括战略的效果怎么样、需要做哪些调整等内容。在评价的基础上，对战略的实施进行控制。

案例 3.2　“欧莱雅”的中国策略——金字塔战略

欧莱雅(中国)从 1997 年正式成立以来，盖保罗就带领他的 10 人筹备小组，在中国建立了战略中心。他归结欧莱雅的中国策略为金字塔式的战略，即全方位的品牌和产品结构，实行差异化营销策略。

盖保罗把欧莱雅的品牌按金字塔结构分为四类：巴黎欧莱雅、美宝莲、卡尼尔等日用消费品牌，是金字塔塔底，实行“尽可能方便购买”的策略；金字塔塔中的品牌卡诗、欧莱雅专业美发产品则在专业的发廊里销售；薇姿、理肤泉则在药店 OTC 里专销；而高档品牌兰蔻、碧欧泉、赫莲娜则为塔尖，精选销售场所，提供顶级服务。

金字塔结构中每个品牌都有不同的营销策略，差异化战略使每个品牌是各自的市场霸主。细分市场，寻找其中的机会点，然后用相应的品牌去占领。优势、劣势、机会点和威胁点，一切尽在盖保罗心中，SWOT 的科学分析方法让盖保罗对中国这个庞大而又瞬息万变的市场了如指掌。目前欧莱雅在彩妆、染发领域和中高档化妆品市场领先，在更大众化的护肤品和染发品市场则有无限的机会。

对于欧莱雅的中国战略，盖保罗有他自己的“三板斧”：强大的产品研发创新能力，100 年国际化品牌营销经验，产品自我淘汰机制。哪一个板斧，都是国内企业的致命伤。还有一个板斧，他没有讲，那便是规模化品牌扩张。这是欧莱雅最擅长的技法，许多地域品牌经过欧莱雅浪漫高雅的精心打造，都成为了威震寰宇的国际品牌，例如兰蔻、美宝莲。

盖保罗具有强烈的欧莱雅烙印：不达目标，誓不罢休！世界第一的信誉，盖保罗看得很重。欧莱雅在中国做到了多个 NO. 1，兰蔻在中国高档商场名列第一，卡诗是发廊最受欢迎的高档美发产品，薇姿在药店无人能及，美宝莲则占据了彩妆的半壁江山。

国际品牌如何融入当地市场，这是一门大学问。盖保罗非常强调欧莱雅国际化理念在当地文化渗透的重要性。在盖保罗的带领下，欧莱雅在中国不仅建立起了一支强有力的营销管理队伍，而且把欧莱雅的企业文化和企业精神融入了这个有着五千年文化传统的中国。

从塔尖的兰蔻，到中间的薇姿，以及相对平民化的美宝莲，虽然欧莱雅进入中国的10多个产品已经占据金字塔大部分的空间，但金字塔的底部却让玉兰油、大宝和小护士占据了大部分份额，这是无可争辩的事实。中国是一个消费能力偏低的市场，要想取得更大的成功，金字塔的底层肯定是必争之地。在一定时间里，购买相应档次品牌的消费者是相对稳定的，要增加消费者，品牌定位势必要向两端延伸，其中包括往低端延伸。这是盖保罗的理论。

业界纷纷猜测，欧莱雅将和谁进行品牌整合？小护士进入了欧莱雅的视野，兰歌的失败，品牌的后续无力，不断下降的销售额，深圳丽斯达萌生退意。业界认为，小护士完整健全的销售渠道，名列前茅的市场占有率，大众护肤品的前三甲地位，本土化的品牌文化，而这些都是欧莱雅所需要的。有化妆品界资深人士说，欧莱雅与小护士的整合将是理想的整合。

思考题：

请简要评价欧莱雅的金字塔式战略。

资料来源：http://www.ormxne.net/guanli/zhan/ne/an&li/2010/0311/18441.html

3.2 计划的程序和方法

3.2.1 计划的程序

1. 估量机会

估量机会是在实际编制计划之前进行的，是对未来可能出现的机会加以估计，并以此为基础，对组织所处的环境条件作出初步分析，包括外部的和内部的、定量的和定性的、可控的和不可控的环境条件的分析。估量机会是计划工作的真正起点。组织只有充分认识到自身的优势和劣势、面临的机会和威胁，才能真正摆正自己的位置，明确组织希望去解决什么问题，为什么要解决这些问题，期望得到的是什么等。制定切实可行的目标取决于对这些内容的正确估计。

2. 确定目标

在估量机会的基础上，确定整个组织的目标以及每个下属部门的目标。确定目标的过程中，要说明基本的方针和要达到的目标是什么，说明制定战略、政策、规则、程序、规划和预算的任务，指出工作的重点。

3. 拟订前提条件

计划的前提条件就是计划工作的假设条件，也就是计划实施时的预期环境。确定计划的前提条件主要靠预测，预测内容包括市场、销售量、价格、产品、技术等方面。企业应该对环境作出正确的预测。但由于预期环境是复杂的，影响因素很多，有的可以控制，如开发新产品、新市场等；有的不能控制，如税率、政府政策等；也有的在相当范围内可以控制，如企业内的价格政策、劳动生产率等。因此，预测环境、确定计划的前提，并不是对将来环境的每一个细节都给予预测，而应对计划工作有重大影响的主要因素进行预测，如经济形势的预测、政府政策的预测、销售预测等。

4. 拟订可供选择的方案

调查和设想可供选择的行动方案。完成某一项任务不可能只有一种方案，即每一项行动均有异途存在，这称为异途原理。但并不是所有可行方案都是显而易见的，只有发掘了各种可行的方案，才有可能从中抉择出最佳方案。另一方面，即使采用数学方法和借助计算机，可以进行彻底检查，可供选择方案的数量也是有限的。因此，要减少可供选择方案的数量，以便分析最有希望的方案。

5. 评价可供选择方案

确定了各种可供选择的方案之后，要根据计划目标和前提来权衡各种因素，比较各个方案的优点和缺点，对各个方案进行评价。比较和评价可供选择方案时，首先，要特别注意发现各个方案的制约因素，即那些妨碍实现目标的因素，只有清楚地认识到这些制约因素，才能提高选择方案的效率；其次，将每个方案的预测结果和原有目标进行比较时，既要考虑到那些有形的、可以用数量表示的因素，也要考虑到许多无形的、不能用数量表示的因素，比如企业的声誉、人际关系等；最后，要用总体的效益观点来衡量方案，因为对某一部门有利的方案不一定对全局有利，对某项目标有利的方案不一定对总体目标有利。在评价方法方面，由于在多数情况下，都有很多可供选择的方案，而且有很多可待考虑的可变因素和限制条件，会给评估带来困难，通常可以采用一些数学方法进行评估，如建立评价的数学模型、层次分析法以及多目标评价方法等。

6. 选择方案

方案选择是计划工作的关键一步，也是决策的实质性阶段——抉择阶段。计划工作的前几步都是在为方案的选择打基础，都是为这一步服务的。方案选择通常是在经验、实验和研究分析的基础上进行，有时我们经过评估会发现一个最佳方案，但更多的时候可能有两个或更多的方案是合适的，这时管理者必须确定应优先选择的方案，然后将另外的方案进行细化、完善，以作为备选方案。

7. 拟订派生计划

选择了方案，并不意味着计划工作的完成，因为一个基本计划总是需要若干个派生计划来支持，只有在完成派生计划的基础上才能完成基本计划。

8. 编制预算

预算是数字化了的计划，是企业各种计划的综合反映，它实质上是资源的分配计划。通过编制预算，对组织各类计划进行汇总和综合平衡，控制计划的完成进度，才能保证计划目标的实现。

3.2.2 计划的方法

1. 制定计划的原则

计划工作作为一种基本的管理职能活动，有自己应遵循的规律和原则。计划工作的主要原则有：限定因素原则、灵活性原则、承诺原则和改变航道原则。

(1) 限定因素原则

所谓限定因素，是指妨碍企业目标实现的因素，如果它们发生变化，即使其他因素不变，也会影响企业目标的实现程度。其含义正如木桶原理所表述的那样：木桶所盛的水量，是由木桶壁上最短的那块木板决定的。这就是说，管理者在制定计划时，应该尽量了解那些对目标实现起主要限制作用的因素或战略因素，才能有针对性地、有效地拟订各种方案，计划方案才可能趋于最优。

(2) 灵活性原则

确定计划实施的预期环境靠的是预测，但未来情况有时是难以预测的。因此，计划需要有灵活性，才有能力在出现意外时改变方向，不至于使组织遭受太大的损失，这就是计划的灵活性原理。灵活性原理在计划工作中非常重要，特别是承担任务重、计划期限长的情况，比如战略计划，它的作用更明显。虽然计划中体现的灵活性越大，出现意外事件时适应能力越强，对组织的危害性越小，但灵活性是有一定限度的。比如，不能为保证计划的灵活性而一味推迟决策的时间，未来总有些不确定的因素，当断不断，则会错失良机。

(3) 承诺原则

计划应是长期的还是短期的？计划期限的合理选择应该遵循承诺原理。长期计划的编制并不是为了未来的决策，而是通过今天的决策对未来施加影响。这就是说，任何一项计划都是对完成各项工作所做出的承诺，承诺越多，计划期限越长，实现承诺的可能性越小，这就是承诺原理。该原理要求合理地确定计划期限，不能随意缩短计划期限，计划承诺也不能过多，致使计划期限过长，如果管理者实现承诺所需的时间比他可能正确预见的未来期限还要长，他的计划就不会有足够的灵活性适应未来的变化，他应减少承诺，缩短计划期限。

(4) 改变航道原则

计划是面向未来的，而未来情况随时都可能发生变化，所制定的计划显然也不能一成不变，在保证计划总目标不变的情况下，随时改变实现目标的进程（即航道），就是改变航道原则。应该注意的是，该原则与灵活性原则不同，灵活性原则是使计划本身具有适应未来情况变化的能力。而改变航道原则是使计划执行过程具有应变能力，就像航海家一样，随时核对航线，一旦遇到障碍就绕道而行。

2. 制定计划的方法

(1) 甘特图法

甘特图是在 20 世纪由亨利·甘特开发的。在二维坐标中，横轴表示时间，纵轴表示要安排的活动及其进度，如图 3.3 所示。甘特图可直观地表明任务计划定在什么时候进行和完成，并且可以对实际进展与计划要求作对比检查。这种方法虽然简单，但却是一种重要的作业计划与管理工具。甘特图能使管理者随时看到计划及其进展情况，很容易搞清楚一项任务或项目还剩下哪些工作要做，并及时采取相应措施和手段保证任务或项目按时完成。

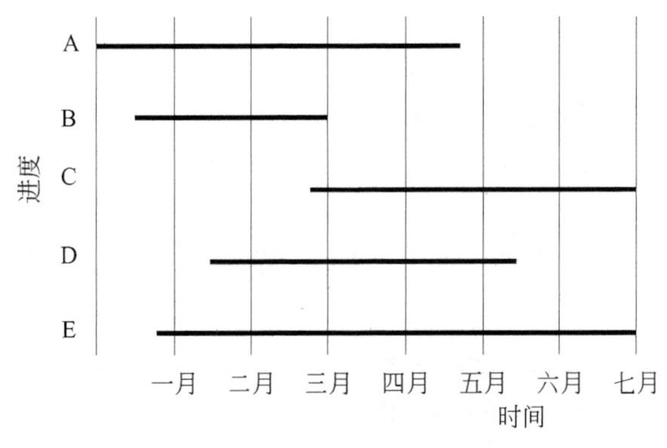

图 3.3　甘特图

（2）网络计划技术

工程项目是由许多顺序连接的工序（也可叫作业或活动）构成的，这些工序都完成了就意味着该工程项目的完成。工序与工序间有其内在的关系，有的要先做，有的要后做，不能颠倒。

① 网络图的构成要素

网络图由工序、事项和路线三个主要部分和辅助部分及虚工序构成。网络图有单代号和双代号之分，前者用位于箭尾的节点和所连的一条箭线表示工序，后者用两个节点夹一条箭线表示工序。普遍使用双代号网络图。

a. 工序（作业、活动）。工序是指一项需消耗时间、资源和人力才能完成的工作，是工程项目的基本组成部分。通常用一条箭线“→”和两端的点表示，ⓘ→ⓙ，箭杆上方标明工序名称，下方标明该工序所需时间，箭尾的点表示该工序的开始，箭头的点表示该工序的结束。从箭尾到箭头则表示该工序完成。

b. 节点（事项、事件）。节点是前后工序的交汇点，不消耗时间和资源，用圆圈表示。下图中，节点②既表示 A 工序的结束，又表示 B 工序的开始。对中间节点②来说，A 为其紧前工序，B 为其紧后工序。①是②的紧前节点，③是②的紧后节点。①不是③的紧前节点，③不是①的紧后节点。

$$①\xrightarrow{A}②\xrightarrow{B}③$$

c. 路线。从网络始点开始，顺着箭线方向连续不断地到达网络终点的各条通道，都称为网络的路线。其中作业时间之和最长的那一条路线称为关键路线。

d. 虚工序。虚工序是指不耗用人力、资源，也不需要时间的一种虚拟作业。它只表示前后工序之间的逻辑关系，在图中用虚箭线（----►）和两端的点表示。

② 网络图的绘制规则

a. 有向性。各项工序都用箭线表示，且箭头方向要从左向右。

b. 无回路。箭线不能从一个节点出发，又回到原来的节点上，即不能出现循环回路。

c. 两点一线。两个节点之间，只允许画一条箭线，当出现平行工序或交叉工序时，应引入虚工序来表示前后逻辑关系。

d. 源汇各一。网络图中只有一个始点，一个终点。

e. 节点编号应从小到大，从左向右，顺序编制，不能重复。保证箭尾节点号小于箭头节点号。

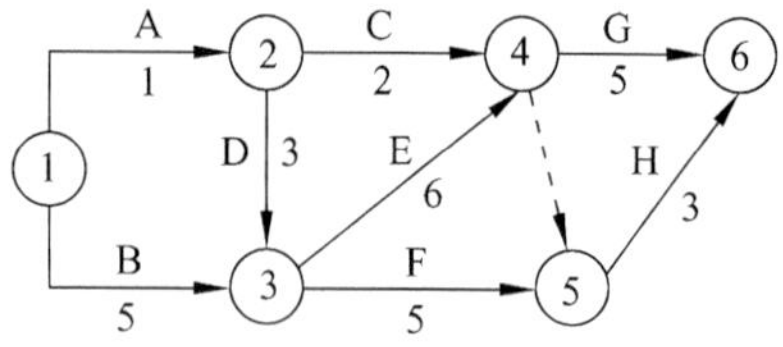

图 3.4 表示了一个正确的网络图。

图 3.4 网络图

③ 网络参数计算

网络参数计算有电子计算机计算法、图上计算法、表格计算法和矩阵计算法四种。下面介绍其中的表格法。

用表格法计算网络参数，首先要绘制一个合适的表格，如表 3.1 所示。然后在表格上按照一定的顺序和规定的算法计算网络图各参数。

表 3.1 图 3.4 网络图的计算表格

工序号	工时	最早		最迟		机动		关键工序
		开工	完工	开工	完工	总	单	
$i-j$	$T(i,j)$	ES	EF	LS	LF	TF	FF	CP
1—2	3	4	5	6	7	8	9	10
①—②	1	0	1	1	2	1	0	
①—③	5	0	5	0	5	0	0	√
②—③	3	1	4	2	5	1	1	
②—④	2	1	3	9	11	8	8	
③—④	6	5	11	5	11	0	0	√
③—⑤	5	5	10	8	13	3	1	
④—⑤	0	11	11	13	13	2	0	
④—⑥	5	11	16	11	16	0	0	√
⑤—⑥	3	11	14	13	16	2	2	

下面，以图 3.4 所示网络图为例来说明表格法应用步骤。

第一步，把工序的起始节点号、结束结束号和工时填入表的第 1 列、第 2 列、第 3 列内。

第二步，计算工序的最早开工时间(ES)和最早完工时间(EF)。表中第 4 列、第 5 列。

这两列从上至下逐行计算，与网络始点相连的工序的最早开工时间是 0；工序的最早完工时间就是最早开工时间再加上该工序工时；然后按以下规则计算，某工序的最早完工时间就是它的紧后工序的最早开工时间，当一工序有多个紧后工序时，选其中的最大者，即顺向计算，多中选大。

第三步，计算工序最迟开工时间(LS)和最迟完工时间(LF)。表中第 6 列、第 7 列。

这两列从下至上逐行计算。从终点事项开始，因为与终点事项相连的各工序的最迟完工时间应该是工程的工期，也就是与终点事项相连的各工序最早完工时间的最大值；某工序的最迟开工时间等于其最迟完工时间减去该工序工时。然后按以下规则计算，某工序的最迟完工时间等于它紧后工序的最迟开工时间，当一个工序有多个紧后工序时，选其中的最小者，即逆向计算，多中选小。

第四步，计算工序的总时差(TF)和单时差(FF)，表中第 8 列、第 9 列。工序的总时差是指该工序的完工期可推迟多长时间，还不影响整个工程的总工期，可由各工序在第 6 列与第 4 列上数字相减，或由第 7 列与第 5 列上数字相减求得：

$$TF=LS-ES=LF-EF$$

工序的单时差是指在不影响下一道工序最早开工时间的前提下，工序的完工期可有多大的机动时间，它是由紧后工序的最早开工时间减去该工序的最早完工时间求得的：

$$FF(i,j)=ES(j,k)-EF(i,j)$$

第五步，标出关键工序 CP，表中第 10 列。

将第 8 列上时差为 0 的工序标在第 10 列上，所得的从网络始点到网络终点由关键工序组成的路线就是关键路线，计算结果见表 3.1。

④ 网络计划优化和调整

网络计划优化和调整，一方面要缩短工期，另一方面还要考虑资源合理利用和降低成本费用问题。对一个生产经营或工程项目的指挥者来说，掌握和控制关键路线是网络计划技术的精华，因为只要设法缩短关键路线的时间，或将非关键路线上各工序富余的人力、物力和财力抽出来支援关键路线，就能缩短整个工期时间，提前完成任务。但另一方面，时间、资源和成本是相互联系、互为条件的，有时还是相互矛盾的。如果成本和资源有限，或因意外情况某些工序不能进行，就需要在项目实施过程中重新调整网络计划，对调整方案的选择过程就是优化。网络计划优化调整就是要利用时差不断改善网络计划的最初方案，使之获得最佳的工期、最低的成本和对资源的最合理利用。随着网络计划的优化，时差将逐次减少，直至大部分或全部消失，求得最优方案。

随着项目的实施，关键路线有可能发生转移，此时管理者所关注的或是要进行优化的关键路线，只不过是转移后的新关键路线罢了。

(3) 滚动计划法

滚动计划法是一种动态编制计划的方法，与静态计划相比，它不是等计划全部执行之后再重新编制下一个时期的计划，而是在每次编制或调整计划时，均将计划向前推移，即向前滚动一次。五年计划改为每年编制一次，其程序如图 3.5 所示。

滚动计划适用于计划期限较长、不确定因素较多的场合。这种方法，对于距现在较远的时期的计划编制得较粗，只是概括性的，以便以后根据计划因素的变化而调整和修正，而对较近时期的计划制定得比较详细、具体。这种“近细远粗”计划的连续滚动，既切合实际，又有利于长远目标的实现，同时使计划具有弹性，便于根据新时期、新情况，把握时机、避免风险。

上面所说的只是滚动计划编制的原理，在现实生活中不会每年都编一个滚动的五年计划。因为每一个五年计划的起止年份都是固定的，按上述原理编制的五年计划就不合常理。因此可采用简洁的过程来编。在 1995 年，党中央提出了 1996—2010 年我国的发

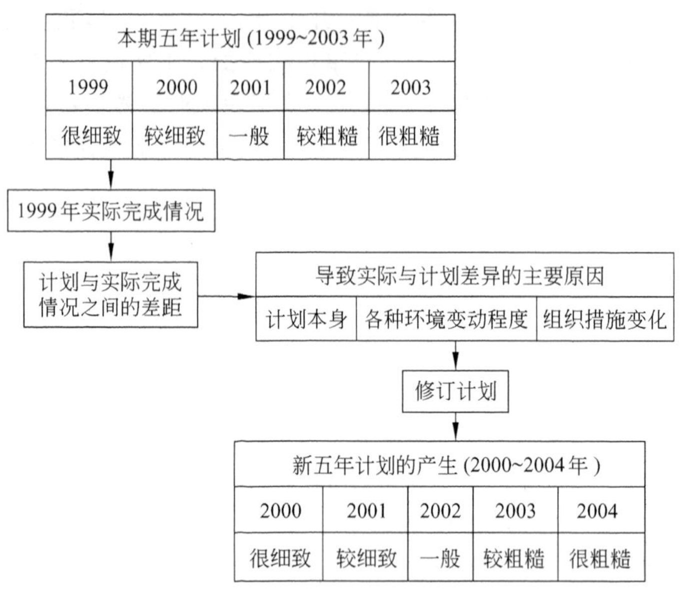

图 3.5 滚动计划示意图

展纲要，这个时间段横跨三个五年计划，即："九五"、"十五"、"十一五"（从"十一五"起，国家将"五年计划"改为"五年规划"）。在纲要中对 2010 年只提了发展的方向和要求，而无具体的数字目标。对"九五"计划的要求则要具体得多，对 1996 年要达到的目标是非常明确的。到了 1996 年年末才会制定 1997 年的计划，以此类推，只有到了本年度末才会制定下一年度的计划，到了本五年计划的末期才会制定下一个五年计划。这也是一种滚动。

(4) 投入产出法

投入产出法是一种应用极为广泛的现代计划方法。这种方法是由美国哈佛大学的瓦西里·列昂节夫(Wassily W. Leontief)教授创立的，它的核心是一张根据调查和统计结果精心编制的投入产出表。这里的投入是指社会在组织物质生产时，对各种原材料、燃料、动力、辅助材料、机器设备以及活劳动等的生产性消耗；产出是指生产出来的产品数量及其分配去向。投入产出法就是通过编制投入产出表，建立投入产出数学模型来反映国民经济各部门、再生产各环节间内在联系的一种方法。下面，我们看一下投入产出表 3.2 的结构及基本的投入产出数学模型。

表中双线将表分为四个部分，左上角部分主要反映国民经济各部门间在产品生产和消耗上的技术经济联系。它是一个排列规则的 $n \times n$ 棋盘式表格，表中的每一项（用 X_{ij} 表示）都具有双重含义：从横向看，它说明 i 部门产品分配给各 j 部门用于中间产品的数量；从纵向看，表示第 j 部门生产产品时，消耗各 i 部门产品的数量。表中右上角部分称最终产品向量，反映各部门产品的分配去向，也就是各部门产品在固定资产更新和大修理、消费基金、积累以及出口等四项的最终使用比例和构成。表中左下角所示部分为折旧及新创造价值向量，包括提取折旧基金价值、工资及劳动报酬以及社会纯收入（利润、税金等），反映国民收入在物质生产各部门间初次分配情况。表中 X 所示部分为社会总产品向量。社会总产出与总投入的恒等是投入产出法的前提。

表 3.2 投入产出表

<table>
<tr><td colspan="2" rowspan="2">产出
投入</td><td colspan="5">中间产品</td><td colspan="5">最终产品</td><td rowspan="2">总产品</td></tr>
<tr><td>部门 1</td><td>部门 2</td><td>部门 3</td><td>…</td><td>部门 n</td><td>固定资产更新大修</td><td>消费</td><td>积累</td><td>出口</td><td>合计</td></tr>
<tr><td rowspan="4">物质消耗</td><td>部门 1</td><td>X_{11}</td><td>X_{12}</td><td>X_{13}</td><td>…</td><td>X_{1n}</td><td></td><td></td><td></td><td></td><td>Y_1</td><td>X_1</td></tr>
<tr><td>部门 2</td><td>X_{21}</td><td>X_{22}</td><td>X_{23}</td><td>…</td><td>X_{2n}</td><td></td><td></td><td></td><td></td><td>Y_2</td><td>X_2</td></tr>
<tr><td>⋮</td><td>⋮</td><td>⋮</td><td>⋮</td><td></td><td>⋮</td><td></td><td></td><td></td><td></td><td>⋮</td><td>⋮</td></tr>
<tr><td>部门 n</td><td>X_{n1}</td><td>X_{n2}</td><td>X_{n3}</td><td>…</td><td>X_{nn}</td><td></td><td></td><td></td><td></td><td>Y_n</td><td>X_n</td></tr>
<tr><td colspan="2">折旧</td><td>D_1</td><td>D_2</td><td>D_3</td><td>…</td><td>D_n</td></tr>
<tr><td rowspan="2">新创价值</td><td>劳动报酬</td><td>V_1</td><td>V_2</td><td>V_3</td><td>…</td><td>V_n</td></tr>
<tr><td>社会纯收入</td><td>M_1</td><td>M_2</td><td>M_3</td><td>…</td><td>M_n</td></tr>
<tr><td colspan="2">总产值</td><td>X_1</td><td>X_2</td><td>X_3</td><td>…</td><td>X_n</td></tr>
</table>

投入产出表适用于各种规模的经济部门。这些部门产品的流向可以分成三部分：一部分作为生产消耗留做本部门使用；一部分作为生产消耗提供给其他部门；最后一部分直接满足社会最终需要，包括固定资产更新、大修、消费、积累及出口等。例如，对于表中横行第一个部门来说，X_{11} 表示自己产品留做自己使用，$X_{12}, X_{13}, \cdots, X_{1n}$ 表示提供给其他部门生产消耗部分；Y_1 就是第一个部门生产的直接满足社会最终需要部分。所以，第一部门生产的总产品 X_1 就是所有这三部分之和：

$$X_1 = \sum_{j=1}^{n} X_{1j} + Y_1$$

仍以第一个部门为例，从表的纵向来看，X_{11} 是本部门提供的产品投入，$X_{21}, X_{31}, \cdots, X_{n1}$ 是其他部门产品作为本部门投入。这些投入是本部门生产必须的，也是物质方面的全部投入。表中左下角部分中的 D_1 是提取折旧基金价值，V_1 是给人的劳动报酬，M_1 是剩余的社会纯收入部分，将第 1 列全部加起来，就构成第一个部门的总产值：

$$X_1 = \sum_{i=1}^{n} X_{i1} + V_1 + D_1 + M_1$$

根据社会总产值等于社会总产品，总产品中的 X_1 和总产值中的 X_1 是相等的。这是投入产出法最基本的关系式。

从以上分析可知，根据投入产出表各部分之间关系，只要我们规划出计划期末的最终产品数量、构成和分配比例(主要是积累与消费的比例、生产性积累与非生产性积累的比例、居民消费与社会消费的比例等)，也就是确定出最终产品 Y，就可以将计划期内各部门的总产品(生产值)数量预测出来。可见，这里最终产品的预测是计划的前提，对各部门总产量的预测规划是计划的结果。而对各部门总产量的预测又成为各部门制定计划的前提和依据。

应用投入产出法可以确定整个国民经济或部门、企业经济发展中的各种比例关系，可以预测某项政策实施后所产生的效果。另外，这种方法还可以从整个系统的角度编制长期或中期计划，而且易于搞好综合平衡。

在“文化大革命”结束后，百废待兴，我国上上下下出现了一股热潮：编制地区的、部门的投入产出表，不少大型企业也投身其中。通过投入产出表的编制，来理清经济中各部门之间的关系。当时遇到的问题是，价值与价格背离。在这种情况下，各部门产品间消耗系数的计算只能基于实物而不是价值，而实物的种类实在是太多，怎么归纳也会产生一个巨大的矩阵，这又引发出一个新问题：计算能力能否承担。随着计算机技术的发展，计算能力早已不成问题，那么在市场经济体制下投入产出表的用途在哪里？但是投入产出表所体现的综合平衡思想是没有错的，是值得学习和发扬光大的。

案例 3.3　第二机器制造厂的生产计划

第二机器制造厂是生产矿山机械的中型国有企业，在过去高度计划经济管理体制下，企业生产经营有国家统一规定，企业有稳定的外部环境，企业的计划工作主要是编制生产计划与国家计划衔接，并以生产计划为中心编制销售、财务、技术等专业计划，企业计划的准确性和可执行性都较高。

经济体制改革后，企业是相对独立的商品生产者，必须参与市场竞争，基本由自己确定生产计划。但因为市场变化大，企业生产经营活动常常因实际情况与计划指标数字差别较大而受影响。如 1990 年，根据市场调查和预测，企业确定生产某种型号装载机 150 台，根据这个任务，生产部门相应调整了生产能力，供应部门组织了有关部门原材料和配件的供应。但到年中，国家压缩基本建设投资，市场对装载机需求大幅度减少，企业只好调整生产计划，造成企业的损失和原材料及配件的积压。这种情况这几年经常发生，企业的领导人认为，与其编制计划而造成损失，不如以销定产，市场需要什么。企业就生产什么。

所以，从 1991 年开始，第二机器制造厂就不再强调年度计划的严肃性，对年度计划的编制就相当粗略，企业只是根据订货合同和国家任务，编制生产作业计划。于是企业一方面加强广告宣传工作，积极参加各种订货会和展销会等，通过各种机会获取订单；另一方面加强生产调度工作，以应付各种临时的意外情况。这种管理方式实行不久就产生成效，企业对市场的适应性提高了，原材料和产品的积压减少，取得较好的经济效益。

但进入 90 年代中后期，这种计划方式暴露出许多问题，主要是一方面对市场缺乏分析，而企业的主要竞争对手——北方机器厂推出一种能适应市场新需求的新型装载机，使第二机器厂的主要产品的市场地位受到严重挑战；另一方面，由于企业对长远的发展方向没有明确的目标，使得企业几年来不能有计划地进行技改工作，造成现在工艺落后，设备老化，没有发展后劲。在前一次的大型矿山机械设备招标会上，由于产品性能低，制造成本高，使得第二机器厂败给北方机器厂。这引起了第二机器制造厂领导的反思：在市场经济体制下，企业的管理工作应如何适应？

思考题：

1. 企业的计划模式如何适应市场形式的变化？
2. 怎样有效发挥计划的职能？
3. 如何有效地制订适合组织的计划？

资料来源：http://www.docin.com/p-594401804.html

3.3 预测

3.3.1 预测的概念

所谓预测(Forecasting)就是根据过去和现在的已知因素,运用已有的知识、经验和科学方法,对未来事件进行判定和估算,并推测其结果的一种科学方法。预测是计划的前提和基础,没有科学的预测就不会有成功的计划,更谈不上成功的管理。

计划工作的前提条件是做好计划的重要依据。确定计划工作的前提条件,就是通过预测,估计未来环境中可能出现的影响计划实施的不确定因素以及这些因素的变化、发展趋势和影响程度的可能性,从而增强计划的可实施性。可以说,预测既是计划工作的前提条件,又是计划工作的一个重要组成部分。

一个完整的预测程序一般由以下几个基本步骤组成:

1. 确定预测目标

预测一般是要解决管理中存在的问题,根据解决问题的设想,应考虑需要预测哪些情况来实现设想,明确为实现这些设想主要应预测什么,就是确定预测目标。预测的目标应尽可能用一些定性特别是定量的指标来描述,比如,产品的发展方向、产品的生命周期、产品的市场容量、消费者需求和市场价格等。

2. 收集和整理预测资料

资料是预测的依据。目标确定后,必须收集预测目标范围以内的各个因素及其相互关系的资料,既包括目前的资料,也包括重要的历史资料。收集的资料要求可靠、完整并有代表性,还要尽可能地用精确的数据表示。另外,有关的经济、技术、社会、政治和文化等预测的背景材料,对成功的预测也是至关重要的。

3. 建立预测模型

建立符合客观实际的预测模型,是预测的核心。模型可以分为归纳模式、数学模式和演绎模式三类。归纳模式属于定性分析方法,就是从各个方面收集对同一预测目标的意见和资料,把其中一致的结论归纳在一起;数学模式是定量分析方法,就是用数学公式将预测项目中的各个因素的内在联系表达出来;演绎模式是前两种模式的综合,属于定性-定量分析方法,就是根据公认的原理和经验进行逻辑推理和数学演算。三种预测模型应根据预测目标的具体情况具体选择。模型建立是否得当,对预测的准确性有很大影响。因此,必须根据预测的目标和获取的资料,正确地建立模型。

4. 计算、分析评价

经过定量计算或定性分析得出预测结果后,还必须进行分析和评价,也就是检验预测结果与其影响因素之间的关系,分析各主要因素的影响范围和程度,指出预测与实际情况的差别。这样，才能判断预测结果是否合理，确定误差变动范围以及未来条件变化对预测结果的影响程度，分析产生误差的原因。

5. 修正预测结果

由于预测方法的局限性以及预测模型的近似性，预测结果经常出现偏差。这就需要根据误差的大小及其产生的原因，考虑已经发生变化的情况以及未来情况的变化趋势，对预测结果进行修正，以得出符合客观情况的恰当的预测值。将预测结果提交决策者或计划人员，这是因为预测终究是为计划和决策服务的。

除了上述的情况外，我们必须要清楚地看到，在建立预测模型时，会有众多的因素需要考虑，情况非常复杂。为了建立模型，为了便于问题的解决，我们总是趋向于选择那些重要的因素作为研究的对象，忽略那些被认为是不重要的因素。这时就隐藏了一个问题：是否正确地判别了各个因素的重要性。为了避免预测的结果出现大的偏差，就有必要重新审视那些当初被忽略的因素，看看它们会不会对预测结果产生影响。

3.3.2 预测的方法

由于预测期限和内容不同，采用的预测方法也不同。从方法本身的性质来看，可以分为定性预测法和定量预测法。

1. 定性预测法

也叫直观预测法，主要是根据已有的历史资料和现实资料，依靠个人的主观经验和综合分析能力，对预测对象的未来发展趋势作出判断，这类方法虽然有些粗糙，但简便易行，特别是在无法进行定量分析的情况下更加有用，比如长期的经济预测和技术预测等。主要的定性预测方法包括：典型分析法、专家预测法、类比法及相关图法等。这里我们主要介绍专家预测法中的专家调查法。

专家调查法，也称德尔菲(Delphi)法。首先由美国兰德公司的奥拉夫·海尔默等人发明的一种专家意见调查法，取名德尔菲法(Delphi Method)，是借用古希腊传说中的神谕之地——德尔菲之名。

概括地讲，德尔菲法就是有反馈的函询调查法，即将所要决策的问题和必要的背景材料，通过信函寄给专家，请他们提出意见或看法，在不泄露决策人倾向的条件下，将收到的专家答复意见加以综合整理，然后不注姓名将归纳后的结果寄回专家，继续征询意见，如此反复几次，直到对决策问题的意见趋于集中为止。其工作要点如下：

(1) 在有关领域内确定专家名单，一般 30～50 人为宜，以信件的形式，向专家提出所要决策的问题，并附上有关这个问题的各种背景材料，请他们书面答复。应该注意的是，问题的提出不应带有任何倾向性。

(2) 采取背靠背的方式，各专家在回答问题时，不与其他专家交换意见，只表达自己的意见和看法。

(3) 将各专家第一次回函所得的意见进行统计、归纳、综合并列表，不注姓名，再交给各位专家，请他们修正或坚持自己判断，并书面答复调查人员。

(4) 将反馈回来的各专家意见或判断置于修正表内，制成第三轮表格，再一次交给各专家，以便他们参照比较，再一次修正或坚持自己的意见。

(5) 专家们的意见几经反馈后，通常对决策问题的看法渐趋一致，这个意见或判断即可作为决策的基础。

这种方法最大的优点就是：既依靠专家，又避免了专家会议方式的不足。比如，减少了因迷信权威而使自己的意见"随大流"，或是因不愿当面放弃自己的观点而固执己见的现象。它的缺点是，信件往返时间长，可靠性不高，容易对不明确的问题过分敏感。当然在互联网时代，在网上可以方便地与专家沟通，大大节省交换意见的时间。

2. 定量预测法

定量预测法是指借助数学模型进行预测分析的方法。这类方法又可分为时间序列外推法和因果分析法。

(1) 时间序列外推法

时间序列外推法是根据预测对象历史发展的统计资料，运用一定的数学方法推测其在今后一系列时间内的发展趋势和可能达到的水平的数理统计方法。使用这种方法的基本前提是：预测对象过去随时间变化趋势与其在未来随时间变化趋势相同。下面介绍几种常见方法。

① 移动平均法。这种方法的基本思想是：假定预测对象的未来状况与邻近几期的数据有关，而与较远的数据无关，因此，只选近期几个数据加以算术平均，作为下期的预测值。随着预测时期的向前推移，邻近几期的数据也向前推移，因此称为移动平均法。

假设被预测对象共有 t 个时期的数值，本期为 t 时期，那么包括 t 期在内的最近 N 个时期的数据的算术平均值，就是 t 期的移动平均数，可记为 M_t，作为 $t+1$ 期的预测值，记为 X_{t+1}，其计算公式为：

$$X_{t+1}=M_t=\frac{x_t+x_{t-1}+x_{t-2}+\cdots+x_{t-N+1}}{N}=\frac{1}{N}\sum_{i=t-N+1}^{t}x_i$$

式中：X_{t+1}——第 $t+1$ 期的简单移动平均法预测值；

N——移动平均法选定的数据个数；

x_i——第 i 期的实际发生值。

运用移动平均法进行预测时，关键是确定应选几期的数据来求平均值作为预测值，即确定移动平均时距 N。这应根据预测对象历史资料时间序列的变动情况而定。如果 N 取大一些，则修正能力强，可更好地消除随机因素的影响。但如果 N 过大，又会使时间序列的差异平均化，显示不出时序变化的特点，缺乏对突变事物的敏感性，影响预测的准确性。因此，在计算移动平均数之前，应先分析时间序列数值的变化情况，若变动平缓，N 可取大一些，否则，N 取小一些。

用移动平均法预测的优点是非常简单，但它存在明显的缺点：平等对待移动平均时距内的数据，预测值出现滞后偏差。这主要是因为没有考虑时间因素对预测值的影响。要克服上述缺点，可以分别采用加权移动平均法和趋势修正移动平均法。

② 加权移动平均法。是指在计算平均值时，并不同等对待各时间序列数据，而是给

近期数据以更大的权重，这样近期数据就会对移动平均值（预测值）有更大的影响。

加权移动平均法可以解决平等对待时间序列数据的问题，使预测值更符合实际。但不能解决滞后偏差的问题，趋势修正移动平均法正是为解决这一问题而提出来的一种预测方法。

③ 趋势修正移动平均法。就是在移动平均法的基础上，求出相邻两个移动平均值之差，即变动趋势值，再对变动趋势值进行移动平均，求出几期变动趋势的平均值，作为修正值来修正原来的移动平均值。用趋势修正移动平均法进行预测，步骤如下：

第一步：求移动平均值 X_{t+1}。

第二步：求变动趋势值，其公式为：

$$F_t = X_{t+1} - X_t$$

第三步：对变动趋势值进行移动平均，即求 t 期变动趋势的平均值 $\widetilde{F}_t$。

第四步：利用变动趋势移动平均值修正预测值。其公式为：

$$\widetilde{X}_{t+1} = X_{t+1} + \widetilde{F}_t$$

式中：$\widetilde{X}_{t+1}$——趋势修正移动平均法对 $t+1$ 期预测值；

X_t——t 期简单（或加权）移动平均值；

F_t——t 期变动趋势值；

$\widetilde{F}_t$——t 期变动趋势平均值。

④ 指数平滑法。指数平滑法可以看作权数特殊的加权平均法。它是通过本期的实际值与紧前期对本期的预测值加权平均，求得一个指数平滑值作为下一期预测值的一种方法。其计算公式为：

$$S_t = \alpha x_t + (1-\alpha)S_{t-1}$$

式中：S_t——第 t 期的一次指数平滑值，即第 $t+1$ 期的预测值；

x_t——第 t 期的实际值；

α——平滑系数，取值范围为 $0<\alpha<1$；

S_{t-1}——$t-1$ 期的一次指数平滑值，即第 t 期的预测值。

运用指数平滑法预测时，平滑系数 α 取值不同，预测结果也不一样。一般，若数据变化比较平缓，或者想消除随机因素产生的偶然误差对预测值的影响，则 α 可取小些，如取 0.1～0.3；若数据变化趋势很大时，α 则应取大一些，如取 0.7～0.9。

与加权移动平均法相比，指数平滑法对权数进行了改进，使权数的确定更容易，并且能够提供良好的短期预测精度。

(2) 因果分析法

因果分析预测法是根据事物间的因果关系，建立变量间的函数关系，通过已知数据对变量的未来变化进行预测。因果分析预测法主要有回归分析法和计量经济学法。这里介绍回归分析法。

回归分析法是反映事物发展变化中一个因变量对一个或多个自变量的关系，用适当的回归预测模型（也称回归方程）表达出来，从而进行预测。常用的回归分析预测法有一元线性回归和多元线性回归。

一元线性回归是回归分析中最简单但应用很广的一种预测模型。它是处理一个自变

量 x 与因变量 y 之间线性关系的预测方法。其公式为：

$$y = a + bx$$

式中：y——因变量；

x——自变量；

a,b——回归系数。

一元线性回归的基本思想是：首先，把 x,y 当作已知数，根据现有的 x,y 的实验数据或收集到的统计数据，求出回归系数 a,b，确定回归方程。然后，把 a,b 作为已知数，根据回归方程预测自变量 x 取某一数值时因变量 y 的取值情况。

确定回归系数。假定回归线性方程为 $y=a+bx$。要合理确定回归系数 a,b，就是要保证预测值 y 与实际观测值 yi 之间的误差最小，这里可以用最小二乘法以及微分学的极值原理。回归系数 a,b 计算公式如下：

$$a = \bar{y} - b\bar{x}$$

$$b = \frac{\sum_{i=1}^{n} x_i y_i - n\bar{x}\bar{y}}{\sum_{i=1}^{n} x_i^2 - n\bar{x}^2}$$

式中：x_i, y_i——实际观测值；

$\bar{x}$——x_i 的平均值 $\left(\bar{x} = \frac{1}{n}\sum_{i=1}^{n} x_i\right)$；

$\bar{y}$——y_i 的平均值 $\left(\bar{y} = \frac{1}{n}\sum_{i=1}^{n} y_i\right)$；

n——观测值的个数。

然后进行相关分析。通常，任何一组数据都可以用以上方法求出回归直线方程。但只有当 y 与 x 确实存在线性关系时，回归方程才有意义，所以还必须对此加以检验。

两个变量之间的线性相关程度可以用相关系数 r 来描述，其计算公式为：

$$r = \frac{\sum_{i=1}^{n}(x_i - \bar{x})(y_i - \bar{y})}{\sqrt{\sum_{i=1}^{n}(x_i - \bar{x})^2 \sum_{i=1}^{n}(y_i - \bar{y})^2}}$$

当 $r=0$ 时，自变量 x 与因变量 y 没有线性关系；

当 $r=\pm 1$ 时，自变量 x 与因变量 y 保持准确的线性关系；

当 $0<r<1$ 或 $-1<r<0$ 时，变量间保持某种程度的线性关系。

3.4 决策

3.4.1 决策的概念

决策(Decision-Making)是人们确定未来行动目标，拟订评价实现目标的各种可行方案并从中选择一个合理方案的分析判断过程。

任何一个组织和管理者的大部分工作都是在做决策，决策也是每一个员工工作的一部分。大学教授要对他向学生提供的信息做出决策；医生要诊断病情，然后开处方；科学家要选择实验来验证假设。无论对组织还是个人，决策都是行动的前提和基础。正确的行动来源于正确的决策。管理的关键在于决策，正如著名学者西蒙所说，“管理就是决策”。

3.4.2 决策的过程

1. 发现问题或机会

有些人认为，决策就是解决问题的过程，而机会也往往蕴藏在问题之中。因此，决策过程的第一步就要发现问题，进而发现更多的机会。发现问题并不是一件容易的事，必须不断地调查、分析、研究组织与环境的适应情况，才能准确地找到问题的关键，而不是头疼医头、脚疼医脚。发现问题后，还必须对问题进行分析，找出产生问题的内在原因，为决策的下一程序做好准备。

2. 确定决策目标

目标是指管理者在特定条件下所要达到的一定结果。能否正确地确定目标，是关系到决策成败的关键。确定正确而又明确的目标应符合以下要求。

目标要有根据。要明确了解决策所需解决的问题的性质、范围、特点和原因。确定决策目标就好像医生诊断疾病，拟订与选择行动方案好比医生开处方，只有诊断正确，对症下药，才能治好病。

目标必须具体明确。决策目标的表达应当是单一的，可以分解落实到具体部门、具体单位，这样执行者才会明确地领会目标的含义。目标要有具体的衡量指标，如，费用指标、效益指标等。目标应尽量数量化，否则可用专家咨询法等将决策目标划分为几个等级。

目标应分清主次。在进行多个目标的复杂决策时，在满足决策需要的前提下，要尽量减少目标的个数，因为目标越多，决策难度越大。然后将各个目标确定一个优先顺序，先集中力量实现必须达到的重要目标。如果多个目标之间不是协调一致的，上下级的目标存在矛盾冲突，要按照局部服从全局的原则，采取适当的办法来解决。

要规定目标的约束条件。对于有条件目标，所附加的条件就是约束条件，这可能包括人、财、物等客观存在的限制条件，也可能是一定的主观愿望。有条件目标的实现必须满足它的约束条件，否则，即使达到目标，与付出的代价相比，结果也可能不令人满意。

3. 探索并拟订各种可行方案

任何一个问题都不是只有一种解决方案，只有经过比较、选择，决策才能趋于合理。显然，即使是最好的方案，如果没人发现它，也不会被选择和实施。从这一点来说，在决策的过程中，拟订各种可行方案是非常重要的。当然，拟订方案的数量应受到决策时间以及决策本身的重要性的制约，计划要讲究效率和效益，决策也是如此。对于较复杂的决策问题，可行方案的拟订过程可以分为大胆设想和精心设计两个阶段。

大胆设想就是要求拟订方案的人具有勇于创新的精神和丰富的想象力，这样才能从不同的角度设想出各种各样的可行方案，为决策者提供尽可能广阔的思考与选择的余地，为最佳方案的选择和实施提供条件。要做到打破条条框框，大胆创新，拟订方案的人必须有广博的知识作为创新的基础，以超人的思维创造力作为创新的保证以及冲破习惯势力与环境压力束缚的精神。

精心设计正好与大胆设想相反，它要求拟订方案的人用冷静的头脑和求实的态度进行分析，以确定方案的细节和预测方案的实施后果，如组织工作、日程安排、经费落实等，同时还要预测客观环境变化对各方案预期效果的影响。这一阶段的工作做得越细，决策方案的选择越有把握。

4. 方案的评价、比较和选择

拟订出各种备选方案之后，就要根据已定目标的要求，对各方案进行评价、比较和选择。方案的评价、比较和选择有以下三个标准。

(1) 价值标准

方案的价值就是方案的作用、意义、效果等，用来衡量方案的好坏。决策是为了实现一定的决策目标，当然，越接近决策目标越好，这就是决策的价值标准。

(2) 满意标准

决策方案要好到什么样的程度才算符合要求？收益最大、成本最低，是传统意义上的准则，这种“最优准则”在理论上是适用的，但在复杂的管理决策过程中，由于主客观条件的限制，即使采用最优化数学方法和计算机等科学手段，也难以实现绝对最优。因此，现代决策理论提出了一个现实的标准，即“满意标准”，认为只要决策“足够满意”即可。

(3) 期望值标准

对于确定型决策，决策者可以根据上述两个标准进行方案选择。但对于不确定条件下的决策，一个方案在执行时可能产生几种结果，在这种情况下，选择标准通常采用最大期望值标准，这里的期望值是指按各种客观状况的出现概率计算的平均值。

有了选择标准和评价指标之后，就要根据有效经济的原则从中选出满意的方案。方案选择的具体方法如下：

(1) 经验判断法

对于牵涉较多的社会因素、人的因素的决策问题，主要靠经验判断法。决策者根据以往的经验和掌握的材料，经过权衡利弊，作出决策。在现代决策理论中，采用了一套决策的软技术，如德尔菲法等，这些方法充分利用了专家的集体智慧来进行决策，并有一套理论和具体方法，这些是经验判断法的新发展。

(2) 数学分析法

当为达到决策目标而设定的变量是连续变量时，需要依靠数学分析的方法使决策达到准确优化。如果是单目标连续型决策变量，可以通过建立数学模型求出最优解。

(3) 试验法

试验法就是先取试点进行试验，在试验基础上进行改进的方法。

上述三种方法各有利弊，不能认为哪一种方法好于其他方法，要根据具体情况分别选用。一般来说能采用数学分析法的尽可能采用，因为区分的不同情况都可以运用数学模型来求解，再对求解的结果进行分析比较。如果决策的问题比较简单，以前处理过类似的问题，比较有经验，可以采用经验判断法。如果待决策的问题比较复杂，难以建立数学模型，就只能采用试验法。决策越重要，就越要慎重，因为试验的结果有可能成为代价，同时试验要耗费时间和各种资源。考虑的情况要全面，解决问题的方法要周全。

5. 决策方案的执行和反馈

决策做出之后，还要付诸实施。在执行中，不但要运用计划、组织、指挥、协调、控制等管理职能来保证决策顺利进行，还要建立信息反馈渠道，以便发现新问题时，修订目标或修正、补充原决策方案。

3.4.3 决策的类型

1. 战略决策与战术决策

从决策调整的对象和涉及的时限来看，可把决策分为战略决策与战术决策。

战略决策是指直接关系到企业生存发展方向的长远性、全局性问题的决策。如企业中经营目标、规模、新技术的采用等的决策。战略决策一般由高层管理者做出。

战术决策是为实现战略决策而采取的具体的短期策略手段，调整企业在既定方向和内容下的作战策略。如企业日常营销、物资储备以及生产中资源配置等问题的决策。

2. 集体决策与个人决策

从决策主体来看，可把决策分为集体决策与个人决策。

集体决策是指多个人一起做出的决策，例如“董事会制”下的决策。

个人决策是指单个人做出的决策，例如“厂长负责制”下的决策。

3. 初始决策与追踪决策

从决策的起点看，可把决策分为初始决策与追踪决策。

初始决策是零起点决策，它是在有关活动尚未进行从而环境未受到影响的情况下进行的。

追踪决策也叫非零起点决策，随着初始决策的实施，企业环境发生变化，这种情况下所进行的决策就是追踪决策。

4. 程序化决策与非程序化决策

从决策所涉及的问题看，可把决策分为程序化决策与非程序化决策。企业中的问题可分为两类：一类是例行问题，另一类是例外问题。例行问题是指那些重复出现的、日常的管理问题，如管理者日常所遇到的物资订货、退货的处理等；例外问题则是指那些偶然发生的新问题，如开发新产品、工程投资等问题。

西蒙根据问题的性质把决策分为程序化决策和非程序化决策。程序化决策涉及的是例行问题，这类决策可以通过规则和标准操作程序简化决策工作，在一般企业中约80%

的决策是程序化决策。而非程序化决策涉及的是例外问题，由于非程序化决策无先例可循，因此更多地依赖于个人的知识、经验、直觉判断能力和解决问题的创造力等。

5. 确定型决策、风险型决策与不确定型决策

从环境因素的可控程度看，可把决策分为确定型决策、风险型决策与不确定型决策。

确定型决策是指可供选择的方案只有一种自然状态的决策，即各备选方案所需的条件是已知的并能预先准确了解各方案的必然后果的决策。在确定型决策中，决策者确切知道自然状态的发生，每个方案有一个确定的结果，最终选择哪个方案，取决于对各个方案结果的直接比较。

风险型决策也称随机决策，是指可供选择的方案中存在两种以上的自然状态，决策者不能知道哪种自然状态会发生，但能知道有多少种自然状态以及每种自然状态发生的概率。在风险型决策中，决策者知道各备选方案所需具备的条件，但对每一方案的执行可能会出现的几种不同的后果只有有限的了解，决策是需要冒一定的风险。

不确定型决策是指各备选方案可能出现的结果是未知的或只能靠主观概率判断时的决策。在不确定性决策中，决策者可能不知道有多少种自然状态，即便知道，也不知道每种自然状态发生的概率。

案例 3.4　　艾森豪威尔的决策

1944 年 6 月 4 日，盟军集中 45 个师，1 万多架飞机，各型舰船几千艘，即将开始规模宏大的诺曼底登陆作战。就在这关键时刻，在大西洋上的气象船和气象飞机却发来令人困扰的消息：今后三天，英吉利海峡将在低压槽控制之下，舰船出航十分危险。盟军最高统帅艾森豪威尔陷入沉思。这时，盟军联合气象组负责人，气象学家斯塔格提出一份预报，有一个冷锋正向英吉利海峡移动，在冷锋过后和低压槽到来之前，可能会出现一段较好的天气。当时，联合气象组对 6 日的天气又作了一次较为详细的预报：上午晴，夜间转阴。这种天气虽不理想，但能满足登陆的起码条件。艾森豪威尔沉思片刻，果断做出最后决定："好，我们行动吧！"诺曼底登陆最终获得了成功。

思考题：

1. 艾森豪威尔的决策属于哪个类型？
2. 直觉在艾森豪威尔的决策中是否发挥了作用？说明你的理由。

3.4.4 决策的方法

1. 集体决策方法

(1) 头脑风暴法

头脑风暴法(Brain-storming)是比较常用的集体决策方法，便于发表创造性意见，因此主要用于收集新设想。通常是将对解决某一问题有兴趣的人集合在一起，在完全不受约束的条件下，敞开思路，畅所欲言。头脑风暴法的创始人英国心理学家奥斯本(A. F. Osborn)为此决策方法的实施提出了四项原则：

① 对别人的建议不做任何评价，将相互讨论限制在最低限度内；

② 建议越多越好，在这个阶段，参与者不要考虑自己建议的质量，想到什么就应该说出来；

③ 鼓励每个人独立思考，广开思路，想法越新颖、奇异越好；

④ 可以补充和完善已有的建议以使它更具说服力。

头脑风暴法的目的在于创造一种畅所欲言、自由思考的氛围，诱发创造性思维的共振和连锁反应，产生更多的创造性思维。这种方法的时间安排应在1～2小时，参加者以5～6人为宜。

(2) 名义群体法

在集体决策中，如对问题的性质不完全了解且意见分歧严重，则可采用名义群体法。名义群体法要求群体成员全部参加，但各成员间互不通气，也不在一起讨论、协商，从而群体只是名义上的。这种名义上的群体可以有效激发个人的创造力和想象力。

采用名义群体法，管理者召集群体成员，把要解决的问题的关键内容告诉他们，并请他们独立思考，要求每个人尽可能把自己的备选方案和意见写下来，然后按次序让他们一个接一个地陈述自己的方案和意见。再由各成员对提出的全部备选方案进行投票，根据投票结果，赞成人数最多的备选方案即为所要的方案。当然，管理者最后仍有权决定是接受还是拒绝这一方案。

(3) 电子会议法

电子会议法是一种最新的定性决策方法，是将名义群体法与计算机技术相结合的电子会议。

多达50人坐在一张马蹄形的桌子旁。这张桌子上除了一系列的计算机终端外别无他物。将问题显示给决策参与者，他们把自己的回答打在计算机屏幕上。个人评论和票数统计都投影在会议室内的屏幕上。

电子会议的主要优点是匿名、诚实和快速。决策参与者能不透露姓名地打出自己所要表达的任何信息，一敲键盘即显示在屏幕上，使所有人都能看到。它还使人们充分地表达他们的想法而不会受到惩罚，它消除了闲聊和讨论偏题的缺点。

但电子会议也有缺点。那些打字快的人使得那些口才好但打字慢的人相形见绌，而且这一过程存在缺乏相互交流的问题。

(4) 德尔菲法

德尔菲法除了并不要求群体成员列席外，它类似于名义群体法。由于3.3节已介绍过此方法，这里不再赘述。

2. 方向性决策的方法

这类决策方法是用于帮助决策者为整个企业或者企业中的某个部门确定其经营活动的基本方向和内容。这类决策方法需要综合考虑企业自身的特点和外部环境的特点。在这里，主要介绍两种决策方法：SWOT分析法和经营业务组合分析法。

(1) SWOT分析法

SWOT分析思想是由安索夫于1956年提出来的，后来经过多人的发展而成为一个用于战略分析的实用方法。

SWOT 分析是对企业存在的优势与劣势、面临的机会与威胁进行组合分析的方法。分析企业面临的外部环境，得到机会（Opportunities）和威胁（Threats）；分析企业的内部环境，得到优势（Strengths）和劣势（Weaknesses）。然后将 S、W、O、T 进行组合分析，确定相应的生存发展战略。

如表 3.3 所示，指导企业生存和发展方向的战略方案有四种：增长型战略（第一类型的企业）、扭转型战略（第二类型的企业）、防御型战略（第三类型的企业）和多样化战略（第四类型的企业）。

表 3.3　SWOT 分析矩阵

内部环境 / 战略方案 / 外部环境	优势（S）	劣势（W）
机会（O）	优势-机会（SO）战略（增长型战略）	劣势-机会（WO）战略（扭战型战略）
威胁（T）	优势-威胁（ST）战略（多样化战略）	劣势-威胁（WT）战略（防御型战略）

第一类型的企业具有良好的外部机会和有利的内部条件，可以采取增长型战略（如开发市场、扩大规模等）来充分把握环境提供的发展良机。第二类型企业，虽然面临良好的外部机会，但是受内部劣势的限制，因此可以采取扭转型战略，设法改变内部不利的条件，以便尽快形成利用环境机会的能力。第三类型企业，内部存在劣势，外部面临巨大威胁，可以采用防御型战略，设法避开威胁和改变劣势。第四类型企业，虽然有强大的内部实力，但外部环境存在威胁，宜采用多样化战略，一方面使自己的优势得到更充分利用，另一方面是经营的风险得以分散。

案例 3.5　　加拿大航空公司

加拿大航空公司（Air Canada）自从 2000 年兼并了加国航空公司（Canadian Airline）后就成为该国仅有的大型航空公司，它占有全国 82% 的市场份额。加拿大的航空产业处于垄断经营，消费者面对的是一个没有竞争者的市场，这在西方国家是十分罕见的，甚至连德国汉莎航空公司也只占有德国航空市场的 60%。消费者抱怨航班座位被过度的预订，办理登机时经常要排长队，往呼叫中心打电话经常要等半个多小时，飞往相邻省份的机票价格比飞往欧洲的还贵。因此，加拿大政府开始鼓励低价航空公司的发展，以引入市场竞争。议会于 2000 年 5 月通过了新的法律，授权竞争管理局惩罚那些参与价格欺诈的公司。这些立法活动是在加拿大航空公司的竞争对手西部航空公司（WestJet Airlines）开始进军东部市场的推动下进行的。西部航空公司是一家低价航空公司，正在寻求极不稳定的航空市场中均衡的客源。

在过去的 20 年中，在加拿大先后有 6 家低价航空公司创办，但只有西部航空公司仍在运营。这家公司总部设在埃尔伯塔省卡尔加里市，服务于加拿大西部的 13 个省，占有加拿大航空市场 5% 的份额。但是，西部航空公司总裁斯蒂芬·史密斯（Stephen C. Smith）作出了一项战略决策，要使该公司成为一家全国范围的公司。

西部航空公司成立于1996年，在经营上模仿美国西南航空公司的战略模式。西部航空公司凭借其低票价和短程运输的战略模式取得了显著的成功。西部航空公司的票价平均比加拿大航空公司低40%，它只提供单一等级的舱位，在航班上不供餐，在机场不设公务舱旅客休息室，公司集中经营那些不超过400英里的航线。旅客乘机无须机票，只凭一个确认号即可。为了削减成本，西部航空公司鼓励通过互联网销售机票，目前此项业务已占到该公司售出机票的11%。只要有可能，公司的飞机只降落在小型机场上，这可以大大节约机场使用费。上述做法均与西南航空公司战略相同，唯一的差别是西南航空公司的旅客对号入座。

正如许多战略所表明的，史密斯坚持使公司的运营成本保持在低水平上。此外，与西南航空公司一样，西部航空公司只采用一种机型，即波音737，从而最大限度的降低了飞行员的培训成本、飞机维护成本，以及下机和登机的周转时间。为了使其雇员（超过1 100人）非工会化以使公司更有效的控制工资，西部航空公司实行了几项激励计划。其中一项主要的激励计划是面向所有雇员的利润分享计划，任何雇员，只要加入公司的时间在3个月以上，都可以参与该项计划。1999年的利润总额为400万加元。此外，70%的公司雇员参加了股票购买计划，股票分红额相当于雇员工资的20%。

史密斯简约的经营模式显然已经见到了效果。自成立以来4年的运营中，西部航空公司实现了稳定的增长，每乘客公里收入（这是航空产业一项关键的运营指标）在2000年的头4个月里增长了54%。2000年4月的平均上座率达到78%，高于1999年同期71%的水平。西部航空公司保持了持续的盈利记录。加拿大消费者协会的发言人指出："西部航空公司处于紧凑的运营和有效的管理状态……乘客投诉不多。"但是，有些专家认为，史密斯进入全国市场的战略决策可能是一种赌博，西部航空公司的胜败在此一举。为了适应向全国市场的扩张，西部航空公司又订购了20架波音737飞机，这些飞机将在未来8年里陆续交付，此外，公司还计划租赁10架飞机。与此同时，西部航空公司的竞争对手加拿大航空公司，在2000年夏季也启动了它的低价航班业务，专门服务于西部航空公司占据的加拿大西部市场。虽然一些产业分析家认为，工会化的加拿大航空公司要达到非工会化的西部航空公司的成本结构绝非易事，但也有人认为，西部航空公司也许扩张得过度了，它扩张的速度超过了它所服务的区域市场需求的增长速度。

思考题：

1. 你认为西部航空公司具有何种竞争优势？加拿大航空公司具有何种竞争优势？解释你的理由。

2. 西部航空公司采用的是什么竞争战略？解释你的观点。

3. 斯蒂芬·史密斯会怎样应用SWOT分析开发它的全国化战略？请利用案例的信息做一个简要的SWOT分析。

4. 你对西部航空公司的全国扩展战略怎么看？你会给史密斯什么建议？

来源： J. Brooke, "Taking Off? And for a Lot Less," New York Times, June 3, 2000; and J. Baglole, "Canada's WestJet Battles Giant," Wall Street Journal, April 24, 2000.

(2) 经营业务组合分析法

这是由美国波士顿咨询公司(Boston Consulting Group，BCG)于20世纪70年代初期为制定公司层战略开发的。这种方法将组织的每一个战略事业单位标在一种二维的矩阵图上，从而显示出公司该项经营业务的市场增长情况以及在该市场上的相对竞争地位。

经营业务的市场增长情况：反映该业务所属市场的吸引力，它是通过整个行业最近两年平均的市场需求增长率来表示。平均市场需求增长率在10%以上的为高增长业务，10%以下的为低增长业务。对发达国家而言增长率高低的区分，是按该国GDP增长率的2倍为标准。

相对市场占有率：以公司在该项业务经营中所拥有的市场占有率与该市场上最大竞争对手的市场占有率的比值，即相对市场份额表示，决定了公司在该项业务经营中获得现金回笼的能力及速度，较高的市场占有率可以带来较大的销售量和销售利润，从而能使公司得到较多的现金流量。相对市场占有率高低的区分以1为标准，大于1的表示公司该业务的市场占有率大于最大的竞争对手，小于1的则弱于最大竞争对手。

根据市场需求变化率和相对市场占有率这两项标准，可以把企业所有的经营业务区分为四种类型：金牛、明星、幼童（也叫问号）和瘦狗，如图3.6所示。

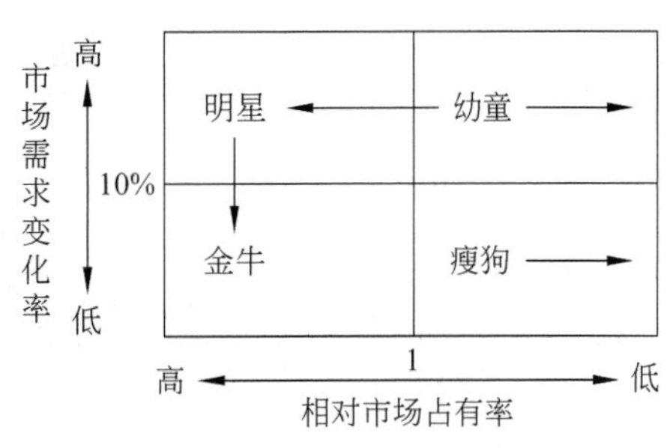

图3.6 BCG矩阵

① “金牛”（Cash cow，低增长、高市场占有率）。处在这个领域中的产品产生大量的现金，但未来的增长前景是有限的。

② “明星”（Stars，高增长、高市场占有率）。这个领域中的产品处于较高的市场增长率和企业相对竞争地位，能给企业带来较高的利润，但同时也需要企业增加投资，以便跟上总体市场的增长速度，巩固和提高其市场占有率。

③ “幼童”（Question marks，高增长、低市场占有率）。处在这个领域中的产品一般是有发展前景，但现实的竞争地位又比较弱。因此，要不要支持这些产品的发展，就要比较现在的投入和将来的产出孰大孰小。显然，现在的投入比将来的产出小，就要支持发展；反之，就不支持发展。

④ “瘦狗”（Dogs，低增长、低市场占有率）。处在这个领域中的产品没有前景，市场增长率低，又比竞争对手弱。

3. 活动方案的决策方法

(1) 确定型决策

在比较和选择活动方案时，如果未来的情况只有一种且为管理者所知，则需采用确定型决策方法。常用的方法有线性规划法和量本利分析法。

① 线性规划法是在一些线性等式或不等式的约束条件下，求解线性目标函数的最大值或最小值的方法。运用线性规划法建立数学模型的步骤是：先确定影响目标大小的变量；然后列出目标函数方程；最后找出实现目标的约束条件，列出约束条件方程组；运用单纯形法或其他方法从中找出一组能使目标函数达到最优的可行解。这种方法可用于：企业在有限资源条件下，以最大利润或最大产值或最小成本为目标，优化产

品结构。也可以在运输网络中，以容量为约束，以时间最短或成本最低为目标，优化运输方案，等等。

【例 3-1】 某化工厂根据一项合同要为用户生产一种用甲、乙两种原料混合配制而成的特殊产品。甲、乙两种原料都含有 A，B，C 三种化学成分，其含量的百分比是：甲为 12，2，3；乙为 3，3，15。按合同规定，产品中三种化学成分的含量百分比不得低于 4，2，5。甲、乙原料成本分别为每千克 3 元和 2 元。厂方希望总成本达到最小，则应如何配制该产品？

解：设每千克该产品用 x_1 千克甲原料和 x_2 千克乙原料配制而成，每千克产品成本为 z 元。则：

$$x_1 + x_2 = 1$$

这是配料平衡条件。

再根据题意列出该例的数据表（见表 3.4）。

表 3.4 数 据 表

化学成分	成分含量%		产品成分最低含量%
	甲 x_1	乙 x_2	
A	12	3	4
B	2	3	2
C	3	15	5
成分/(元/千克)	3		

据表 3.4 再列出产品所含成分的约束条件，以及所要求总成本最小的目标函数，就可构成该例的数学模型。

$$\min z = 3x_1 + 2x_2$$

$$s.t. = \begin{cases} 12x_1 + 3x_2 \geqslant 4 \\ 2x_1 + 3x_2 \geqslant 2 \\ 3x_1 + 15x_2 \geqslant 5 \\ x_1 + x_2 = 1 \\ x_1 \geqslant 0, x_2 \geqslant 0 \end{cases}$$

其中 min 是英文 minimize（最小化）的缩写。

最优解为：

$$X^* = \left(\frac{1}{9}, \frac{8}{9}\right)^T, \quad z^* = \frac{19}{9}$$

这表明用$\frac{1}{9}$千克甲原料与$\frac{8}{9}$千克乙原料混合配制而成的每千克产品所含化学成分不低于规定标准，且使产品成本达到最小，为$\frac{19}{9}$元/千克。

②量本利分析法又称保本分析法或盈亏平衡分析法，是通过对业务量（产量、销售量、

销售额)、成本、利润三者相互制约关系的综合分析,来预测利润、控制成本的一种分析方法。它是利用成本特性,即成本总额与产量之间的依存关系,来指明企业获利经营的产量界限,从而定出能产生最大利润的经营方案。

企业中任何产品的成本都是由两部分组成的,一部分为固定成本,一部分为变动成本。固定成本包括生产该产品所需要的管理费用、基本工资、设备的折旧费用等,这些费用基本上是恒定的,不随产量的变化而变化。变动成本包括原材料费、能源费等,这些费用的增长与产品的产量成正比。在激烈竞争的市场上,产品的价格由不得一个企业自己决定,只能根据市场的价格来销售产品。由此就产生一个问题,即当产量很少时,该企业单个产品的成本就很高。这是因为固定成本不随产量变化,产量少则固定成本占总成本的比重就大。这时的成本可能高于市场价格,企业发生亏损。只有当产量达到一定水平时,才能收支相抵,超过这个水平企业方可获利。产量和成本及收益的这种关系用平面坐标图表示就称为量本利关系图,如图 3.7 所示。

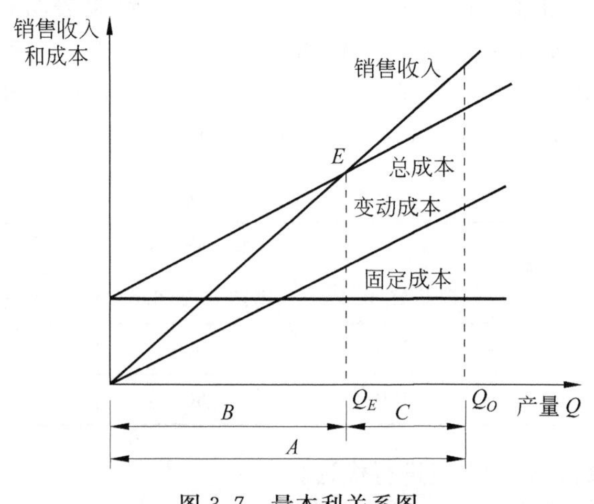

图 3.7　量本利关系图

由图 3.7 可以分析,变动成本加上固定成本是总成本,只有当销售收入大于总成本时方能盈利,而当销售收入小于总成本时就将亏损。在临界点 E,销售收入等于总成本,没有盈利也无亏损。E 点称为损益平衡点,所对应的产量 Q_E 为临界产量。Q_E 的计算公式为:

$$临界产量=\frac{总固定成本}{单位产品售价-单位产品变动成本}$$

在图 3.7 中,Q 为现实产量,Q_E 为盈亏平衡点产量,Q_O 为最大产量(产能)。经营安全率为:

$$\frac{C}{A}=\frac{Q_O-Q_E}{Q_O}\times 100\%$$

经营安全率是反映企业经营状况的一个指标。当它接近于零时,经营状况不佳;增加最大产量而盈亏平衡点不变,可增大经营安全率;采取措施,降低盈亏平衡点产量,也可以增加经营安全率。一般可根据以下标准来确定经营安全率,见表 3.5。

表 3.5 经营安全率和经营状态

经营安全率	30%以上	25%～30%	15%～25%	10%～15%	10%以下
经营安全状态	安全	较安全	不太好	要警惕	危险

（2）风险型决策

风险型决策也叫随机性决策。它需要具备五个条件：存在着决策者希望达到的明确目标；有可供选择的两个以上的行动方案；有两个以上的自然状态；可以估算出每种自然状态出现的概率；可以计算出不同方案在不同自然状态下的损益值。从上述条件可以看出，决策者无论采用哪一个方案，都要承担一定的风险。

对于风险型决策，经常采用决策树法。这种方法是以图解方式分别计算各方案在不同自然状态下的损益值，通过综合损益值比较作出决策，它适用于分析比较复杂的决策问题。决策树法有四个要素，即决策点、自然状态点、方案枝和概率枝。

【例 3-2】 某公司准备生产一种新产品，市场预测的结果表明有三种可能：销路好，其概率为 0.4；销路一般，其概率为 0.5；销路差，其概率为 0.1。可采用的方案有两个，一是引进一条流水线，需投资 200 万元；另一个是对原有设备进行技术改造，需投资 100 万元。两方案的使用期均为 10 年，两个方案不同自然状态下的损益资料如表 3.6 所示。

表 3.6 损 益 表

方 案	投资/万元	年 收 益			使用期
		销路好(0.4)	销路一般(0.5)	销路差(0.1)	
A. 引进流水线	200	150	80	−10	10 年
B. 技术改造	100	100	60	20	10 年

要求：画出决策树，并对方案进行优选。

解：先绘制决策树(图 3.8)。

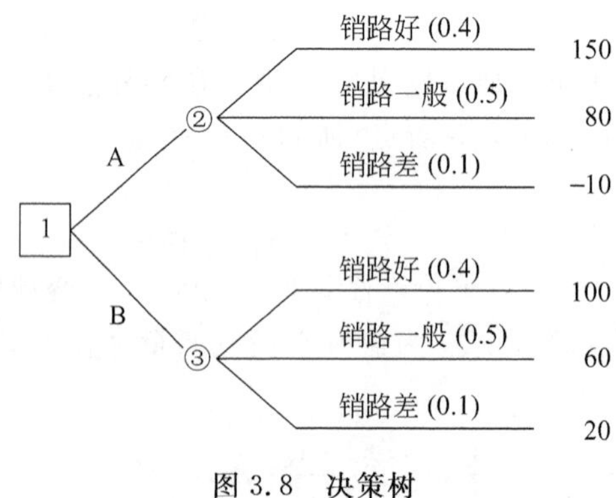

图 3.8 决策树

图 3.8 中：□为决策点，由此引出方案枝。

○为自然状态点，由此引出概率枝。

然后计算收益期望值。

结点②的收益期望值为

$$(150\times0.4+80\times0.5-10\times0.1)\times10-200=790(\text{万元})$$

结点③的收益期望值为

$$(100\times0.4+60\times0.5+20\times0.1)\times10-100=620(\text{万元})$$

最后进行方案优选：

比较两方案的收益期望值可知，A 方案即引进生产线预期收益较大，如果不考虑其他因素，应采用引进流水线方案。

（3）非确定型决策

非确定型决策的条件与风险型决策基本相同，只是无法测算各种自然状态出现的概率，因此，这类决策主要取决于决策者的经验、智力及对承担风险的态度。由于每种自然状态出现的概率是不确定的，决策的结果也是完全不确定的，所以称为“非确定型决策”。这种决策方法主要有：小中取大法、大中取大法、最小最大后悔值法等。

【例 3-3】 某公司准备生产一种新产品，市场预测表明可能有三种情况：销路好、销路一般、销路差。制造该产品有三种方案：a. 改建生产线；b. 新建生产线；c. 采用协作生产。各方案在不同销售情况的收益估计值见表 3.7。

表 3.7 不同销售情况收益估计值 单位：万元

行动方案	收益值		
	销路好	销路一般	销路差
a. 改进生产线	180	120	－40
b. 新建生产线	240	100	－80
c. 协作生产	100	70	16

① 小中取大法。又叫悲观准则。这种方法是指先计算出各种行动方案在各种自然状态下可能有的收益值，然后找出各个方案的最小收益值，把与最小收益值中的最大值对应的方案作为决策方案。上例中，a 方案最小收益值为－40，b 方案最小收益值为－80，c 方案最小收益值为 16。经比较可知，应选择 c 方案。因为这个方案是最不利条件下的最好方案，因此是不冒风险而稳当的决策方法。

② 大中取大法。大中取大法也叫乐观原则或最大收益值法。它是先找出各种行动方案在各种自然状态下的最大收益值，把与最大收益值中的最大值对应的方案作为决策方案。上例中，各方案的最大收益值分别为：180、240 和 100，对应最大值 240 的 b 方案应为最优方案。因为这个方案是最有利条件下的最好方案，因此风险极大，应谨慎采用。

③ 最小最大后悔值法。最小最大后悔值法是按照各个方案在各个自然状态下的后悔值来决策的。后悔值是指某方案的收益值与最大收益之间的差额，是指由于未采取最大收益的方案而可能产生后悔的收益上损失的数值。如上例中，在销路好这一自然状态下，新建生产线的 b 方案收益最大，盈利 240 万元。如果决策者采用了这一方案，又恰恰遇到了销路好的情况，他就不会后悔，这时后悔值为 0；如果决策者采用的是协作生产的 c

方案，如遇到销路好的情况，只能盈利100万元，比采用b方案少盈利140万元，那么他就会后悔，这时的后悔值就是140万元。

应用这种方法决策的程序是：算出各个自然状态下的最大收益值，算出不同自然状态下各方案的后悔值；再算出各个方案的最大后悔值；取最大后悔值中的最小值对应的方案为决策方案。计算结果见表3.8。

表3.8 决策方案 单位：万元

行动方案	收益值			后悔值			最大后悔值
	销路好	销路一般	销路差	销路好	销路一般	销路差	
a. 改进生产线	180	(120)	−40	60	0	56	60
b. 新建生产线	(240)	100	−80	0	20	96	96
c. 协作生产	100	70	(16)	140	50	0	140
最大后悔值中的最小值				60			
决策方案				a. 改进生产线			

以上三种非确定型决策方法都带有很大的随意性，对于同一个例题，决策方法不同，决策所选用的方案也各不相同，所以决策方法的选择、决策的成败与决策者的知识、观念、综合分析判断能力和魄力有很大关系。

4. 层次分析法

层次分析法(Analytic Hierarchy Process，AHP)是建立在决策者比较判断基础上的一种多目标、定性与定量相结合的方案排序决策方法，由美国教授托马斯·萨蒂(Thomas Saaty)在20世纪70年代创立的。

层次分析法的基本思路是将复杂的决策问题分解成各个组成要素，根据要素间的相互关系构成具有递阶层次结构的决策模型，通过两两比较确定每一层次中各因素的相对重要性，然后进行综合，确定整个决策问题中各方案相对重要性的排序。

应用AHP法进行方案选择时，可按以下步骤进行。

第一步，分析问题的结构，找出影响因素及其相互关系，建立递阶的层次决策结构模型。

一个典型的层次结构如图3.9所示。

第二步，构造判断矩阵**A**。对层次结构中同一层次的各因素分别就上一层次中某一准则的重要性进行比较。通常使用萨蒂标度法，见表3.9。

表3.9 萨蒂标度法

标度	含义
1	表示两个因素相比，具有同样重要性
3	表示两个因素相比，一个因素比另一个因素稍重要

续表

标　度	含　　义
5	表示两个因素相比，一个因素比另一个因素明显重要
7	表示两个因素相比，一个因素比另一个因素强烈重要
9	表示两个因素相比，一个因素比另一个因素极端重要
2,4,6,8	表示上述相邻判断的中值
分数	若元素 i 与元素 j 相比，重要性标度值为 a_{ij}，那么，元素 j 与元素 i 相比，其标度值为 $a_{ji}=1/a_{ij}$

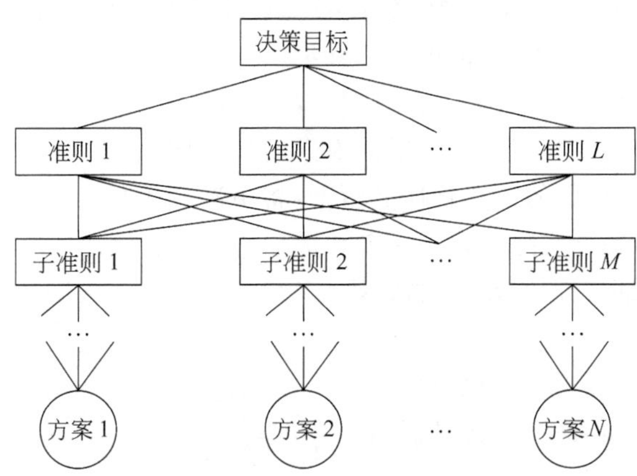

图 3.9　递阶层次结构模型

第三步，根据判断矩阵，计算某一准则下各因素的相对权重，得出权重向量。

计算相对权重有许多方法可用，这里介绍一种方根法。计算步骤如下：

(1) 将判断矩阵 $\boldsymbol{A}$ 各行的元素相乘

$$\boldsymbol{M}_i = \prod_{j=1}^{n} a_{ij} \quad (i = 1,2,\cdots,n)$$

(2) 将连乘积向量 $\boldsymbol{M}_i$ 的每个分量开 n 次方

$$\overline{\boldsymbol{W}}_i = \sqrt[n]{\boldsymbol{M}_i}$$

(3) 将上一步所得的向量 $\overline{\boldsymbol{W}}$ 进行标么，得权重向量

$$\boldsymbol{W}_i = \overline{\boldsymbol{W}}_i / \sum_{i=1}^{n} \overline{\boldsymbol{W}}_i$$

第四步，对单一准则下的权重向量进行一致性检验，即要求判断矩阵 $\boldsymbol{A}$ 应大体上满足一致性。一致性检验的步骤如下：

(1) 计算一致性指标 CI

$$CI = \frac{\lambda_{\max} - n}{n-1}$$

式中：λ_{max} 是判断矩阵的最大特征根。

$$\lambda_{\max} = \frac{1}{n} \sum_{i=1}^{n} \frac{(\boldsymbol{AW})_i}{\boldsymbol{W}_i}$$

式中：$(\boldsymbol{AW})_i$ 表示向量 $\boldsymbol{AW}$ 的第 i 个分量。

（2）计算一致性比例 CR

$$CR = CI/RI$$

式中：RI 为平均随机一致性指标，见表 3.10。

表 3.10 平均随机一致性指标

n	1	2	3	4	5	6	7	8	9	10
RI	0	0	0.58	0.89	1.12	1.26	1.36	1.41	1.46	1.49

当 CR 的值小于 0.1 时，认为判断矩阵的误差是可接受的。当不满足这一条件时，修正判断矩阵，直至符合检验条件，再进行第五步。

第五步，计算各层因素对目标的合成权重，并进行排序。

对每层因素都分别计算出对上一层某因素的权重向量，并完成一致性检验后进行综合，求合成权重。合成权重的计算是自上而下，将单准则下的权重进行合成，并逐层进行一致性检验。合成的运算实际上就是一个乘法运算，将有支配关系的各个因素的权重连乘起来，便可得出最底层的各方案对决策目标的权重排序。

【例 3-4】 某企业拟增一台设备，有三种型号可选。选择的准则是功能强、价格适中和使用维修方便。

构造如图 3.10 的层次结构决策模型。

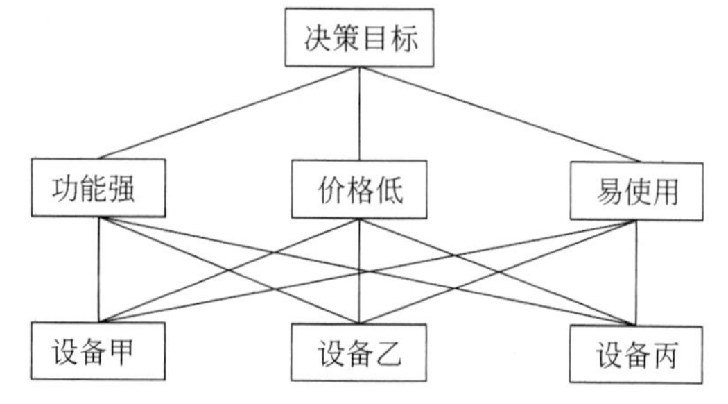

图 3.10 设备选型的层次结构决策模型

经过专家评议，认为甲设备的性能最好，价格较贵，使用维修属一般；乙设备性能较好，价格适中，使用维修方面也属一般；丙设备性能较差，价格便宜，使用维修方便。三个的相互重要性依次为：功能强、使用维修方便和价格便宜。

根据萨蒂标度，定出各准则的判断矩阵。

准则 C_1 —— 功能

C_1	甲	乙	丙
甲	1	4	8
乙	1/4	1	2
丙	1/8	1/2	1

准则 C_2 —— 价格

C_2	甲	乙	丙
甲	1	1/4	1/8
乙	4	1	1/3
丙	8	3	1

准则 C_3 —— 使用维护

C_3	甲	乙	丙
甲	1	1	1/5
乙	1	1	1/3
丙	5	3	1

各准则相对重要性

C	C_1	C_2	C_3
C_1	1	5	3
C_2	1/5	1	1/3
C_3	1/3	3	1

然后根据方根法（或特征根法）求出各判断矩阵标准化后的权重向量（特征向量）为：

$$C_1: \boldsymbol{W}_{c1} = (0.7273, 0.1818, 0.0909)$$

$$C_2: \boldsymbol{W}_{c2} = (0.0732, 0.2560, 0.6708)$$

$$C_3: \boldsymbol{W}_{c3} = (0.1562, 0.1852, 0.6586)$$

$$\text{总目标}: \boldsymbol{W}_c = (0.6370, 0.1047, 0.2583)$$

再对各权重向量进行一致性检验，可得各判断矩阵的最大特征根均约等于3，则有：

$$CI = \frac{3-3}{3-1} = 0$$

所以，$CR=0$，故全部符合一致性检验标准。接着，计算层次总排序。计算过程如下：

$$\boldsymbol{W}_{\text{甲}} = 0.637 \times 0.7273 + 0.1047 \times 0.0732 + 0.2583 \times 0.1562 = 0.5058$$

$$\boldsymbol{W}_{\text{乙}} = 0.637 \times 0.1818 + 0.1047 \times 0.256 + 0.2583 \times 0.1852 = 0.2467$$

$$\boldsymbol{W}_{\text{丙}} = 0.637 \times 0.0909 + 0.1047 \times 0.6708 + 0.2583 \times 0.6586 = 0.2890$$

根据层次总排序结果，甲设备得分最高，故应首选甲设备。

案例 3.6　巨人"大厦"崩溃在断裂带上

巨人集团曾在国内声名赫赫，企业的平均发展速度达到300%，更有甚者说达到500%。巨人集团靠电脑软件起家，到1994年已经达到总产值近8个亿，跨足电脑软件、房地产、生物工程三大产业。然而，到1997年1月时，巨人集团却爆发了全面的危机。巨人集团由极盛而到极衰，原因来自很多方面，然而最主要的还是在投资巨人大厦中一系列非理性决策。

巨人集团初始计划投资兴建18层的巨人大厦。在一念之间又改为38层，后来又改为54层，并不断加高，从54层到64层到70层，设计投资额也从2亿增加到12亿。巨人大厦一再加高，这中间竟没有人提出反对意见。一系列决策的变化用史玉柱的话说"完全是头脑发热的结果"。

大厦由54层加高到64层时，决策依据只是设计单位的一句话"由54层到64层对下面基础影响不大"。当决定由64层加高到70层时也未经过严密的论证，对地质条件也未曾考察。结果施工时，发现巨人大厦处在三条断裂带上，为解决断裂带积水，大厦支柱必须穿越40～50米的沙土而达到岩石层，打进岩石层30米。多投资了3000多万元。

由于在此地基上面的原因，当70层的地基打完时，所筹楼花已经用尽。巨人集团只好从生物工程方面抽取资金。

由于过量"抽血"，使得维护生物工程正常运作的基本费用和广告费用无法到位。生物工程这个业务开始萎缩。到1996年7月以后，生物工程，保健品销量急剧下降。史玉柱发动一场秋季攻势，力挽颓势，也未奏效。

巨人大厦抽干了巨人产业的"血"，当生物工程一度停产时，巨人大厦由于断了资金供给不得不停工，一场危机就全面爆发了。

巨人集团出现困难的直接原因在于巨人大厦，而巨人大厦的问题在很大程度与总裁个人决策相关，即随意性太强。

巨人集团的决策是高度集中的，在巨人集团的股份中，总裁一人所占股份就达到90%以上。集团虽聘许多老总，但是都没有股份。故在决策时，他们很少坚持自己的意见，事实上，由于他们没有公司股份，也无法对总裁的决策进行干预。巨人集团虽设立了董事会，显然，也是件摆设。决策由总裁办公会议做出。办公会议又是怎样的呢？如史玉柱坦言“决策会议实行民主集中制，大家可以畅所欲言，然后我拍板，这个总裁会议虽可以影响我的决策，但左右不了我的决策，事实上我拍板的事，就这么定了。”

巨人大厦建设过程中的决策看来就像场儿戏，资金筹措缺乏周详的考虑。施工前也没有一个完整的可行性方案。巨人集团给国内同行上了太惨烈的一课。

思考题：

从决策的角度看，你认为巨人集团出了什么问题？从中应吸取什么教训？

资料来源：中华品牌管理网。

3.5 目标和目标管理

3.5.1 目标的性质及制定原则

1. 目标的性质

管理目标是企业管理活动的起点，是企业内部各项管理活动的依据；管理目标又是企业管理活动的终点，是判断一个企业管理合理性和有效性的标准。

目标是宗旨的具体化，是一个企业在一定时期内通过努力争取达到的理想状态或所希望获得的成果，它包括企业的宗旨、任务、具体的目标项目和指标等。著名的管理专家彼德·德鲁克(Peter Drucker)认为，一个管理成功的企业，应在诸如市场、利润、人力资源、物质和金融资源、技术进步和发展、提高生产力、职工积极性发挥和社会责任等八方面有自己明确的目标。

从管理学的角度看，企业的目标具有独特的属性，包括以下三个方面。

(1) 目标的纵向性

企业的目标是分层次的，形成一个有层次的体系。图 3.11 是目标层次体系示意图。

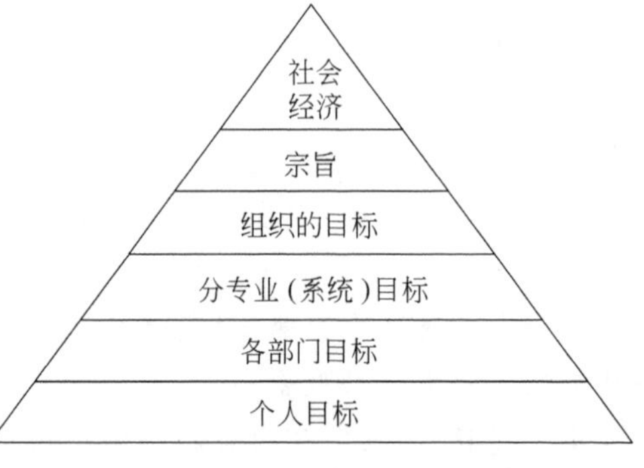

图 3.11 企业目标的层次体系

在这个层次体系中，自上而下，企业目标范围越来越小，从最高层的社会经济目标到特定的个人目标，企业目标也从抽象变得越来越明确、越来越具体。企业目标的层次多少取决于企业的规模和复杂程度。通常，企业目标的层次体系是与企业的层次体系相互对应的，企业中不同层次的管理者参与不同类型目标的建立。例如，董事会和最高层管理者主要参与确定企业的宗旨、整个企业的目标等；中层管理者如营销经理或生产经理主要负责分专业、分系统和部门的目标；基层管理者主要关心部门以及他们下属人员目标的制定。当然，企业目标各层次之间并不是截然分开的，例如，最低层的企业成员个人目标应包括业绩和发展目标，对于较高层次的管理者来说，他们也应设立自己的业绩和个人发展目标。

(2) 目标的多样性

对一个企业来说，目标很多，即使是主要目标，也是多种多样的。例如，仅仅把大学的主要目标说成是教育和研究是不够的，还应该更具体、更明确化。同样，在目标层次体系中的每个层次的目标，都可能是多种多样的。但这里应注意的是，并非目标越多越好，过多的目标会使管理者应接不暇而顾此失彼。因此，应该尽量减少目标的数量，尽量突出主要目标，以免因过于注重小目标而有损于主要目标的实现。

企业目标的多样性还体现在组织中既有明确目标，也有模糊目标。一般来说，明确的目标既有利于计划，也有利于控制，因此管理目标应该越明确越好。但在一些特殊情况下，无法规定具体目标，又不能没有目标，这时，提出一种模糊的目标也许更合适。了解目标的多样性，有助于管理者正确地确定目标和充分发挥目标的作用。

一般情况下企业希望建立一个目标体系，用体系中的多个目标来反映出企业的全面追求。但目标数量太多可能使员工无法区分这些目标的轻重，顾此失彼。一个多样化经营的企业说实在的也很难为各个事业部或战略事业单位(见 3.1.4)提出一些共同的战略目标。大家熟知的美国通用电气公司(GE)公司在 1981 年秋天诞生了一位新 CEO——韦尔奇，当年年底他提出了“在自己(即 GE，编者注。)进入的每一个行业里做到数一数二的位置，无论是在精干、高效，还是成本控制、全球化经营方面都是数一数二……。”作为 GE 的目标。[①] 这对有 100 余个事业部的世界级的大公司来讲，是一个再简洁不过的目标了。

(3) 目标的网络化

网络表示研究对象之间的相互关系。企业中各类、各级目标并不是相互孤立的，而是相互联结、相互支持的。因此，企业中的成员在实现目标时，不仅要考虑本部门的利益，还要考虑整个企业的利益。

一个企业的目标通常是通过各种活动的相互联系、相互促进来实现的，企业的目标很少是直线的，并不是当一个目标实现后接着去实现另一个目标，目标和具体计划通常构成一个网络，目标与目标之间，左右关联、上下贯通，融会成一个整体。

既然目标和计划是以网络的形式相互连接的，要使一个网络具有效果，就必须使各个目标彼此协调、相互支持和相互连接；否则，企业的利益就会受到伤害，企业目标就难以实现。

2. 制定目标的原则

(1) 方向性原则

目标为企业管理工作指明方向，明确的目标确定了企业所希望达到的未来状况。正如灯塔的信号灯为轮船导航，目标的作用首先在于指导和协调管理者的努力，使他们同心同德，共同完成企业的目标。从管理的角度来看，管理正是为达到同一目标而协调集体所做努力的过程，如果不是为了达到一定的目标，就无需管理。为使目标方向明确，就要使目标尽量简化，以利于表达和理解。

---

① J. 韦尔奇，J. 拜恩著. 杰克·韦尔奇自传[M]. 曹彦博等，译. 北京：中信出版社，2001 年版。

（2）可考核性原则

目标是考核管理者和员工绩效的客观标准。目标为管理者提供了一个客观标准，通过目标的实现程度来评价管理者及员工的工作绩效。否则，光凭主观印象，既不公平，也不客观、科学，不利于调动管理者及员工的积极性。为此，目标本身必须是可以考核的。

通常，要使目标具有可考核性，最方便的方法就是使之定量化。但是，并不是所有的目标都适宜定量表示，在组织的经营管理活动中，定性目标是不可缺少的，管理者在组织中的地位越高，其定性目标就可能越多。大多数定性目标也是可以考核的，只是不如考核定量目标那么准确。

（3）先进可行的原则

目标是一种激励企业成员为实现企业目标发挥最大作用的力量源泉。从企业成员个人的角度来看，这种激励作用表现在两个方面：个人只有明确了目标，才能发挥潜能，创造出最佳成绩；另外，个人只有在达到了目标后，才会产生成就感和满意感。要使目标能够对企业成员产生激励作用，目标应该是经过努力可以实现的，而不是可望而不可即的。另一方面，目标必须具有挑战性，否则实现了目标，也不会有成就感和满意感。因此，目标既要可以实现，又要具有挑战性。

3.5.2 目标管理

1. 目标管理产生的背景

目标管理（Management By Objectives）创始于 20 世纪 50 年代的美国。公认为彼德·德鲁克对目标管理的发展和使之成为一个体系做出了重大贡献。1954 年，德鲁克在《管理的实践》一书中首先提出了“目标管理和自我控制的理论”，并对目标管理的原理做了较全面的概括。他认为，企业的目的和任务必须转化为目标，各级管理者必须通过目标对下级进行领导并以此来保证企业总目标的实现，如果一个领域没有特定的目标，这个领域必然会被忽视；如果没有方向一致的分目标来指导每个人的工作，则企业的规模越大、人员越多时，发生冲突和浪费的可能性就越大。每个管理者或员工的分目标就是企业总目标对他的要求，同时也是他对企业总目标的贡献，也是管理者对下级进行考核和奖励的依据。他还主张，在目标实施阶段，应充分信任下属人员，实行权力下放和民主协商，使下属人员发挥其主动性和创造性，进行自我控制，独立自主地完成各自的任务。德鲁克的这些主张在企业界和管理界产生了极大的影响，对形成和推广目标管理起了巨大的推动作用。

由于目标管理在产生的初期主要用于对管理者的管理，所以它也被称为“管理中的管理。”后来，目标管理逐渐推广到企业的所有人员及各项工作上，在强化企业素质、实现有效管理方面，取得了较好的效果。因而到 20 世纪 50 年代末，不仅在美国，而且在日本和西欧各国也广泛流行起来。现在，目标管理已成为世界上比较流行的一种企业管理体制。在我国运用目标管理法最成功的范例当数邯郸钢铁公司采用的成本一票否决，公司根据应得的资本利润率下的吨钢利润与市场的吨钢售价之差所得到的吨钢成本作为目标，层层分解，并落实到每个岗位。

2. 目标管理的概念及特点

目标管理的概念可以表述为：企业的最高领导层根据企业所面临的形势和社会需要，制定出一定时期内企业经营活动所要达到的总目标，然后层层落实，要求下属各部门管理者以至每个员工根据上级制定的目标制定出自己工作的目标和相应的保证措施，形成一个目标体系，并把目标完成的情况作为各部门或个人工作绩效评定的依据。简单地说，目标管理就是让企业的管理者和员工亲自参加目标的制定，在工作中实行"自我控制"，并努力完成工作目标的一种管理制度或方法。

从目标管理的概念可以看出，目标管理有如下几个特点：

(1) 目标管理是参与管理的一种形式

实行目标管理，要根据组织的宗旨，首先确定出一定时期特定的总目标，然后对总目标进行分解。某一层次的目标需要一定的手段来实现，将这些手段作为下一层次的目标，实现下一层次目标的手段又可以作为更下一层次的目标，这样逐级展开，并通过上下级共同协商，就可以制定出企业各部门直至每个员工的目标，用总目标指导分目标，用分目标保证总目标，形成一个"目标-手段"链。这也正是目标纵向性的表现。

(2) 目标管理既重视科学管理，又重视人的因素，强调"自我控制"

在管理方法上，目标管理继承了科学管理的原理；在指导思想上，吸收了行为科学的理论，实现了二者的完美统一。大力倡导目标管理的德鲁克认为，员工是愿意负责的，愿意在工作中发挥自己的聪明才智和创造性的。如果我们控制的对象是一个社会组织中的"人"，则必须通过对动机的控制来实现对行为的控制。用"自我控制的管理"代替"压制性的管理"，正是目标管理的主旨，这种"自我控制"可以激励员工尽自己最大努力把工作做好，而不是敷衍了事，勉强过关。

(3) 目标管理促使权力下放

推行目标管理，就要在目标制定之后，上级根据目标的需要，授予下级部门或个人以相应的权力。否则，再有能力的下级也难以顺利完成既定的目标，"自我控制"、"自主管理"也就成了一句空话。因此，授权是提高目标管理效果的关键。推行目标管理，可以促使权力下放。

(4) 目标管理注重成果

实行目标管理后，由于有了一套完善的目标考核体系，就能够根据员工实际贡献的大小如实地评价员工的表现，克服了以往凭印象、主观判断等传统的管理方法的不足。

3. 目标管理的程序

目标管理主要由目标体系的建立、目标实施和目标成果的评价三个阶段形成的一个周而复始的循环。预定目标实现后，又要制定新的目标，进行新一轮循环。这个过程可用图 3.12 表示。

(1) 目标体系的建立

实行目标管理，首先要建立一套以企业总目标为中心的一贯到底的目标体系。这项工作大多是从企业的最高主管部门开始的。

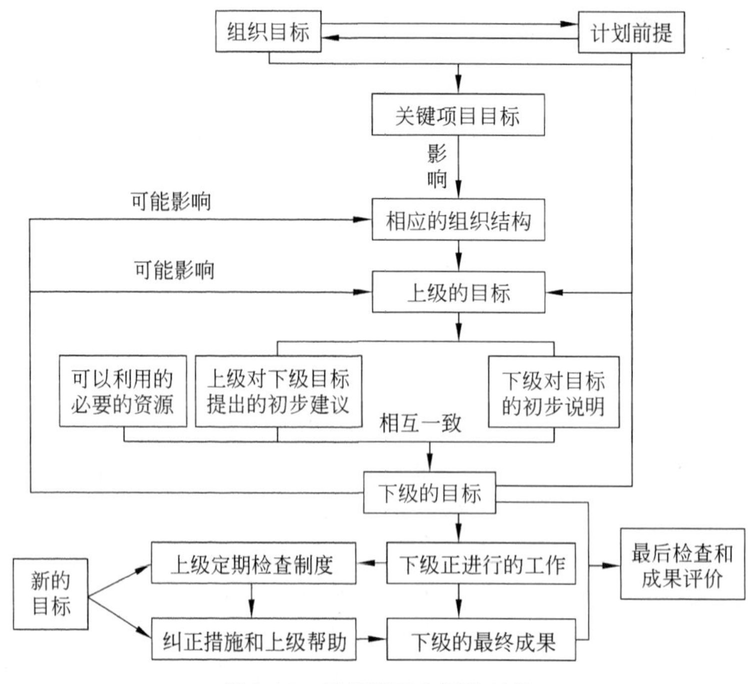

图 3.12　目标管理和评价过程

最高层目标的建立应首先充分分析和研究企业的外部环境和内部条件，根据企业可利用的机会和面临的威胁以及企业自身的优势和弱点，通过上级管理者的意图与员工意图的上下沟通，对目标项和目标值反复商讨、评价、修改，取得统一意见，最终形成企业目标。

企业的总目标制定以后，就要把它分解落实到下属各部门、各单位直至员工个人，即目标展开。目标展开的方法是自上而下层层展开，自下而上层层保证。上下级的目标之间是一种“目标-手段”的关系：某一级的目标，需要一定的手段来实现，这些手段又成为下一级的次目标，按级顺推下去，直到作业层的作业目标，从而构成企业目标连锁体系。

目标体系应与组织机构相吻合，从而使每个部门都有明确的目标，每个目标都有人明确负责。但是，组织机构往往不是按组织在一定时期的目标建立的。因此，有时会发现一个重要的分目标找不到对此负全面责任的主管部门，而组织中的有些部门又很难为其确定重要的目标，这种情况反复出现，说明组织机构已不适应组织的发展，可能最终导致对组织结构的调整。

(2) 目标实施

建立了企业自上而下的目标体系之后，企业中的成员就要紧紧围绕确立的目标、赋予的责任、授予的权利，运用固有的技术和专业知识，为实现目标寻找最有效的途径。为保证目标的顺利实现，目标管理强调在目标实施过程中权力下放和自我控制，这样，作为上级的管理者就可以腾出时间和精力，抓重点的进行综合性管理；同时，下属人员也会产生强烈的责任感，在工作中发挥自己的聪明才智和创造性，针对自己的不足，积极寻求自我提高，进而力争达到自己的目标。当然，在目标实施过程中，上级管理者并不是可以撒手不管，他们的综合管理工作主要体现在指导、协助、检查、提供信息以及创造良好的工作环境等方面。

（3）目标成果评价

对各级目标的完成情况，要按事先规定的期限进行定期检查和评价，以确认成果和考核业绩，并与个人的利益和待遇结合起来。目标成果评价一般实行自我评价和上级评价相结合，共同协商确认成果。作为自我控制的一种手段，在目标管理中，自我评价非常受重视。

目标成果的具体评价一般采用综合评价法，即按目标的实现程度、目标的复杂困难程度和在实现目标过程中的努力程度三个要素对每一项目标进行评定，确定各要素的等级分数，修正后得出单项目标的分数值，再结合各单项目标在全部目标中的重要性权数，得出综合考虑的目标成果值，以此来确定目标成果的等级。

4. 目标管理的局限性

尽管目标管理方法有很多优点，但方法本身和方法的运用过程，也存在着一些局限性。

（1）对目标管理的原理和方法阐明不够

目标管理看起来简单，但要能有效地付诸实施，各级管理者必须对它有深刻的理解，必须能够依次向下属人员解释目标管理是什么，它怎样发挥作用，为什么要实行目标管理，它在评价管理工作成效时起什么作用，以及参与目标管理的人能得到什么利益等。

（2）给予目标制定者的指导不够

目标管理和其他任何计划工作一样，需要为各级目标制定者提供必要的指导准则，使他们了解计划工作的前提条件和组织的基本战略和政策。否则，就无法制定出正确的目标，目标管理也就无法发挥作用。

（3）目标确定困难

一方面，真正可考核的目标是难以确定的，如果再要求同一级管理者的目标在任何时候都具有正常的"紧张"和"费力"程度就更加困难。这就为目标管理的有效实施设置了难以逾越的障碍。

（4）强调短期目标

在大多数实行目标管理的组织中，管理者确立的目标一般都是短期的。很少超过两年，常常是一季度或更短些，因为短期目标才会更具体，操作性强。但强调短期目标，也许会因为短期行为而损害企业长期目标的实现。因此，组织的高层管理者就必须从长期目标的角度提出总目标和制定目标的指导方针。

（5）不灵活的危险

要使目标管理取得成效，就必须保持目标的明确性和肯定性，如果目标经常改变，就说明目标的制定不够周密、准确，这样的目标是无意义的。但另一方面，计划是面向未来的，必须根据未来情况的变化对目标进行修正。因此，实行目标管理，存在这种不能随时按企业目标、计划工作前提条件、企业政策等变化而迅速应对的危险。

案例 3.7　　目标管理

某机床厂从 1981 年开始推行目标管理：为了充分发挥各职能部门的作用，充分调动一千多名职能部门人员的积极性，该厂首先对厂部和科室实施了目标管理。经过一段时间的试点后，逐步推广到全厂各车间、工段和班组。多年的实践表明，目标管理改善了企业经营管理，挖掘了企业内部潜力，增强了企业的应变能力，提高了企业素质，取得了较好的经济效益。

按照目标管理的原则，该厂把目标管理分为三个阶段进行。

第一阶段：目标制定阶段

1. 总目标的制定

该厂通过对国内外市场机床需求的调查，结合长远规划的要求，并根据企业的具体生产能力，提出了19××年“三提高”、“三突破”的总方针。所谓“三提高”，就是提高经济效益、提高管理水平和提高竞争能力；“三突破”是指在新产品数目、创汇和增收节支方面要有较大的突破。在此基础上，该厂把总方针具体化、数量化，初步制定出总目标方案，并发动全厂员工反复讨论、不断补充，送职工代表大会研究通过，正式制定出全厂19××年的总目标。

2. 部门目标的制定

企业总目标由厂长向全厂宣布后，全厂就对总目标进行层层分解，层层落实。各部门的分目标由各部门和厂企业管理委员会共同商定，先确定项目，再制定各项目的指标标准；其制定依据是厂总目标和有关部门负责拟订、经厂部批准下达的各项计划任务，原则是各部门的工作目标值只能高于总目标中的定量目标值，同时，为了集中精力抓好目标的完成，目标的数量不可太多。为此，各部门的目标分为必考目标和参考目标两种。必考目标包括厂部明确下达目标和部门主要的经济技术指标；参考目标包括部门的日常工作目标或主要协作项目；其中必考目标一般控制在2～4项，参考目标项目可以多一些。目标完成标准由各部门以目标卡片的形式填报厂部，通过协调和讨论最后由厂部批准。

3. 目标的进一步分解和落实

部门的目标确定以后，接下来的工作就是目标的进一步分解和层层落实到每个人。

(1) 部门内部小组（个人）目标管理，其形式和要求与部门目标制定相类似、拟定目标也采用目标卡片，由部门自行负责实施和考核。要求各个小组（个人）努力完成各自目标值，保证部门目标的如期完成。

(2) 该厂部门目标的分解是采用流程图方式进行的，具体方法是：先把部门目标分解落实到职能组，任务级再分解落实到工段、工段再下达给个人。通过层层分解，全厂的总目标就落实到了每一个人身上。

第二阶段：目标实施阶段

该厂在目标实施过程中，主要抓了以下三项工作。

1. 自我检查、自我控制和自我管理

目标卡片经主管副厂长批准后，一份存企业管理委员会，一份由制定单位自存。由于每一个部门、每一个人都有了具体的、定量的明确目标，所以在目标实施过程中，人们会自觉地、努力地实现这些目标，并对照目标进行自我检查、自我控制和自我管理。这种“自我管理”能充分调动各部门及每一个人的主观能动性和工作热情，充分挖掘自己的潜力，因此，完全改变了过去那种上级只管下达任务、下级只管汇报完成情况，并由上级不断检查、监督的传统管理方法。

2. 加强经济考核

虽然该厂目标管理的循环周期为一年，但为了进一步落实经济责任制，及时纠正目标实施过程中与原目标之间的偏差，该厂打破了目标管理的一个循环周期只能考核一次、评定一次的束缚，坚持每一季度考核一次和年终总评定。这种加强经济考核的做法进一步调动了广大职工的积极性，有力地促进了经济责任制的落实。

3. 重视信息反馈工作

为了随时了解目标实施过程中的动态情况，以便采取措施及时协调，使目标能顺利实现，该厂十分重视目标实施过程中的信息反馈工作，并采用了两种信息反馈方法：

(1) 建立"工作质量联系单"来及时反映工作质量和服务协作方面的情况。尤其当两个部门发生工作纠纷时，厂管理部门就能从"工作质量联系单"中及时了解情况，经过深入调查，尽快加以解决，这样就大大提高了工作效率，减少了部门之间不协调的现象。

(2) 通过"修正目标方案"来调整目标，内容包括：目标项目、原定目标、修正目标以及修正原因等，并规定在工作条件发生重大变化需要修改目标时，责任部门必须填写"修正目标方案"提交企业管理委员会，由该委员会提出意见交主管副厂长批准后方能修正目标。

该厂在实施过程中由于狠抓了以上三项工作，因此，不仅大大加强了对目标实时动态的了解，更重要的是加强了各部门的责任心和主动性，从而使全厂各部门从过去等待问题上门的被动局面，转变为积极寻找和解决问题的主动局面。

第三阶段：目标成果评定阶段

目标管理实际上就是根据成果来进行管理的，故成果评定阶段显得十分重要，该厂采用了"自我评价"和上级主管部门评价相结合的做法，即在下一个季度第一个月的10日之前，每一部门必须把一份季度工作目标完成情况表报送企业管理委员会(在这份报表上，要求每一部门自己对上一阶段的工作做一恰如其分的评价)；企业管理委员会核实后，也给予恰当的评分；如必考目标为30分，一般目标为15分。每一项目标超过指标3%加1分，以后每增加3%再加1分。一般目标有一项未完成而不影响其他部门目标完成的，扣一般项目中的3分，影响其他部门目标完成的则扣分增加到5分；加1分相当于增加该部门基本奖金的1%，减1分则扣该部门奖金的1%。如果有一项必考目标未完成则扣至少10%的奖金。

该厂在目标成果评定工作中深深体会到，目标管理的基础是经济责任制，目标管理只有同明确的责任划分结合起来，才能深入持久、才能具有生命力，达到最终的成功。

思考题：

1. 在目标管理过程中，应注意一些什么问题？

2. 目标管理有什么缺点？

3. 增加和减少员工奖金的发放额是实行奖惩的最佳方法吗？除此之外，你认为还有什么激励和约束措施？

4. 你认为实行目标管理时培养完整严肃的管理环境和制定自我管理的组织机制哪个更重要？

资料来源：作者不详.某机床厂目标管理[DB].豆丁网.[2014-05-16].http://www.docin.com/p-310924149.html

3.6 项目和项目管理

3.6.1 项目的定义及特征

1. 项目的定义

随着新经济时代的来临，“项目”已经成为现代企业中一个时髦的名词，逐渐成为执行企业战略的关键。

项目的形式多种多样，如美国的阿波罗登月计划、建造一栋大楼、一座工厂、研制一种新产品等。早期的项目管理主要用于非常复杂的大型研究开发项目，如阿特拉斯洲际导弹和其他一些军事武器系统以及一些大规模的建设(水坝、公路、轮船)。

项目是一项在规定的时期内为完成某种目标或者任务而进行活动的总体。

项目管理协会给项目下的定义是这样的：为了创造独特的产品或者服务而进行的一种临时性的工作。

2. 项目的特征

(1) 项目的一次性

项目必须是一项一次性的任务。不论项目的时间长短，每一个项目都必须具有明确的开端和明确的结束，即项目不会无限期地延长下去，它有自己的生命周期。

当接到一个项目，企业将从各个职能部门中抽调完成项目所需要的人选，成立项目小组；当项目完成以后，项目小组成员重新回到原来的职能部门或者被分配到另外的项目小组。

(2) 项目的目的性

项目必须要达到一个明确的目标。最初，项目合作双方(甲方和乙方)已经对最终目标有了比较明确的设想。然后按照这个设想进行设计、规划、实施，同时双方还要对目标作进一步的磋商、细化、修正，最终形成项目的特定目标。

3.6.2 项目管理

1. 项目管理的发展

项目管理的发展经历了三个阶段。

(1) 产生阶段(古代的经验项目管理阶段)

这个阶段项目实施的目标是完成任务，如埃及金字塔、长城等，还没有形成行之有效的方法和技术。

(2) 形成和发展阶段(近代科学项目管理阶段)

这个阶段重点强调利用项目的管理技术,实现项目的时间、成本、质量三大目标,如利用关键路线法和计划评审技术对美国军事计划以及阿波罗登月计划的成功管理。

(3) 现代项目管理阶段(项目发展的成熟阶段)

这个阶段项目管理除了实现项目的时间、成本、质量三大目标,还要考虑面向市场和竞争。此时企业将更多地采用以项目为主的运作模式。

2. 项目管理在中国

20 世纪 80 年代初,在著名数学家华罗庚教授倡导下,项目管理的概念开始引入我国,在国民经济各部门试点应用,当时将这种方法命名为“统筹法”。中国科学院管理科学与科技政策研究所还牵头成立了“中国统筹法、优选法与经济数学研究会”。

改革开放后,项目管理在国内水利、建筑、化工等领域大量被应用。如我国 1984 年建设的由世界银行贷款的鲁布革水电站项目中,首先按照国际惯例,采用项目国际招标,实行项目管理,缩短了工期,降低了成本,保证了质量,取得了明显的经济社会效益。

最近几年,我国实施积极的财政政策,扩大国内需求,拉动经济增长,每年的社会投资均达数万亿元。而实施项目管理已成国际惯例,如联合国工业发展组织、世界银行、亚洲开发银行等国际组织和金融投资机构的项目,都要求应用项目管理。因为实施项目管理可以在保证项目工期、降低成本、提高质量、预防和控制风险等诸多方面起到至关重要的作用。

3. 项目管理的概念

项目管理是 20 世纪 50 年代后期发展起来的一种计划管理方法,它一出现就引起广泛关注。1957 年美国杜邦公司把这种方法应用于设备维修,把维修停工时间由 125 小时缩减为 78 小时;1958 年美国人在北极星导弹设计中应用项目管理技术,竟把设计完成时间缩短了两年。由于项目管理成效显著,自从 20 世纪 60 年代以来已被广泛地应用于航空、航天、国防、建筑、医药、化工、金融、广告、法律等行业以及国家和地方政府乃至联合国;项目管理不仅适用于大公司,而且也适用于各种小型企业。

项目管理是通过项目经理和项目团队的努力,运用系统理论和方法对项目及其资源进行计划、组织、协调、控制,旨在实现项目的特定目标的管理方法。

4. 项目管理的特点

(1) 项目管理是一项复杂的工作

项目管理需要运用多种学科的知识来解决问题,项目团队成员来自多个部门,甚至是多个企业,跨越性大。项目工作一般没有或很少有以往的经验可以借鉴,执行中有许多未知因素,每个因素又常常带有不确定性,还需要将具有不同经历、来自不同单位的人员有机地组织在一个临时性的组织(即项目团队)内,在技术性能、成本、进度等较为严格的约束条件下实现项目目标等。这些因素表明了项目管理是一项很复杂的工作,甚至其复杂性远高于一般的生产管理。

(2) 项目管理具有创造性

由于项目具有一次性的特点，因而既要承担风险，又必须发挥创造性，这也是与一般重复性管理的主要区别。项目的创造性依赖于科学技术的发展和支持，而近代科学技术的发展有两个明显的特点：一是继承积累性，体现在人类可以沿用前人的经验，继承前人的知识和成果，在此基础上向前发展；二是综合性，即要解决复杂的问题，必须依靠和综合多种学科的成果，将多种技术结合起来，才能实现科学技术的飞跃或更快的发展。

创造总是带有探索性的，会有较高的失败率。有时为了加快进度和提高成功的概率，需要有多个试验方案并进。例如在新产品、新技术开发项目中，为了提高新产品、新技术的质量和水平，希望新构思越多越好，然后再进行严格审查、筛选和淘汰。而筛选淘汰下来的方案也并不完全是没用的，它们可以成为企业内部的技术储备。这种储备越多，企业越能应付外界条件的变化和具有应变能力。

(3) 项目管理需要集权领导和建立专门的项目团队

项目的复杂性随其范围不同，变化很大。项目愈大愈复杂，其所包括或涉及的学科、技术种类也越多。项目进行过程中可能出现的各种问题多半是贯穿于不同单位，它们要求这些不同的单位作出迅速而且相互关联、相互依存的反应。但传统的职能部门不能尽快与横向协调的需求相配合，因此需要建立围绕专一任务进行决策的机制和相应的专门组织——项目团队。这样的组织不受现存组织的任何约束，由来自各种不同专业、不同部门、甚至是不同企业的专业人员构成。

(4) 项目经理在项目管理中起着非常重要的作用

项目管理的主要特点之一是把一个时间有限和预算有限的事业委托给一个人，即项目经理，他有权独立进行计划、资源分配、协调和控制。项目经理对于整个项目来说起着至关重要的作用，是某个项目能否成功的关键和核心力量。项目经理的特殊职责和工作性质对其知识素质、能力素质、品格素质提出了特殊的要求。项目经理必须能够了解和管理项目，必须能够综合各种不同专业观点来考虑问题。但只具备这些技术知识和专业知识仍是不够的，成功的管理还取决于预测和控制人的行为的能力。因此项目经理还必须通过人的因素来熟练地运用技术因素，以达到其项目目标。也就是说，项目经理必须使他的团队成员组成一支真正的队伍，一个工作配合默契、具有积极性和责任心的高效率群体。

5. 项目管理的内容

1996 年美国项目管理协会(PMI)提出了“项目管理知识体系”，该体系把项目管理划分为 9 个知识领域。

(1) 项目综合管理

包括项目开发计划、项目执行计划、全程变化控制，以确保对项目的不同构成要素进行正确的协调。

(2) 项目范围管理

包括项目的启动、范围界定计划、细分子项目、范围核实和范围变化控制，以确保成功地完成项目所有需要做的工作。

（3）项目时间管理

包括活动定义、活动排序、活动的时间估计、进度编制和进度控制，以确保完成项目的工作程序安排。

（4）项目成本管理

包括资源规划、成本计划、成本预算和成本控制，以安排在法定预算内完成进度。

（5）项目质量管理

包括质量规划、质量保证和质量控制，以确保项目达到既定的要求。

（6）项目人力资源管理

包括组织规划、人员组织和团队建设，以确保最大限度地调动项目参与人员的积极性。

（7）项目沟通管理

包括沟通计划、信息传送、实施情况报告及总结，从而及时并准确得到、收集、传送、存储及利用项目信息资源。

（8）项目风险管理

包括风险识别、风险量化、风险对策研究和风险对策实施控制，以确定风险、分析研究并提出对策。

（9）项目采购管理

包括采购计划、征集申请书、货源选择、合同管理和行政收尾，以及从执行企业外获取物资和服务。

在项目管理中，项目经理扮演重要的角色，是上述项目管理内容的执行者。

3.6.3 项目生命周期

项目是一项一次性的任务。项目的进程基本上构成了项目的整个"生老病死"的全过程，项目生命周期确定了项目的开端和结束。每个项目的生命周期都可以分为以下四个阶段。

1. 项目方案的设计与选择、决策

为了实现某种特定目标，需要设计为了实现目标而采取的项目方案，提交项目建议书，通过对方案的可行性分析与经济效益比较，综合各种因素最终选定最优方案，准备安排筹措资金，为项目的上马做准备。

2. 项目的准备与分析

项目开始之前，要进行一些前期的准备工作，具体包括：组建团队并且建立项目的管理机构，任命项目经理。对于一些员工比较多的企业，要做到为项目配备最合适的人选并不容易。同时需要对项目的需求进行识别和分析，为项目的顺利实施打下坚实基础，并规划项目进度、实施步骤、项目各阶段成本投入等，制定分析报告以及计划书。

3. 项目的实施与监督控制

项目环境的不确定因素很多，需要识别项目中可能遇到的各种风险，并对风险加以有效的控制。在这期间，项目中的问题需要能够及时地反馈并加以解决，有的时候需要设置控制点来监督项目运行情况，包括对成本的控制和进度的控制。

4. 项目的评价与验收

项目接近尾声，项目的成果就到了接受检验的时间。检验的标准，是我们在项目开始制定的关于项目的共识，或者在项目进行期间项目双方对项目目标的修正。总之，检验的标准必须是项目客户方和开发方都一致认可的。这个期间，如果可以的话，项目可以进行试运行阶段。最终制作项目的结束报告。

可以看出，每个项目阶段都规定了一系列的工作任务，并以某些有形的、可认定的工作成果的完成为标志，比如可行性研究报告。每个项目阶段的结束通常要对该阶段的工作成果和项目实施情况进行总体回顾，决定该项目阶段任务是否已经完成并且可以进入下一个阶段，尽可能以较小的代价纠正错误，及时调整项目进程，将偏差及错误“扼杀在萌芽状态”，避免日后的返工。

讨论案例

案例 3.8　锦都香城项目的进度计划制定

引言

李经理是锦虹公司的计划部经理，在参加完公司总经理召开的部门经理以上人员参加的公司工作会议后，急匆匆赶回计划部。公司总经理要求他尽快制定锦城香都项目的进度计划，工作重点是公司一级计划的编制。李经理主管公司的项目计划工作已经 5 年，先后管理过公司 44 个房地产项目的计划工作，这 44 个项目的累计开发面积达 500 万平方米，产值约 100 亿元。然而，公司总经理会后的专门叮嘱却使李经理感到这次任务的压力很大：“老李，公司几十个项目的计划都是你们计划部制定的，有些项目按照项目进度计划完成了，有些项目却与进度计划相差较大。上个项目发生了在预期的开盘日期却无法开盘的情况，公司蒙受比较大的损失，这里面有你们计划部的责任。这次一定要吸取教训，特别要把开盘前的计划做好。”

李经理知道，公司总经理在这个项目上压力也很大。一方面，目前整个房地产行业处于调整时期。另一方面，锦都香城项目也面临着其他公司项目的竞争。

行业背景及公司简介

房地产行业作为国民经济的重要支柱产业，随着国民经济的高速发展和人民收入水平的大幅提高也得到了迅猛发展，显著表现为房地产开发投资的持续快速增长。然而，由于众多开发商受利益的驱使，对房地产进行了非理性的开发，同时还出现了市场调节机制失灵的现象，房地产行业出现了较大的泡沫。因此，近年来国家加大了对房地产行业的宏观调控力度，目前整个房地产行业处于调整时期，国房景气指数被公认为是最能代表行业发展趋势的先行指标，今年以来该指数已经连续五个月下滑。

锦虹公司成立于1998年，目前已成长为一家专业从事房地产投资开发的企业，具有一级房地产开发资质。公司拥有一支高素质、实践经验丰富的专业经营开发队伍，现有员工700余人，其中高中级技术专业人才近300人，年开发能力达200余万平方米。2000年以来，锦虹公司房地产市场开发量达1 000万平方米，并建立了规划设计、建筑施工、材料供应、服务提供等方面的多个战略合作伙伴，制定了从拿地、规划、营销、入住、物业服务等价值链上的一系列公司标准。锦虹公司以良好的经营业绩和社会效益赢得了政府、业界、客户的广泛认可，多次获得“全省房地产开发企业最大市场占有份额10强”、“全省房地产开发企业综合实力10强”等荣誉称号。

锦虹公司在行业内一直以快速、大规模开发见长。但即使如此，也感到房地产行业调整所带来的压力。过去，房地产企业把拿地作为第一要务，认为只要拿到地就可以高枕无忧；然而，现在随着市场的规范和土地成本的提高，许多项目通过竞标环节之后，地价已经高高在上，项目成本也随之大大抬高。另一方面，消费者有房价下跌的预期，企业还面临很大的融资期限、融资成本压力。因此，如何在保证质量的前提下，缩短工期和降低开发成本就成了房地产企业亟待解决的重要问题。

锦虹公司的项目计划管理能力在行业内具有一定的领先水平。该公司对项目开发计划实行分级管理，将计划分为公司级计划和部门级计划两类。公司级计划主要包括从项目启动到项目交付全过程中，开工、施工、亮相、开盘等几十个关键节点，由公司计划部负责编制、检查、考核；除公司级之外的计划为部门级计划，大约几百个节点，由各部门在公司级计划的基础上，自行编制、检查、考核。部门级计划以公司级计划为依据，并接受公司计划部的指导。

锦都香城项目情况

2007年3月，锦虹公司通过拍卖取得锦都香城项目的用地。该项目位于城市北三环内侧，用地面积86 009m^2(合129亩)，总建筑面积约40万m^2，总产值预计可达14亿元。项目定位为城市首座大型东南亚滨海风情文化社区、实用居家典范。文化定位为源自槟榔屿的浪漫风情、温馨生活。项目整体运作策略为：严格控制户型与面积，控制房屋总价；通过大量采用空中庭院、低于2.2米灰空间、入户花园等创新元素，实现户型创新，以提高产品溢价空间；通过突出东南亚槟榔屿滨海风情文化特色，实现文化主题差异化；充分利用城市三环路绿化带和代征地绿化带，将代征地绿化带打造为坡地休闲公园；通过高效率运作、快速开发、快速销售，以实现现金流快速回收。

锦城香都项目地处城市的改造启动区内，项目周边集结了众多中小楼盘，因此存在较大的竞争。另外，该项目自身的建筑体量较大，户数较多。针对这种情况，必须充分把握区域市场供给及需求特征，采用有效的营销策略方式，真正把握并引导客户的消费，尽快开盘，实现项目快速销售，创造合理的利润空间。

作为公司计划部经理，李经理当然清楚项目进度计划在项目管理中的重要作用，尤其记得公司总经理对项目开盘前进度计划的强调。回到办公室，经过一番思考，李经理召集计划部工作人员开会布置工作："锦都香城项目对公司十分重要，公司高层很重视该项目的计划工作，特别是项目开盘前的进度计划工作。如果计划过于宽松，会延长回款周期；如果计划过于紧张，则可能导致无法在预期开盘时间开盘。大家还记得上个项目吧？对，就是锦都佳苑项目，销售广告已经在电视上滚动播出、在报纸上连续刊出，但到了预期的开盘日子却无法按期开盘。不但浪费了大量的广告费，而且导致客户抱怨，影响公司声誉。我们一定要吸取上个项目的教训，把锦都香城项目开盘前的进度计划制定得符合项目的实际情况。经研究，决定成立锦都香城项目进度计划小组，由老张任组长，小关任副组长，成员包括小彭、小黄、小王。一星期后，拿出项目开盘前的进度计划来。"

锦都香城项目进度计划的制定

老张最早是公司工程部的技术人员，后来调到计划部工作，已经历了十多个项目的计划工作，经验丰富。小关原来也是工程部的技术人员，在职读完 MBA 后，调到公司计划部工作，也经历了三个项目的计划工作。锦都佳苑项目的计划工作是由老吴负责的，老张没有参与，小关参与了。李经理清楚地记得，在锦都佳苑项目计划工作的最后一次讨论会上，小关还曾提出锦都佳苑项目的进度计划存在较大的风险。也许正因为这些，还考虑到老张的资历、经验等因素，李经理作出上面的任务安排。

老张在与小组成员商量后，即决定让小王通知综合管理中心、事业部、工程部、产品策划中心、规划创意中心、营销 CRM 中心、经营成本中心负责人明日在计划部开协调会，研究锦都香城项目开盘前进度计划的制定问题。

第二天的协调会上，各部、中心负责人进行了一些讨论、协商，计划小组很快完成锦都香城项目开盘前阶段的工作分解结构，列出了主要任务（这里的任务其实是一个个的任务包，内部又包含若干的子任务，作为公司级的项目进度计划制定，可以分解到这个层次）、确定了任务之间先后关系。接着老张让大家根据项目的实际情况（资源、能力等）逐一对各主要任务估计工期，结果见案例表 3.8.1。

案例表 3.8.1　锦都香城项目开盘阶段子任务一览表

序号	编号	任务名称	紧前任务	估计工期（工作日）
1	A	方案设计		30
2	B	初步设计	A	35
3	C	施工图设计	B	45
4	D	确定总包单位	C	42
5	E	规划许可证	C	14
6	F	施工许可证	D、E	14
7	G	基础施工	F	62

续表

序号	编号	任务名称	紧前任务	估计工期(工作日)
8	H	开盘销售	G、L	1
9	I	售楼中心设计	A	20
10	J	售楼中心建设	I	150
11	K	项目亮相	J、N	1
12	L	客户积累	K	28
13	M	样板房设计	A	20
14	N	样板房施工	M	152

老张很高兴,根据这些结果,如同以往的项目一样,计划小组很快就会制定出项目开盘前的网络计划。然而就在这时,小关却提出了自己的意见:“老张,我们必须明确这里各任务的估计工期指的是什么,是指最可能完成时间吗?”

老张征询大家意见后,回答道:“是啊,这有什么问题吗?”

小关:“老张,除了最可能完成时间,我们还需要大家估计每个任务的乐观时间、悲观时间。”

老张:“你具体说说。”

小关:“乐观时间是指任何事情都顺利的情况下完成某项任务的时间,悲观时间是指在最不利的情况下完成某项任务的时间。”

老张:“我们有最可能完成时间就足够了,这些时间是大家根据项目实际情况估计的,可以作为任务的估计工期,下一步根据这些结果已经可以制定出项目开盘前的进度计划了。”

老张接着说:“好了,时间差不多了,散会。”

散会后,老张给小彭、小黄、小王交代了下一步的任务:“小王整理会议结果,小彭、小黄根据会议的整理结果制定项目开盘前的网络计划,确定出关键路径和开盘工期,明天给我。”第二天下班前,小彭、小黄交给老张他们制定的项目开盘前的网络计划,如案例表 3.8.2 所示。

案例表 3.8.2　锦都香城项目开盘前的网络计划

序号	任务	工期	最早开始时间	最早完成时间	最迟开始时间	最迟完成时间	TF
1	方案设计	30	2008-01-01	2008-01-30	2008-01-01	2008-01-30	0
2	初步设计	35	2008-01-31	2008-03-06	2008-02-03	2008-03-09	3
3	施工图设计	45	2008-03-07	2008-04-20	2008-03-10	2008-04-23	3
4	确定总包单位	42	2008-04-21	2008-06-01	2008-04-24	2008-06-04	3
5	规划许可证	14	2008-04-21	2008-05-04	2008-05-22	2008-06-04	31

续表

序号	任务	工期	最早开始时间	最早完成时间	最迟开始时间	最迟完成时间	TF
6	施工许可证	14	2008-06-02	2008-06-15	2008-06-05	2008-06-18	3
7	基础施工	62	2008-06-16	2008-08-16	2008-06-19	2008-08-19	3
8	开盘销售	1	2008-08-20	2008-08-20	2008-08-20	2008-08-20	0
9	售楼中心设计	20	2008-01-31	2008-02-19	2008-02-02	2008-02-21	2
10	售楼中心建设	150	2008-02-20	2008-07-19	2008-02-22	2008-07-21	2
11	项目亮相	1	2008-07-22	2008-07-22	2008-07-22	2008-07-22	0
12	客户积累	28	2008-07-23	2008-08-19	2008-07-23	2008-08-19	0
13	样板房设计	20	2008-01-31	2008-02-19	2008-01-31	2008-02-19	0
14	样板房施工	152	2008-02-20	2008-07-21	2008-02-20	2008-07-21	0

项目开盘前的关键线路：方案设计—样板房设计—样板房施工—项目亮相—客户积累—开盘销售。开盘前的总工期：232 天。

然而，小关看到计划后，却对老张说："老张，我不得不说，按照这个进度计划，到期无法开盘的风险比较大。"

老张："没有问题，以前的项目进度计划都是这么做的，公司也要求尽快开盘。"突然，他又想到也许小关的话也有道理，小关这几年读 MBA 还真学到不少东西。思考一会儿，老张又说："这样，留 3 天机动时间，项目开盘前的总工期调整为 235 天。"

老张把修改后的项目开盘前进度计划报给了李经理。李经理看后想了解一下计划的制定过程，把老张、小关、小彭、小黄、小王都叫进他的办公室。小关先说了："李经理，我先说说我个人的意见，我认为按照这个进度计划，到期无法开盘的风险比较大。"

老张打断小关的话："李经理，这个计划没有问题，我们已经留了 3 天机动时间，再保险点，我们可以再留 3 天。"

李经理笑了笑："别慌，让小关把话说完。"

小关："李经理，我想先问一问，你要求的项目按期开盘的把握性至少要达到多少？"

李经理思考了一会儿，然后说道："计划太紧容易造成无法按期开盘的局面，计划太松又达不到公司要求尽快开盘销售的要求，综合起来看，项目按计划开盘的把握性达到 85％以上比较合适。"

小关："现在这个计划是按照网络计划中的关键线路法制定的，其中各任务的估计工期都是最可能完成时间。即使留 3 天或 6 天机动时间，也可能使得项目按期开盘的可能性达不到 85％。"

李经理："那么，你认为该怎么做呢？"

小关："我们应该按照计划评审技术的方法来制定项目开盘前的进度计划，首先需要召集事业部、工程部和各中心的负责人，共同确定每个任务的三个完成时间：乐观时间、最可能时间、悲观时间。然后由我们计划小组按照计划评审技术的方法来制定项目开盘前的进度计划。"

李经理："嗯，小王，通知综合管理中心、事业部、工程部、产品策划中心、规划创意中心、营销 CRM 中心、经营成本中心负责人下午在计划部开会。"

尾声

下午的会议，小关解释完乐观完成时间、最可能完成时间、悲观完成时间后，各部门负责人经过讨论、协商，确定出锦都香城项目开盘前各子任务的乐观完成时间、最可能完成时间、悲观时间，如案例表 3.8.3 所示。

案例表 3.8.3　锦城香都项目开盘前各子任务的完工时间

序号	任　　务	乐观完成时间	最可能完成时间	悲观完成时间
1	方案设计	25	30	38
2	初步设计	28	35	38
3	施工图设计	38	45	50
4	确定总包单位	35	42	45
5	规划许可证	12	14	16
6	施工许可证	12	14	21
7	基础施工	50	62	75
8	开盘销售	1	1	1
9	售楼中心设计	15	20	25
10	售楼中心建设	135	150	160
11	项目亮相	1	1	1
12	客户积累	21	28	35
13	样板房设计	18	20	25
14	样板房施工	145	152	170

会后，李经理叫住小关："小关，你按照你的方法制定一个项目开盘前的进度计划，两天后给我，还需要什么数据、信息告诉我，我来协调。"

小关满怀信心地接受了任务："好的，李经理。"

思考题：

1. 老张的计划和小关的计划在制定方法上的差别在哪？
2. 如果你是小关，你该如何去制定项目开盘前的进度计划？

资料来源：赵正佳，李涛. 锦都香城项目的进度计划制定[DB]. 中国管理案例共享中心. 2010-05[2014-05-16]. http://cmcc.dlemba.com/caseshowbyid.php?itemid=391.

本章小结

计划有静态和动态两层含义，从静态来看，计划就是指计划行动的结果，包括企业使命和目标的说明，以及战略、政策、预算等计划方案。从动态来看，计划是指对各种企业目标的分析、制定和调整以及对企业实现这些目标的各种可行方案的设计这一系列相关联的行为、行动或活动。我们有时用“计划工作”表示动态意义上的计划内涵。

计划具有目的性、首位性、普遍性、效率性、时效性、动态性和创造性。按照不同的标准可以将计划分为不同的类型，按计划期限不同，可分为长期计划、中期计划和短期计划。按制定计划的层次不同，可分为战略计划、战术计划和作业计划。按计划的内容不同，可分为综合性计划和专业性计划。按具体职能，计划可分为生产计划、销售计划、财务计划、人事计划等。

计划有不同的表现形式，计划的表现形式可以分为宗旨(Mission)、目标(Objectives)、战略(Strategy)、政策(Policy)、规则(Rule)、程序(Procedure)、规划(Program)和预算(Budget)等几种，确定计划形式对于发挥计划职能有重要意义。

企业战略是企业面对激烈变化、严峻挑战的经营环境，为求得长期生存和不断发展而进行的总体性谋划。战略的核心是明确企业的远期目标和中近期目标。战略管理是指在制定、实施和评价指导全局工作并决定全局命运的方针、方式和计划活动中，通过一定的程序和技术，获取最有效率和效果的过程。

制定计划需要按照一定的程序进行，一是估量机会；二是确定目标；三是拟订前提条件；四是拟订可供选择的方案；五是评价可供选择方案；六是选择方案；七是拟订派生计划；八是编制预算。

计划工作作为一种基本的管理职能活动，有自己应遵循的规律和原则。计划工作的主要原则有：限定因素原则、灵活性原则、承诺原则和改变航道原则。制定计划常用的方法有很多种，主要有甘特图法、网络计划技术、滚动计划法和投入产出法。

确定计划工作的前提条件，就是通过预测，估计未来环境中可能出现的影响计划实施的不确定因素，以及这些因素的变化、发展趋势和影响程度的可能性，从而增强计划的可实施性。一个完整的预测程序包括确定预测目标、收集和整理预测资料、建立预测模型、计算、分析评价和修正预测结果。预测方法很多，大体可分为两大类。定性预测方法包括典型分析法、专家预测法、类比法及相关图法等。定量预测方法包括时间序列外推法和因果分析法等。

决策是人们确定未来行动目标，拟定评价实现目标的各种可行方案并从中选择一个合理方案的分析判断过程。企业在进行决策时，要遵循一定的程序，一是发现问题或机会；二是确定决策目标；三是探索并拟订各种可行方案；四是方案的评价、比较和选择；五是决策方案的执行和反馈。管理者在制定计划时需要面对很多决策问题，决策的正确与否直接关系到计划工作的成功与否。根据不同的分类方法可以把决策分成多种类型：根据决策调整的对象和涉及的时限，可分为战略决策和战术决策；根据决策主体不同，可分为集体决策与个人决策；根据决策的起点不同，可分为初始决策与追踪决策；根据决策所涉及问题不同，可分为程序化决策与非程序化决策。根据环境因素的可控程度不同，可分为确定型决策、风险型决策与不确定型决策。决策方法主要包括集体决策方法、方向性决策的方法、活动方案的决策方法和层次分析法四大类。集体决策方法分为头脑风暴法、电子会议法、名义群体法和德尔菲法；方向性决策方法分为 SWOT 分析法和经营业务组合分析法；活动方案的决策方法分为确定型决策方法、风险型决策方法和不确定型决策方法。

目标是企业期望达到的最终结果，目标具有层次性、多样性和网络化的特征。制定目标应遵循一定的原则：方向性、可考核性和先进可行。目标管理就是让组织的管理者和员工亲自参加目标的制定，在工作中实行"自我控制"并努力完成工作目标的一种管理制度或方法。目标管理的具体做法分三个阶段，即目标体系的建立、目标实施和目标成果评价。尽管目标管理方法有很多优点，但方法本身和方法的运用过程存在着一些局限性。

随着新经济时代的来临，"项目"已经成为现代企业中的一个时髦的名词，逐渐成为执行企业商业战略的关键。项目具有一次性和目的性。项目是一项一次性的任务，每个项目的生命周期都可分为四个阶段：一是项目方案的设计与选择、决策；二是项目的准备与分析；三是项目的实施与监督控制；四是项目的评价与验收。项目管理是通过项目经理和项目团队的努力，运用系统理论和方法对项目及其资源进行计划、组织、协调、控制，旨在实现项目的特定目标的管理方法。项目管理包括项目的综合管理、范围管理、时间管理、成本管理、质量管理、人力资源管理、风险管理和项目采购管理。

第四章 组织职能

学习目标

学习本章之后，你应该能够：

1. 了解组织的基本概念。
2. 阐述组织设计的内容。
3. 比较常见组织结构的优点和缺点以及不同组织类型的适用条件。
4. 阐述组织如何进行人力资源管理。
5. 解释组织文化的结构和组织文化建设的原则与作用。
6. 简述组织变革的动因、过程和发展趋势。

开篇案例

案例 4.1 温特图书公司的组织改组

温特图书公司原是美国一家地方性的图书公司。近 10 年来，这个公司从一个中部小镇的书店发展成为一个跨越 7 个地区，拥有 47 家分店的图书公司。多年来，公司的经营管理基本上是成功的。下属各分店，除 7 个处于市镇的闹区外，其余分店都位于僻静的地区。除了少数分店也兼营一些其他商品外，绝大多数的分店都专营图书。每个分店的年销售量为 26 万美元，纯盈利达 2 万美元。但是近 3 年来，公司的利润开始下降。

2 个月前，公司新聘苏珊任该图书公司的总经理。经过一段时间对公司历史和现状的调查了解，苏珊与公司的 3 位副总经理和 6 个地区经理共同讨论公司的形势。

苏珊认为，她首先要做的是对公司的组织进行改革。就目前来说，公司的 6 个地区经理都全权负责各自地区内的所有分店，并且掌握有关资金的借贷、各分店经理的任免、广告宣传和投资等权力。在阐述了自己的观点以后，苏珊便提出了改组组织的问题。

一位副总经理说道："我同意你改组的意见。就目前的情况来说，我们虽聘任了各分店的经理，但是我们却没有给他们进行控制指挥的权力，我们应该使他成为一个有职有权，名副其实的经理，而不是有名无实，只有经理的虚名，实际上却做销售员的工作。"

另一位副总经理抢着发言："你们认为应该对组织结构进行改革，这是对的。但是，在如何改的问题上,我认为你的看法是错误的。我认为,我们不需要设什么分店的业务经理。我们公司的规模这么大,应该建立管理资讯系统。我们可以透过资讯系统在总部进行统一的控制指挥,广告工作也应由公司统一规划,而不是让各分店自行处理。如果统一集中的话。就用不着花这么多工夫去聘请这么多的分店经理了。”

“你们两位该不是忘记我们了吧?”一位地区经理插话说:“如果我们采用第一种计划,那么所有的工作都推到了分店经理的身上;如果采用第二种方案,那么总部就要包揽一切。我认为,如果不设立一些地区性的部门,要管理好这么多的分店是不可能的。”

“我们并不是要让你们失业。”苏珊插话说:“我们只是想把公司的工作做得更好。我要对组织进行改革,并不是要增加人手或是裁员。我只是认为,如果公司某些部门的组织能安排得更好,工作的效率就会提高。”

思考题:

1. 有哪些因素促使该图书公司要进行组织变革?

2. 你认为该图书公司现有的组织形态和讨论会中两个副总经理所提出的计划怎么样?

资料来源:作者不详. 温特图书公司的组织改组[DB]. 豆丁网. [2014-05-16]. http://www.docin.com/p-776398649.html

4.1 组织概述

4.1.1 组织的含义和特征

1. 组织的含义

其一,作为一个名词,组织是指为了达到自身的目标而结合在一起的具有正式关系的一群人。对于正式组织,这种关系是指人们正式的、有意形成的职务和职位结构。首先,组织必须有目标,组织正是为达到某种目标而产生和存在的。第二,在组织中工作的人们,必须各自承担一定的职务。第三,应该对要求人们所承担的各项职务进行特意的规划和设计,确保各项活动协调一致。

其二,作为一个动词,组织是一个过程,主要指人们为了适应环境的变化达到预期的目标而维持或变革组织结构,对组织的活动进行合理的分工与协作,从而使组织结构发挥作用的过程。首先,管理者要根据工作的需要,对组织结构进行精心设计,明确每个岗位的任务、权力、责任、相互关系以及信息沟通的渠道,使人们在实现目标的过程中,能发挥出比个人力量总和更大的力量、更高的效率。第二,随着竞争的日益加剧,组织所处的环境不断变化,为了与变化的环境相适应,管理者要对组织结构进行改革和创新或再造(Re-engineering)。第三,合理的组织结构只是为达到目标提供了一个前提,要有效地完成组织的任务,还需要各层管理者能动地、合理地协调人力、物力、财力和信息,使组织结构得以高效地进行。

2. 组织的特征

通常认为任何组织都具有三种共同的特征，如图 4.1 所示。

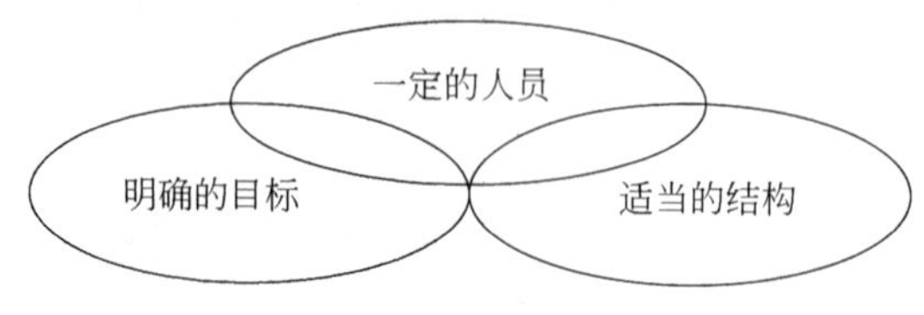

图 4.1 组织的特征

（1）有明确的目标

每一个组织都有一个明确的目标，并且该目标应该是可以被考核的。组织目标可以是单个的，也可以是相互联系的一组。组织的目标反映了组织所希望达到的状态。比如，学校的目标就是教书育人，医院的目标是治病救人，派出所的目标是维护治安打击犯罪等。

（2）一定的人员

每一个组织都是由人员组成的，一般来说，组织必须要由两个或两人以上的人员组成。组织需要人员来完成工作，通过各种资源的有效利用来实现组织的目标，并且组织的人员之间是分工协作的。

（3）建立适当的结构

每一个组织都要建立适当的组织结构，以便组织成员明确他们的工作职责和彼此的关系。组织结构类型多种多样，有的组织结构比较开放灵活，有的组织结构则比较严格规范。

除此之外，一个有效的组织还应该具有为了履行其必要的职责所需要的信息和各种资源。

4.1.2 组织的类型

在现实生活中，组织可以按不同标准进行分类，以下将对几种类型的组织进行一些简单的介绍。

1. 按组织的形成方式分类

按组织的不同形成方式，将组织分为正式组织和非正式组织。这一分类方法来源于美国著名的人际关系家乔治・埃尔顿・W. 梅奥。

（1）正式组织。如果有两个或两个以上的人，按照某一既定目标而有意识地协调他们的活动时，就构成正式组织。孔茨指出，正式组织是通过对角色职务结构的刻意设计而产生的，主要表现在指挥链、职权与责任的关系及功能作用。由此可见，正式组织是为了有效实现组织目标，而明确规定组织成员之间职责范围和相互关系的一种机构，其组织制度和规范对成员具有正式的约束力。例如，企业的销售部门、财务部门、人力资源管理部门等都属于正式组织。然而，把某一个组织称为正式组织并不是意味着这个组织就是固定的、一成不变的。正式组织也必须具有灵活性，可以让其成员充分地发挥其才能，充分利用成员的创造性天赋，同时应该认可组织成员个人的喜好和倾向。

(2) 非正式组织。非正式组织是人们在共同工作或活动中，由于具有共同的兴趣和爱好，以共同的利益和需要为基础而自发形成的团体。堪称管理学经典著作《总经理的职能》的作者巴纳德认为，任何没有自觉的共同宗旨的群体活动，即使有助于共同的结果，也是非正式组织。非正式组织的最大特点是感情的联系和快速的信息沟通，它是一个人们互相联系而形成的人际关系网络。比如，非正式组织可以是同住在一个小区的邻居，经常周末一起打球的伙伴等等。

2. 按照是否以营利为目的分类

(1) 营利性组织。营利性组织是以获取利润为目标的组织。组织通过获利来支持其正常的运转，通过竞争来占领市场，获得利润。比如，酒店、商场等都属于营利性组织。

(2) 非营利性组织。非营利性组织是相对于营利性组织而言的。指的是指社会团体和其他社会力量以及个人举办的从事社会服务活动的社会组织，而不是以营利为目的。非营利组织并不等于没有盈利，其资金来源主要依靠社会慈善机构、个人的捐赠和政府的补贴。主要分布在教育、医疗、文化、科研、体育，以及各类社会团体中，其具体表现形式大致分为三类：第一类是行政部门的服务性单位；第二类是行政主管部门与民间资金相结合组成的单位；第三类是自治性的民间组织。

3. 按照组织形态分类

按照组织形态，可以分为实体组织和虚拟组织。

(1) 实体组织，是为了实现某一个共同目标，经由分工与合作及不同层次的权力和责任制度而构成的人群集合系统。实体组织必须有共同的目标、必须有分工协作，还要具有不同层次的权利与责任制度。之所以称之为实体组织是为了和虚拟组织相对。

(2) 虚拟组织是一个不太严谨的概念，是一种区别于传统组织的，以信息技术为支撑的人机一体化组织，主要指两个以上的独立的实体(可能是供应商、客户，甚至是竞争对手)，为迅速向市场提供产品和服务，在一定时间内结成的动态联盟。虚拟组织是一种开放式的组织结构，因此可以在拥有充分信息的条件下，从众多的组织中通过竞争招标或自由选择等方式精选出合作伙伴，迅速形成各专业领域中独特的优势，实现对外部资源的整合利用，从而以强大的结构成本优势和机动性，完成单个企业难以承担的市场功能，如产品开发、生产和销售。在形式上，虚拟组织没有固定空间和时间限制。组织成员通过高度自律和高度的价值取向共同实现团队的共同目标。虚拟组织主要具有如下几个特点：一是合作型竞争，二是组织结构的动态性，三是组织结构扁平化，四是组织的学习性。

4.1.3 组织的功能

现代社会由各种各样的组织组成，人们利用组织把资源集中起来，从事经济、政治、文化等社会活动。组织通过不断的变革来适应外部环境的变化，在与外部环境的适应过程中，组织自觉不自觉地也对经济和社会环境产生了重要影响。这就是组织作为社会的有机整体在发挥其功能。组织的功能就是为了消除由于工作或者职责方面所引起的各种冲突，使其成员能在各自的岗位上为组织目标的实现做出应有的贡献，它可以完成单独个体的简单总和所不能完成的任务。组织的功能主要有以下三点：

1. 力量汇集功能

力量汇集是组织的基本功能。把分散的个体汇集成为集体，可以实现单独个体无法达到的目标，这就是组织的力量汇集功能。用简单的数字公式表示，就是“1＋1＝2”。由于资源的有限性，为了达到个人的和组织的共同目标，人们就必须进行合作，于是组织的汇集功能便应运而生。

2. 力量放大功能

力量放大是组织的核心功能。比力量汇集功能更进一步，通过组织内部成员有效的分工与协作，个体力量的集合还可以实现个体力量简单加总无法达到的目标，这就是组织的力量放大功能。表现为“整体大于部分之和”的协同效应，用简单的数学公式表示，就是“1＋1＞2”。企业要想生存下去，就必须取得“产出”大于“投入”的经济效果，这就需要依靠这种组织力量的放大功能。因此，力量放大功能是组织生存、发展壮大的根本保障。

3. 组织的交换功能

组织成员之所以选择某个特定的组织进行学习或者工作，为之投入一定的时间、精力和经验知识等资源，就是希望可以从组织中获取其必需的利益或者报酬；而组织选择某个个体成为其成员，也正是看中了该个体的某项特殊的能力或者技能可以为组织的发展贡献力量，组织和其成员个人之间存在必要的交换关系。因此，个人和组织之间的关系需要建立在一种双赢的基础之上，才能形成双方都满意的关系。

4.1.4 组织职能的基本内容

其他管理职能一样，组织职能也是一个动态的活动过程，它包括了以下几个基本内容：

1. 组织设计

组织设计是一个动态的工作过程，包含了众多的工作内容。科学的进行组织设计，要根据组织设计的内在规律性有步骤的进行，才能取得良好效果。其主要工作包括组织部门划分和层次的划分；岗位任务、职责、权力的确定；各部门、岗位之间的相互关系的确定等。组织设计合理与否将在很大程度上决定着其运作效率的高低。

2. 组织运作

组织运作就是要使设计好的组织能够有效地运转起来，否则设计得再好的组织无法正常的运作，也就无法实现组织的目标。确定岗位职责，确定管理层次和管理跨度，不同层级之间的信息沟通，各种规章制度的制定等都属于组织运作，这些工作的实现保障了组织运转的正常化、规范化。

3. 组织创新

内外部环境的变化,资源的不断整合与变动,都给组织的运营带来了机遇与挑战。组织创新指的是:组织面对内部和外部的挑战,将其资源进行重组与重置,采用新的管理方法和方式,新的组织结构,以及对组织成员的观念、态度和行为以及成员之间的合作精神等进行有目的的、系统的调整和革新,使企业发挥更大效益的创新活动,提高组织效能,以适应新的形势,与时俱进。

案例 4.2 员工为何辞职

阳贡公司是一家中外合资的高科技企业,其技术在国内同行业中居于领先水平。公司员工100人左右,技术、业务人员绝大部分为近几年毕业的大学生,其余为高中学历的操作人员。目前,公司员工当中普遍存在着对公司的不满情绪,辞职率也相当高。

员工对公司的不满始于公司筹建初期,当时公司曾派遣一批技术人员出国培训,这批技术人员在培训期间结下了深厚的友谊,回国后也经常聚会。在出国期间,他们合法获得了出国人员的学习补助金,但在回国后公司领导要求他们将补助金交给公司所有,于是矛盾出现了。技术人员据理不交,双方僵持不下,公司领导便找这些人逐个反复谈话,言辞激烈,并采取一些行政制裁措施给他们施加压力。

少数几个人曾经出现了犹豫,却遭到其他人员的强烈批评,最终这批人员当中没有一个人按领导的意图行事,这导致双方矛盾日趋激化。最后,公司领导不得不承认这些人已形成了一个非正式组织团体。由于没有法律依据,公司只好作罢。因为这件事造成公司内耗相当大,公司领导因为这批技术人员"不服从"上级而非常气恼,对他们有了一些成见,而这些技术人员也知道领导对他们的看法。

于是,陆续有人开始寻找机会"跳槽"。一次,公司领导得知一家同行业的公司来"挖人",公司内部也有不少技术人员前去应聘,为了准确地知道公司内部有哪些人去应聘,公司领导特意安排两个心腹装作应聘人员前去打探,并得到了应聘人员的名单。谁知这个秘密不胫而走,应聘人员都知道自己已经上了"黑名单",于是在后来都相继辞职而去。

思考题:

1. 什么是非正式组织?
2. 为什么该公司领导认为一些人已形成了一个非正式组织?
3. 非正式组织的存在对于企业有何作用与影响?

资料来源:作者不详.员工为何辞职[DB].豆丁网.[2014-05-16].http://www.docin.com/p-436808986.html

4.2 组织设计

4.2.1 组织设计的定义

要安排一个合理的组织结构,就必须重视"组织设计"。所谓组织设计,就是指人们为了实现共同的目标而组合的有机整体，是以组织结构安排为核心的组织系统的整体设计工作，对组织开展工作、实现目标所必须的各种资源进行安排，以便在适当的时间、适当的地点把工作所需的各方面力量有效地组合到一起的管理活动过程。如今，人类社会的组织空前发展，其影响已经渗入到社会、经济、文化和家庭等所有的社会生活领域当中，可以说组织对人类生活的渗透无处不在。一个人的一生是离不开组织的，从幼儿园、小学、中学、大学，到各类培训学校、机关、团体、公司企业等。

4.2.2 组织设计的内容

管理者在进行组织结构设计时，必须正确考虑 6 个关键因素：工作专门化、部门化、管理跨度与管理层次、统一指挥、集权与分权、正规化。

1. 工作专门化

工作专门化指的是组织把工作任务划分成若干个步骤来完成的细化程度，其实质是：一个人不是承担一项工作的全部，而只是完成某一步骤或某一环节的工作。世界上第一个使用流水线大批量生产汽车的福特公司，可以说是工作专门化的最佳代表。福特的做法是给公司每一名员工分配特定的、重复性的工作：有的员工只负责装配汽车的右前轮，有的则只负责安装右前门。通过把制造汽车的工作分化成较小的、标准化的任务，使员工能够反复地进行同一种操作，通过高度的工作专门化，福特公司的生产效率一直在业界名列前茅。

20 世纪上半叶以前，管理者把工作专门化看作提高生产率的不尽源泉，只要引入工作专门化，就能大幅度提高生产效率。但到了 20 世纪 60 年代以后，越来越多的证据表明，过度的工作专门化会带来一些负面影响，表现为员工的厌烦情绪、疲劳感、压力感、低生产率、低质量、缺勤率上升、流动率上升等。

现在，大多数管理者并不认为工作专门化已经过时，也不认为它是提高生产率的不竭之源。他们认识到了在某些类型的工作中工作专门化仍然具有积极的作用，例如，在快餐业，管理者运用工作专门化来提高生产和销售快餐食品的效率。

同时，管理者也认识到过度的专门化可能带来的问题。他们尝试通过工作扩大化、工作轮换和工作丰富化来缓解其不良影响。工作扩大化是指工作范围的扩大或工作多样性，从而给员工增加了工作种类和工作强度。工作扩大化使员工有更多的工作可做，使员工的工作内容增加，要求员工掌握更多的知识和技能，从而提高员工的工作兴趣。工作轮换是一种短期的工作调动，是指在组织的几种不同职能领域中为员工做出一系列的工作任务安排，或者在某个单一的职能领域或部门中，为员工提供在各种不同工作岗位之间流动的机会。工作丰富化是指在工作中赋予员工更多的责任、自主权和控制权。工作丰富化与工作扩大化、工作轮换都不同，它不是水平地增加员工工作的内容，而是垂直地增加工作内容。这样员工会承担更多重的任务、更大的责任，员工有更多的自主权和更高程度的自我管理，使其体验工作的内在意义、挑战性和成就感。

2. 部门化

部门化是将若干工作和人员组合在一起的依据和方式。它是将组织中的活动按照一定的逻辑安排，划分为若干个管理单位。部门划分的目的是：确定组织中各项任务的分配和责任的归属，以求分工合理、职责分明，有效地实现组织的目标。部门的划分一般依据工作职能、提供的产品或服务、地区分布、顾客类型或者生产过程等进行，如图 4.2 所示。

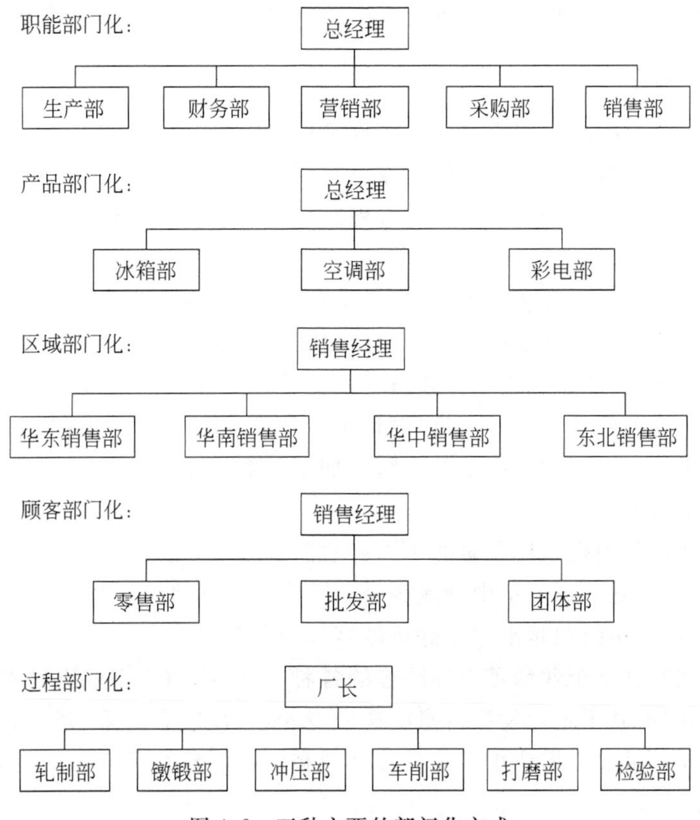

图 4.2　五种主要的部门化方式

(1) 职能部门化

按职能划分部门是现代企业组织最常见的一种方法，它是以工作或任务的性质为基础来划分部门，凡属同一性质的工作都置于同一部门，由该部门全权负责相关工作职能的执行。比如，一家制造性企业中设置采购、生产、营销、财务、销售等部门就是按职能划分的。

职能部门化遵循分工和专业化原则，将拥有相同技能、知识和观念的人员组合在一起从而提高工作效率，有利于充分发挥专业职能，有利于提高部门管理者的技术水平和管理水平，有助于部门目标的实现。但是，职能部门化也存在着一定的缺陷，由于各部门长期专注于某种专业业务的运营和管理，容易导致与其他职能部门之间的沟通不良，也可能导致工作人员过度关注本部门目标而忽视了组织的整体目标。

（2）产品部门化

产品部门化是指根据产品或产品系列来设立部门、划分管理单位。在这种方式下，同一产品或产品系列的设计、生产、销售等工作划归一个部门负责。按产品划分部门的做法，正在广泛地被应用，而且也越来越受到重视。在一些大型的多品种经营的企业里，按产品划分部门往往成为一种通常的准则。

产品部门化的优点在于，可以促进特定产品或服务的专门化经营，有助于培养专家式的管理人才，有助于贴近顾客。产品部门化的缺点是需要更多的具有全面管理才能的人才，而这类人才往往不易得到，而且每一个产品部都有一定的独立权力，高层管理人员有时会难以控制。

（3）区域部门化

区域部门化是根据地理因素来设立管理部门，把同一地区或区域内发生的各种业务活动划归同一部门全权负责。其目的是充分利用当地的人力、物力和财力，以便获取区域经营的效益。区域部门化较多应用于一些地理位置比较分散的组织，特别适用于规模大的公司，尤其是跨国公司。

因为不同区域的政治经济形势、文化科学技术水平、顾客对产品的要求、购买习惯等都有很大差别。按区域划分部门，有利于各部门因地制宜地制定政策、进行决策，提高管理的适应性和有效性，还有利于培养独当一面的管理人才。但是，区域部门化的缺点是，需要更多的具有全面管理能力的人员，而且每一个区域都是一个相对独立的单位，加上时间和空间上的限制，往往是“天高皇帝远”，增加了总部控制的难度。

（4）顾客部门化

顾客部门化就是根据目标顾客的不同利益需求来划分部门。随着市场竞争的日趋激烈，迫使管理者把注意力再度集中到顾客身上。为了更好地为顾客服务，及时对顾客需要的变化作出反应，许多组织越来越偏好按顾客来划分部门。

顾客部门化有利于企业满足目标顾客的各种需求，有利于企业有针对性地按需生产和按需促销，同时有利于企业发挥自身的核心专长，创新顾客需求，建立持久性的竞争优势。顾客部门化的缺点是需要更多能妥善处理和协调顾客关系问题的管理人员。

（5）过程部门化

过程部门化又称工艺部门化，是指企业按生产过程、工艺流程或设备来划分部门。如：机械制造型企业划分出轧制车间、镦锻车间、冲压车间、车削车间等部门。这种划分方式适用于生产工艺复杂、要求严格的企业组织，有利于生产活动更有效的运行，有助于加强专业工艺管理，提高工艺水平。

一个组织究竟采用何种方式划分部门，应视具体情况而定，而且这些划分方式往往是结合采用的，如生产部门可按工艺或产品划分；销售部门则可根据实际需要按地区或客户划分。

然而，近些年企业的部门化出现了一种新趋势，部分企业开始采用跨越传统部门界限的团队，使原来僵硬的部门划分得到补充。如今的市场环境复杂而多变，组织面临的任务越来越复杂，完成这些任务需要多样化的技能，以及需要不同专业的各类人员的共同协作，因此，组织越来越多地使用了工作团队和任务小组的方式。

3. 管理跨度与管理层次

管理跨度是指一个管理者直接管理的下属的数量。所谓管理层次，就是在职权等级链上所设置的管理职位的级数。管理跨度在很大程度上决定了组织层次的数量和管理人员的数量。在任何一个具有一定规模的组织之中，最高管理者由于受到时间、精力等诸多因素的限制，他不可能直接管理整个组织的所有方方面面的活动。他通常是通过直接管理几个有限数量的下属管理人员，委托他们协助完成自己的部分管理责任。这些承担管理责任的下一级管理人员，又需要通过若干直接下属来协助完成其管理使命，以此类推，直至具体作业活动的管理。这样就形成了组织中由最高管理者到具体工作人员之间的不同层级的管理层次。

我们以作业人员为 4 096 人的两个组织进行比较，如果一个组织的管理跨度是 4，另一个组织的管理跨度是 8，那么其相应的管理层次为 6 和 4，所需的管理人员数为 1 365 名和 585 名，如图 4.3 所示。

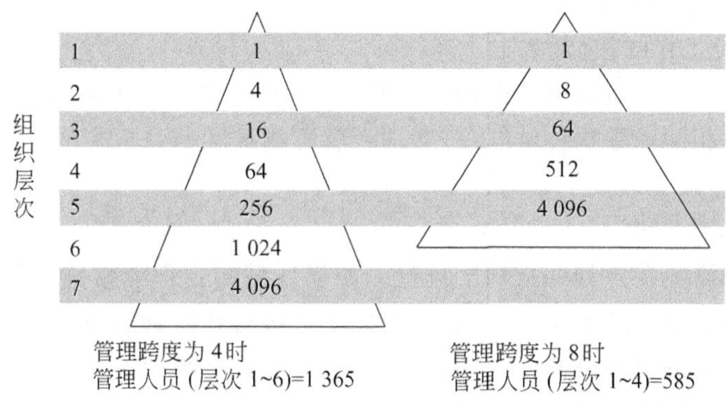

图 4.3　管理跨度对比

一个组织究竟设有多少级的管理层次比较合理？这需要考虑组织规模和管理跨度的影响。在管理跨度给定的条件下，管理层次与组织规模大小成正比，组织的规模越大，作业人员数量越多，那么所需要的管理层次就越多。在组织规模给定的条件下，管理层次与管理跨度成反比，每个管理者所能直接管理的下属人数越多，所需的管理层次就越少。

按照管理跨度和管理层次的不同，组织会形成两种典型的结构：扁平结构和高耸结构。扁平结构是指管理跨度大而管理层次少的结构。扁平结构的层次少，有利于缩短上下级距离，密切上下级之间的关系，信息纵向流通速度快；由于管理跨度大，被管理者有较大的自主性和创造性，也有利于选择和培训下属人员。但由于不能严密地监督下级，使上下级的协调较差，管理跨度的加大，也增加了同级间相互沟通联络的困难。高耸结构就是管理层次多而管理跨度小的结构。高耸结构具有管理严密，分工细致明确，上下级易于协调的特点。但层次增多，需要的管理人员增多，协调工作急剧增加，互相扯皮的事层出不穷；由于管理严密，影响了下级人员的积极性与创造性。

任何组织在进行组织设计时都必须考虑管理跨度问题。一般来说，即使在同样获得成功的组织中，每位管理者直接管辖的下属数量也不一定相同。每个组织都必须根据自身的情况来确定适当的管理跨度，在此基础上再确定组织的管理层次数。有效管理跨度的大小受到管理者和被管理者的素质能力、工作内容、工作条件与工作环境等诸多因素的影响。

（1）素质能力

如果一个管理者的综合能力较强，可以迅速地把握问题的关键，对下属的工作提出恰当的指导建议，并使下属明确地理解，从而可以缩短与每一位下属接触的时间。同样，如果下属人员的工作能力较强，受到过良好的培训，则可以独立地完成各项工作任务，从而可以减少向上司请示的时间。这样，管理者的管理跨度便可适当宽些。

（2）工作内容

① 管理者的级别

管理者工作主要是做决策和用人，但处在管理系统中不同层次的管理者，决策与用人的比重也各不相同。决策的工作量越大，管理者用于指导和协调下属的时间就越少。而且，越是处于组织高层的管理者，其决策职能就越重要。因此，作为组织的高层管理者，其管理跨度较中层和基层管理人员要小。

② 被管理者工作的相似性

如果下级工作人员所从事工作的内容和性质相近，那么管理者对每个人工作的指导和建议就会大体相同。在这种情况下，管理者就可指挥和监督更多的下属人员，其管理跨度就会大一些。

③ 计划的完善程度

任何工作都需要在计划的指导下进行。如果计划制定得非常详尽周到，下属对计划的目的和要求有十分清楚的了解，下属只需要认真执行计划就能完成工作任务。这样，需要管理者亲自指导的情形就减少，其有效的管理跨度就会增加。

④ 非管理性事务的多少

管理者作为组织不同层次的代表，往往需要花费相当的时间去从事一些非管理性事务。处理这些事务所需的时间越多，则管理下属的时间就越少，此时管理跨度就越不可能扩大。

（3）工作条件

① 工作地点的接近性

如果下属人员的工作岗位在地理上的分布较为分散，那么，下属与管理者，以及下属与下属之间的沟通就相对比较困难，从而该管理者所能管理的直接下属数量就要减少。

② 信息手段的配置情况

利用先进的信息技术去收集、处理和传输信息，一方面可以帮助管理者更及时、全面地了解下属的工作情况，从而提出有用的忠告和建议；另一方面下属人员也可以更多地了解到与自己工作有关的情况，从而更好地自主处理分内的事务，这显然有利于扩大管理者的管理跨度。

③ 助手的配备情况

如果给管理者配备必要的助手，由助手去和下属进行一般的联络，并直接处理一些明显的次要问题，这样就可以大大减少管理者的工作量，增加其有效的管理跨度。

(4) 工作环境

组织环境的稳定性对组织活动内容和政策的调整频率与幅度有着很大的影响。环境越不稳定，变化程度越大，组织中遇到的新问题就越多，下属向上级的请示就越有必要、越经常；而上级管理者需要花大量的时间去关注环境的变化，考虑应变的措施。这样就导致管理者用于指导下属工作的时间和精力就越少。因此，环境越不稳定，各层次管理人员的管理跨度就会越小。

4. 统一指挥

统一指挥是指组织中任何一个下属应当只能接受一个上级的直接领导，多头指挥会导致下属无所适从的尴尬局面。此外，任何一个上级不能越级指挥和命令非直接下属，但可以越级检查工作；任何一个下级不能越级请示非直接上级，但可以反映情况，提出建议。统一指挥使企业内各个职位的权责明确，沟通渠道清晰，命令逐级下达，工作逐级上报，从而形成一个权威、有效的企业指挥系统。

实现统一指挥的关键是要明确各级管理人员的职权。所谓职权是指管理职务所固有的发布命令和希望命令得到执行的一种权力。为了促进决策和协调，各级管理者作为组织中指挥系统的一员，需要被赋予一定程度的自主权以便履行其职责。每一个管理职位都具有某种特定的、内在的权力，任职者可以从该职位的等级或头衔中获得职权。因此，职权与组织内的职位有关，在职就有权，离职者不再享有该职位的任何权力。组织内的职权包括直线职权、参谋职权和职能职权三种类型。

(1) 直线职权

直线职权是一种完整的职权，是协调组织的人、财、物，保证组织目标实现的基本权力。拥有直线职权的人可以做出各种决策，指挥和命令下属。凡是管理者对其下属人员都拥有直线职权。在企业中，董事长对总经理、总经理对部门经理、部门经理对其部门成员拥有直线职权。这种指挥命令关系从组织的最高层一直延伸到最基层，形成一条"指挥链"，作为"指挥链"中的一个环节的管理者有指挥下级的权力，同时又接受他的上级的指挥。

(2) 参谋职权

参谋职权是一种不完整的职权，它是有一定限度的职权。拥有参谋职权的管理者可以向拥有直线职权的管理者提供协助或服务，但参谋职权本身并不包括指挥和决策。从本质上说，参谋职权是一种顾问性的或服务性的职权，当一个组织的规模扩大到一定程度，直线职权已不足以应付所面临的许多复杂问题时，就需要设置参谋职权。在组织中可以通过个人参谋和专业参谋两种形式来设置参谋职权。个人参谋是直线管理者的参谋和助手，为直线管理者提供各种咨询和建议，协助直线管理者执行职权，比如直线管理者的私人助理或顾问。而专业参谋是一个参谋团队，通常是一个独立的机构或部门，它往往聚合了一些专家或学者，主要为各级直线管理者提供一些专业性的建议或服务。

(3) 职能职权

直线管理者为了提高工作效率，往往把一部分原属于自己的指挥和命令直接下属的权力授予参谋人员或参谋部门的管理人员，这便产生了职能职权。这些参谋部门或参谋人员不仅具有咨询和服务的责任，而且在某种职能范围内具有一定的决策、监督和控制权。由此可以看出，职能职权是组织职权的一个特例，可以认为它介于直线职权与参谋职权之间。

在组织管理工作中，要正确处理好三种职权的关系。首先，确保直线职权的有效运用。直线职权是保证组织有效运行的首要职权，参谋职权和职能职权的运用要以不削弱直线职权的权威性和有效性为前提。而确保直线职权的有效运用，直线管理者必须保持独立的思考和决断能力，不能为参谋的建议所左右。其次，注意发挥参谋职权的作用。要求明确直线与参谋的关系，分清双方的职权关系与存在价值，形成相互尊重、相互配合的良好基础，直线管理者要为参谋人员提供必要的信息条件，以便从参谋人员处获得有价值的支持。最后，要适当限制职能职权。职能职权的出现是为了更有效地实施管理，但往往会带来多头领导的弊端。所以，在使用职能职权时，就要正确地衡量这种得与失，要限制职能职权的使用范围，避免削弱直线管理者的工作。

5. 集权与分权

集权是指决策权在组织系统中较高层次的一定程度的集中，与此相对应，分权是指决策权在组织系统中较低层次的一定程度的分散。在一些组织中，高层管理者制定所有的决策，而低层管理人员只是执行高层管理者的指示。另一种极端情况是，组织把决策权下放到最基层管理人员手中。前者是高度集权式的组织，而后者则是高度分权式的组织。为保证组织的有效运行，必须处理好集权与分权的关系。

在现实中，集权或分权只是一个相对的概念，绝对的集权或是绝对的分权是不存在的。因为绝对的集权意味着所有的决策全部集中在一个特定的高层管理者团队中，这样的组织是不可能有效运行的；而绝对的分权也不可能，如果将所有的决策权都授予最基层的员工，那么组织的运行势必导致混乱，也不会是有效的。

在成功的企业中，既有许多被认为是相对分权的企业，也有许多被认为是相对集权的企业。就是在同一个企业的不同发展阶段，其集权和分权的程度也不完全相同。表 4.1 列出了影响组织集权与分权程度的几个因素。

表 4.1 影响集权与分权程度的因素

影响因素	集权化	分权化
经营环境	环境稳定	环境复杂且不确定
组织规模	组织规模较小	组织规模大
决策的重要性	决策的影响大	决策的影响相对小
管理者素质	低层管理者能力有限	管理者普遍素质高

当前组织管理中已出现的一个明显趋势是下授决策权即授权。授权是组织分权的一种常见形式。一般分权可以通过两种途径来实现：一种是制度分权，即改变组织设计中对管理权限的制度分配。制度分权属于制度性、长期性、系统地将权力下放，权力较长时间停留在中下层管理者手中。而第二种形式就是授权。所谓授权，就是指上级管理者将

部分职权委让给对其直接报告工作的下属的行为。授权是任务性、临时性地将权力下放,权力可以随时收回。授权的本质含义就是:管理者不要去做别人能做的事,而只做那些必须由自己来做的事。任何一个管理者,其时间、精力、知识和能力都是有限度的,一个人不可能事必躬亲去承担实现组织目标所必须的全部任务。授权可以使管理者的能力在无形中得以延伸。真正的管理者必须知道如何有效地借助他人的力量去实现组织的目标。

管理者在授权时应该注意以下几个问题:

(1) 授权的范围和程度

管理者在进行授权的时候,一定要审慎地确定授权的范围和程度,需要明确哪些工作是可以授权下属来全权负责的,哪些职能部分授权,哪些工作是必须自己亲自来完成而不可以授权的。授权不是无限制地放权,而是委任和授放给下属在某些条件下处理特定问题的权力,所以,必须使下属十分明确地知道授予给他们的权限的范围,过度地扩大授权的范围和程度可能会导致工作效率的低下,甚至混乱,反之,则会降低员工工作的积极性。

(2) 受权者的选择

"受权者"即接受上级所授权力和责任的个人。受权者如果选择失误,出现难以预料的授权后果往往不可避免,还会给领导者留下后遗症——"麻烦"。因而,不夸张地说,选好受权者,是授权工作的基础和关键环节。授权的目的是需要下属代表自己来组织完成某一特定的工作或任务,要确保工作的有效性。管理者在选人时,应该综合考虑这样几个问题:准受权人具有什么样的能力、特长和工作经验?他最擅长承担何种工作?是否可以担负管理职责?准受权人目前担负的工作与拟授权的工作关系是否紧密?目前工作绩效如何?准受权人应被安排做何种工作才能尽可能地调动他的工作热情和潜力?哪项工作对准授权人最富有创造性?他对哪项工作最关心、最感兴趣?

(3)监控权的确认

管理者应该明白自己对授予下属完成的任务执行情况负有最终的责任,为此需要对下属的工作情况和权力使用情况进行监督检查,并根据检查结果调整所授权力或者收回权力。同时要防止授权失衡、失控。失控有两重含义:一是权力授出后,领导者对下级没有约束力;二是下级逐渐"翅膀硬了",不听命于上级,甚至出现了侵犯上级职权的现象——"越权"现象。必须看到,授权应是单向的,即由上至下。因此,管理者的监控权就显得尤为重要。

6. 正规化

正规化是指组织中各项工作标准化以及员工行为受规则和程序约束的程度。如果一种工作的正规化程度较高,就意味着承担这项工作的人员对工作内容、工作时间、工作方法等几乎没有自主权。组织期望通过高度的正规化使员工以同样的方式投入工作,能够保证稳定一致的产出结果。在高度正规化的组织中,有明确的工作说明书,有许多的组织规章制度,对于工作流程有详尽的规定。而对于正规化程度较低的工作,员工就有较大的自主空间去决定怎么来做该项工作。因此,工作标准化程度越高,员工决定自己工作方式的权力就越小。工作标准化不仅减少了员工选择工作行为的可能性,而且使员工无须考虑选择其他工作行为。

在不同的组织中，正规化程度有很大的差别。比如，有的企业应用军事化管理，其正规化程度较高，员工的言行要严格遵守组织的规章制度要求。而一些正规化程度较低的企业，员工的行为限制较少，自由度相对来说大一些。而且，即使是在同一个企业里，正规化程度也可能不同。比如，在一家广告公司，创意部门就拥有较大的工作自主权，而财务部门的工作却要求很高的标准化。

4.2.3 组织设计的原则与程序

1. 组织设计的原则

有关组织设计的原则，实质上是古典管理学派对管理理论做出的贡献。古典管理理论的亨利·法约尔、詹姆斯·D. 穆尼和切斯特·I. 巴纳德等人对组织理论提出和发展做出了积极的贡献。

随着经济的发展，组织设计的理论在不断发展，组织结构的形式有多种多样，但无论是何种结构，设计者在进行组织结构设计时，应注意遵循一些最基本的原则。这些原则是在大量实践的基础上总结出来的，它凝聚着前人在组织结构设计方面成功的经验与失败的教训。

（1）任务目标原则

任何一个组织，都有其特定的任务和目标，组织设计者的根本目的是保证组织的任务和目标的实现，组织设计者的每一项工作都应以是否对实现目标有利为衡量标准。也就是说，组织设计必须紧紧围绕组织的生存和发展来进行，无论是组织局部的具体设计，还是组织整体框架的设计，都必须以这一点作为基本原则。

（2）分工与协作原则

分工与协作原则是社会化生产的客观要求。随着社会生产力的发展，科学与技术的进步，分工越来越细，这正是现代社会的一个主要特征。但是随之而来的，就是协调工作越来越难，越来越重要。只有分工，没有协作，分工也就失去了意义。因此在进行组织设计时，要同时考虑这两方面的问题。

分工就是按照提高管理的专业化程度和工作效率的要求，把组织的任务和目标进行合理的分解，明确规定每个层次，每个部门乃至每个人的工作内容、工作范围，以及完成工作的手段、方式和方法。但分工时要注意粗细适当，分工过细，提高效率的希望会因为协调困难而无法实现；分工太粗，专业化水平和效率就低，容易产生推诿责任的现象。

协作就是要明确部门与部门之间、部门内人与人之间的协调关系与配合方法，找出容易发生矛盾之处，加以协调，并使协调中的各种关系逐步规范化和程序化，有具体可行的协调配合方法。

（3）命令统一原则

命令统一原则是组织设计中的一条重要原则。组织内部的分工越细，命令统一原则对于保证组织目标实现的作用就越重要。命令统一原则的实质，就是在管理工作中实行统一领导，建立起严格的责任制，消除多头领导、政出多门的现象，保证全部活动的有效领导和正常工作。

（4）管理幅度原则

管理幅度是指一个领导者直接而有效地领导与指挥下属的数目。管理幅度原则要求一个领导者要有适当的管理幅度。在同样规模的组织中，管理幅度扩大可使管理层次减少，加快信息传递，减少信息失真，从而使高层领导尽快发现问题，及时采取措施；管理层次减少，管理人员亦随之减少，可以降低管理费用的支出。因此，希望在能够有效管理的情况下尽量扩大管理幅度。但是这并不是说管理幅度越大越好，因为管理幅度大，上级管理者需要协调的工作量就会增大，具体地说，当直接指挥的下级数目呈数学级数增长时，领导需要协调的关系呈几何级数增加。厄威克还推出了如下著名公式：

$$\sum = n(2^{n-1} + n - 1)$$

式中：$\sum$ 为需协调的关系数，n 为管理幅度。

由此可见，上级管理者的管理幅度过大，就不能对每位下属进行充分、有效的指挥和监督，从而导致组织由于失控而失败。

究竟一个领导者的管理幅度以多大为宜，至今还是一个没有完全解决的问题。有人认为上层领导者的管理幅度以4～8人为宜，下层领导的管理幅度应为8～15人。美国管理协会曾对一百家大企业进行过一次调查，从调查情况看，公司总经理的下属人员从1～24人不等。其中有26名总经理的下属人员在6人以下，总平均下属数为9人。总之，管理者的管理幅度要根据组织的内部条件和外部环境的不同来综合权衡，适当确定。

（5）责权利对等原则

有了明显的合理的分工，也就明确了每个岗位的职责，即承担某一岗位职务的管理者，必须对该岗位所规定的工作完全负责。但要做到对工作完全负责就必须授予管理者相应的权力。因为组织中任何一项工作都需要利用一定的人、财、物等资源，因此在组织设计中，在规定了一个岗位的任务和责任的同时，还必须规定相应取得和利用人力、物力和财力的权力。没有明确的权力，或权力应用范围小于工作的要求，则可能使责任无法履行，任务无法完成。当然，对等的权责也意味着要赋予某位置权力不能超过其应负的职责，否则会导致不负责任地滥用职权，甚至会危及整个组织系统的运行。完全负责也就意味着责任者要承担全部风险，而要求责任者承担风险，就必须给其与风险相对应的收益作为补偿，否则，责任者就不会愿意承担这种风险。职责、权力和利益之间存在着一种等边三角形的关系。

（6）集权与分权相结合的原则

这一原则要求根据组织的实际需要来决定集权与分权的程度。集权与分权是相对的，没有绝对的集权，也没有绝对的分权，只是程度的不同。一个组织是采用集权还是实行分权受到各种因素的影响，如工作的性质与重要程度、组织历史与经营规模、管理者的数量与控制能力、组织外部环境的变化情况等。组织的工作性质变化小且工作重要时宜采用集权，反之，则实行分权；组织是由小企业发展而成且规模不大时往往采用集权，但组织是由若干独立的单位合并而成且规模大时往往实行分权；管理者数量少，控制能力强时宜采用集权管理，反之则应实行分权；组织的外部环境变化小时宜集权管理，变化大时宜分权管理。一个组织集权到什么程度，应以不妨碍基层人员的积极性发挥为限；分权到什么程度，应以上级不失去对下级的有效控制为限。另外，集权与分权不是一成不变的，应根据不同的情况和需要加以调整。

（7）稳定性与适应性相结合的原则

为保证企业的高效和各方面工作的正常运行，一个企业的组织结构应保持相对的稳定性。因为组织结构的变动，涉及人员、分工、职责、协调等各方面的调整，对人员的情绪、工作方法和习惯等带来各种影响，任何组织的运行都要有一个适应的过程。而企业的经营战略是要随着内外部条件变化而发展，管理组织又应当与经营战略保持协调一致的适应性。保持企业管理组织的稳定性，并不意味着组织结构一成不变，因为一成不变的僵化组织无法在变化的市场中灵敏反应，使企业失去发展的机会，甚至导致失败。但同时，强调组织要有适应性，并不是说管理组织可以随意变化，因为一个经常变化的组织将导致企业内部陷于混乱，效率低下，其适应性也无从谈起。以上分析说明，贯彻稳定性与适应性相结合的原则，应该是在保持稳定性的基础上进一步加强和提高企业组织结构的适应性。

（8）效益原则

任何组织的结构设计都是为了获得更高效益。组织设计的效益原则，就是要以较少的人员，较少的层次，较少的时间达到管理的效果，做到精干高效。队伍精干不等于越少越好，而是不多不少，一个顶一个，是能够保证满足需要的最少。精干高效，就是做到人人有事干，事事有人管，保质又保量，负荷都饱满。

（9）正确对待非正式组织的原则

以上我们讨论的组织结构设计，指的是对正式组织的设计，但在组织设计中，对于非正式组织也应当给予一定的关注。所谓非正式组织是指非经官方规定而自然形成的一种无形组织，在一个企业中，或因为是同乡、同学、师兄弟、老上下级关系而发生联系，或因为兴趣爱好一致而结合在一起。非正式组织中有核心人物，有共同的道德标准和价值观念。非正式组织在企业中是客观存在的，在企业各方面潜移默化地起着作用。这些作用对于组织来说既可以是离心的，也可以是向心的。管理人员应重视非正式组织的客观存在，采用适当的办法，给予正确的引导，避免与之对立。

2. 组织设计的程序

组织设计是一个动态的工作过程，包含了众多的工作内容。科学的进行组织设计，要根据组织设计的内在规律性有步骤的进行，才能取得良好效果。组织设计的思路也就是要做到“因事设人，以人成事”，即以适当的事情，定适当的位置，选适当的人员，做适当的事情。要变“有人无事干，有事无人干”为“人人有事干，事事有人干”。组织设计的一般程序如下：

（1）明确组织目标

每个组织最初都是为实现某种目标而建立的。目标是组织自我设计和自我保持的出发点，也成为衡量组织成功与否的标志。同时，组织成员必须了解组织目标的具体内容。

（2）设计原则的确定

根据企业的目标和特点，确定组织设计的方针、原则和主要的参数，指导企业设计以下步骤的具体实施。

(3) 基本职能的分析和设计

组织的基本职能即组织达到基本目标所需求的、足以单独表明的重大职能，也就是组织系统在特定的环境中保持正常运转、保证组织生存的发展所必须具备的功能。该步骤的主要工作在于：确定管理职能及其结构，层层分解到各项管理业务和工作中，进行管理业务的总设计。进行组织的基本职能分析必须解决以下三个重要问题：

① 组织中应该具备哪些基本职能？凡是实现组织目标和战略任务所客观需要的职能，均不能遗漏，以便进一步在组织上确定落脚点，即确定承担各项职能的部门；同时，基本职能之间不能有重复，以避免往下的组织结构设计时同时出现两个或更多的部门承担同一职能，那就会产生职责不清、互相推诿等问题，降低管理工作效率和效果。

② 各种职能之间相互联系、相互制约的关系是怎样的？搞清楚了这个问题，就可为部门设计奠定科学的基础。因为紧密联系的职能应属于同一管理子系统内，不宜分开，相互制约的职能则不能由同一部门或子系统承担，必须分开。否则，就会影响企业组织的横向协调与监督控制，造成管理工作的混乱。

③ 在各种职能中，什么是关键职能？这也是为以下的组织结构设置奠定基础，因为分工承担关键职能的部门是关键部门，应配置在组织结构的中心地位，其他部门的工作与之配合，以保证组织出色地履行职能。不然，各部门争当主角，形成多个中心，就会妨碍组织目标的实现。

(4) 结构框架的设计

设计各个管理层次、部门、岗位及其责任、权力，确定企业的组织系统图。确定了组织的基本职能后，对某些业务比较烦琐的职能要进行细分，形成若干个细分职能。其次，如果某一职能的业务工作较为简单，工作量也很少，那么，这一阶段的管理职能就可以考虑并入与其紧密关联的其他职能中去。或者某些职能密切相关，不可分割，也可以考虑并为同一职能。在职能细分、归类之后，进一步确定各个职能的纵向层次的横向跨度，从而确定组织的部门，形成完整的组织机构。

(5) 目标分解

目标分解就是将组织总目标分解为各职能部门和任务单位的具体目标，并进行目标之间的协调，从而形成组织目标体系化。通过目标分解，可以组织和协调各部门共同努力去实现组织目标，各具体目标又为评估各部门单位的业绩提供了具体的衡量标准。

(6) 人员的配备和培训

根据结构设计和目标的分解，定质、定量地配备各级管理人员。同时要进行职务分析，对某一职务的性质、内容、工作方法及该职务的任职条件等进行设计。职务分析应该明确、具体，特别是在有关职务的责任和义务方面，从而便于安排适当的人选。另外，组织要根据对在岗的管理人员根据不同的要求有针对性地进行定期、不定期的培训，以保证其能够更好地适应岗位工作。

(7) 管理控制

管理控制是为了保证整个组织机构能够按照设计要求正常运行所进行的过程管理和控制。首先，对于组织设计过程的管理控制必须以组织目标为导向。也就是说，整个过程控制标准必须按是否有利于实现组织的总体目标加以确定。

其次，要对管理工作的程序、管理工作的标准和管理工作的方法进行设计，作为管理人员行为的规范，这是指导组织活动的重要依据，也是保证组织机构能够按照设计正常运作的重要前提。

最后，是偏差纠正程序的设计，也就是当组织运作与标准程序及方法出现偏差时进行相应调整。这些程序的确立必须客观、公正的，必须排除管理者随意性因素。

4.2.4 组织设计的影响因素

什么因素导致不同行业、不同企业在组织结构方面的差别呢？组织学家提出，若干重要的处境性因素，包括组织战略、组织环境、组织规模和科技等，对组织结构有明显影响。权变理论强调，组织结构必须配合上述处境性因素。若配合得当，组织可以发挥优势，提高效率。因此，管理者需明了这些因素与不同组织结构之间的关系，从而合理地设计组织结构。

1. 组织战略对组织结构的影响

在影响组织结构的多种因素中，组织的战略是一个重要的因素。一个组织为了求得在竞争中取胜，争取本身在竞争中具有独特的优势，就要选择一个与自己条件相适应的战略，与此同时需要在组织结构上有所配合，才能令组织战略更有效地执行。

美国历史学家钱德勒(Alfred Chandler)在《战略与结构》一书中，最早系统地论述了组织战略对组织结构的影响。他在深入研究了美国一百多家企业的发展历史后，得出了企业从开始时的单一产品战略发展到后来的多种经营战略时，其组织结构也在发生着变化。单一战略要求与之相适应的、有效的组织结构应该是简单而高度集权的，规范程度和复杂程度都比较低。随着企业从单一经营发展到多种经营的战略，必然会产生横向组织结构的设立。如果企业为自身发展而采取纵向一体化战略时，就必须对其纵向的组织结构进行调整。企业的成长与发展引发了部门化、相互独立的产品小组以及各式各样的网络型组织结构的出现。否则，企业就会因组织结构的不适应而无法提高其效率。钱德勒的战略-结构理论，如表 4.2 所示。

表 4.2 钱德勒的战略-结构理论示意图

时　间	t	$t+1$	$t+2$
产品多样化战略	低	中	高
相应的组织结构	简单型结构	职能型结构	部门化结构

但组织的战略不仅仅是指发展战略，还包括产品与市场战略。美国的迈尔斯(R. E. Miles)和斯诺(C. C. Snow)在其《组织战略、结构和程序》一书中，将组织分为与四种战略类型相适应的四种组织结构类型。四种战略类型为：防守型战略、进攻型战略、分析型战略和反应战略。

采用防守型战略的企业组织在某一狭小的细分市场内通过经营有限的系列产品，寻求经营的稳定性，通过高度的专业分工和标准化的经营活动来防守自己的阵地，通过有限的产品开发、有竞争力的产品价格或高品质的产品使自己得到稳定发展。与此战略相适应，这类企业在组织结构中就形成了高度水平差异化、高度规范化、高度集权和严密控制及具有复杂的正式沟通层次的组织结构。例如风行世界的肯德基和麦当劳连锁店都属此类企业组织。

采用进攻型战略的企业组织正好与之相反，它们的重点是寻求和探索新产品和新市场的机会，他们希望在动荡变化的环境中开拓市场。因此，灵活性对进攻型的组织至关重要。没有灵活性就不可能快速地更新产品，捕捉进入新市场的机会。与之相适应的组织结构应具有柔性、分权性和低规范性，以避免过多地束缚人们的手脚。国际上一些电子仪器行业公司大多采用这种战略。

分析型战略试图取防守型和进攻型战略两者优点，寻求最小的风险和最大的利益机会。他们快速地拿来进攻型企业已经进入市场的新产品，再进行模仿复制并使自己的复制品进入市场。分析型战略企业一方面要有能力对进攻型企业的创新做出快速的反应，而同时又要保持在他们稳定的产品和市场领域中高效的运作。为实现此目标，他们就形成了有两部分组成的组织结构：即一些部门实行高度标准化、规范化、机械化与自动化，以获得高效益；一些部门则具有高适应性和灵活性，实行分权和低规范性。如美国的数字设备公司、IBM 公司等都具备这方面的特点。

反应战略又称被动型战略，是一种万不得已的战略。其本质是无能力对环境做出主动反映。造成这种局面的原因之一，就是未能随环境的变化而改革自己的组织结构。表 4.3 归纳出了迈尔斯和斯诺的战略-结构的各种类型。由于反应战略是低效的，故在表中被省略。

表 4.3　迈尔斯和斯诺的战略-结构类型示意表

战略类型	战略目标	面临环境	组织结构特征
防守型战略	稳定和效率	稳定的	高度的劳动分工，高度的规范化，集权化，严密的控制系统
分析型战略	稳定和灵活性	变化的	适度的集权控制，对一部分实行劳动分工，规范化程度高，对一部分实行分权制和低规范化
进攻型战略	灵活性	动荡的	低劳动分工，低规范化、部门化，松散机构，分权化

2. 组织环境对组织结构的影响

系统理论和权变理论认为，一切人类社会组织都是开放系统，它的生存与发展都直接受到其所处环境的影响。对于组织来说，环境中存在不确定因素是必然的，企业组织对于环境的变化只能去设法适应。因此，组织结构要随环境的变化来进行设计和调整。

关于环境与组织结构的关系问题，已有许多管理学家进行了研究。

伯恩斯(Burns)和斯托克(G. M. Stalker)在他们于 1961 年发表的《创新的管理》一书中首先提出，一个组织的组织结构与其所处的环境有密切关系。他们认为，环境类型分为两种：一种是稳定的环境——在一个相对长的时期内处于相对不变化和变化很小的环境；一种是不稳定或动荡的环境——处于经常性快速变动状态的环境。与之相适应地形成了两种不同的组织结构形式——机械式组织结构与有机式组织结构。与稳定环境相适应的机械式组织结构的特点是：高度作业分工的高复杂程度，规章制度明确而严格的规范程度，采用权威式管理方式的高度集权程度，用这种组织结构来求得高效率。与不稳定或动荡环境相适应的有机式组织结构的特点是：专业分工比较灵活的低复杂程度；强调横向信息交往，强调专家和知识作用的低规范程度；多实行分权形式，不强调权力集中。这种组织结构可以对变化中的环境做出快速反应。但在实际中，没有一个企业是纯粹采用机械式或有机式组织结构的，多数组织都介于两者之间或兼而有之，或有所偏重。

权变组织理论的研究认为，没有一个最好的组织结构形式，企业的内部组织结构应与外部环境“适当地配合”，组织才有效率。在早期权变理论学者研究的基础上，邓肯(Duncan)综合探讨了环境的不确定性与组织结构问题。他从环境的复杂性和变化性两个层面来研究企业组织面对环境的不确定性情况：①环境的复杂性——简单-复杂层面；②环境的变化性——静态-动态层面。根据上述两个层面，邓肯构建了一个四方格的模式(见图4.4)，每个方格均表示不同程度的环境不确定性。

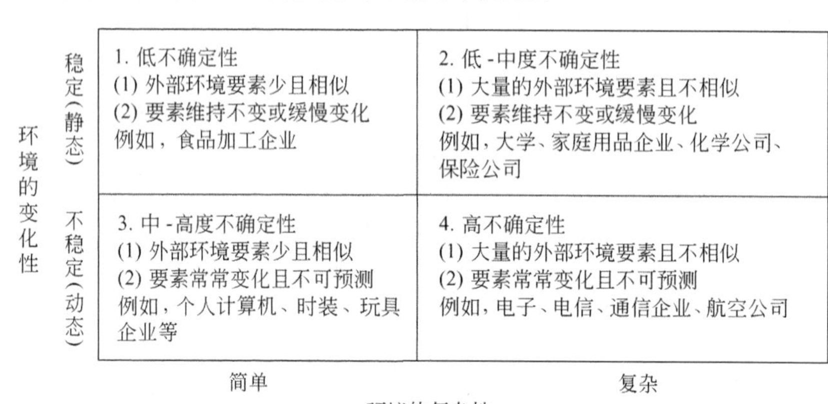

图4.4 评估环境不确定性的模式

在不同方格的环境不确定性状态下，邓肯认为其组织结构应不相同，其“适当地配合”如图4.5所示。

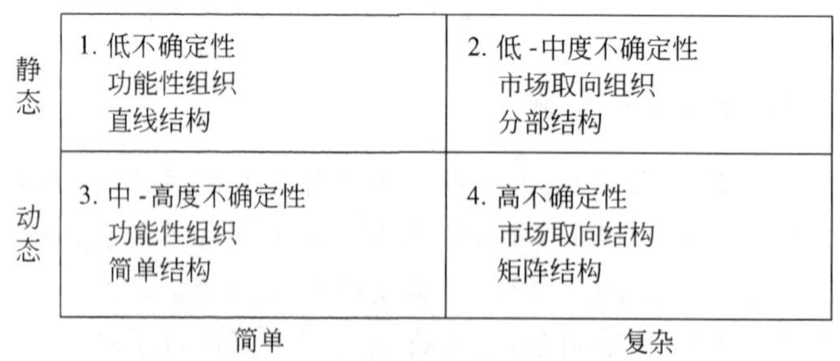

图4.5 在不同环境下不确定性情况下的组织结构

组织的内部环境，即组织文化对组织结构也会产生一定的影响。例如，当组织强调对外应变的“适应文化”时，企业便需要一个宽松而具有弹性的结构，减低规范程度及集权程度；相反，若企业采用一个重视内部稳定的“贯彻文化”时，则组织结构趋向严谨，以较高的规范化及中央集权来加强内部控制，保证内部的稳定状况。

3. 组织规模对组织结构的影响

组织的规模对组织结构有一定的影响是容易理解的。例如：对于一个只有几个人或几十个人的小企业来说，就不需要复杂的组织结构、严密的规章制度和分权决策。而对于一个数万人的大集团公司而言，很难设想，如果没有一个高度复杂的组织结构来组织数万人的活动，企业将会是什么样子。

组织规模对于组织结构复杂性程度产生影响。组织规模增长意味着人数的增加，组织中劳动分工就越多、越细，这就导致水平差异的增加。然而劳动分工差异大，管理层就会通过提高垂直差异的方式来协调。同时规模的扩大也可以使地区差异扩大。

组织规模的扩大，管理者或者采取加强直接控制的方法，即增加管理人员和减少管理幅度，但这样会导致管理成本的增加；或者采用正规化的、规范化的方法，用严密的规章制度来规范职工的行为，这样就导致了组织结构规范化程度的提高。

组织规模的扩大，使高层管理者难以直接控制其下属的一切活动，就势必要委托他人来加强管理，这样就造成分权。

4. 技术对组织结构的影响

在企业组织的生产过程中，采用什么样的技术和生产方式，将对组织结构产生一定的影响。企业的组织结构必须与采用的生产技术和方式相适应，才能使组织更有效率。多年来，许多组织学家和管理学家对技术与组织结构之间的关系进行了研究。

美国著名的管理学家琼·伍德沃德(Joan Woodward)经过大量的调查，按“工艺技术连续性”的程度，把企业分为三种类型，并指出与之相适应的组织结构：(1)单件小批量的生产工艺技术，他们根据顾客“订货”和要求的“式样”进行生产，与之相适应的组织结构中纵向差异性较低，整体的复杂性、规范程度都较低；(2)大批量生产技术，这类企业的产品多为标准化或统一规格的，为提高生产效率，组织结构中分工较细，结构复杂，规范化程度高，管理严格，其集权程度也高；(3)持续管道形流水作业生产技术，在这种企业中，通过预先规定的工艺程序的各个步骤，把原料制成产品，这类企业技术复杂，组织结构中纵向差异大，管理人员和技术人员的比例较大，因此其规范化和集权化程度都较低。

美国著名组织学家查理斯·贝鲁(Charles Perrow)从“工作易变性程度”(即工作是高度规范化的基本相同的还是变化无常的)和“工作中问题解决的难易程度”(即工作中的问题是否可以用常规的推理分析来解决)两个方向出发，将生产技术分为：常规型、工程型、工艺型和非常规型四种类型。如图 4.6 所示。

第一类常规技术，它的易变性小，对其问题较易运用一般的逻辑分析来解决。大型钢铁企业、汽车业及石油炼制业属于这种技术类型。对于这种组织来说，应建立严格的组织结构，即采用严格控制的机械式组织结构为宜。第二类工程型技术，虽然工作易变性较大，但仍可通过理性和推理方法来解决问题，如建筑业企业、会计事务所都属此类型。这种企业的组织结构通常规范化程度较低，但集权化程度较高。第三类工艺型技术，虽然技

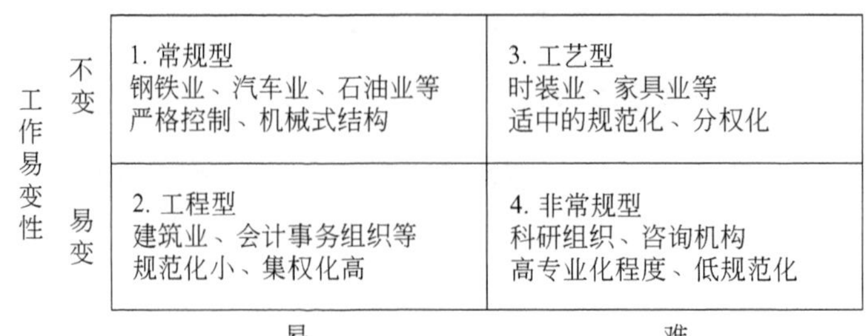

图 4.6 生产技术的类型模型

术难度不大，但碰到许多相对困难的问题，如产品式样多样化等。例如，时装业、家具行业等属之。适合的组织结构为具有适中的规范化程度和分权化管理。第四类非常规型技术，工作中碰到许多新的、人们不熟悉的问题。例如，科研机构、管理咨询机构等组织。在这种情况下，企业应采取具有弹性的有机式组织结构，下放权力，提高专业化程度，以及减低规范化程度，使企业变得更灵活。

面对产品生命周期的日益缩短，市场环境千变万化和国际竞争不断加剧的发展趋势，国内外许多企业纷纷采用以先进的制造技术和先进的信息技术为代表的高新技术来改造传统产业。高新技术在企业中的广泛应用，对组织结构的变化也产生了影响。(1)将对组织的复杂性方面产生影响。由于高新技术的柔性功能，将使企业的横向差异性降低，如财务部、生产部和销售部可能被市场、科研、生产相结合的管理中心所代替，但由于对财务控制和人才需求的增长，可能导致财务部和人力资源管理部的加强；自动化程度提高，人员减少，信息网络和决策支持系统、专家系统的建立，可使管理幅度增大，组织纵向差异降低，从“高耸”型向“扁平”型转化；信息网络技术的应用，还可能导致组织的地区差异性的扩大，高层管理人员甚至可以坐在家里实施检查和管理。据报道，目前美国企业中已有一百多万人在家中上班。(2)对组织的规范性的影响。高新技术的柔性功能，可以使组织的标准化程度降低，但高新技术是通过计算机来控制各种柔性活动的，其规范化程度并未因之下降；由于高新技术带来职工受教育程度提高，促进了员工内在的社会行为规范化标准提高，用不着再用许多传统的规章制度来控制他们的行为。(3)对集权与分权的影响。为了充分利用高新技术对飞速变化的环境进行快速反应，就应该给员工更大的灵活自主权，否则就无法从高新技术的柔性功能中获得应有的效益；由于员工的文化、技能素质提高，其要求参与管理和决策的愿望更加强烈；现代信息技术的应用，使更多的人员参与信息的处理和使用，在这个过程中，会自觉或不自觉地把自己的倾向性看法加进去，这样等于有更多的人参与了决策。由此可见，高新技术导致分权程度的增长。

案例 4.3　　分而不乱的摩托罗拉公司

摩托罗拉公司是一个营业额近百亿美元的美国大公司。公司由两个产品体系构成企业集团，一个是通信器材，一个是半导体产品，集团底下又分成很多部门。这样一个庞大的企业集团组织，从高层主管到生产线，权力全部分散，公司整体只有一个人数不足 30 人组成公司总部统帅。出乎意料的是公司运转井然有序，工作效率非常高，公司发展迅速惊人。而摩托罗拉公司达到如此境界，是付出半个多世纪苦心经营的结果。

实际上，摩托罗拉公司自诞生之日便打下了家族影响力的痕迹。它是由公司现任董事长劳勃·盖尔文的父亲保禄·盖尔文在1928年创立的。

保禄·盖尔文是一个彻头彻尾的个人主义者。他创立摩托罗拉公司时，资本很少，一共只有565美元。一直到1930年，摩托罗拉公司才成功地制造出汽车收音机。到1967年，摩托罗拉公司的营业额也仅为4.5亿美元。

劳勃·盖尔文于1964年担任公司的董事长之后，事实上公司权力基本集中在他一个人的手上。1968年，该公司的半导体产品集团主管李斯特·何根跳槽到加州一家对手公司出任总裁。

当时，李斯特·何根带走了8名重要职员。大约1个月以后，前前后后一共走了20个人。两年之后，摩托罗拉公司竟然有80名员工跑去投效何根。主要原因是公司权力过于集中，自主权太小，因而缺少对员工的有效激励。

尽管盖尔文矢口否认这是一次惨痛的教训，但他也不得不承认，何根的叛变已经严重地伤害到整个公司。他补充说："一旦一个机构受到抨击而元气大伤的时候，一定会有很多人觉得自己也不得不另谋出路。"这次背叛事件发生后，他意识到经营管理方针上必须要做一些改变，也就是把权力及责任分散。1970年，盖尔文让位于威廉·卫斯兹，但他仍留在董事会。

威廉·卫斯兹接任董事长兼营业部经理，进行大幅度管理改革。他说："通常我们只保持公司的大目标和原则，至于一般权利与责任都尽量分散到各个阶层。就像遛狗一样由于我们用来管束各部门经理的皮带放得太长，所有我们的脚也经常给石头碰伤。"现在公司内的各单位对资源分派及预算编列都已经有相当可观的财务控制权，同时，他们也有权利决定加入或退出那些营业项目。

思考题：

李斯特·何根为何跳槽，过分集权的弊端有哪些方面？

资料来源：作者不详. 分而不乱的摩托罗拉公司[DB]. 豆丁网.[2014-05-16]. http://www.docin.com/p-527812889.html

4.3 组织结构

4.3.1 直线型结构

直线型组织是最早也是最为简单的一种组织结构，如图4.7所示。直线型组织结构的主要特点是组织中各种职位是按垂直系统直线排列的，各级管理者执行统一指挥和管理职能。直线型组织的优点是管理结构简单，指挥命令关系清晰，管理权力高度集中，决策迅速，指挥灵活。这种形式适用于规模较小、任务比较单一、人员较少的组织。

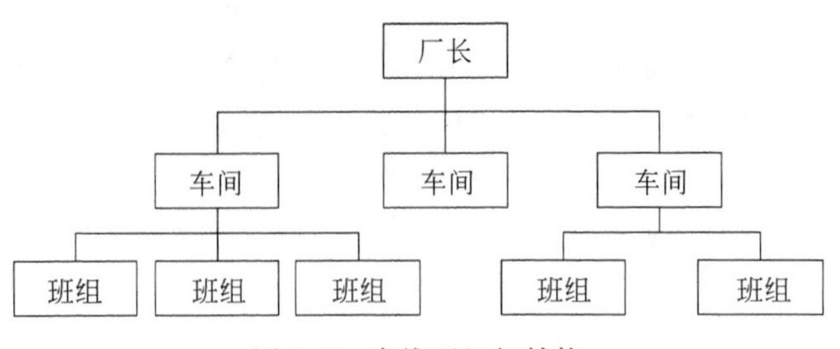

图 4.7　直线型组织结构

4.3.2　职能型结构

职能型组织是在组织中设置若干专门化的职能机构，这些职能机构在自己的职责范围内，都有权向下发布命令和指示，如图 4.8 所示。职能型组织提高了管理的专业化程度，主要优点是：每个管理者只负责一方面的工作，有利于充分发挥专业人才的作用；专业管理工作可以做得细致、深入，对下级工作指导比较具体。职能型组织的缺点是有时各职能部门的要求可能相互矛盾，造成下级人员无所适从。

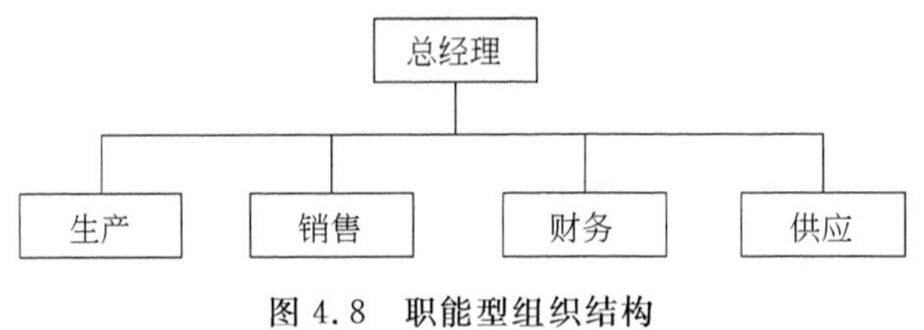

图 4.8　职能型组织结构

4.3.3　直线职能型

直线职能型是直线制和职能制的有机组合，吸取了这两种形式的优点，是各类组织中最常用的一种组织形式。

这种组织结构的特点是：以直线为基础，在各级行政领导之下设置相应的职能部门，从事专业管理。在这种组织模式中，直线部门担负着实现组织目标的直接责任，并拥有对下属的指挥权；职能部门只是上级直线管理人员的参谋与助手，主要负责提供建议、信息，对下级机构进行业务指导，但不能对下级管理人员发号施令，除非上级直线管理人员授予他们某种职能权力。如图 4.9 所示。

直线职能制结构的优点是：它在保留直线制集中统一的优点上，引入管理工作专业化的做法，既能保证统一指挥，又可以发挥职能制管理部门的参谋、指导作用，弥补领导人员在专业管理知识和能力方面的不足，协助领导人员决策。

直线职能制结构的缺点是：不同的直线部门和职能部门之间的目标不易统一，相互之间容易产生不协调或矛盾，从而增加了高层管理人员的协调工作量；由于职能组织促使管理人员只重视与其有关的专业领域，因而不利于从组织内部培养熟悉全面情况的管理人才；由于分工细、规章多，因而反应较慢，不易迅速适应新情况。

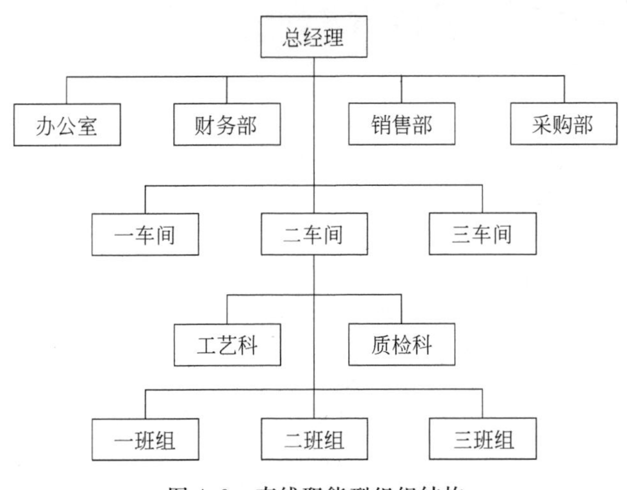

图 4.9　直线职能型组织结构

4.3.4 事业部型结构

事业部型组织结构是在产品多样化和从事多元化经营的大型企业所普遍采用的一种典型的组织结构形式，如图 4.10 所示。事业部型组织是一种由相对独立的单位或事业部组成的组织结构。在这种设计下，每个事业部经理对本单位的绩效负责，同时拥有战略和运营决策的权力。公司总部只保留总体战略制定方针政策制定、重要人事任免等重大问题的决策权，协调和控制各事业部的活动，并提供诸如财务和法律方面的支援服务。事业部在不违背公司总目标、总方针和总计划的前提下，充分发挥主观能动性，自主管理其日常的生产经营活动。

事业部型组织的优点是：公司能把多种经营业务的专门化管理和公司总部的集中统一领导更好地结合起来，各事业部门能相对自主、独立地开展生产经营活动，有利于调动中层经营管理人员的积极性，从而有利于培养综合型高级经理人才。事业部型组织的主要缺点是：对事业部经理的素质要求高，各事业部都设立有类似的日常生产经营管理机构，容易造成职能重复；各事业部拥有各自独立的经济利益，易产生对公司资源和共享市场的不良竞争等。

4.3.5 矩阵型结构

矩阵型组织是指从各职能部门中抽调有关专业人员组成项目组，并由项目经理来领导他们工作的一种组织设计。在这种组织结构中，每个成员既要接受原职能部门的领导，又要在执行某项任务时接受项目经理的指挥。矩阵结构创造了双重指挥链，可以说是对统一指挥原则的一种有意识的违背。矩阵型组织的优点是灵活性和适应性较强，有利于加强各职能部门之间的协作和配合，并且有利于开发新技术、新产品和激发组织成员的创造性。矩阵型组织的缺陷是组织结构稳定性较差，双重职权关系容易引起冲突，同时还可能导致项目经理过多、机构臃肿的弊端。这种结构主要适用于科研、设计、规划项目等创新性较强的工作或单位，也适用于工程项目施工单位，结构如图 4.11 所示。

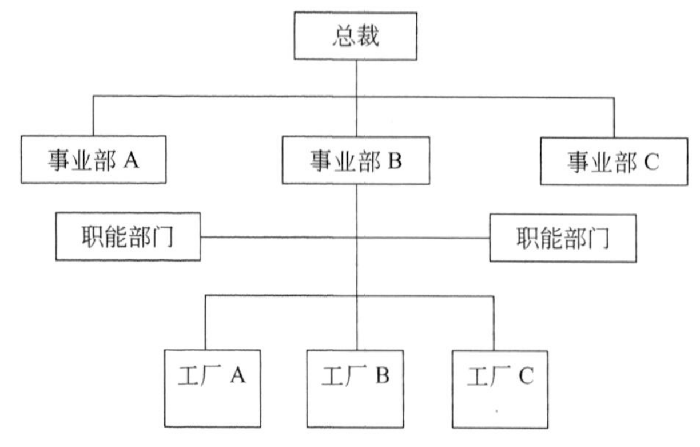

图 4.10　事业部型组织结构

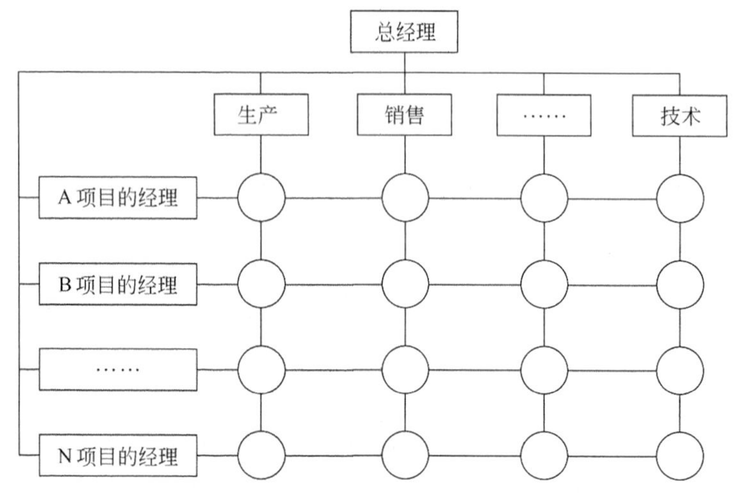

图 4.11　矩阵型组织结构

案例 4.4　华为的渐进式组织变革

（一）以直线式结构开局

在 1996 年以前，由于员工数量较少，华为公司内部门比较单一，产品的研发种类也比较集中，组织结构比较简单，因此其一直采用的是在中小企业比较普遍的直线式管理结构。

这种管理构架主要靠的是企业家的英明决策来拉动企业的发展。华为公司在运用直线式结构的时候具体操作如下：

任正非直接领导公司综合办公室，而综合办统一领导下属五个大的系统，各系统中任何一个部门的管理人员只对其直接下属有直接的管理权；每个部门员工的所有工作事宜也只能向自己的直接上级报告；主管人员在其管辖的范围内，有绝对的职权或完全的职权。

这种直线式结构使得华为在创业初期迅速完成了其原始积累的任务，作为公司最高领导者的任正非对公司内部下达的命令和有关战略部署也变得更加容易贯彻。

（二）矩阵式结构因势而变

到了 1995 年，随着高端路由器在市场上取得的成功，华为的员工总数也从最初的 6 个人发展到 800 多人，产品领域开始从单一的交换机向其他数据通信产品及移动通信产品扩张，市场范围遍及全国各省市，单纯的直线管理的优点在不断弱化，缺点却日益突出：没有专门的职能机构，管理者负担过重，难以满足多种能力要求；一旦“全能”管理者离职时，一时很难找到替代者；部门间协调差。

此外，由于华为所在的电信产业变化迅速，每 3 个月就会发生一次大的技术创新。为跟上这一系列急剧变化的速度，华为必须建立起一个既可保持相对稳定，又可迅速调整以适应变化的组织结构。在任正非看来，人才、资金、技术都可以引进，实行“拿来主义”，而企业的组织管理只能依靠全体员工共同努力去学习消化先进的管理理念，并与自身的实践紧密结合起来，形成自己的有效的组织管理体系。华为通过学习、理解西方先进的管理经验，在早期直线式管理的基础上进一步完善创新，形成了属于华为，并且只适合华为的独一无二的组织管理体系：灵活的矩阵管理结构。即按战略性事业划分的事业部和按地区战略划分的地区公司，作为华为最主要的两个利润中心，由事业部和地区公司承担实际盈利的责任，加快公司的发展速度。

战略决定结构是华为建立公司组织的基本原则。从理论上讲，华为建立起的组织结构是由一个静态结构、一个动态结构和一个逆向求助系统组成。一旦出现具有战略意义的关键业务和新事业生长点，华为就会在组织上建立一个相应的明确的负责部门，这些部门是公司组织的基本构成要素。当市场出现新的机遇的时候，这些相应的部门就会迅速出手抓住机遇，而用不着整个公司行动。在该部门的牵动下，公司的组织结构也将随之产生一定的变形。在变形过程中，组织结构内部相互关联的要素（流程）并没有发生变化，发生变化的是联系的数量和内容。

思考题：

直线式组织结构的优缺点有哪些？

矩阵式组织结构的优缺点有哪些？企业选择矩阵式组织结构的原因有哪些？

资料来源：作者不详. 华为的渐进式的组织变革[DB]. 栖息谷. [2014-05-16]. http://bbs.21manager.com/dispbbs-102598-1.html

4.3.6 团队结构

团队型组织是指整个组织是由执行组织的各项任务的工作小组或团队组成，如图 4.12 所示。在这种组织设计中，已不存在从高层到基层间的管理职权链。团队成员可以自由地以他们认为最合适的方式来安排工作，团队对其所负责领域的所有工作活动及结果负全部责任。团队型组织打破了部门间障碍，可以使组织迅速适应客户需求和环境变化。由于决策不需经过高层同意，团队型组织也加快了决策速度。同时，在团队型组织中，工作变得丰富，团队的建立使责权得到下放，需要的管理人员更少。团队型组织的缺点是可能会引起过度分散，团队成员看不到公司的全景，可能做出一些对团队有利但对公司整体不利的决策。

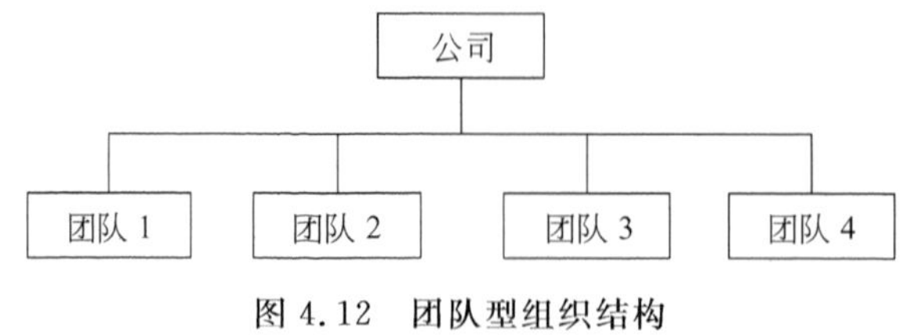

图 4.12 团队型组织结构

4.3.7 几种新型的组织结构

1. 立体多维型组织结构

多维立体型组织结构是由美国道科宁化学工业公司(Dow Corning)于 1967 年首先建立的。它是直线职能制、矩阵制、事业部制与地区、时间结合为一体的复杂组织结构，它是系统理论在组织管理上的具体应用，又称为多维组织。常见的是三维立体组织结构，它由三方面的管理系统组成：一是按产品(项目或者服务)划分的事业部(部门)，是产品利润中心；二是按职能划分的专业部门，是专业成本中心；三是按地区划分的管理机构，是地区利润中心。若加上时间就可以构成四维立体结构。虽然它的细分结构比较复杂，但每个结构层面仍然是二维制结构，而且多维制结构未改变矩阵制结构的基本特征，多重领导和各部门配合，只是增加了组织系统的多重性。因而，可以说立体多维组织结构是矩阵制结构的扩展形式。三维立体组织结构如图 4.13 所示。

在这种组织结构中，事业部经理不能单独对产品的开发和产销工作作出决策，任何重大决策都要由产品事业委员会决定。产品事业委员会由产品事业部、专业参谋机构和地区部门代表机构共同组成。负责对各类产品的产销活动进行疏导。这种组织结构便于把产品事业部经理、地区部门经理与参谋机构三者的管理协调起来；有利于使产品事业部和地区部门以利润为中心的管理与参谋机构三者的管理协调起来；协调产品事业部之间、地区部门之间的矛盾，有助于及时互通信息、集思广益、共同决策。

多维立体组织机构适用于多种产品开发、跨地区经营的跨国公司或跨地区公司。可以为这些企业在不同产品、不同地区增强市场竞争力提供组织保证。

2. 无边界组织

无边界组织是指其横向的、纵向的或外部的边界不由某种预先设定的结构所限定的一种组织设计。通用电气公司总裁杰克·韦尔奇创造了无边界组织这个词，他认为：“预想中的无边界公司应该将各个职能部门之间的障碍全部消除，工程、生产、营销以及其他部门之间能够自由流通，完全透明。一个无边界公司将把外部的围墙推倒，让供应商和用户成为一个单一过程的组成部分。”也就是说，尽管公司体积庞大，韦尔奇先生还是想减少公司内部的垂直界限和水平界限，消除公司与客户及供应商之间的外部障碍。无边界组

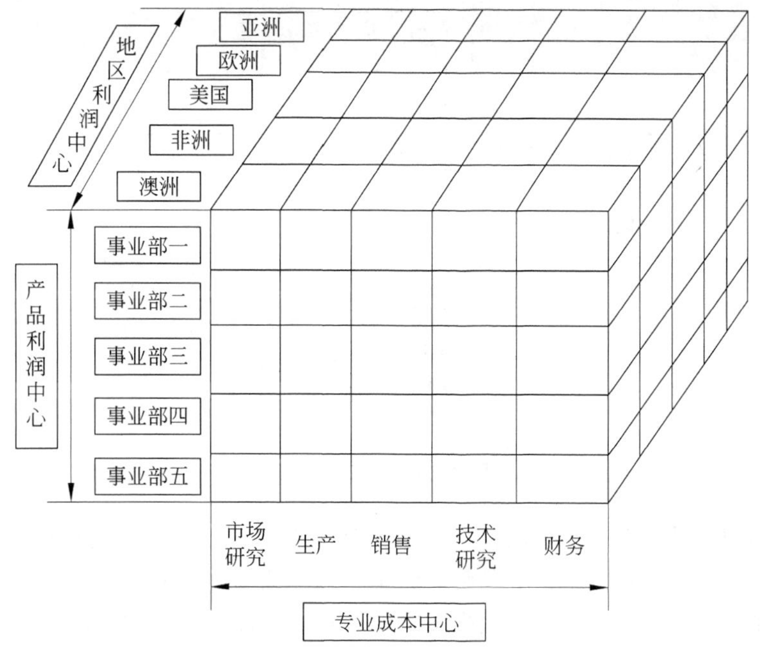

图 4.13　立体多维式组织结构

织所寻求的是缩短命令链，对控制跨度不加限制，取消各种职能部门，代之以授权的团队。但无边界组织也需要稳定和呈现度，所以它绝不是要完全否定企业组织必有的控制手段，包括工作分析、岗位定级、职责权力等的设定，只是不能把它们僵死化。

3. 学习型组织

学习型组织(Learning Organization)，美国学者彼得・圣吉(Peter M. Senge)在《第五项修炼》(The Fifth Discipline)一书中提出此管理观念，认为："组织在面临剧烈变化的外在环境时，应力求精简、扁平化、弹性因应、终生学习、不断自我组织再造，以维持竞争力。"在学习型组织中，所有成员都需要积极参与与工作有关问题的识别与解决，使组织能够进行不断的尝试，从而形成了具有持续适应和变革能力的一种组织。在学习型组织中，员工们通过不断获取和共享新知识，参加到组织的知识管理中去，并有意愿将其知识用于制定决策或做好他们的工作。一个典型的学习型组织应该具有四方面特征，如图 4.14 所示。

4. 虚拟组织

虚拟组织又称网络型组织结构。它是基于现代信息技术手段而建立和发展起来的一种新型的组织结构形式。它的特点是只保留核心机构，以契约关系的建立和维持为基础，将大部分的诸如制造、销售或其他重要业务的经营活动通过外包、外协的方式，依靠外部机构进行。虚拟组织竞争的核心是学习型组织。面对复杂而动态变化的市场环境，虚拟组织的经营者必须不断地根据环境的变化而做适应性的调整。所以，虚拟企业的经营过

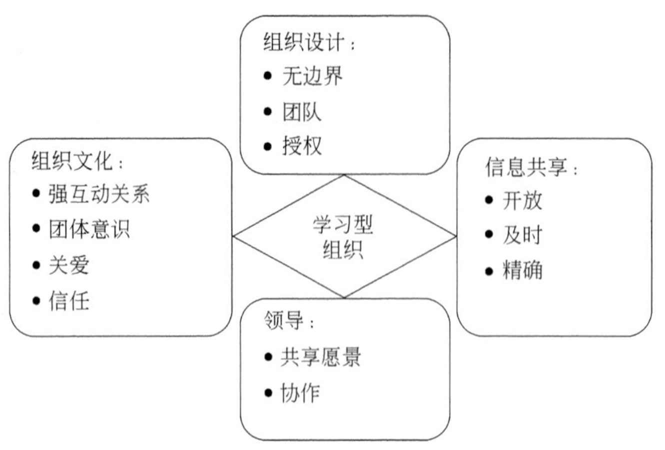

图 4.14 学习型组织

程是企业管理者和员工不断学习的过程，企业要建立一种适应动态变化的学习能力。虚拟企业的学习过程不仅仅局限在避免组织犯错误或者是避免组织脱离既定的目标和规范，而是一种允许出现错误的复杂的组织学习过程。因此，虚拟组织与学习型组织是相应而生的。

5. H 型组织结构

H 型组织结构，也就是控股公司型组织结构。它与虚拟组织类似。H 型组织结构是在非相关领域开展多种经营的企业所常用的一种组织结构形式。由于经营业务的非相关或弱相关，母公司不对这些业务经营单位进行直接的管理和控制，而代之以持股控制。这样，母公司便成为了一个持股公司，受其持股的单位不但对具体业务有自主经营权，而且保留独立的法人地位。H 型组织结构如图 4.15 所示。

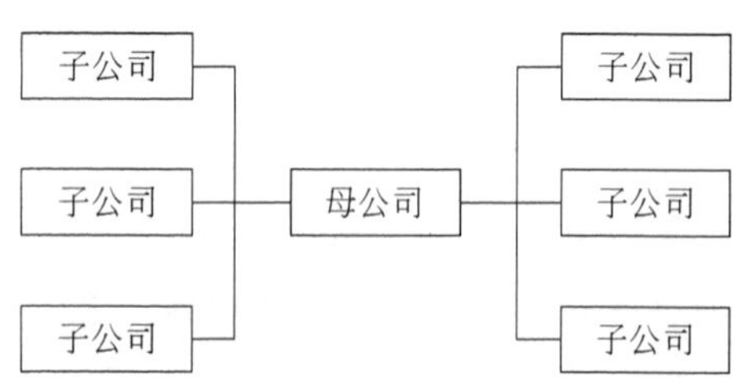

图 4.15 H 型组织结构

通过这种方式，相对于公司自己投资经营，母公司可以充分利用其他企业的有利资源，扩大自己的经营业务范围。

案例 4.5　　奥帝康公司组织结构变革

奥帝康公司(Oticon A/S)是世界第三大助听器生产厂家。1987 年，据公司下属的丹尼斯(Danish)工厂厂长拉斯(Larks Kolind)说，奥帝康公司又是世界上最保守、充满贵族气息的公司，“我们的办公室墙壁是硬木镶板墙，车库里有美洲虎汽车，公司等级制度森严”。但是，这种保守和僵化的组织结构导致了公司的衰落。仅 1987 年一年，奥帝康公司损失了 4 000 万 DKK(货币单位)。

奥帝康公司的竞争对手则实力雄厚，咄咄逼人。公司一位高级主管认为，“我们很难造出比SONY公司的数字式音响集成电路块更好的竞争产品，但我们必须创造出一些更好的东西。”管理层决定这些所谓“更好的东西”是指开发一种独特的组织结构，能给奥帝康公司提供其竞争对手不具备的灵活性。在所推行的改革中，包括工作再设计、缩减部门、创造灵活方便的工作空间。

今天，奥帝康公司的员工不再承担单一工作，他们可以从一系列不断变化的工作中自己选择，例如，一个工程师的基本职责是设计新颖的集成电路，同时，他还可以签约参加市场调查或编辑公司的业务通信。现在公司由于实行兼职制，能够更充分地利用员工的多种技能，这在旧的组织结构中是做不到的。

奥帝康公司废除了公司总部一级的所有职能部门。公司废除了各种头衔，创立了一种没有上司和管理者的结构。取代部门和上司位置的是团队，他们为了共同的目标而努力工作。为了避免混乱，管理层保证使公司中每一位员工都了解公司的计划与战略安排。由于公司员工拥有共识、团结协作，管理层认为，公司员工的活动虽然独立进行，但他们保持一致和相互支持的机会大大增加了。

奥帝康公司的办公摆设发生了彻底的改变，现在每个人的工作空间完全相等，大家都没有固定的办公桌。每个人拥有一个便携式工作台——装在车轮上、带有抽屉的文件柜。需要某些人在一起工作时，项目团队便找来一些相邻的桌子，每个项目成员把自己的工作台移动到一张桌子上，这张桌子就成了他的“办公桌”。每张桌上都配有一台电脑，其中储备着一些必要的人事资料，并且能够提供电子邮件通信服务和公司的数据库。由于每位员工都持有移动电话，因此联系非常方便。

奥帝康公司总部分布着很多咖啡厅，柜台处是站着开会的场所，其原因如一位公司高级经营人员所说，“人站着的时候，不管思考还是工作，都能更好、更快、更灵活。”新型的组织结构给奥帝康公司带来了极大的灵活性。例如，它使新产品上市的时间缩短了一半。1992年，销售额上升了13%，1993年则上升了23%；同时，1993年和1994年，公司利润居本行业之首。而且，员工们也很喜欢这种新的组织结构，尽管员工数量下降了15%，但态度调查表明，员工满意度居历史最高水平。

思考题：

1. 试描述奥帝康公司新的组织结构。
2. 这种新的结构为什么能使公司绩效发生极大的提高？

资料来源：作者不详. 奥帝康公司组织结构变革[DB]. 豆丁网. [32014-05-16]. http://www.docin.com/p-98167704.html

4.4 人力资源管理

4.4.1 人力资源概述

1. 人力资源的概念

人力资源(Human Resource)的概念最早由德鲁克于1954年在其著作《管理的实践》中提出并加以阐述。人力资源，又称劳动力资源或劳动力，是指能够推动整个经济和社会发展、具有劳动能力的人口总和。它是指依附于人这一特定生物体上的，体现为知识、技能、价值观等形式的，可以用来为社会、组织和个人创造出财富的一种资源。

2. 人力资源的特征

作为一种特殊的资源，人力资源与非人力资源相比具有以下特征：

(1) 主体性和能动性

人力资源是主体性资源或能动性资源。主体性或能动性是人力资源的首要特征，是与其他一切资源最根本的区别。所谓主体性，就是说人力资源在经济活动中起着主导作用。一切经济活动都首先是人的活动，由人的活动引发、控制、带动了其他资源的活动。非人力资源在管理过程中处于被动的地位，它们受制于人力资源，可以被人力资源处置、分割、变卖等。另外，在经济活动中人力资源是唯一起创造作用的因素。经济活动的生命是发展、是进取、是创新，而只有人力资源才能担负起这种发展、进取和创新的任务，其他任何生产要素都不具有这样的能力。

(2) 资本性

人力资源作为一种经济性资源，具有资本属性，与一般的物质资本有共同之处。即：①人力资源是公共社会、企业等集团和个人投资的产物，其质量高低主要取决于投资程度。从根本上说，人力资源的这个特点起因于人的能力获得的后天性。因为任何人的能力都不可能是先天就有的，为了形成能力，必须接受教育和培训，必须投入财富和时间。②人力资源也是在一定时期内可能源源不断地带来收益的资源，它一旦形成，一定能够在适当的时期内为投资者带来收益。③人力资源在使用过程中也会出现有形磨损和无形磨损。例如劳动者自身的衰老就是有形磨损，劳动者知识和技能的老化就是无形磨损。但是，人力资源又不同于一般资本，对一般实物资本普遍适用的收益递减规律，不完全适用于人力资源。在现代社会的经济发展中，人力资本呈现的是收益递增规律，当代经济的增长主要应当归因于人力资源。而且人力资源收益的份额正在迅速超过自然资源和资本资源。人力资源的经济作用日益强化，不仅仅是人力资源质量提高的结果，同时也是人力资源的使用过程是一个不断自我补偿、更新、发展和丰富化的过程所决定的。

(3) 社会性

作为人力资源的载体的人是社会中的人，而人的作用发挥需要人与人之间的合作，需要激励，按照马斯洛的需要层次论，需要满足人类的衣食温饱、归属、被尊重和发展等不同层次的需求。组织是由个体所组成的系统，组织的战略执行、目标和任务的完成等需要人际合作。通过有效的组织和管理、构建和谐信任的人际关系氛围、注重团队意识的培育将有利于人的潜能更有效地发挥，激励员工为企业发挥才智，使企业发展获得强有力的精神动力。

(4) 再生性

人力资源的再生性，主要基于人口的再生产和劳动力的再生产，通过人口总体内个体的不断更替和“劳动力耗费→劳动力生产→劳动力再次耗费→劳动力再次生产”的过程得以实现。当然，人力资源的再生性不同于一般生物资源的再生性，除了遵守一般生物学规律外，它还受到人的生命周期这一客观因素的作用，同时还与人们在社会生活中所受到的激励，所呈现的思想、理念、文化、观点、意识方面的多样化形态有关。

3. 人力资源规划

人力资源规划就是确保组织根据自身的需要，在适当的时候为适当的职位选配合适数量和类型的人员，并为促进人员的不断发展而进行的对组织人力资源的全面规划与安排。人力资源规划一般包括如下几方面内容。

(1) 通过任务目标分析，确定人力资源需求计划

人力资源需求计划是预估组织未来对人和职务的需求。任何企业对人力资源的需要，从根本上说都是由企业落实其未来发展目标和战略的需要决定的，战略规划确定了组织的方向和所需的人员数量、质量、结构方面的变化。例如，决定开发一项新产品或建立一个新部门，就意味着需要增加新的成员和岗位；如果计划紧缩业务，则会削减人员；如果战略上需要维持现状，则只有在岗人员离岗时，才雇用新员工。人力资源需求计划是对企业未来经营状况的一种反映，基于对企业发展目标和经营规模的估计，管理者就可以估算出为达到预定的目标和经营规模所需配备的人力资源的规模和素质状况。

(2) 通过职位分析，确定具体的职位空缺

职位分析旨在确定某项工作的任务和性质是什么，以及应寻找具备何种资格条件的人来承担这一工作。职位分析无论是由直线管理人员还是人力资源管理专业人员来做，都必须着眼于了解和规定以下几方面的信息：这一职位包含的工作活动有哪些，工作中人的行为应该怎样，工作中使用什么机器、设备、工具以及其他辅助用具，衡量工作的绩效标准是什么，这一职位工作的有效开展对人的素质条件有什么要求。一旦组织中需要开展什么工作明确了下来，那么，将它与现有组织的职位设计情况相比较，就可以制定出具体的职位空缺状况。职位空缺状况反映了企业未来需要补充的人力资源的类别和结构。

(3) 结合人力资源现状分析，制订满足未来人力资源需要的行动方案

根据组织任务目标和职位分析的要求，确定了组织在未来某一时刻需要填补空缺的职位后，下一步工作就是要针对当前人力资源供应情况制订人力资源增补的计划与方案。前一阶段通过职位分析，确定了组织各项工作的开展都需要具有何种资格条件的人员。现在我们要分析组织现有人力资源的供应情况，以便确定人力资源上的供求差距。为此，可在组织范围开展人力资源调查。在计算机技术高度发达的今天，对于绝大多数组织来说，要形成一份准确、全面的人力资源调查报告应该不是件困难的事。这份报告的数据来源于员工填写的调查表，调查表可能开列员工的姓名、最高学历、所受培训、以前就业、能力和专长等栏目。此项调查能帮助管理者评价组织中现有的人员与技能状况。对人员未来需求和组织现有人力资源情况作了以上评估以后，管理者可以测算出未来人力资源短缺的情况和组织中可能出现超员配置的领域，然后决定增补、选拔员工或减员的行动方案。

4. 人力资源管理的概念

对人的管理作为一种实践活动由来已久，但成为一种系统的、科学的学问，却是在社

会工业化以后才出现并逐渐发展而成。早期对人的管理被称为人事管理，20 世纪 70 年代后渐渐改称为人力资源管理。这一转变不仅仅是在名称上和形式上，而是在内涵上和基本观念上发生了根本的转变。

早期的人事管理，是将人作为单纯的被管理、处置和安排的对象，人事管理主要包括人员的招聘、选拔、委派、人事档案管理、薪金福利制度的设计、纪律执行以及其他人事规章制度的制定等。人事管理的工作通常由专职的职能管理人员来完成。

人力资源管理是指企业的一系列人力资源政策以及相应的管理活动，这些活动主要包括企业人力资源战略的制定、员工的招募与选拔、培训与开发、绩效管理、薪酬管理、员工流动管理、员工关系管理、员工安全与健康管理等。人力资源管理把人作为企业中最宝贵的资源来进行管理和开发，更具长远性、整体性、全面性和战略性，除了上述人事管理的内容外，还包括人力资源的长期规划以及人力资源管理的更高一层境界——启发与培养职工的归属感、忠诚心和觉悟。因此，人力资源工作不再仅仅是人事部门的工作，而是企业高层管理者的基本职能之一。

4.4.2 人员的培训与招聘

1. 培训

培训是一个组织为改善内部员工的价值观、工作能力、工作行为和工作绩效而进行的有计划的学习活动和过程。培训是现代人力资源开发的基本手段。由于技术进步、生产经营活动的国际化和人力资源结构的多样化，如何在竞争中保持人力资源的优势，就成了企业在市场立于不败之地的关键。对员工而言，由于许多工作的内容和要求在经常变动，因而也需要不断学习新的知识和技能。同时，外在的压力也需要员工不断调整他们对工作质量、技术、同事和顾客的态度。总之，人员的培训正是保持组织人力资源优势，培养员工适应不断变化的工作环境的能力，从而有效实现组织目标的重要措施。

至于培训的方式，应根据培训目标、培训对象和培训类型等具体情况而定。培训类型一般可分为在岗培训和脱岗培训两类。

(1) 在岗培训

在岗培训是指受训者通过实际参与某项工作、操作某种设备，并接受相应现场指导来学会有关技能。大量的培训是在工作岗位上进行的，这是一种将学习和应用直接结合起来的培训方法，不存在从理论到实践的转化问题。在岗培训一般由经验丰富的管理人员或骨干员工实地示范工作，它可以是在工作过程中也可以利用工余时间或节假日进行。下面是几种在岗培训的常用方式。

① 示范

受训者先观摩演示者的工作示范，然后自己逐渐动手练习。而对于新员工而言，通常跟随经验丰富的老员工学会如何工作，这在作业活动领域通常称作师徒关系。这种方法的优点是学习的内容与工作直接相关，针对性强，缺点是可能会由于演示者自身的不足而造成失误。要避免失误的发生，应在示范之后进入辅导教育阶段，建立受训者与培训者之间的互动关系，以促使受训者尽快掌握操作技能。

② 指导

这是由受训者先通过观察指导者的工作过程，再模仿其举止行为，而指导者在受训者完成一系列练习过程中提供必要的支持和帮助。在白领工作领域称为教练或导师关系。受训者是在富有经验的指导者的指导下开展工作的，如果指导者在组织中有一定的地位，则通过二者之间的持续对话，使指导者施加其影响于受训人，并为其争取更多的锻炼机会，使其增强自信，同时对组织方针和文化有更透彻的了解。这种方式特别适合管理人员的培养。

③ 岗位轮换

也称职务轮换，是通过横向的交换使员工从事另一岗位工作。它使员工在逐步学会多种工作技能的同时，也增强其对工作间相互依赖关系的认识，并产生对组织活动的更广阔的视角。这种系统的换岗安排，使员工参与不同工作活动而发挥自身的灵活性，增长和丰富自己的才干和经验，并使不同部门之间建立更紧密的联系。岗位轮换的主要缺点是由于时间限制，每种工作的时间都不会很长，使受训者可能没有机会完整地运用某些技能。

④ 业余进修

这是指员工利用工作之外的时间，通过自学或函授、网上教育等形式获得新知识，进行个人能力的开发。随着知识社会的来临和竞争的加剧，这种业余进修已越来越引起员工的重视。对于员工的这种自我开发行为，组织应制定相应的政策予以鼓励，这样可以激发员工的上进心和学习热情。

大多数的培训是以在岗培训方式进行的，这可以归因于该类方法的简单易行及成本通常较低。但是，在岗培训在学习进行之中，可能会扰乱工作的正常秩序，并导致工作失误增加。另外，有些技能的培训相当复杂，难以在边工作中边学习，在这种情况下就需要脱岗培训。

(2) 脱岗培训

脱岗培训是指受训者脱离工作岗位，在工作场所以外的环境下接受培训。脱岗培训是指培训对象脱离工作岗位，集中时间和精力参加培训活动。脱岗培训的好处是比较系统、正规、有深度，培训效果较好，尤其对提高管理人员和技术人员的素质非常有效。缺点是短期内会在一定程度上影响组织的工作，培训成本较高。脱岗培训的具体方式包括课堂讲授、视听教学、研讨会、角色扮演、案例分析、商业游戏和网络培训等。

① 课堂讲授法

这是一种最普遍采用的传统培训方法。由教师在课堂中讲解培训课程的概念、知识和原理。它的最大优点是可以在较短的时间内向较多的培训对象传递大量的信息，平均培训成本较低，缺点是单向沟通，受训人员参与性较差。在互联网平台上兴起的在线学习，可以方便地实现互动，效果很好。

② 视听教学法

指用录像带、光盘、幻灯片等电化教学手段实施培训的方法。其优点是通过视听的感官刺激，可以使参训人员留下深刻印象。缺点是缺乏交流沟通，实际效果较差。

③ 研讨法

是指先由专家或专业人士就某一培训专题进行讲座，随后由培训对象就此主题进行自由讨论，以达到深入理解的目的。此法较适用于管理人员的培训。

④ 角色扮演法

是指为受训者提供某种工作情景，要求某些受训人担任工作角色并现场表演，其余受训者观看表演，并观察与模仿培训对象有关的行为，培训师则予以现场指导和评价。此法较适用于具体技能的培训。

⑤ 案例分析法

就是围绕一定的培训目的，把实际工作中面临的问题加以典型化并形成案例，提供给培训对象，让他们通过阅读、思考、分析与讨论，发现问题、分析问题并提出解决问题的办法。这种培训方法对培养分析和解决实际问题的能力很有帮助。

⑥ 商业游戏

是将参加培训的人员分为若干小组，每个小组代表一家公司，根据公司目标对各项经营策略做出决策，并通过计算机和网络在模拟的市场中与其他公司竞争。这种培训方法可以用来开发领导决策能力、培养团队合作精神。

⑦ 网络培训

这是通过互联网进行的以自我学习为中心的一种培训方式。即在公司的网站上设立虚拟课堂，所有的培训活动都在网上进行。其特点是培训不受时空限制，员工可以随时随地上网学习所需的知识。开展网上培训要求企业投资建立良好的网络培训系统。

2. 招聘

在编制出组织人力资源规划后，可以结合职务分析进行人员的招聘和录用工作。招聘就是安置、确定和吸引有能力的申请者的活动过程。人力资源规划是组织招聘人员的基本前提，规划的结果决定了组织是否能通过内部提升来满足人员需求，还是必须通过外部招聘以补充人员不足，规划还决定了外部招聘人员的数量、结构和类型。换言之，任何人员的招聘都必须服从于企业目标和规划，应针对组织的需要和性质进行。而招聘的人员来源主要有外部招聘和内部提升两大类。

(1) 外部招聘

外部招聘是根据一定的标准和程序，从组织外部的众多候选人中选拔符合空缺职位工作要求的人员。外部招聘具有许多优点：

① 应聘者具有“外来优势”。所谓“外来优势”主要是指被聘者没有“历史包袱”，组织内部成员只知其目前的工作能力和实绩，而对其历史、特别是职业生涯中的失败记录知之甚少。因此，如果他确有工作能力，那么便可迅速地打开局面。相反，如果从内部提升，成员可能对新上司在成长过程中的失败教训有着非常深刻的印象，从而可能影响后者大胆地放手工作。

② 外部招聘有利于平息和缓和内部竞争者之间的紧张关系。组织中空缺的管理职位可能有好几个内部竞争者希望得到。如果员工发现自己的同事，特别是原来与自己处于同一层次具有同等能力的同事提升而自己未果时，就可能产生不满情绪，以至懈怠工作，甚至拆台。从外部选聘可能使这些竞争者得到某种心理上的平衡，从而有利于缓和他们之间的关系。

③ 外部招聘能够为组织带来新鲜空气。来自外部的候选人可以为组织带来新鲜的管理方法与经验，他们没有太多的框框束缚，工作起来可以放开手脚，从而给组织带来较多的创新机会。此外，由于他们新近加入组织，没有与上级或下属历史上的个人恩怨关系，从而在工作中可以很少顾忌复杂的人情关系。

外部招聘也有许多局限性，主要表现在以下三个方面：

① 外聘者不熟悉组织的内部情况。由于不熟悉组织的历史和现状，同时也缺乏一定的人事基础，因此，需要一段时期的适应才能有效地开展工作。

② 组织对应聘者的情况不能深入了解。虽然选聘时可借鉴一定的测试、评估方法，但一个人的工作能力是很难通过几次短暂的会晤、几次书面测试而得到正确反映的。被聘者的实际工作能力与选聘时的评估能力可能存在很大差距，因此组织可能聘用一些不符合要求的人，这种错误的选聘可能给组织造成极大的危害。

③ 外聘者的最大局限性莫过于对内部员工的打击。大多数员工都希望在组织中有不断发展的机会，都希望能够担任越来越重要的工作。如果组织经常从外部招聘管理人员，且形成制度和习惯，则会堵死内部人员的升迁之路，从而会挫伤他们的工作积极性，影响他们的士气。同时，有才华、有发展潜力的外部人才在了解到这种情况后也不敢贸然应聘，因为一旦应聘，虽然在组织中工作的起点很高，但今后提升的希望却很小。

(2) 内部提升

内部提升是指在组织成员的能力增强并得到充分证实后，被委以需要承担更大责任感的更高职务。作为填补组织由于发展或伤老病退而空缺的管理职务的主要方式，内部提升制度具有以下优点。

① 有利于鼓舞士气，调动组织成员的积极性。内部提升制度会给每个人带来希望，因为每个组织成员都知道，只要在工作中不断提高能力、丰富知识，就有可能被分配担任更重要的工作，这种职业生涯中的个人发展对于每个人都是非常重要的。职务提升的前提是要有空缺的管理岗位，而空缺管理岗位的产生主要取决于组织的发展，只有组织发展了，个人才可能有更多的提升机会。因此，内部提升制度能更好地维持成员对组织的忠诚，使那些有发展潜力的员工能自觉地积极工作，以促进组织的发展，从而为自己创造更多的职务提升的机会。

② 有利于吸引外部人才。内部提升制度表面上是排斥外部人才、不利于吸收外部优秀的管理人员，其实不然。真正有发展潜力的管理者知道，加入到这种组织中担任管理职务的起点虽然比较低，有时甚至需要一切从头做起，但是凭借自己的知识和能力，可以花较少的时间便可熟悉基层的业务，从而能迅速地提升到较高的管理层次。由于内部提升制度也为新来者提供了美好的发展前景，因此外部的人才会乐意应聘到这样的组织中工作。

③ 有利于保证选聘工作的正确性。已经在组织中工作若干时间的候选人，组织对其了解程度必然要高于外聘者。候选人在组织中工作的经历越长，组织越有可能对其作全面深入的考察和评估，从而使选聘工作的正确程度可能越高。

④ 有利于被聘者迅速展开工作。管理人员能力的发挥要受到他们对组织文化、组织结构及其运行特点的了解。在内部成长提升上来的管理者，由于熟悉组织中错综复杂的

机构和人事关系，了解组织运行的特点，所以可以迅速地适应新的管理工作，工作起来要比外聘者更加得心应手，从而能迅速打开局面。

同外部招聘一样，内部提升制度也可能带来某些弊端。

① 引起同事的不满。在若干个内部候选人中提升一个管理人员，可能会使落选者产生不满情绪，从而不利于被提拔者展开工作。避免这种现象的一个有效方法是不断改进干部考核制度和方法，正确地评价、分析、比较每一个内部候选人的条件，努力使组织得到最优秀的管理人员，并使每一个候选人都能体会到组织的选择是正确和公正的。

② 可能造成“近亲繁殖”的现象。从内部提升的管理人员往往喜欢模仿上级的管理方法，这虽然可使前辈的优秀经验得到继承，但也有可能使不良作风得以发展。况且组织中缺少“新鲜血液”的输入，不利于引进新思想和新的工作方法。因此，在评估候选人的管理能力时，必须注意对他们创新能力的考察，当组织所需人才在组织内部找不到合适的人选时，仍坚持内部提升和培养，则会影响组织的绩效和未来发展。

3. 甄选

招聘过程吸引来一批申请者后，人力资源管理过程的下一步就是要确定谁是该职位最合格的人选，这一步骤称为甄选。甄选是对申请者进行甄别和筛选，以确保最合适的候选人得到这一职务。

管理者可以使用各种甄选手段对申请者进行甄别。常用的手段包括申请表、笔试和绩效模拟测试、面谈、履历调查，以及体格检查等。

(1) 申请表

几乎所有的组织都要求应聘者填写一份求职申请表，提交自己的个人资料。申请表可能是一份让应聘者填上姓名、地址和电话号码的简表，也可能是一份综合性个人简历表，要求仔细地填写个人的活动、技能和成就。通常申请表中只有一些栏目被证明具有效度，而且常常只对某些特定工作具有绩效预见功能。人力资源管理部门可根据简历和求职申请表提供的资料，对应聘者进行初选，筛选出较适合人选，再进行笔试、面谈等手段甄选。

(2) 笔试

典型的笔试包括有智商、情商、能力、专业知识和个性等方面的内容。有充分的证据证明，对智商能力、空间和机械能力、认知准确性和运动能力的测试，对工业组织中许多半熟练和非熟练的操作工作具有中等程度的效度。不过，对于笔试也存有一种不间断的批评，即智商及其他测试指标可能在一定程度上与来自工作的实际业绩相脱钩。例如，智商测试的高分并不一定能很好地预见应聘者会出色地完成计算机程序编制员的工作。另外，求职者的工作意愿和动机水平很难通过笔试了解。

(3) 绩效模拟测试

绩效模拟测试是基于职务分析资料作出的，所测验的是人的实际工作行为，因此自然应当比笔试更能满足工作表现相关性的要求。最有名的绩效模拟测试方法有工作抽样和测评中心两种。前一种方法适用于常规的职务，后一种更适用于挑选从事管理工作的人员。

工作抽样法是给应聘者提供一项职务的缩样复制物，让他们完成该项职务的一种或多种核心任务。应聘者通过实际执行这些任务，将展示他们是否拥有必要的才能。人力资源管理部门借助于职务分析得来的资料对工作样本进行了仔细设计后，可以确定该项职务需要哪些知识、技术和能力，并将这些工作样本因素与相应的职务绩效因素匹配起来。工作样本试验的结果，一般说来是令人满意的，它们几乎总会产生比个性和智商等书面测试更好的效度。

测评中心法是由直线管理人员、监督人员及受过训练的心理学家组成一个测评中心，模拟性地设计出实际工作中可能面对的一些现实问题，让应聘者经受几天的测试练习，从中评价其管理能力。练习活动根据实际工作者会遇到的一系列可以描述的活动要素来设计，可能包括与人面谈、解决出现的问题、小组讨论和经营决策博弈等。有关测评中心有效性的证据极为令人鼓舞，它能预见后来在管理职位中工作表现的结果，特别适用于评价应聘者的管理潜能。但这种方法的使用成本较高。

(4) 面谈

面谈与申请表一样，几乎是普遍得到使用的一种人员甄选手段。面谈可以成为既有效度又有信度的甄选工具，但常常没有收到应有的效果。面谈对应聘者的评价带有一定的主观性。一般的面谈通常不会提供多少有价值的信息。如果没有加以良好的组织并按标准化的方式进行，面谈可能潜伏着各种潜在的偏见和障碍。精明的应聘者往往会突出其最佳的一面，而掩盖其缺点，从而降低面谈的效度。为此，在面谈时应该注意以下几点：对所有应聘者设计一些固定的问题；取得对应聘者面谈的有关工作的更详细信息；尽量减少对应聘者履历、经验、兴趣、测试成绩或其他方面的先前认识；多提问那些要求应聘者对实际做法给予详尽描述的行为问题；采用标准的评价格式；面谈中要做笔记；避免短时间面谈造成过早形成决策，等等。

(5) 履历调查

履历调查的主要形式是核实申请资料，这种形式已被证实是获取人员甄选有关信息的一个有价值的渠道。研究证明，对申请表中填写的"事实"进行核实是有益的。有相当大比例的职务应聘者对他们的就业日期、职务头衔、过去薪金或离开原工作岗位的原因夸大其词或叙述不准。因此将这些申请表上的硬性资料与其原来的雇主作一核对，就是一种有意义的行为。

(6) 体检

对于某些具有体力要求的职务，体检具有一定的效度。但在今天，它只包括越来越少的职务了。如今的体检都成为只是为健康保险而作的检查，对患有传染病的或体能上不适合某类工作的应预先筛选，以减少组织未来的管理成本。

案例 4.6　　神驼物资运输有限责任公司

蒋大奎和陆谟 1984 年考入同一所大学管理工程系本科不久，就十分投契。这对密友成绩都很优秀，尤其英语成绩更为突出。他俩 1988 年又一起被同一家合资企业招聘，分别在营销和人力资源部门工作。他俩又都考入本地一家大学的工商管理硕士班，经过三年苦读，获得了 MBA 学位。1996 年年初，他俩觉得不再为洋老板打工，自己出去闯天下，自立门户的条件已成熟，便一起递上了辞呈。

首先遇到的难题是资金不足。幸运的是，遇上一位对他俩才华很欣赏的大款李天霁，答应鼎力支持。蒋、陆二人分析了自己的长处与不足，又做过初步市场调研后，决定涉足中、短途公路物资运输。经过筹备，办起了“神驼物资运输有限责任公司”，李先生是大老板，任“董事长”，蒋、陆分任“董事兼正、副总经理”。董事会决定，先小规模试探，买下三台旧卡车，择吉日开张。

蒋、陆两人既兴奋又不安，毕竟是头回下水，心中没底。但他们是MBA，对管理理论是熟悉的，知道应该先务虚，再务实，即先制定公司文化与战略这些“软件”，再搞运营、销售、公关等这些“硬件”。

他们观察本地公路运输服务业，觉得竞争者虽多，但彼此差异不大，不见特色，这正犯兵家之大忌。“神驼”必须创造自己独有的特色。经仔细推敲，决定“神驼”就是要在服务方面出类拔萃，这指的是货物运输的质量（完好率）、及时性和低成本。他们为公司拟定的企业精神是四个字——服务至上。

但要做到这一点，需要适当的人来保证。蒋、陆二人觉得在这创业阶段，公司结构与人员都必须贯彻“少而精”原则。为此，组织结构只设两层，他俩都不要助理和秘书，直接一抓到底。分配上基本是平均的，工资也属行业中等，但奖金与企业效益直接挂钩，部分奖金不发现金，改取优惠价折算的本企业股票。基层的职工只分内、外勤，外勤即司机和押送员，内勤则是分管职能工作的职员，他们的岗位职责并不太明确，而是编成自治小组，高度自主，有活一起干，有福一同享，分工含混，可多学技能知识，锻炼成多面手。

这种设计会带来两个他们已预计到的问题：一是工作很累，忙起来简直不分昼夜，也没有周末休假，尤其是他们俩自己。但他们并不在乎，说：“反正年轻，劲使不完，身体累不垮，创业维艰嘛。”二是职工们必须有极大自觉性，高度认同公司的价值观与目标。

为此，他们在选聘职工时十分仔细，精心考查，单兵教练，一定要文化高的，有理想主义色彩和创业精神的。好不容易选出了十个人，有刚毕业的大学生，有小学教师，共青团干部，个别是复员军人。蒋、陆两人轮流向他们介绍公司的宗旨和目标，说明这是一种值得一搏的尝试。不接受这些的请另觅高枝。

头大半年确实很辛苦，但似乎是得大于失的。这种团结一致，拼命向前的气势和决心，确实使“神驼”服务质量在用户中一枝独秀，口碑载道。本来是派人上门招引用户，半年下来，反是用户来登门恳请提供服务；用户们还辗转相告，层层推荐。“神驼”的业务滚雪球似地增长，蒋、陆二人已有些应接不暇了。

在开业将近一周年的某个晚上夜阑灯尽，蒋、陆二人刚歇下来喘口气时，他俩都意识到公司必须扩大了。这本是求之不得的好事，但规模大了，业务量不仅增多，而且性质上复杂起来，原有的两级式扁平结构应付得了么？但要招新人，去哪儿能找这么多有这种“书呆子傻劲”的铁哥儿们呢？若降低录取标准，新来的人还会吃这一套么？再说，如果结构复杂化、分工细了，层次多了，原来那种广而不专的“多面手”们还能胜任么？

蒋“总经理”和陆“副总经理”默默地陷入了沉思。

思考题：

1. 两位总经理在沉思什么？

2. 面对公司问题，如果你是总经理会怎么做？

资料来源：作者不详. 神驼物资运输有限责任公司[DB]. 道客巴巴. [2014-05-16]. http://www.doc88.com/p-737474654184.html

4.4.3 绩效评估

绩效评估是对员工的工作绩效进行评价，以便形成客观公正的人事决策的过程。组织是根据绩效评估的结果作出许多有关人力资源的决策，比如确定管理人员的工作报酬，为员工升迁调遣提供依据，为管理人员的培训提供依据等。

1. 绩效评估的内容

一般来说，为确定工作报酬提供的考评着重管理人员的当前表现，而为人事调整或组织培训而进行的考评则偏向技能和潜力的分析。然而，组织中具体进行的绩效评估，往往不是与一种目的有关，而是为一系列目的服务的。因此，考评的内容不能只侧重于某一方面，而应尽可能地全面。

(1) 贡献考评

贡献考评是考核和评估管理人员在一定时期内担任某个职务的过程中，对实现组织目标的贡献程度。贡献往往是与努力程度和能力强度相关联的。因此，贡献考评可以成为决定管理人员报酬的主要依据。贡献评估需要注意以下两个问题：

① 尽可能把管理人员的个人努力和部门的成就区别开来。这项工作可能在实践中是非常困难的，但也是非常重要的。因为在个人提供的努力程度不变的情况下，外部可能发生不可抗拒的、内部无能为力的、但对部门目标的实现起着重要的促进或阻滞作用的变化。环境发生了重大的变化后，该部门的业务性质可能发生了重大改变，业务量急剧膨胀，而组织对该部门的性质及其与其他部门的关系却未做相应的调整。在这种情况下，需要考察和分析的不是管理人员的表现和能力，而是组织机构的合理性。

② 贡献考评既是对下属的考评，也是对上级的考评。贡献考评是考核和评价具体管理人员及其部门对组织目标实现的贡献程度，而具体人员和部门对组织的贡献往往是根据组织的要求来提供的。因此，只有在考评开始之前，组织对每个部门和管理岗位的工作规定具体的目标和要求，考评才可以进行。否则，不仅使下级不能了解努力的方向，进而不能提供有效的贡献，而且使考评失去了客观的标准。这样，下级不能提供积极贡献的原因不在他们自己，而在上级。所以说，对下级贡献的考评，也是对上级进行考评，考评上级组织下属工作的能力。

(2) 能力考评

贡献虽可在一定程度上反映管理人员的工作能力，但是，能力的大小与贡献的多少并不存在严格的一一对应关系。为了有效地指导组织的人事调整或培训与发展计划，还必须对管理人员的能力进行考评。能力考评是指通过考察管理人员在一定时期内的管理工作，评估他们的现实能力和发展潜力，即分析他们是否符合现任职务所具备的要求，任现职后素质和能力是否有所提高，进而能否担任更重要的工作。

由于管理人员的能力要通过日常的具体工作来表现，而处理这些工作的技术与方法又很难与那些抽象地描述管理者素质特征或能力水准的概念对上号。因此，能力考评中要注意切忌只给抽象概念打分。“决策能力”、“用人能力”、“沟通能力”和“创新精神”等无疑是优秀的管理人员必须具备的基本素质，但这只是一些抽象的概念，用这些未加细分的笼统、甚至是模糊的概念去组织考评，只能增加考评的难度，使考评者仅根据自己的主观判断给被考评对象任意打分，难以得到真实、可靠、客观的能力考评结论。美国管理学家孔茨等人认为，将管理工作进行分类，然后用一系列具体的问题说明每项工作，以此来考评管理人员在从事这些工作中所表现出的能力。因此，为了尽可能地得到客观的评价意见，上述具体问题应力求设计成是非判断题的形式，在难以设计成是非判断题的情况下，应努力给可供选择的多种答案（如“优秀”、“良好”、“一般”、“不符合要求”等）给予明确的界定。根据对管理者的工作要求来进行能力考评，不仅具有方便可行、能够保证得到客观结论的好处，而且可以促使被考评者注重自己的日常工作，根据组织的期望注意改进和完善自己的管理方法和艺术，从而能起到促进管理能力发展的作用。

2. 绩效评估的方法

（1）书面描述法

书面描述法也许是最简单的一种绩效评估方法。评估人写一份记叙性材料，描述一个员工的所长、所短、过去的绩效和潜能等，然后提出予以改进和提高的建议。书面描述不需要采取某种复杂的格式，也不需要经过多少培训就能完成，但评定的质量在很大程度上与评估者的写作技能有很大关系。

（2）关键事件法

关键事件法是指评估者把注意力集中在那些区分有效的和无效的工作绩效的关键行为方面。评估者通常记下一些细小但能说明员工所做的是特别有效果的或无效果的事件。评估时只记录具体的行为，而非笼统地评价一个人的个性特征。为某一个人记下一长串关键事件，就可以提供丰富的具体例子，给员工指明哪些是要求的行为，哪些是不期望的行为。

（3）评分表法

评分表法是一种最古老也最常用的绩效评估方法。评分表列出一系列绩效因素，如工作的数量与质量，职务知识，协作与出勤，以及忠诚、诚实和首创精神等。评估者逐一对表中的每一项给出评分。评分尺度通常采用 5 分制。这种方法虽然不像前两种方法那样可以提供详细的信息，但其设计和执行的总时间耗费较少，而且便于作定量分析和比较，因此，这种方法得到了普遍的采用。

（4）行为定位评分法

行为定位评分法是近年来日益得到重视的一种绩效评估方法。这种方法综合了关键事件法和评分表法的主要长处，考评者按某一序数值尺度对某人从事某项职务的具体行为事例打分，而不是一般的个人特质描述。行为定位评分法侧重于具体而可衡量的工作行为，它将职务的关键要素分解为若干绩效因素，然后为每一绩效因素确定有效果或无效果行为的一些具体示例。

(5) 多人比较法

多人比较法是将一个员工的工作绩效与一个或多个其他人作比较。这是一种相对的而不是绝对的衡量方法。该类方法最常用的三种形式是分组排序法、个体排序法和配对比较法。

① 分组排序法要求评价者按特定的分组将员工编入诸如“前 1/5”、“次 1/5”之类的次序中。管理者可以使用这种方法将其所有的下属作一排列,假定他有 20 名下属,那么只能有 4 人可排在前 1/5,同样,当然也只有 4 人被排在末 1/5 的范围内。

② 个体排序法要求评估者将员工按从高到低的顺序加以排列,因此只有 1 人可以是“最优的”。如果要对 20 个下属作出评价,第 1 名和第 2 名之间的差别就被假定为与第 11 名和第 12 名之间的差别是一样的。尽管某些员工的水平可能非常接近,以致可以将他们编入同一个组中,但个体排序法并不考虑这种关系。

③ 配对比较法是把每个员工一一与比较组中的其他每一位员工结对进行比较,评出其中的“优者”和“劣者”。在所有的结对比较完成后,将每位员工得到的“优者”数累计起来,就可以排列出一个总的顺序。这种方法确保每一位员工都与其他的所有人作对比,但当要评估的员工人数相当多时,配对比较法就很不容易进行。

(6) 目标管理法

这种绩效考评方法是在“目标管理”的基础上进行考评的方法,这是一种根据可核实的目标来考核管理者的方法。当人们知道了他们努力的最终目标是什么,他们就会卓有成效的完成任务,达成目标。

“目标管理”不仅仅是一种计划方法,同时也是组织、人事安排、领导和监督的关键。如果按目标管理的方法来进行管理了,那么考评就归结为考察管理者是否确定了适当而可行的目标,以及在一定时间范围内,他们根据目标工作得怎样。因此考评工作要贯穿目标管理的整个过程。即:上下级共同讨论和制定下级在一定的考核周期内需达到的绩效目标;在执行后于周期末上下级共同对照原定目标,测评其实际绩效,找出成绩、优点与不足;然后双方再共同本着保持与发扬优点和减少与克服弱点的原则,制定下个周期的绩效目标。如此循环不已,持续下去。

目标管理法具有三个明显的优点:目标明确,明确的目标本身对员工就起到了激励作用;高度民主性,在目标管理法的三个步骤中被考评者全面参与,上下级结合充分体现了民主管理;培养性,这种考评方法的考评与控制功能与它的培养功能同等重要,因为它融合了“个人培养计划”在其过程中,而且目标设置、执行中的辅导以及总结本身,都有鲜明的培养性。

在目标管理法的应用中有一个问题需要考评者注意,即目标是否恰当?是否需要经过努力(既高而又合理)才能贯彻?这种问题只能由被考评人的上级根据判断和经验来回答,当然,随着时间的推移和经验的积累,作出的判断会越来越精确,而且,也可以与类似工作岗位的其他人的目标作对比来判断。

在评定目标完成情况时,评定人必须首先了解目标完成的情况,以及造成这些后果的原因是什么。审查者也应注意是否有人在情况已变化,需要修改目标时仍在按过时的目标进行工作。先考虑目标是否可合理达到,是否有超越个人控制能力的因素,造成了不应

有的帮助或阻碍

（7）360度考核法

360度考核法是一种从不同层面的人员中收集考评信息，从多个视角对员工进行综合绩效考评并提供反馈的方法，或者说是一种基于上级、同事、下级和客户等信息资源的收集信息、评估绩效并提供反馈的方法。360度考核作为绩效管理的一种新工具，正被国际知名大企业越来越多地使用。据调查，在《财富》杂志排名前1000位的企业中，已有90%的企业在使用不同形式的360度考核，比如IBM、摩托罗拉、诺基亚、福特、迪斯尼、西屋、美国联邦银行等，都把360度考核用于人力资源管理和开发。

案例4.7 华为人才管理：饿狼逼饱狼

华为人力资源管理分三个系统进行，一是企业职业通道，华为最早在中国企业中打破官本位，我不当部门经理，不当副总裁，就按专家这条线走下去，做到足够专业，也能拿到副总裁的待遇，而且不光拿到待遇，还有权调动资源，叫“有职、有权、有责”。二是建立一套严格的任职标准。三是一套严格的以行为和事实为依据的任职资格认证。

华为最初建立了管理和技术两大通道，现在是管理、技术和项目管理三大通道，每一个通道又划分为若干等级，比如你想当人事经理，就必须达到这一专业通道层次的几级任职资格，任职资格跟绩效又有关系，只有连续三年绩效达到12分，你才有资格申请更高一级，环环相扣。

有人问为什么在华为，人才能够脱颖而出？华为的岗位晋升线和能力晋升线是两条。竞争上岗的基本条件是任职资格，这就导致了任何一个岗位都会有3到4个达到任职资格的人等在这个岗位。这就是老任提出的“饿狼逼饱狼”，你在这个岗位上必须好好干，否则马上就有接替者。

民营企业最大的问题就是一个萝卜一个坑，老板总觉得自己没有后续人才，其实是人才储备体系出了问题。又有人提出，说我天天参加任职资格培训，我业绩不行，行不行？这就是现在很多民营企业做的，这个人很闲就去培训，越忙越抽不出时间培训。华为不然，要想参加任职资格培训，有一个前提条件，绩效考核一共15分，必须达到12分以上，这就避免有的人一味的参加能力晋升，但是业绩做不出来。就把绩效、能力、岗位这几条打通了。我们现在很多企业考核任职资格、绩效、培训都各干各的不配套，华为是责、权、利、能四位一体。

人性大师任正非：怎样保持干部队伍纯洁性？

2012年岁末，任正非写了一篇文章《力出一孔，利出一孔》。规则在此，所有的人都朝着一个目标聚焦去努力，这叫“力出一孔”；企业大了，很多人开始损公肥私，在公司身上割肉，那企业肯定完蛋，因此还要“利出一孔”。华为搞EMT（经营管理团队）宣言，就是强调高层不能以权谋私，不能在外面兼职，不能搞关联交易，你的利益必须来自华为公司本身。

大家都问华为离开任正非行不行，在我所接触的企业里面，华为真正打造了坚实的高管团队。2002年、2003年是华为最困难的时候，首先2001年李一男出走，从华为挖走了好几百位骨干，几乎掏空了华为核心技术班子；同一时期，任正非的母亲出车祸身故，老任那时正陪着国家领导人在国外访问。当时老任母亲身上没带身份证，就当老百姓送到一般的医院去治疗抢救，后来人就去了，给老任的打击是非常大的，企业做那么大，到关键时刻，连母亲都照顾不了。

当时老任抑郁了一年，又得了重病，作为老板压力确实太大了，而且那时候他觉得，我对员工这么好，权力、利益都给你们了，为什么还背叛我？他想不通。那时真是最痛苦啊，也是华为最危难的时候，那一两年他已经很少管公司了，基本上靠一个团队在管理。

目前华为15人高管团队里，最晚进入华为的是1996年，因此华为高管团队都是自己培养的，不是空降，都是参加了当年《华为基本法》讨论的一批年轻人。团队全部是硕士以上毕业，全部是名牌大学出身。

企业做大了以后，选高层干部一定要以德为先，因为高层干部掌握的资源太多，诱惑太大，必须自查自纠，每日三省吾身。利出多孔，肯定是大家都在割肉，不再进行价值判断，因为诱惑太大。

华为检查完干部，会让干部自己提出整改措施，大家继续干，这是老任很懂人性，又很善的地方。有些媒体将老任描述成一个凶神恶煞的形象，但我认为老任本质上是一位很善的人，所以我想写一篇文章叫《善者任正非》。

我们现在很多老板是对别人要求太苛刻，一看犯点小错误，一刀就干掉，这样就没人给你干了。“水至清则无鱼，人至察则无徒”，有的时候还要保他。水太清了也不行，水太清了要搅一搅，如果太浑了，就下点药把他杀一杀。华为搞EMT宣言，不仅是针对高层，现在也包括中层干部。企业做大了以后，很重要的就是要保持干部队伍的纯洁性。

后端标准化，前端个性化

华为发展史上，组织是随着市场扩张不断变革的。早年华为和我们现在很多企业一样，就是直线职能制，指挥命令系统一竿子插到底，快速反应。这个阶段一直持续到1999年，后来觉得直线职能制管不过来，企业出现多种产品、多个市场以后，所以要分权。

当年最早包政老师搞了一个事业部改造，老任一看，说你是学GE的，GE是分权事业部，企业整体竞争优势形成不起来，容易变成内部体系的集中营，总部没有权威，不利于做大企业，就把包老师方案否了。

华为搞了覆盖全球的矩阵型组织，片区、地区、办事处、代表处管理职能垂直落地，过于矩阵化之后，又会变成流程太长，有时候几个“婆婆”在这里协调。所以在2006年又提出基于响应客户管理优化组织，加强客户群系统建设。到2007年以后，让听得见“炮火”的人去做决策，叫“重装旅”、“陆战队”、前端综合化、后端专业化，这就是老任后来所提出的“铁三角”组织模式。

所谓“铁三角”，就是真正面向市场端的是客户经理、解决方案专家、交付专家，前端针对某一个客户，依据这三类人来做决策。

任正非受到2003年美国打伊拉克的启发，大家知道，美国打伊拉克时，你见不到美军与萨达姆军队大规模作战，美国打仗犹如玩电子游戏，犹如侦查专家、地形测量专家、军事专家组成的三人小组深入敌后，看到萨达姆军队，马上制订作战计划，直接指挥导弹飞机开打，把萨达姆的军队化整齐为零一个一个都干掉了。

玩这套游戏的前提是什么？后台必须专业化，否则就乱套了。华为之所以走到今天，可以把权力授予“铁三角”，前提是它花了几十亿，用华为改革办主任说大概有200多亿人民币的咨询费建造了技术研发平台、中间试验平台、产品制造平台、全球采购平台、市场营销平台、人力资源平台、财务融资平台、行政服务平台、知识管理平台、公共数据平台等十大平台，让“铁三角”得到最专业的支持。

企业一定要后端标准化，前端个性化，针对不同客户需求，提供不同的产品组合和服务。一线如果得不到后台的专业支持，你越给他权力，他离你越远，而华为是你再有能力，也离不开总部的支持。如果总部没有专业化能力，你去授权给一线，企业就是个体户，所以我们现在很多企业是个体户的集中营。

思考题：

1. 根据本案例提供的信息谈一谈华为的人才管理优在哪里、劣在哪里？

资料来源：作者不详.华为人才管理.饿狼逼饱狼[DB].中国社会科学网.[2014-05-16].http://www.cssn.cn/glx/glx_dgs/201312/t20131216_909599.shtml

4.4.4 薪酬管理

一个组织除了要有一个公平合理的考核制度外，还必须有一个好的报酬制度。理想的报酬制度不仅能有助于吸引人才，留住人才，而且能在合理成本的基础上激励职工取得良好的绩效。但是许多组织的报酬制度并没能成功地实现这些目标。因此，组织必须设置一个成功有效的报酬制度。

1. 薪酬管理的基本原则

薪酬管理的核心问题是如何科学、合理地确定职工的薪酬差别，即制定公平、公开、公正的薪酬体系。有效的薪酬管理体系应该体现如下几个基本原则：内部一致性、外部竞争性、员工贡献性、实施有效性和经济有效性。

(1) 内部一致性

内部一致性指的是组织内部的工资是以什么为基础的。一般而言，公平的基点和衡量标准有三个基准：依据岗位价值支付报酬、依据员工能力支付报酬和依据员工绩效支付薪酬。在内部一致性的构建中，通常有两种思路：一种是基于岗位或工作，也即根据岗位或者工作的差异来区分岗位或工作的相对价值；第二种思路是基于个体，也即根据人们所拥有的知识和技能或其他胜任能力特征的差异来建立组织中的工资体系。这两种思路代表了两种不同的价值观，第一种更加强调“同岗同酬”，强调的是目前该岗位可以给组织带来的价值，而第二种思路更强调个体的人力资本，并愿意为个体所拥有的更多知识、技能和经验给予报酬。

(2) 外部竞争性

有效的薪酬体系在设计过程中必须考虑到外部市场因素，特别是现阶段人才在市场上的流动性日益增大，人们会将自己的薪酬与其他组织中从事同样工作的人员的薪酬或外部劳动力市场的薪酬水平进行比较，比较的结果常常会影响到员工的薪酬满意度。因此，在设计薪酬时，必须将外部竞争性考虑进去。外部竞争性一方面体现在薪酬水平的高低上，另外一方面体现在薪酬的结构上，即薪酬构成的不同比例。企业可根据企业的战略、经营状况、所需人才可获得性的高低等具体条件决定自己的薪酬竞争战略，通过薪酬调查，获悉市场薪酬行情和自身所处的竞争状态，并在此基础上调整内部薪酬水平或结构以对市场变化做出响应。

(3) 员工贡献性

内部一致性和外部公平性确保组织内部有一个公平的基本的薪酬体系，这个体系更多考虑到的是组织中工作本身对薪酬的影响，有效的薪酬体系还要考虑到员工对组织的不同贡献。员工个人的绩效水平、服务时间的长短、经验资历等都有可能导致他们对组织贡献上的差异。

(4) 实施有效性

一个有效的薪酬制度，更重要的是能够有效地在组织中得以实施。有效的实施需要实现周密的计划和预算，开放的沟通和跟进，以及不断的反馈和修订。在这期间，员工对薪酬方案的了解以及参与到薪酬方案的制订是非常关键的。在薪酬公平感中，除了上述所说的对结果是否公平的知觉，也即分配性公平外，另外一种是对过程是否公平的知觉，也称为程序性公平，是员工对组织的薪酬管理程序与方法是否公正的评价。为此，在设计薪酬方案时要听取员工的意见，让员工参与进来，达到过程和结果的公平性。这样在未来实施薪酬方案的时候，员工一方面会乐意接受；另一方面由于对薪酬方案制定的过程非常了解，会对结果是否公平有较为正面的认识。

(5) 经济有效性

提高企业的薪酬水平，固然可以提高企业的竞争力和激励性，但同时不可避免地会导致人力成本的上升，所以良好的薪酬制度还应考虑经济有效性，即如何使投入有最好的产出。一方面组织在制定薪酬竞争战略和薪酬水平时，要考虑自身的支付能力；另一方面，要考虑薪酬投入产生结果的有效性。我们可以用人工成本的概念来反映这种有效性。人工成本是对组织付给其员工的薪酬与生产产量的比值，即人工成本是生产单位产品组织支付给员工的报酬，它与工资率不同，工资率是单位时间的工资报酬，而人工成本同时考虑到了工资率和生产率两个方面。

2. 薪酬方式

薪酬的主要形式可以分为直接薪酬和间接薪酬两大部分。直接薪酬也即我们通常讲的工资、奖金和津贴等，间接薪酬主要指的是福利。

(1) 直接薪酬

直接薪酬一般分为基本薪酬、奖金、津贴和股权等。

① 基本薪酬

基本薪酬是组织按期付给员工的薪酬，其数目通常是固定的，除晋级以外很少变动。其中白领员工的基本薪酬通常称为薪水或薪金，蓝领员工的基本薪酬称为工资。我国国内习惯上对薪水和工资不加区分，统称为工资。基本薪酬通常定有薪级表，员工基本薪酬的数目是根据薪级表决定的。

② 奖金

奖励是对员工超额劳动绩效所支付的报酬，其具体的货币支付形式即为奖金。组织发放奖金的目的是激励员工努力工作，为组织多做贡献。奖金的形式多种多样，按时间分有月份奖、季度奖、年终奖等；按奖励对象分有个人奖和集体奖；按奖励内容分有超产奖、节约奖、建议奖、综合奖和特殊贡献奖等。

③ 津贴

津贴是一种附加薪酬，具体由企业津贴和特殊补贴构成。前者是对员工在特殊工作条件或环境下工作给予的经济补偿，如加班津贴、夜班津贴、交通津贴和出差津贴；后者是在因受一些外部因素的影响而导致员工实际收入下降时，企业给予员工的特殊生活补助，如房租补贴、物价补贴和助学补贴等。

④ 股权

企业以股权或期权等作为对员工的薪酬，是一种长期激励手段，目的是能够让员工为企业长期发展而努力工作。

(2) 间接薪酬

间接薪酬包括各种福利保障、企业福利和延期支付等。

① 社会保障计划

社会保障计划指员工参加的包括失业、养老、伤残和医疗等社会保险中由企业负担的部分。

② 企业福利

指员工从企业得到的各种小额优惠，如免费或折价工作餐、幼儿保育服务、免费的休闲服务项目、人寿保险和补充养老金等。

③ 延期支付

延期支付指各种员工储蓄计划、持股计划和年金等。其特点是它们给员工带来的实际收益要在一定时期以后甚至要等到退休后才能够兑现。

4.4.5 职业生涯规划

职业生涯规划是从人力资源开发需要出发，制定有益于员工成长和发展的综合性的职业管理计划。企业人力资源计划的制定必须考虑员工职业生涯的发展阶段，并将两者结合起来统筹考虑，以帮助员工确认自己的职业兴趣，并制订明智的职业发展计划。研究表明，一个人的一生总是要经历若干职业生涯阶段而最终退出其职业生活。而任何个人都需要在相对稳定的职业生涯中发展自己的技能，并取得比较稳定的工作收入。管理者要有针对性地开展人力资源管理工作，就必须了解员工的职业发展阶段，并据此制订合理的人力资源计划和政策。

1. 职业生涯的阶段

完成的职业生涯规划大致分为以下几个阶段：

(1) 探索阶段

探索阶段大约发生在一个人开始进入社会的早期。许多人可能早在求学期间就形成了对自己职业的认识，亲人、老师、朋友以及电视、小说的影响，使其逐渐缩小了自己职业选择的范围。在这一阶段，个人开始认真地探索各种可能的职业选择。他们最初可能作出一些带有试验性质的较为宽泛的职业选择，然后根据对自己兴趣和能力的认识情况不断予以修正和重新界定。探索阶段的最重要任务，就是个人对自己的能力和天资形成一种现实性的评价。由于职业探索阶段发生在就业之前，所以从组织的立场来看，组织似乎与这一阶段并无关联。但实际上，组织与职业探索阶段是不无关系的。管理者对找到第一份工作的员工，主要是通过提供有关工作和组织的正面及负面的信息，帮助个人形成对职业工作的一种正确预期。

(2) 确立阶段

确立阶段大约发生在一个人的青年及进入中年时期。通常个人会在这一期间找到合适自己的职业，并全身心地投入有助于自己在此职业中取得永久发展的各种活动中去。这一阶段可以分为尝试、稳定和职业中期危机几个分阶段。尝试阶段是个人确定当前所选择的职业是否适合自己，如果不合适，他会准备换一下工作。稳定阶段是个人已经给自己确立了较为坚定的职业目标，并制订较为明确的职业计划来确定自己晋升的潜力、工作调换的必要性和所需的教育培训等。有些人到了四十岁左右的年龄，可能会进入职业中期危机阶段。此时，他可能根据自己最初的理想和目标对自己的职业选择做一次重要的重新评价，如果发现不能朝着自己所梦想的目标靠近，或者当初所梦想的并不是自己真正想要的东西，这时他就会开始一个新的职业选择，或者重新思考工作和职业到底在自己的全部生活中占有多大的地位，据此调整今后努力的方向。

(3) 维持阶段

这是职业生涯的后期阶段。个人已经趋向于放松，并普遍为自己在工作领域中创下的一席之地感到愉悦，有的人开始扮演元老的角色。对于那些在前一阶段绩效水平已经停滞或有所下降的人，他们逐渐认识到这样一个事实，他们对于现实世界将不再拥有曾经想象的影响或改变能力。所以，人们会意识到需要减少工作的流动，从而可能安心于现有的工作。管理者一方面应当开发利用这种资源；另一方面应该认识到，这一阶段的人们会将主要精力放在保有现时的位置，而不再表现出先前的闯劲，他们可能变得对工作不再有很大的兴趣，或者不在乎工资的高低，而希望有更多的自由时间或压力更轻一些的工作。

(4) 衰退阶段

这是临近退休前的人们通常不得不面临的艰难时期。出现沮丧是极为常见的，员工还可能变得敌意十足，充满挑衅。对处于这一时期的员工，管理者需要帮助他们学会接受权力交接和责任减少的现实，学会使自己成为年轻人良师益友的新角色。

总的说来，人力资源计划的制订不仅影响到企业的生产经营活动，也直接关系到员工的前途命运。许多越来越重视人力资源开发的现代企业，以着手采取措施帮助员工提升能力水平，促进员工实现工作中的成长与发展。培训和教育机会的提供，工作丰富化和工作轮换，以职业发展为导向的工作绩效评价，以及以能力而不是资历为依据进行的晋升等各项实践活动，就是其中有代表性的事例。对于这些提倡促进员工成长或发展、注重人力资源开发的组织来说，人力资源计划的制订就不能不兼顾组织发展和员工发展这两方面目标，并在两者的综合考虑中形成行之有效的综合性的职业管理计划。

2. 职业生涯规划的意义

职业生涯规划有利于员工的成长和组织的发展。具体来说，职业生涯规划具有以下意义：

（1）职业生涯规划有利于明确人生的奋斗目标。只有有了明确的目标，才会激励人们努力奋斗，并积极去创造条件实现目标，这样就可以避免随波逐流，浪费青春。哈佛大学有一个非常著名的关于目标对人生影响的跟踪调查，调查对象是一群智力、学历和环境等条件都相仿的年轻人，调查结果是这样的：3%的人有清晰且长期的目标，一直朝着同一个方向不懈地努力，25年后他们几乎都成了社会各界的顶尖成功人士，其中不乏创业者、行业领袖和社会精英；10%的人有清晰的短期目标，大都生活在社会的中上层，他们的共同特点是：不断完成预定的短期目标，生活状态逐步上升，25年后他们成为了诸如医生、律师、工程师、高级管理者等各行各业不可或缺的专业人士；60%的人目标模糊，25年后能安稳地生活与工作，但都没有什么特别突出的成绩；其余的27%是那些没有目标的人群，他们几乎都生活在社会的最底层，生活过得很不如意，常常失业，靠社会救济，并且常常都在抱怨他人、抱怨社会、抱怨世界。

（2）职业生涯规划能帮助个人认识就业形势，居安思危，激发成就动机。职业生涯规划的主要内容就是要了解职业、了解劳动力市场以及了解当前的就业形势，让自己对所处的环境有一个清醒的认识，保持积极的心态，为将来的职业前程做好准备。对个人来说，应有自知之明，不仅要知己所长，还要知己所短。要在工作上取胜，必须制定出一个知己之长短、知环境之利弊、扬长避短的职业生涯规划，只有这样才能选择合适的职业和职务。对组织而言，职业生涯规划有利于组织为其员工制订出有针对性的培训开发计划，使得个人的才华得到充分的发挥和展示。

（3）职业生涯规划有利于人尽其才，避免人力资源的浪费。个人所制定的事业发展的目标和职业生涯的开发的计划能否实现，除了个人的努力外，还需要组织创造条件。有许多懂专业的技术人员被组织安排到管理岗位上，由于缺乏管理知识和技能，尤其不善于处理人际关系，工作中他们往往焦头烂额，不得不请求重操旧业。当然，也有许多科技人员被组织和群众推上了管理岗位，做出了卓越的成就。因此，作为组织，应该了解每个人的气质、性格、能力、兴趣、价值观和理想等，特别要了解每个人的职业发展计划和设想，从而为他们创造实现事业目标的环境和条件。这样才能为组织和社会做出更大的贡献。

（4）职业生涯设计有利于减少组织人才流失。人才流失会进而引发企业客户的流失、专业技术的流失、知识的流失等一系列的问题，是困扰企业发展的最为敏感的问题之一。引进人才、留住人才，就成了很多组织人才战略和人力资源管理的重中之重。有研究表明，通过职业生涯的科学规划，安排符合员工个体发展的生涯道路，尊重并信任他们，让他们承担更多的社会角色，是减少高级人才流失的关键。只有当员工正当的发展需要得到满足，只有当员工的职业生涯发展目标与组织的发展目标取得一致，他们才会更加愿意留在组织中。

讨论案例

案例 4.8　中粮包装：2000—2010 年间的组织结构演化

中粮包装简介

中粮包装控股有限公司是大型央企中粮集团有限公司的下属子公司。成立于 1949 年的中粮集团，是中国最大的粮油食品进出口公司和实力雄厚的食品生产商，在地产、酒店经营以及金融服务等领域也卓有成绩，被《财富》杂志列为世界 500 强企业之一。中粮集团目前下设中粮粮油、中国粮油、中国食品、地产酒店、中国土畜、中粮屯河、中粮包装、中粮发展、金融等 9 大业务板块，拥有中国食品、中粮控股、蒙牛乳业、中粮包装 4 家香港上市公司，中粮屯河、中粮地产和丰原生化 3 家内地上市公司。福临门食用油、长城葡萄酒、金帝巧克力、屯河番茄制品、家佳康肉制品以及大悦城 Shopping Mall、亚龙湾度假区、凯莱酒店、雪莲羊绒、中茶茶叶、中英人寿保险农村金融服务等诸多品牌产品与服务的组合，塑造了中粮集团高品质、高品位的市场声誉。

中粮包装控股有限公司成立于 2007 年，由原中粮集团包装实业部旗下的杭州中粮美特容器有限公司等公司组成，注册地香港，管理总部在杭州。中粮包装提供包括高科技包装设计、印刷、物流及全方位客户服务等在内的综合包装解决方案，是中国最大的综合性包装企业之一，致力于成为综合消费品包装的领导者。公司的产品主要包括马口铁综合包装、铝制两片罐、塑胶容器等三大类，服务于茶饮料、碳酸饮料、果蔬饮料、啤酒、乳制品、日化等消费品包装市场，在三片饮料罐、奶粉罐、气雾罐及旋开罐等多个细分市场排名第一。旗下拥有杭州、无锡、广州、天津、张家港、成都、镇江、深圳等 12 家公司 21 个工厂。2009 年销售收入 38 亿元。

中粮集团在 90 年代初介入金属包装行业，分别于 1991 年和 1992 年投资参股无锡华鹏嘉多宝瓶盖有限公司和杭州中粮美特容器有限公司两家中外合资企业，由于外方经营管理不善，造成企业巨额亏损。中粮集团在 1999 和 1997 年分别从外商手中接管这两家企业，并控股经营。

2000 年，尽管国际著名咨询公司麦肯锡在给中粮集团所做的战略咨询中提出，金属包装市场竞争激烈、投资回报率低且与中粮主业不相关，建议中粮集团退出金属包装业。但中粮集团经过慎重考虑，暂时保留了金属包装业务，并在 2000 年 8 月成立中粮包装实业部，整合和优化旗下资产，实行统一投资管理。

2000—2005 年期间，中粮包装实业部为了解除集团对金属包装业发展的疑虑，并在集团今后发展中谋得一席之地，在包装实业部领导人周政、张新带领下，进行了一轮提高市场竞争力和资本回报率的自救运动。2001 年，国家级唯一的“中国印铁包装容器开发生产基地”落户杭州中粮美特容器有限公司；2002 年，中粮包装收购广州番禺美特包装有限公司，同年成立杭州中粮美特廊坊分公司，后发展成为中粮包装(天津)有限公司；2004 年，中粮包装逐步实施低成本扩张策略，成立了江苏分公司，后发展成为张家港中粮包装有限公司，同年在成都温江地区设立小型旋开盖生产点，后逐步发展成为中粮包装(成都)

有限公司；2005 年，中粮包装收购新疆屯河股份有限公司旗下的张家港屯河制罐厂，并入张家港中粮包装有限公司统一经营管理。通过五年努力，中粮包装销售收入从 2000 年的 3.16 亿元，增长到 2005 年 13.6 亿元，成为了中国金属包装业龙头企业。

2004 年，原华润集团的总经理宁高宁入主中粮集团，并在 2005 年初提出了“奉献营养健康的食品、高品质的生活空间及生活服务，使客户、股东、员工价值最大化”的公司使命和“建立主营行业领导地位”的愿景，制定了“集团有限相关多元化、业务单元专业化”的集团发展战略。在这一战略中，金属包装作为相关多元化产业之一得到了认同，包装实业部在新的形势下，提出了争取到“十一五”期末实现公司销售收入 50 亿元，利润 5 亿元，净资产回报率达到 20%，并争取整体上市的宏伟目标。

2005 年，中粮集团审查通过包装实业部“十一五”发展战略。2006 年，中粮包装实业部成功完成公司化运作转型，成立杭州中粮包装有限公司，在杭州设立中粮包装总部。同年，成功收购国内最成熟的易拉盖生产企业镇江华鼎斯迪制盖有限公司，成立中粮包装镇江制盖有限公司。2007 年，中粮包装总部及杭州生产基地、中粮包装（天津）有限公司、中粮包装（成都）有限公司三地新厂经过近一年的建设，竣工投产，顺利开业。2008 年，根据中粮集团业务协同发展规划，中粮包装接管原属中粮油脂的张家港钢桶厂、天津钢桶厂及东洲钢桶厂。同年 12 月，成功并购深圳聚友制罐有限公司，成立深圳中粮包装有限公司。2009 年，公司成立杭州中粮制罐有限公司和中粮包装（武汉）有限公司，专业发展二片罐和食品罐业务。2009 年 11 月 16 日，中粮包装（0906. HK）在香港联交所主板市场成功挂牌上市，标志着中粮包装进入了快速成长阶段。

中国金属包装业

中国包装业包括纸品包装、塑料包装、金属包装、玻璃包装、包装印刷、包装机械制造和其他包装产品等七个子行业，中国大陆地区 2003—2008 年包装业的销售收入年复合增长率达 19.5%。

金属包装业作为中国包装业的重要组成部分，2003—2008 年占包装业销售收入比重不断上升（案例表 4.8.1），2003—2008 年销售收入年复合增长率为 23%。

案例表 4.8.1　2003—2008 年中国包装业主要子行业销售收入占比

子行业 \ 销售收入占比/% \ 年份	2003	2004	2005	2006	2007	2008
金属包装	8.54	8.70	8.89	8.91	9.08	9.4
纸品包装	32.53	34.57	37.13	34.02	36.14	33.2
塑料包装	27.93	28.31	26.93	30.75	30.26	31.3
玻璃包装	3.03	2.7	2.68	2.7	2.73	3.0
包装印刷	19.19	17.46	17.38	16.58	14.79	15.2
包装机械制造	5.56	5.17	4.79	4.98	5.08	6.4
其他包装产品	3.22	3.09	2.20	2.06	1.92	1.6
销售收入/亿元	2 400	2 700	3 600	4 400	5 100	5 500

俗话说“人要衣装,佛要金装”,好产品离不开好包装。包装产品作为中间产品,产业链下游客户对包装的功能诉求比较多,同时包装产品的价值必须通过客户的产品价值来体现。在中国,金属包装产品由于其优质密封性和强大耐用性,能够确保产品的储存、展现鲜艳图案等原因,而被消费食品、饮品及日化产品以及工业化学用品制造商广泛使用。

中国金属包装业的发展,大致经历了以下几个阶段:

1990 年以前,金属包装行业刚刚起步,金属包装企业仅 200 余家。金属包装尚未形成自己的行业组织,市场需求有限,竞争也不激烈。

1990—1995 年间,金属包装业经历了一个高速成长时期,从而吸引了众多国内外厂家的介入。其中,国际上的巨头如皇冠嘉多宝、美国波尔、美特集团等通过独资、合资等方式进入中国市场,国内企业则纷纷通过转产或直接投资介入这一行业,金属包装企业达到了 700～1 100 家。

1995 年—2002 年间,由于 20 世纪 90 年代初一哄而上,加上上世纪 90 年代后期宏观调控、经济不景气,导致金属包装行业生产能力供过于求。部分民营金属包装企业为了求生存,通过不开票、给回扣、偷税漏税等各种不正当竞争手段争夺订单、大打价格战。在这种情况下,不仅部分小企业被迫关、停、转,而且实力较强、运作规范的国有企业也陆续退出金属包装业,实力强大的外资也纷纷撤离,上海嘉多宝、广州美特、天津美特先后关闭,全行业步入低谷。

2003 年以后,随着饮料、食品、化工产品的持续发展以及新技术的引进,市场容量进一步扩大,剩下来的企业通过内部优势的提升,金属包装行业整体复苏,进入再次发展阶段。2003—2007 年中国金属包装业的销售收入、利润、资产增长情况见案例图 4.8.1。

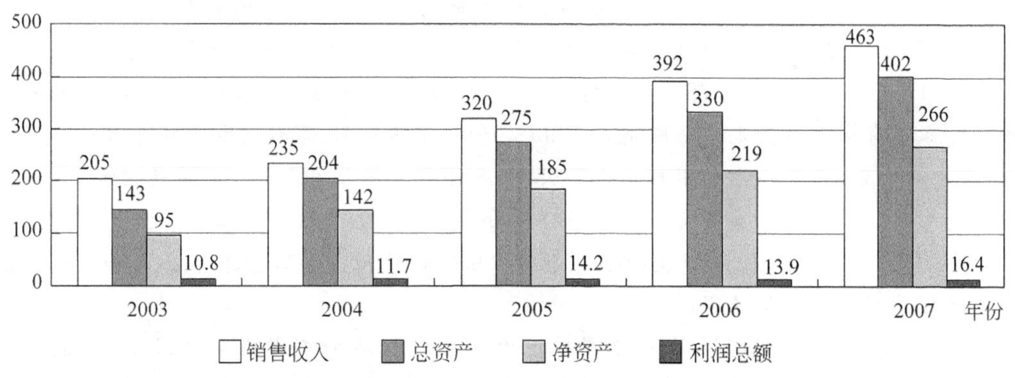

案例图 4.8.1　中国金属包装销售收入/利润/资产/增长趋势图(单位：亿元)

经过改革开放 30 年的发展,中国金属包装业现已形成包括印涂铁、制罐、制盖、制桶等产品的完整金属包装工业体系。其主要产品可分为：印涂铁、饮料罐(包括铝制两片饮料罐、钢制两片饮料罐、马口铁三片饮料罐)、食品罐(普通食品罐和奶粉罐)、气雾罐(马口铁制成的药用罐、杀虫剂罐、化妆品罐、工业和家居护理罐等)、化工罐、200 升以上钢桶和金属盖产品(皇冠盖、旋开盖、易拉盖等),金属包装产品线丰富,应用领域十分广阔。

金属包装企业遍布中国 28 个省市。受金属包装辐射半径有限、用户集群分布自然聚集等诸多因素影响,金属包装企业的区域分布主要在华南、华北及东部沿海地区(见案例

表4.8.2)。金属包装业的行业集中度也不高,截至2007年,金属包装行业前十大集团的销售收入占比不到30%。如案例表4.8.2,2007年金属包装行业企业约1 400家,500万元规模以上企业760家,单厂销售收入在10亿元以上的仅2家(杭州中粮美特位列第一、波尔亚太(深圳)位列第二),1亿~10亿元企业81家,其他都在1亿元以下。

案例表4.8.2　2007年500万元规模以上企业结构分布(单位:家)

	企业规模			企业属性			企业属地			
	大型	中型	小型	国有	民营	三资	华东	华南	华北	其他
2007年	5	34	721	58	510	192	309	203	78	170

中粮包装历次组织结构调整

与其他一些组织结构常年保持稳定不变的企业相比,在中粮包装,与企业快速发展相适应,组织结构的调整也变成了一种常态。从2000年成立中粮包装实业部以来,中粮包装几乎每年都进行组织结构的调整。

1. 中粮集团包装实业部的成立

中粮集团投资包装业始于20世纪90年代初,在1991年与全球最大的包装集团美国皇冠嘉多宝公司合资创建亚太地区最大的金属制盖企业——无锡华鹏嘉多宝瓶盖有限公司。1992年10月和波尔亚太有限公司共同合资兴建大型综合印铁制罐企业——杭州美特容器有限公司,总投资7 000万美元,注册资本3 005万美元。

中粮参与投资的两家公司一开始均由外方负责经营,中方派代表参与经营与管理。1995年开始,在民营包装企业血淋淋的价格战围攻之下,杭州美特开始处于亏损边缘,1996年11月,中粮集团以75%的股份控股杭州美特容器有限公司,并将其更名为杭州中粮美特容器有限公司。无锡华鹏则在1995—1998年四年间,累计亏损人民币高达1.4亿元,潜亏数千万元,实际已资不抵债。1998年底外方无奈提出清盘,中粮集团于1999年以1美元受让无锡华鹏嘉多宝瓶盖有限公司外资股权,控股无锡华鹏嘉多宝瓶盖有限公司。1999年,中粮集团任命周政和张新分别担任中粮杭州美特容器有限公司和无锡华鹏嘉多宝瓶盖有限公司总经理。

周政,1964年生,1983年获得南昌航空大学航空机械加工学士学位,1992年获得北京航空航天大学航空和航天制造工程硕士学位。1983年7月至1989年8月以及1993年1月至1993年5月期间,在航空航天部第609研究所工作。1993年5月至1994年10月,出任中粮南方包装有限公司副总经理;1994年11月出任中粮杭州美特容器有限公司营销副总经理;1996年中粮接手杭州中粮美特后担任常务副总,1999年出任总经理。

张新,1963年生,1983年获得南昌航空航天大学航空机械加工学士学位,2002年获得东南大学工商管理硕士学位。1995年中粮集团投资参股无锡华鹏嘉多宝瓶盖有限公司时,张新作为中粮集团股东代表加盟公司,时任副总经理。1998年,外资经营亏损提出清盘时,张新作为华鹏的一分子毅然决定倾尽所能,奋力一搏,数次奔赴北京,为华鹏的生存争取一切可以争取的机会。中粮集团领导多次听取汇报,先后5次组织会议对“再造华鹏”方案进行了研究和分析后，最终于1999年做出了由中方控股接管华鹏的抉择，并任命张新担任董事总经理。

1999年下半年，中粮集团请国际著名咨询公司麦肯锡作战略咨询，麦肯锡在战略咨询报告中，基于金属包装业务与中粮集团主业关联度低，行业竞争不规范、投资回报率低，国有企业经营不占优势等，建议中粮集团退出包装业务。

面对专家的责疑，出任总经理不到一年的周政、张新不约而同地多次到集团，与相关高层沟通，从行业角度分析，提高集团的信心，以争取机会。他们认为金属包装业尽管竞争激烈，但随着人们生活水平的提高、企业品牌意识的提高，包装行业市场前景广阔；企业前期已经积累了一定的产品技术和客户，他们有信心带领企业走出困境……。中粮集团领导层经过慎重考虑，最终决定暂不退出，并于2000年决定成立包装实业部实行统一管理，由周政兼任包装实业部总经理，由张新兼任包装实业部副总经理。

2. 2000—2001年的组织结构调整

中粮控股杭州中粮美特公司初期，延用的是外资控股时的组织结构模式，如案例图4.8.2所示，由销售部负责接订单，制罐部和印铁部负责生产，采购、设备动力、技术、品管、储运、行政提供配套服务，财务、行政人事部负责职能管理，总经理室负责综合协调。

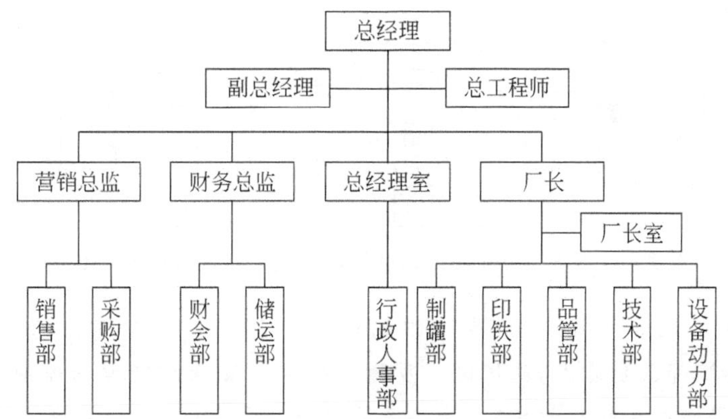

例图4.8.2　杭州中粮美特容器有限公司1999年及以前的组织结构图

面对当时内外交困的这种局面，以周政总经理为核心的中粮美特经营层意识到，只有提高企业的盈利能力，才能消除投资者的疑惑；只有扩大销售规模，才能充分利用产能，增强盈利能力。而要在激烈的市场竞争中获得更多的订单，就必须改变以前粗放式经营管理模式，依靠精细化管理和专业过硬的服务以增强战斗力。公司由此提出了“专业专心，追求卓越”的核心理念。

为此，在2000年年初，公司聘请专业管理咨询公司协助进行了薪酬绩效管理体系改革。在这一过程中，重新梳理了部门职能和岗位职责，编制了各部门职能说明书和岗位职责说明书，并对各岗位按照价值标准进行了岗位评估，根据岗位评估结果进行定级定薪。同时，公司首先从销售部门着手，将销售部按产品类别分拆成四个销售组，分别为三片罐销售组、喷雾罐销售组、食品杂罐销售组、印铁销售组，将原来的销售人员按产品类别分到各产品销售组，各组由销售经理和助理负责组织开展工作。通过这一调整，使销售员由原来从事多种产品销售变成专业从事一种产品销售,以实现从综合销售到专业销售的转变。

通过几个月的实践,在竞争加剧的情况下,中粮美特的销售订单与上年同期相比不仅没有下降,反而逐月增长。2000 年 10 月,基于销售部通过细分初见成效,提出了 2001 年"通过拆分和强化职能管理部门,将业务管理部门和业务服务部门分离,形成生产销售部门、业务管理部门和职能管理部门,以进一步加强管理的规范化和监督管理力度,并为将来的发展奠定管理基础"的组织结构调整方案,具体如案例图 4.8.3 所示。

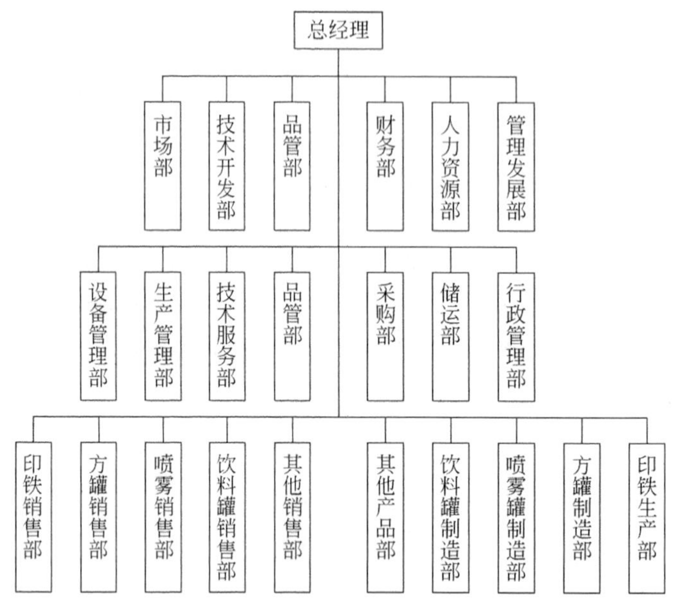

案例图 4.8.3　2001 年组织结构调整建议方案(2000 年 10 月)

2000 年 11 月,公司实施 2001 年组织结构调整方案,并通过首次的内部公开竞聘上岗方式,配置各级部门负责人,包括进一步增设副职。管理总经理助理由财务总监兼任,生产总经理助理由原来的厂长担任,并按岗位设置方案,新增了一批总监、部门经理以及副总监、部门副经理和经理助理等培养性岗位,这些部门经理、副经理和经理助理中的绝大多数通过公开竞争上岗。在 2000 年 11 月至 2001 年 11 月之间,中粮美特一直按案例图 4.8.3 运作。

3. 2001—2002 年间的组织结构调整

2001 年,公司在 2000 年重新制定实施新的薪酬制度和人力资源管理制度手册,并编制完成企业生产各岗位作业指导书和作业标准,在重新修订业务流程的基础上,进行了企业文化理念梳理,确立了"美化产品形象,塑造缤纷世界"的企业使命,将"为名牌企业的产品提供精美包装"确定为主营业务,将具有知名品牌的成功企业和注重品牌、具备成功潜力的企业作为自己的服务对象,将"服务客户成功"作为企业的经营宗旨,主张企业的一切经营工作都要围绕着服务客户成功来展开。提出了成为中国最好的包装企业的企业目标,认为"要做就要做最好。我们经营的是企业,提供的是包装产品,追求的目标是中国同业第一。即我们要成为品牌形象第一、销售规模第一、综合效益最好的中国最好金属包装企业"。

2001 年 11 月,公司并没有对组织结构图作出最大调整,在 2001 年 11 月至 2002 年 6

月期间，公司将销售部门在按产品类别进行细分的同时，更进一步将大类产品按地区进行细分，以实现对业务的精耕细作。如喷雾罐销售部按销售区域分为喷雾罐销售一部到四部，并增设了营销管理部。

2002年上半年，企业在前期细分销售部以加强市场战斗力成功实践的基础上，进行了营销管理体系的创新与规范工作，于2002年上半年形成了企业营销管理制度手册和营销员手册，并提出了整体服务营销(TSS)模式。这是一种多对一的营销模式，其主要特点是：全员参与、全过程服务、全过程控制，注重与客户建立相互融合、密不可分的合作关系。通过"专业专心"和整体服务营销，公司的销售和生产规模持续扩大，在金属马口铁包装行业品牌知名度不断提高。为了进一步提高企业的盈利能力，坚定投资者的信心，在做好各方面基础工作的基础上，中粮美特又开始寻求进一步的规模扩张。

2002年上半年，中粮包装实业部通过中粮集团收购了广东番禺美特包装有限公司，而杭州中粮美特取得了对该公司的经营管理权，中粮包装由此进入了资本运作和异地管理阶段。

由于包装行业服务于产品制造行业，且处于某一个地区的公司的包装产品和服务的辐射半径相对有限。2002年9月，杭州中粮美特为更好地服务客户，在廊坊设立了分公司，实行"销地产"服务模式，以贴身服务客户。

随着番禺分公司和廊坊分公司的相继成立，以及"销地产"服务模式的推行，公司在生产制造、营销服务和综合管理等方面都逐步出现异地化的变化。由此企业开始考虑如何构建一个能够适应企业进一步扩张和异地化管理的组织机构问题。

2002年11月，公司颁布了2003年组织结构图。在此次组织结构调整中，第一次实行了本部和分公司的设置。

在这次调整中，根据企业特点，将本部的功能设计确定为以下三大基本功能：

一是战略决策、资本运作和整体营销职能。根据本部功能设想和未来的实际运作，从管理本部和分公司的分工角度出发，管理本部要对整体发展负责，把握好整体的发展方向，根据企业整体发展战略制定与实施资本运作、市场营销以及对分公司的管理，而各下属分公司主要负责其所属领域内的产品生产和销售。

二是服务和支持功能。从有效利用资源的角度出发，本部要为分公司的发展提供良好的内外部环境，从而使各分公司能集中精力搞好产品的生产和销售。这其中包括：为各工厂提供及时、准确、有效的宏观经济、市场信息、产品研发信息，为其创造良好的融资环境和资金结算服务，为其及时输送及培养企业发展所需的人员，建立分公司间融洽的合作关系和提供良好的后勤保障服务等。把下属生产工厂不能做、做不了，集中统一做有规模经济效益的事情集中到本部做。

三是管理和监督职能。从投资者的角度出发，要实现"1＋1＞2"的效应，确保所投放的各项资源的有效利用和整体发展目标的实现，就必须发挥其管理和监控的职能，及时了解和掌握各分公司的运行情况，并根据各分公司的发展情况适时进行必要的战略调整。

基于本部以上基本功能定位，本部集中统一的权限主要体现在以下八个方面：统一企业文化和价值观，保持员工行为规范和企业形象识别系统的一致性；统一企业基本规章制度和资源管理政策，保持政令的一致性和资源的有效利用；统一规划企业产业布局、资本运作和投资方向，保持发展战略和决策的一致性；统一主要人员的招聘和人事管理，保持人事政策和制度的一致性；统一投资管理、资金结算和财务管理系统，提高资金利用率和安全性；统一主要原材料的采购，集中负责各分公司的产品销售；统一信息管理系统，为增强对各下属单位的控制提供重要手段；统一提供能发挥总体效益的其他服务，包括培训、重大关系处理等。

4. 2003—2005 年间的组织结构调整

在 2003 年和 2004 年年底，公司都对组织结构进行了适应性调整，使得分公司一体化管理得到了进一步发展和完善。

2003 年年底组织结构调整关键变化主要体现在以下几个方面：

(1) 原财务审计部拆分为财务管理部、审计部。财务管理负责本部及分公司的预算重点指标的确定、预算执行情况的监督控制、投资项目经济可行性分析论证、资金筹措和调配、资金使用的财务监控。审计部负责分公司财务审计。

(2) 在目标和制度约束下，对分公司充分授权，使其成为区域决策中心；撤销原制造中心，其职能大部分下放到分公司；原隶属于财务中心的"储运"功能、原隶属于采购中心的"采购执行"功能均下放到分公司。

(3) 营销中心下增设新客户拓展部，主要负责新区域销售市场开发和拓展。市场部主要对产品市场调研、产品趋势研究及竞争对手分析等，为公司开发新产品、开拓市场提供重要信息；产品销售指导性策略的制定及执行监督；销售区域划分策略制定；展会、促销活动的组织安排及实施。销售管理部主要是对规模大户的监控管理及高层关系维护；年度预算目标的分解及监控执行；销售状况(销售额、应收账款等)统计分析，销售内部管理体系执行及完善(含应收账款风险控制)；分公司区域销售部之间的订单安排协调；集团法律事务处理；区域销售部和销售人员考核激励政策的制定及监督实施；分公司区域销售部组织架构的保持及人力资源的调配。包装设计部主要为分公司提供包装设计服务，将来向包装设计中心发展。

(4) 技术中心下设应用技术部、基础研究部。应用技术部下设工艺研究部、产品开发部和工模开发部，主要进行科研项目(新产品、新技术、新工艺)研究开发的组织和具体实施，新技术的引进吸收培训；公司整体技术水平提升规划及组织实施；科研经费的调配使用；印铁和制罐工艺技术研究；印铁制罐工艺标准的审核备案；设备管理及分公司设备的投资论证，工装模具的开发，市场闲置设备资源的调查摸底及购买决策建议；分公司之间质量技术问题的仲裁；合格供应商技术认定，新供应商批准。基础研究部下设包装腐蚀研究部、包装材料研究部及检测试验中心，主要对包装材料及包装腐蚀性进行研究及检测。

(5) 新增江苏分公司。

2004 年年底进行的组织结构调整变化不大，主要是在 2004 年组织分工的基础上，做了两方面的微调：

一是对分公司进一步授权。撤销本部原会计部，其职能下放到杭州分公司，由杭州分公司会计部负责本部及杭州分公司一般会计结算业务和资产管理。

二是分公司扩张。为加快市场扩张发展，江苏分公司增设张家港工厂。

5. 2006—2007年的组织结构调整

2005年，中粮包装实业部实现销售收入13.6亿元，成为中国金属包装业规模最大企业。公司制定了“十一五”发展战略，提出争取到“十一五”期末实现公司销售收入50亿元，利润5亿元，净资产回报率达20%，并争取整体上市的宏伟目标。

中粮包装实业部的发展战略通过了集团审核后，2006年，杭州中粮包装有限公司成立，中粮包装实业部开始实体化运作。在集团的大力支持下，中粮包装在杭州美特、无锡华鹏、番禺、廊坊、张家港分公司的基础上，新增了天津、成都、镇江等分公司。

随着分公司数量及规模的进一步扩张，很多“大企业”症状逐渐凸显。总部机构臃肿，对利润点（分公司）缺乏实质性管控和推动；而利润点方面，有的权限不足，效率受制于总部，有的能力不足，缺乏指导支持；利润点之间资源分散，整合效应难以发挥。

“如何适应和促进中粮包装全国性多产品扩张的变化”成为中粮包装面临的新课题。这一方面要求公司做深做透每一类产品市场，更好地开发全国性经营的大客户并满足其需求；另一方面需要公司提高扩张效益，使利润点（分公司）自成立起，就尽快步入正轨，并且在扩张时减少资源浪费，降低成本开支。

在这样的情况下，在2006年年初进行的组织结构调整中保持了一种谨慎的态度，只在以下三方面作了适当的调整：

一是新设福建分公司，暂由杭州分公司代管。

二是原战略规划部更名为投资管理部，主要根据战略规划要求负责资本运作（合资、合作、购并、上市）的具体组织实施、投资、项目论证审核。

三是增设战略经营部，下设战略客户运营部和战略客户开发部，撤销新客户开发部。战略客户运营部主要负责客户王老吉公司的服务，包括客户关系的维护，采购销售计划的下达、物流、资金回笼等。战略客户开发部主要负责公司级战略大客户的跟踪开发。

2007年，公司的扩张速度进一步加快，分公司的数量达到了7个之多，初步完成了全国范围内的市场区域布局。

2007年的组织结构调整，重点围绕以下三个方面的目的对组织结构进行了微调：搭建专业化经营管理统一平台，以满足中粮集团对各业务单元专业化经营的要求；从产业经营者角度进行统一管理和运作，以有效推进中粮包装五年规划的实现及包装业务的持续发展，最终实现行业领导者的目标；完善公司治理结构和统一管理架构，为实现包装业务单独上市奠定基础。

根据以上三方面的要求和目的，公司在2007年精简了总经办等职能部门，重点突出了专业化经营管理所需要的主要职能。公司总部设七个职能部门、两个专项项目部。七个职能部门分别为战略客户部、营销中心、财务部；人力资源部、技术研发中心、投资发展部、综合管理部；两个专项项目部分别为中粮包装基建项目部、塑胶项目部等。

在七个职能部门中，战略客户部主要负责大客户开发与管理、大宗原辅材料采购等职能，下设战略客户开发部、战略客户运营部、策略采购部；营销中心主要负责单元产品的市场规划和管理、销售管理、设计服务等职能，下设市场部、营销管理部、包装设计部；财务部包括资金管理、预算管理、财务审计、6S管理等职能，下设资金管理、预算管理、6S管理、审计等岗位；人力资源部包括人才培养、经理人管理和评价、薪酬激励政策制定与管理、目标和绩效管理、人事服务、制度监察等职能，下设人才发展、企管等岗位；投资发展部包括行业研究、战略规划、投资分析、项目实施与管理等职能，下设战略研究、投资管理等岗位；技术研发中心包括包装技术研发、工艺技术创新、新产品新技术研究、引进设备的消化吸收与自制、工艺技术标准的审定与标准化、规范化管理、推进品质体系的建立与完善等职能，下设工模开发部、工艺技术部、新技术研发部、中心实验室、总工办等部门；综合管理部包括集团联系、公共关系、上传下达、法律服务、政策研究、文化建设、信息管理、安全管理等职能，下设总经办、信息管理部、企业文化推进部。

6. 2008—2009 年的组织结构调整

2008 年，公司的产品从相对单一的三片罐、皇冠盖、旋开盖，发展到易拉盖、大桶，并且决定进一步发展两片罐、塑胶业务。随着产品经营领域的扩大，也出现了不少新问题。例如：不同产品、不同区域公司供应同一客户的现象越来越多，象新收购的深圳公司化工罐，其客户与大桶业务客户有相当部分的重叠，易拉盖与两片罐有共同的客户群。

此时的中粮包装面临这样的一个困境：如何适应和促进公司全国性、多产品扩张变化的要求？

为此，中粮包装开始思考如何在现有的分区域生产和营销的基础上，加强各产品、各大客户的统一管理，并由此提出了设置战略产品组或事业部的初步设想，拟对饮料罐、喷雾罐等战略性产品在总部设立战略产品组，负责该产品的市场调研与规划、销售策略制定、销售预算的推进及监控、大客户开发、生产技术帮扶等，从而使产品线战略得以落实。现阶段战略产品组由利润点担当重任：其中旋开盖、皇冠盖产品由无锡公司负责；喷雾罐、印铁产品由杭州公司负责；奶粉罐产品由番禺公司负责；饮料罐产品由战略客户部担当。营销中心负责组织和指导各战略产品组落实产品线战略。各战略产品组设总经理 1 名，由利润点销售总监以上人员担任，产品线总经理下设产品助理协助工作，各利润点该产品销售负责人为战略产品组成员。而新收购的大桶业务则通过事业部制加以过渡管理。

案例 表 4.8.3　总部、大桶事业部、战略产品组、利润点的营销业务职责分工表

	行业/市场研究	目标制定	市场拓展	销售执行
总部 营销中心	• 金属包装行业研究 • 细分市场研究	• 拟订销售总目标 • 组织各产品线销售目标的分解 • 划分销售区域	• 客户分级，确定战略性客户 • 客户档案管理	• 营销管理制度建设和监督执行 • 销售数据汇总分析
大桶事业部	• 大桶产品市场调研	• 大桶产品线销售目标制定	• 大桶客户的开发与运营	• 大桶产品销售 • 大桶产品线新建指导
战略产品组	• 各战略产品市场调研	• 各战略产品线销售目标制定 • 销售区域划分建议	• 战略性大客户的开发与运营 • 利润点产品市场拓展指导与支持	• 产品线预算执行监控
利润点	• 协助市场调研		• 区域性客户的开发与运营	• 产品属地销售（除大桶）

在具体实施时，2008 年的组织结构除进行了以上的调整外，还明确了利润点的结对帮扶责任，建立了利润点帮扶利益机制，促使老利润点、强利润点愿意为新利润点、弱利润点提供帮助，从而使弱厂和新厂度过艰难期，并在重新整合业务线的基础上，推动同一产品在不同区域都能良好发展。同时，根据实际对组织结构作了另外几点必要调整：

将审计职能及采购职能单列，管理总部共设九个职能部门，分别为战略客户部、策略采购部、营销中心、财务部、审计部、人力资源部、投资发展部、技术研发中心、综合管理部；

根据战略实施的要求，除继续保留塑胶项目部和基建项目部外，增设两片罐项目部，具体运作两片罐项目。

2008 年 7 月，中粮集团决定周政出任中粮地产总经理，由张新继任中粮包装总经理。张新上任后，为了更好地适应上市发展的要求，在组织结构上体现未来发展的战略意图，着重解决公司总部过于虚化、子公司逐渐出现越来越多问题的现状，决定加强总部对下属各分子公司的职能管控，在 2009 年对中粮包装组织结构做出了如下调整：

(1) 新设生产运营部，主要职能是：协调产能、物料资源的共享；研究先进系统的生产管理理论，总结生产管理最佳实践，建立标杆，并在各利润点推广，提升整体生产制造水平；监督检查指导各利润点 ISO9000 质量管理体系的有效运行，提升整体稳定的质量水平；建立并推进生产系统培训工作的开展；对各利润点、事业部生产厂有直接指导、服务与监控职能，并落实生产安全工作。

(2) 调整技术中心定位，其主要职能是：负责标准的制定；推进指导各利润点工艺技术的改进创新；组织创新工艺的共享；工艺技术的检查；新技术研发、重大设备改造项目的实施，各利润点研发、技术改造的组织开展；建立设备管理体系，推进各利润点落实设备维护保养检修；组织开发新供应体系和新供应商；与各事业部、利润点工程技术部有专业管理关系，对其有直接的指导、服务与监控职能。营销中心下之包装设计部调整至技术中心。

(3) 原人力资源部和综合管理部合并为行政人事部。原综合管理部下之信息管理部调整至财务部下。财务部下增设信息管理部。策略采购部更名为供应链管理部，除原策略采购职能外，增加对利润点采购、物流的支持、辅导和管控职能。投资发展部、战略客户部、审计部保持不变。

(4) 保留基建项目部；原塑胶项目部撤销，其塑胶行业研究职能并入投资发展部。总部设生产环保部，为总部二级部门，推动包装整体安全环保和节能减排工作的开展。根据两片罐新业务发展的要求，新成立杭州中粮制罐有限公司，负责两片罐的生产运营。

(5) 保留大桶事业部，包括东海、北海、东洲三家制桶厂。其主要职能是：所辖产品线内全国性大客户的开发与运营；所辖产品在不同区域内的生产协调和资源共享。事业部可设销售、生产管理若干岗位，财务、人事、采购暂由总部相应部门管理，待事业部发展成熟后再在事业部内设置部门。

本次组织结构调整的背景

2009 年 11 月，中粮包装(0906. HK)在香港联交所主板市场成功挂牌上市，标志着企业进入了一个新的发展时期。

随着企业规模的不断扩大，子公司的不断增多，张新明显感觉到了公司经营人才的不足和集团管控力度的不足。随着子公司的增多，企业已经把能够拎起来用的人都派出去担任子公司的经营班子成员了。由于越来越多的子公司经营层人员以前都没有经历过多个岗位的历练，经营管理能力相对比较弱，导致了不少子公司在经营管理过程中出现了质量波动、采购失控、成本上升、员工满意度下降等问题。而集团总部人员由于远离业务经营一线，加上主要由职能管理组成，在对子公司的整体监督和指导服务上也开始落不到实处，有悬在半空的感觉。

张新觉得：按照这样的状况发展下去，不仅中粮包装的未来发展会受限，而且中粮包装人十年艰苦奋斗打下的江山也会付诸东流。

所谓居安思危，经过一段时间的苦苦思考和对很多跨国企业发展模式的观察分析，张新认为一个强有力的总部是引领中粮包装今后发展的必要条件。但是中粮包装在历史上已经形成了诸多独立经营的利润点，在这种状况下，怎样才能收回一定的权力，形成一个强有力的总部？

经过核心管理团队多次反复讨论，终于形成了一个调整方案。在这个方案中，最具争议的，当属对利润点定位的调整。张新最担心的，就是怕误伤利润点老总们的积极性。尽管在方案中一再强调各利润点的重要性不变，但实际上利润点与总部业务部门的权限划分白纸黑字、清清楚楚，参与方案讨论的管理层都不否认利润点的负责人在新的管理框架下权力已被再调整了。

为了稳妥地推进此次组织结构调整，整体方案在具体实施时分三步推出，逐渐调整到位。

2010 年 1 月进行的调整，首先是加强总部的业务管控，以逐步实现业务统一管理；其次是适应实际业务发展需要，设立新的业务部门和职能部门，强化制造和业务。具体调整内容包括：

(1) 拆分营销中心，设综合业务部及业务管理部。综合业务部负责喷雾罐、奶粉罐及其他产品线业务的发展与管理。业务管理部负责做好各业务风险监控、规范管理及市场信息管理等。

(2) 生产运营部更名为生产管理部。原生产运营部所属的二级部门质量管理部划归技术中心；同时将原技术中心工程设备部职能中有关日常设备运行状况监控管理、备件管理、设备档案及相关维护保养手册、设备操作手册管理等划归生产管理部。

(3) 技术中心下设工艺技术部、工程技术部、实验中心、质量管理部、包装设计部。其中，工程技术部主要负责工程技术改造、设备选型、各类技改项目审批管理等职能。其他部门职能保持不变。

(4) 新设二片罐业务部、化工业务部及塑胶容器业务部，负责中粮包装相应产品线业务发展与管理工作。新设综合制造部、饮料罐制造部，分别负责对应业务部门产品的生产管理工作。

(5) 安全环保部调整为一级部门。

2010 年 2 月紧接着进行了第二次调整，将杭州利润点销售业务按产品划归总部对应业务部门直接管理。各利润点海外销售划归外贸业务部直接管理。其他产品销售划归综合业务部直接管理。

2010 年 3 月准备进行第三次调整，具体包括：

(1) 彻底落实业务的统一管理，将各利润点销售业务也按产品划归总部对应业务部门直接管理。其中，饮料罐产品销售划归饮料罐业务部管理；皇冠盖、旋开盖产品销售划归瓶盖业务部管理；化工罐产品、钢桶产品销售划归化工业务部管理；塑胶容器产品销售划归塑胶容器业务部管理；二片罐产品、易拉盖产品销售划归二片罐业务部管理；喷雾罐、奶粉罐及其他产品销售划归综合业务部管理。原各利润点销售部人员跟随产品业务归属各产品业务部。

(2) 与业务管理相适应，利润点销售管理部划归业务管理部直接管理，负责各区域各产品销售业务的风险监控、规范管理等。

(3) 新设二片罐制造部，负责公司二片罐产品的生产、技术及品质管理工作。

(4) 统一各利润点安全环保部管理职能。要求各利润点将安全保卫(门卫、保安等管理)及消防安全等职能统一调整至安全环保部。

通过三次调整，中粮包装总部将正式形成六大业务部、三大制造部、三大业务管理部门、五大职能管理部门的格局。

结束语

2010 年 3 月 22 日下午 3 点，在中粮包装杭州总部会议室，中粮包装业务管控模式调整发布大会正式召开。公司管理层、各业务部门负责人、各区域销售经理助理级以上人员、销售管理部人员共同参加了此次大会。行政人事部总经理冯萍宣读公司关于组织架构及业务管理模式调整、人员调整聘任决定，总经理张新对此次结构调整进行了动员。他指出，“中粮包装在此时作出调整，下了很大决心，可能会在一段时间内会有阵痛，但对企业的长远发展是有利的”，并特别强调“此次组织结构的调整，最核心的是调整利润点和业务部门的工作重心，不是否定或削弱利润点重要性。各级人员要调整好心态，以放牛娃的心态去主动地调整适应新的变化，利润点与业务部门需要更紧密的合作共同去提升业务。”

随后，各业务部门、利润点负责人、利润点销售一线代表纷纷表态，对公司此次组织结构调整表示理解和认同。会议在一片充满信心和拥护的掌声中结束。

箭已上弦、刀亦出鞘，张新多日来紧绷的神经稍微放松了一些。然而他深知大幕才刚刚拉开，接下来还有许多工作要开展。

思考题：

1. 中粮包装的企业组织结构是最优的吗？有没有值得学习和改进的地方？

资料来源：邢以群. 中粮包装：2000—2010 年间的组织结构演化[DB]. 中国管理案例共享中心. 2010-05[2014-05-16]. http://cmcc.dlemba.com/caseshowbyid.php?itemid=340

本章小结

组织，就是指人们为了实现共同的目标而组合成的有机整体。组织是人类社会生活中最常见、最普遍的社会现象。一个人从出生到死亡，无不处于这样或那样的组织之中。任何组织都具有三个共同的特征：明确的目的、一定的人员、适当的结构。

管理者在进行组织结构设计时，应该遵循几个重要原则：任务目标原则、分工协作原则、命令统一原则、管理幅度原则、责权利对等原则、集权分权相结合原则、稳定性与适应性相结合原则、效益原则、正确对待非正式组织原则。在进行组织设计时，还需考虑各种相关因素的影响，其中影响较大的因素主要有组织战略、组织环境、组织规模和技术。管理者应根据组织的实际情况进行组织设计，常见的组织设计结构有：直线型结构、职能型结构、事业部型结构、团队结构、矩阵型结构、无边界组织、学习型组织。

人力资源管理是指组织为了实现既定的目标，运用现代管理措施和手段，对人力资源的取得、开发、保持和运用等方面进行管理的一系列活动的总和。如何进行人员配备，主要经过以下几个步骤：工作分析、人力资源规划、招聘和解聘、甄选。进行完人员的配备之后，还要进行人员培训和开发。培训是一个组织为改善内部员工的价值观、工作能力、工作行为和工作绩效而进行的有计划的学习活动和过程，培训类型一般可分为在岗培训和脱岗培训两类。绩效评估是对员工的工作绩效进行评价，以便形成客观公正的人事决策的过程。绩效评估的内容主要包括：贡献考评、能力考评。绩效评估的方法有：书面描述法、关键事件法、评分表法、行为定位评分法、多人比较法、目标管理法、360 度考核法。一个组织除了要有一个公平合理的考绩制度外，还必须有一个好的报酬制度，一般组织的薪酬包括直接薪酬和间接薪酬两部分，直接薪酬一般分为基本薪酬、奖金、津贴和股权等，间接薪酬包括各种福利保障、企业福利和延期支付等。

管理的组织职能是指为了实现组织目标，合理地确定组织成员、有效地安排工作任务及各项活动，并对组织资源进行合理配置的过程。一旦制订出很好的计划，就要对组织所拥有的各种资源进行配置和协调，把人员按一定的结构组织，使他们能按一定的程序运作，互相之间有明确的信息传递的渠道，通过这一切来保证组织目标的实现。

第五章 领导职能

学习目标

学习本章之后，你应该能够：

1. 阐述领导的内涵。
2. 清楚领导与管理的联系与区别。
3. 概述领导的特质理论、行为理论与权变理论，以及领导理论的新发展。
4. 应用激励理论分析如何有效地激励员工。
5. 解释有效沟通的障碍及完善措施。
6. 区别领导方法与领导艺术。
7. 区别群体与团队，列出高效团队的特点与设计方法。

开篇案例

案例5.1　知识分子太难管了

有一个实力较强的应用科学研究所，所长是一位有较大贡献的专家，他是在“让科技人员走上领导岗位”的背景下，被委任为所长的，没有领导工作的经历。他上任后，在科研经费划分、职称评定、干部提升等问题上，实行“论资排辈”的政策；在成果即物质奖励等问题上则搞平均主义；科研项目及经费只等上级下拨。广大的中青年科技人员由于收入低且无事可做纷纷到外面从事第二职业，利用所里的设备和技术谋私利，所里人心涣散。

上级部门了解情况后，聘任了一位成绩显著的家用电器厂厂长当所长，该厂长是一位转业军人，是当地号称整治落后单位的铁腕人物。新所长一上任，立即实施一系列新的规章制度，包括“坐班制”，并把中青年科技人员集中起来进行“军训”，以提高其纪律性；在提升干部、奖励等问题上，向“老实、听话、遵守规章制度”的人倾斜。这样一来，涣散的状况有所改变，但大家还是无事可做，在办公室看看报纸，谈谈天，要求调离的人员不断增加，员工与所长之间也经常出现矛盾。一年后，该所长便辞职而去并留下了“知识分子太难管了”的感叹。

上级部门进行仔细的分析和研究后，又派一位市科委副主任前来担任所长。该所长上任后，首先进行周密的调查，其次在上级的支持下，进行了一系列有针对性的改革，把一批有才能、思想好、有开拓精神的人提升到管理工作岗位，权力下放到科室、课题组；奖励、评职称实行按贡献大小排序的原则；提倡“求实、创新”的工作作风；在完成指定科研任务的同时，大搞横向联合，制定优惠政策，面向市场。从此，研究所的面貌焕然一新，原来的一些不正常现象自然消失，科研成果、经济效益成倍增长，成了远近闻名的科研先进单位。

思考题：

同一个研究所，为什么不同的人来当所长会有大不相同的结果？

资料来源：作者不详. 知识分子太难管了[DB]. 五星文库. [2014-05-16]. http://www.wxphp.com/wxd-a15f663083c4bb4cf7ecd1f0-4.html

5.1 领导概述

5.1.1 领导的内涵

1. 领导的概念

曾有权威人士将领导定义为“地球上最容易观察到的但最不容易理解的现象”。由此可见，给领导下一个统一的定义是很困难的，不同的学者对于领导有着不同的解释。领导可以是动词也可以是名词，是领导者及其领导活动的简称。领导者是组织中那些有影响力的人员，他们可以是组织中拥有合法职位的、对各类管理活动具有决定权的管理人员，也可能是一些没有确定职位的权威人士。领导活动是领导者运用权力或权威对组织成员进行引导或施加影响，以使组织成员自觉地与领导者一起去实现组织目标的过程。这个定义包括下面三个要素：

(1) 领导者一定要有追随者，没有群众的领导者谈不上是一个真正的领导者。

(2) 领导者拥有影响追随者的能力或力量。这些能力或力量包括由组织赋予领导者的职位和权力，也包括领导者个人所具有的影响力、人格魅力等。领导者能够通过合理的使用这些能力或力量，使被领导者作出各种符合组织期望的行为。

(3) 领导的目的是通过影响追随者来实现组织的目标。领导是目的性非常强的行为，它的目的在于使被领导者心甘情愿的、满腔热情的为实现组织或群体的目标而作出努力和贡献。

2. 领导的作用

领导意味着组织成员的追随与服从。正是来自其下属成员的追随与服从，才使领导者在组织中的作用得以发挥，使领导的过程成为可能。而下属成员追随和服从领导者的原因，就在于这些被他们所信任的领导者能够满足他们的愿望和需求。在充满艺术性的领导过程之中，领导者巧妙地将组织成员个人愿望和需求的满足与组织目标的实现结合了起来。在带领、引导和鼓励组织成员为实现组织的目标而努力的过程中，领导者要发挥指挥、协调、激励和榜样的作用。

(1) 指挥作用

杰出的指挥家可以将各种不同的乐器和表演个性相异的演员统一成一个和谐的整体，进而创造出千姿百态的美妙音乐来。组织中的成员也如同乐队中的乐手一样，需要有头脑清晰、胸怀全局，能高瞻远瞩、运筹帷幄的领导者帮助他们认清所处的环境和形势，指明活动的目标和达到目标的途径。领导者必须善于使用自己的指挥权力，遵循有效指挥的基本原则，进行正确的指挥，以自己的实际行动带领组织成员为实现企业的目标而努力。

(2) 协调作用

组织的目标是通过组织成员的集体活动来实现的。即使组织制定了明确的目标，但由于组织中的成员对目标的理解、对技术的掌握和对客观情况的认识因他们个人知识、能力、信念等方面的差异而不同，人们在思想认识上发生分歧、在行动上出现偏离目标的现象都是不可避免的，因此需要领导者来协调人们的关系和活动，使组织成员步调一致地朝着共同的目标前进。领导协调作用的发挥，要求领导者对工作活动中出现的问题作及时的调整，使各方面配合得当。协调工作必须是非分明、有理有据、坚定不移地进行。

(3) 激励作用

任何组织都由具有不同需求、欲望和态度的个人所组成，如果一个人的学习、工作和生活遇到了困难、挫折或不幸，某种物质的或精神的需要得不到满足，就必然会影响工作的热情。怎样才能使每一个员工都保持旺盛的工作热情、最大限度地调动他们的工作积极性呢？这就需要有通情达理、关心群众的领导者来为他们排忧解难、激发和鼓舞他们的斗志，发掘、充实和加强他们积极进取的动力。领导的激励作用在很大程度上表现为调动组织中每个成员的积极性，使其以高昂的士气自觉地为组织做出贡献。

(4) 榜样作用

榜样的力量是无穷的。领导者不仅仅要靠组织赋予的权力去管理组织成员，更重要的是需要以身作则，用自己的言行去影响被领导者。作为一个领导者，必须随时注意自己的一言一行。领导者应该明白，职权只能使下属服从而不服人，口服而心不服，产生的威信会是极其脆弱的。领导者无论职务多高、权力多大、资历多深，都应该要求别人做到的自己要先做到，要求别人不做的自己坚决不做。正所谓“其身正，不令则行；其身不正，虽令不从。”

5.1.2 领导与管理的关系

领导和管理是一回事吗？领导与管理是人们通常容易混淆的概念。领导与管理有着千丝万缕的联系，领导是伴随着管理的发展而产生的。当管理者致力于影响和带领某个团队达成一个目标的时候，他就涉足了领导的领域；同理，当领导者从事计划、组织、人事和控制等工作时，他正是在履行管理的职能。二者都会对他人或团体产生影响，都要求与人合作，从而也都包括一个达成共有目标的过程。尽管，领导和管理在很多方面都极为相似，但是二者还是有所不同的。进一步说，领导和管理构成同一过程中既相互区别又相互补充的不同体系。

1. 领导与管理的联系

(1) 领导是从管理中分化出来的。就领导活动自身发展的历史而言，决策与执行的分离、领导权与管理权的分离，这一具有里程碑意义的变革同样证明了领导是从管理中分化而来的。

(2) 目的的一致性。表现在不论是管理还是领导都是通过一系列的努力，最终来实现组织的既定目标。尽管管理主要是通过协调，把人、财、物、信息等各类资源合理有效地组织起来，使之正常运转，完成既定目标；领导则是通过引导、激励下属进而发挥他们的主观能动性来实现预期目标。两者的最终目标是一致的，都要实现组织的既定目标。相对于组织而言，只有通过领导者和管理者相互的合作，通过卓越领导和有效管理来保证组织目标的顺利实现。

(3) 都强调以“人”为本。管理的人性化是企业管理理论发展的趋势，企业之间的竞争最终表现为人才之间的竞争，所以，人已经成为管理中最重要的因素。管理的对象可以是材料、人员、资源、土地、设备、顾客和信息等，但对人的管理是中心。而作为被领导的对象只是组织中的人，通过对人的指导、激励实现组织目标，因此，领导更强调对人的因素的把握。“以人为本”的思想便成为领导与管理共有的哲学思想。

(4) 领导和管理在社会活动中具有较强的相容性和交叉性。强调过分管理而领导无方，势必会造成重微观轻宏观、重短期行为忽视战略规划、过分注重专业化而轻视整体效应；领导有力而管理不足，则会导致强调长远规划而不注意短期的计划和利益、太过注重群体文化而不注意细微的专业分工和规则等。

2. 领导与管理的区别

正如原通用电气首席执行官杰克·韦尔奇所说的：把梯子正确地靠在墙上是管理的职责，而领导的作用在于保证梯子靠在正确的墙上。概言之，管理是要正确地做事，领导则是要做正确的事。领导和管理的区别主要表现在以下几个方面：

(1) 领导职能是管理的四项职能之一，除了领导职能以外，管理还包括计划职能、组织职能和控制职能。

(2) 领导和管理活动的着重点不同。领导活动是与人的因素密切关联的，侧重于对人的指挥和激励，更强调领导者的影响力、艺术性和非程序化管理，注重人的需要、情感、兴趣、人际关系等社会属性，强调柔性。而管理活动更强调管理者的职责，注重正式的规章制度，具有刚性；要求有正式的规章制度来指导员工，其目的是使员工行为规范化、标准化。

(3) 权力的构成不同。管理是建立在合法的、有报酬的和强制性权力的基础上对下属命令的行为，下属必须遵循管理者的指示。在此过程中，下属可能尽自己最大的努力去完成任务，也可能只尽一部分努力去完成工作。而领导则不同，领导是一种影响别人的能力，既是来源于组织赋予的合法权利，也可能是来源于个人的影响力和专家权力。而个人的影响力和专家权力是与个人的品质和专长有关的，与其职位无关。

综上所述,我们可以得出这样的结论:管理者一定是领导者,但领导者不一定是管理者。因为不管他们处在什么层次,都要或多或少地执行管理的四项职能任务,通过行使管理权力来影响或指挥组织成员努力实现组织的目标,因此组织中的管理者都是领导者。但现实中的管理者并不一定都是好的领导者,有些管理者也许会在计划、组织和控制等职能方面做得非常出色,但只要不能有效地发挥对他人的领导作用,不能既居领导之"职"同时亦行领导之"能",那么他就不是好的领导者。另一方面,一个人可能是领导者,却并非是管理者。领导从根本上来讲是一种影响力,是一种追随关系。人们往往追随那些他们认为可以提供满足自身需要的人,正是人们愿意追随他,才使他成为了领导者。领导者既存在于正式组织中,也存在于非正式组织中。作为非正式组织的领袖,他们并没有正式的职位和权力,也没有义务去履行计划、组织和控制职能,但是他们却能对其组织成员施加影响,起到激励和指挥的作用,虽然没有正式职权,他们却是名副其实的领导者。

案例 5.2　　联想的优势还能持续多久?

美国西部时间:8 月 12 日 8 点 30 分。

科罗拉多州首府,丹佛。

联想集团董事局主席柳传志先生健步登上代表世界管理学界最高水平的国际管理科学会(Academy of Management)年会讲坛,开始了题为"缔造联想"的 1 个小时 50 分钟的主题演讲,与世界一流管理学者及企业家开始了对话。这是 AOM 成立 46 年来,第一个受邀的亚洲企业家登台演讲。

"这一天对联想乃至所有关心中国企业的人来说都是一个难以忘记的日子。今天,我想讲的主要内容,是我每年到纽约、波士顿、斯坦福等地做'road show'时,基金经理们问我最多的一个问题,这个问题是,现在中国的 PC 市场上有这么多的外国企业和联想进行竞争,你们是怎么取得优势的?是怎样保持的?我想以这个问题作为今天讲话的主线。"

挫败之后的抉择

1992 年前后,政府降低了信息产品的进口关税,同时取消了 Licence。这就使得外国的大企业像 IBM、康柏等大举进入中国。这些国际厂商进来以后,中国的信息产品市场增长得非常迅速,大概每年以 100%的速度在增长。但中国的民族企业,那些以前一直被政府保护的企业在竞争中则溃不成军。我所在的企业在 1993 年的时候也遇到了重大挫败,情况非常严峻。

在 1994 年的时候,我们召开了一个会议,讨论我们在资金、技术、管理、人才都远远不能跟外国企业抗衡的时候,还能不能打自己的品牌。研究的结果是还要打自己的民族品牌。接着,我们对自身的组织架构和业务模式进行了彻底的改组,选取了一个当时只有 29 岁的年轻人来负责 PC 业务。从这年开始,形势有了明显的改变。

主要做好三件事

我的同行以及投资人都很有兴趣的一点是我们怎么由劣势转化成优势的?我们的优势到底能持续多久?

在谈我们具体怎么操作以前，我还想再交代一件事情。其实在我创办联想的过程之中，最难的事情并不是如何开展业务、如何跟外国企业竞争，最难的事情是应付当时中国的环境。我们在1984年开始办公司的时候，当时的中国正由计划经济向市场经济转轨，跟今天的中国市场环境完全不同，这是很多外国朋友可能完全没法理解的事情。

在当时的中国，有计划内企业和计划外企业的区别。计划内企业往往是政府办的企业，他们有生产批文，有进口批文，可以拿到很便宜的外汇，而计划外企业则什么都没有，两者在完全不平等的情况下进行竞争。而且，当时的法制非常不健全，办企业非常困难。我可以做一个比喻，拿鸡蛋孵小鸡的温度来讲，鸡蛋孵出小鸡的正常温度应该是39℃。现在中国企业的成长环境温度可以说是39.5℃，虽然还高一点，但是与理想的环境温度已经相差不多，而我们在1984年办企业时的环境温度大概是42℃。如果不是生命力非常顽强的鸡蛋，是不可能孵成小鸡的。由于背景比较复杂，对于这方面的情况不多作说明，我还是按照前面所讲的主线进行介绍。

在竞争之中，我们主要做了三件事情：

第一件事情是在保证质量的前提下怎样降低成本。对于信息产品来说，元器件的成本占了整个成本的80%。而其中关键的部件像CPU、DRAM芯片等，占了整个成本的40%。由于新技术不断发展，旧的元器件不断降价，因此控制库存成了降低成本最关键的因素。

另外一个影响成本的重要因素是控制应收账款。联想应收账的处理是很有成效的，我们的坏账损失率在去年做到了0.5‰，比国际上优秀的企业平均3‰的标准要低得多。

我们取得这样的成就大概有三点做法：第一，监控的方式跟外国企业不同。国外企业监控应收账都由财务部门通过财务报表来控制。而我们则通过商用部门，通过对我们代理的订单和库存的直接监控来控制，我们的做法要新奇得多，同时也要准确得多。第二，我们是一个非常注重信用的公司。我们制定了一套有效的放账制度以后就坚决地执行，这个也很重要。管理应收账的结果跟有关的销售人员、商务人员的业绩直接挂钩。第三，1999年到2000年的时候，我们花了500万美元，用了300个人员，建成了自己的ERP系统，我认为公司在这方面得到了极大的收益。

我们做的第二件事情，就是发挥产品技术的优势。什么是产品技术呢？这是我们自己定义的一个词，就是把成熟的技术根据市场的需要集成起来形成产品。

我举个例子，在1990年的时候中国彩色电视机的主要供应商几乎全是日本的企业，像松下、日立等。10年以后，现在中国的家电厂商占据了市场的主导地位，其中有一个重要的原因，就是产品技术起了作用。日本的彩电产品由于产地国的电网电压比较稳定，所以对电源部分就没有很高的要求。可是在中国情况就有很大不同，由于电网电压不稳定，因此对电视机的电源性能要求比较高。中国的厂商在设计电视机的时候就注意了这个简单的问题，结果电视机的性能特别是销往边远地区的性能有了很大的改善。这种技术我们认为就是产品技术。在PC领域里，PC的主要性能是由CPU、操作系统、内存等的容量和速度来决定的，这就使得各个PC厂商的产品大同小异。可是，中国的客户还是会有自己的具体需求，联想则根据客户的具体要求来开发产品，收到非常好的效果，提高了毛利。例如，在1999年网络热潮的时候，联想开发了一款电脑叫Internet电脑。用户买了这个电脑，不用装软件，不需要再装 Modem 卡，也不需要到电信机关去登记，摁一个键就可以上网，这样的电脑当然大受欢迎，所以卖得非常好。此外，因为中国的文字是方块字，中国人对 PC 机的使用有很多习惯跟美国不同，这样就给中国产品技术的发展留下很大的空间。在 1999 年以前，联想 PC 产品的毛利跟全世界别的品牌一样，都是逐年下降，到了 1999 年以后由于联想发挥了产品技术，所以毛利基本稳定了，而且现在逐年增高，这都是在和同行进行激烈竞争的时候发生的，是非常不容易的事情。

第三件事是我们有强大的市场开拓能力和销售渠道的管理能力。在中国，家庭电脑发展得非常迅速，一方面是因为中国的生活水平、教育水平提高得很快，同时也和像联想这样的厂家的努力分不开。

我们做了哪些努力呢？一方面开发了适合家庭用的产品，我们做的工作受到中国家庭的热烈欢迎；另一方面我们建立了一套适合中国家庭采购的方式。联想设立了家用电脑的专卖站，为了让用户得到更好的服务，这种专卖店像麦当劳一样，采用授权代理的方式设立，经销商要经过联想严格的培训。现在在中国境内有 300 多家这样的专卖店，这对于推动中国电脑家庭的销售起了很大的作用。现在，联想品牌的 PC 在整个中国家庭电脑市场中占的份额是 28%。有人问，联想在中国做得好是不是得到了政府的特殊照顾，拿到了政府的很多订单。其实不是这样，家庭电脑的销售份额就很能说明问题。联想销售的最大优势体现在家用电脑上，老百姓买东西完全是自由的，是依照最好的性价比来购买，不会因为政府照顾谁而去购买。这说明联想的优势不是因为政策的扶持，而是因为我们的销售能力强。现在联想在全国一共有 3 000 家代理，去年销售了 280 万台电脑，坏账的损失率低于 0.5‰，这说明我们对销售渠道有很强的管理能力。

假如兔子不睡觉，乌龟怎样才会赢

上面谈到的是我们在跟国内外同行竞争的时候做的三件事，有人会问，这三点也很平常，别的企业也能做到，为什么联想会在整个过程中占领优势呢？我想刚才谈的三条是表面的三条，它的后面还有三条深刻原因，是深层次的原因，这就是联想的'管理三要素'。

第一条原因，是我们学会了'制定战略'。联想把制定战略分成五步，其中有一步叫做制定战略路线，也就是，假如我们要达到目标的话，就要决定做什么和不做什么。在与国外企业竞争时，有点像'龟兔赛跑'。外国的企业好像是兔子，中国企业好比是乌龟，乌龟和兔子赛跑，兔子又不肯睡觉，乌龟就要做两件事。一件是如何向兔子学习，培养兔子的基因；另一件是利用赛跑的环境，比如在沼泽地里赛跑，才能获胜。我们制定的战略路线就是从这个基点出发的。

我来举一个制定战略路线的例子。在创办联想以前，我是中国科学院的一个技术人员，1984 年的时候，我的股东——中国科学院给了我 25 000 美元作为投资，我带了 10 个人办了这间联想公司。当时，我们有两方面的困难，一方面当然就是资金紧张，我自己拿到 25 000 美元的资金，不到 2 个月就被人骗走了 15 000 美元；另外一方面是我们是一群书呆子，不懂市场，又不懂管理。开始，我们为客户讲课、修理机器等，很辛苦地做了一年挣了 15 万美元。这时，我们就为自己确定了一条'贸工技'的发展路线，也就是先学会做贸易。通过做代理，我们学会了解市场、学会企业管理，也通过做代理来积累资金。基本上学会做代理以后，我们才开始开发自己的联想品牌的产品，这样循序渐进地再来做设计和生产，这就是做‘工’和‘技’了，这条路线就是所谓的‘贸工技’。在做贸易的时候，我们向供应商，特别是向 HP 学到了很多东西。从 1988 年开始，我们一直是 HP 在中国最大的代理，为 HP 在中国的业务开展起了很大作用。同时，我也向 HP 学到了怎么样去做财务控制，怎么样去管理销售渠道。

如果说我们学会的第一件事情是‘定战略’的话，第二件事就是我们学会了‘带队伍’。‘带队伍’的要素有三点：第一，是怎样让士兵爱打仗；第二，怎样让士兵会打仗；第三，怎样让士兵组织有序，也就是，组织最好的队形，作战就有理想的效果。

下面讲一下，我们怎么样去让士兵爱打仗。我们有两种激励方式：第一，物质激励；第二，精神激励。在物质激励方面，我要特别介绍的一点是，我们的骨干员工有股份，是公司的股东。联想过去完全是一个国有企业，也就是国家占了 100%的股份。经过八年的努力，现在我们的员工有了 35%的股份。虽然在美国，这是一件再普通不过的事情，但是在中国则是件非常了不起的事情，对于我们的创业者和公司的骨干员工有非常大的激励作用。在中国，没有经过股份改造的企业其实是很难办好的。我举一个例子，在中国有一个非常有名的国有企业，所在的行业是烟草行业，规模非常大。这个企业以前是一个亏损的小企业，由一个企业家经过 18 年非常艰苦的把它做大。这个企业大到什么程度呢？18 年中，他交给中国政府的税收就有几十亿美元。但是这个企业没有进行股份制改造，这个企业家个人没有股权，18 年中他拿到的全部报酬包括工资和奖金加到一起还不到 10 万美元。当他要退休的时候，才发现自己一无所有，这时候他做了一件最不该做的事情——贪污了 500 万美元。他的贪污行为被发现，被判了无期徒刑。他犯法被判刑，我不能同情他。但是这件事给我们的启发是，国有企业一定要进行股份制改造。在我们的电脑行业里，也有一些国家投资的国有企业没有能力来和联想这样的企业竞争，因为他们的领导人的积极性跟我们相比差多了。在中国，几乎人人都知道联想的这个故事，和我在一起创业的老同事，由于年龄、能力、精力等方面的原因，都由管理层退下来了。有的退休了，有的做个普通的员工。他们为什么肯退下来呢？因为他们有股份，联想办得越好，他们每年分的红利就越多，而由于他们的退休，把位置让给了更有精力和能力的年轻人，这就对联想的持续发展起了很大作用。所以股份制改造对创业者，对骨干员工是最重要的物质激励。

至于精神激励是多方面的，我这里主要介绍的是，我们为有能力的员工提供舞台，给他们充分表演的机会，保证他们工作的时候，责权利能够一致。比如我前面讲到的，联想应收账款的控制做得非常好，其实很多方法都是第一线的工作人员想出来的，他们提出的建议可以立刻被采纳，而在中国的一些外国公司办的企业，他们的一些规定条文都是在总部制定的，而在中国公司要照规定去执行，当本地公司人员发现不合乎实际情况的时候，要一层一层地上报，得到国外总部的批准，不但效率降低了很多，而且对员工的积极性是很大的打击。

还有一点，就是为了带好队伍，联想特别强调企业文化中的‘诚信’两个字。我们这么做，是为了告诉所有的员工，联想是一个充满正气和讲究诚信的公司。

联想管理三要素的第三条就是‘建班子’。建班子的核心理念就是要让联想的最高领导层建立起事业心，就是把联想的事业真正当作自己的事业，通过规则和文化，使高层领导人能够团结高效的工作。

刚才讲的三条称为联想的‘管理三要素’。我们每年都要对我们的员工进行培训，培训三要素的基本内容。在中国PC行业的竞争之中，我们排在中国第一的位置已经六年了，在六年中，第二名到第十名的位置在不停地变化，只有我们第一名的位置没有变，这是为什么呢？我想不是一个简单的业务策略形成的，是管理三要素这种更深层次的原因在起作用。

这次年会的主题是‘精建网络’。全球的经济也确实日益成为一张紧密的网络，中国经济是全球网络的一部分，联想是中国经济这张网络上的一个点，希望大家能够通过我今天的讲话，让你们通过联想这个点对中国的企业有初步的了解，谢谢大家。

后记：2004年12月8日，联想集团在北京宣布以12.5亿美元的价格收购IBM全球台式电脑和笔记本业务，与IBM组成战略联盟。一个新的全球第三大PC巨头的从此诞生！集团传奇人物柳传志不再担任集团主席，正式退居幕后。

思考题：

1. 联想集团成功的管理经验有哪些？他对国有企业改革的发展有何借鉴意义？

2. 有人说，一个成功的领导者一定是一个有效的管理者，反之，则不然。对此，你有何看法？

3. 在新时期，一个成功的领导者应该具备哪些素质？

资料来源：柳传志. 联想的优势还能持续多久[N]. 21世纪人才报. 2003-02-10[2014-05-16]. http://www.docin.com/p-100918336.html

5.1.3 领导者的素质

领导者的素质，是指领导者所具有的在领导活动中经常起作用的基本条件或内在因素。领导者的个人素质主要包括以下五个方面。

(1) 思想素质

这是领导者首要的素质，主要指包括正确的世界观、价值观、人生观，具有坚定正确的政治方向和政治立场，自觉贯彻党的路线、方针、政策和国家的法律法规，坚持全心全意为人民服务的宗旨，廉洁勤政。同时要树立正确的个人价值观，一要有积极的行为准则，二要保持客观公正的评价态度。

(2) 知识素质

领导者业务知识素质如果按行业特性的要求来确定，可以有许多种结构。首先，一个领导者应该具有广博的知识结构，掌握基本的自然科学和社会科学的基础知识，领导者的知识面过窄，就很难适应工作的需要，难以做到与时俱进。更重要的是要熟知本行业的行业知识和企业知识，行业的知识主要包括：市场情况、竞争情况、产品情况和技术状况。企业的知识主要包括领导者是谁、他们成功的主要原因是什么、公司的文化渊源、公司的历史和现在的制度。缺乏本行业的专业知识，就无法实施具体的领导。同时，还应该包含必要的法律知识。

(3) 工作能力素质

工作能力是领导者在工作中各种能力的综合表现。领导工作是否有效，在很大程度上取决于领导者的工作能力素质的高低。工作能力素质中一个非常重要的组成部分就是领导者的人际关系能力。人际关系首先要广泛，在企业活动涉及的各个领域拥有广泛的人际关系。同时，必须是稳定的，不是短期的而是长期的，不是一次性的，而是可以反复合作的。

(4) 气质、心理素质

气质，又称脾气、性情，体现在人的言谈和举止上，反映出领导者的基本精神面貌。人的气质并无绝对的好坏，任何一种气质类型对领导者都是既有利又有弊。因此，领导者在工作中不断提高自己的气质修养，自觉调节气质的表现形式，克服气质的消极方面，发挥气质的积极方面。

在工作中勇于开拓并承担责任，善于抓住机遇并能够经受竞争和风险的考验，复杂局面和困难面前沉着应对，随着时代、实践和环境的发展不断自我调整、自我完善，面对失败和挫折不气馁、不消沉，等待。

(5) 身体素质

繁重的领导工作，要求领导者具有良好健康的身体素质。作为领导者，不仅在体力方面要身体健壮、精力充沛，而且在脑力方面，要思路敏捷、判断迅速、记忆良好。

总的来说，并非所有的领导都具有这些素质，而且许多领导也可能具备其中的大部分或者全部的素质。

5.1.4 领导者的权力

1. 领导的权力

权力是领导的标志，权力是实施领导行为的基本条件。没有权力，领导者就难以有效地影响下属，实施真正的领导。一般认为，领导者的权力分为职位权力和个人权力两大类。

(1) 职位权力

职位权力是指由于领导者在组织中所处的职位，由上级和组织赋予的权力，它由组织正式授予领导者，并受组织规章的保护，属于正式的权力。这种权力与领导者的职位相对应，在职就有权，不在职就无权。职位权力包括对组织活动的决定权、指挥权，对组织成员的奖惩权。人们往往出于压力和习惯不得不服从这种权力。这种权力与特定的个人没有必然的联系，它只同职务相联系。职位权力包括法定权、奖赏权和强制权。

① 法定权

法定权代表了由于领导者在组织中身处某一职位而获得的权力。它来自下级传统的习惯观念，即认为领导者处于组织机构中的特定地位，而且具有合法的权力影响他，他必须接受领导者的影响。法定权力是领导者职权大小的标志，是其他各种权力运用的基础。法定权具有四个特性：一是层次性：权力的大小是由职位的高低决定的，职位高的权力大，职位低的权力小。二是固定性：法定权力内容是由法律或有关政策规章相对固定下来的，如我国《公司法》中对公司经理的职权规定包括主持公司的生产经营管理工作，组织实施董事会决议，组织实施公司年度经营计划和投资方案等。三是自主性：当领导者的某一法定权被确定下来后，领导者也就相应地取得了在职权范围内相对独立用权的条件。领导者可以集权行使，也可以适当的分权来调动下属的积极性。四是单向性：法定权具有极强的线性约束力，只能指派职权范围内的下属。

② 奖赏权

奖赏权指提供奖金、提薪、表扬、升职和其他任何令人愉悦的东西的权力。奖赏权是采取奖励的办法来引导人们做出所需要的行为。它可以增加领导者对下属的吸引力，也能引起满意并提高工作效率，但这种权力的激励作用要视奖励值的大小和公平性如何而定。

③ 强制权

强制权也被称为惩罚权，是指可施加扣发工资奖金、批评、降职乃至开除等惩罚性措施的权力。这种权力依赖于下属的恐惧感，即下属感到领导者有能力惩罚他，使他产生痛苦，不能满足某些需求。惩罚权可以使下属基于恐惧而顺从，为了维持这种顺从，领导者必须时常监督下属是否照他的指示去做。如果发现下属不遵循行为规范，为了维持恐惧一定要加以惩罚。例如：如果一名销售人员没有按时完成预期的销售指标，他的上级管理者就可以行使强制权批评他、训斥他，在他的绩效考核中加上一个负面的评价记录，取消他评优或加薪的资格。

(2) 个人权力

个人权力是来自领导者个人的权力。这种权力不是由于领导者在组织中的位置，而是由于其自身的某些特殊条件才具有的。例如，领导者具有高尚的品德，丰富的经验，卓越的工作能力，良好的人际关系。领导者善于体贴关心他人，令人感到可亲、可信、可敬，不仅能完成组织目标，而且善于创造一个激励的工作环境，以满足群众的需要等。这种权力不是外界附加的，它产生于个人的自身因素，与职位没有关系。而且这种权力对下属的影响比职位权力更具有持久性。个人权力包括专家权和感召权。

① 专家权

专家权也被称为专长权，指由个人的专长、特殊技能或某些专业知识而产生的权力。一个人由于具有某种专业知识、特殊技能和经验，因而赢得了你的尊敬，你就会在一些问题上服从于他的判断和决定。在组织中，专家权力的实现来自于下属的尊敬和信任，即下属感到领导者具有某种专门的知识、技能和专长，能帮助他，为他指明方向，排除障碍，达到组织目标和个人目标。一些软件专家、知名律师、医学教授、建筑工程师以及各种专家都会因为他们的专业技能而获得一定的专家权力。

② 感召权

感召权也被称为模范权，这是与个人的品质、魅力、经历和背景等相关的权力。一个拥有独特的个人特质、超凡魅力和思想品德的人，会使你认同他、敬仰他、崇拜他，以至达到你要模仿他的行为和态度的地步，这样他对你就有了感召权。在组织中，感召权力的实现来自于下属对上级的信任，即下属相信领导者具有他所需要的智慧和品质，具有共同的愿望和利益，从而对他钦佩，愿意模仿和跟从他。一些政治领袖、体育明星、文艺明星、著名慈善家等都具有这样的权力，这种权力是无形的，它吸引了欣赏它、崇拜它、希望拥有它的追随者，从而激起追随者的忠诚和极大的热忱。

2. 领导者的影响力

所谓影响力，就是一个人在与他人的交往过程中，影响和改变他人心理和行为的能力。学者尤建新将领导影响力由两大类构成：权力性影响力和非权力性影响力，如图5.1所示。

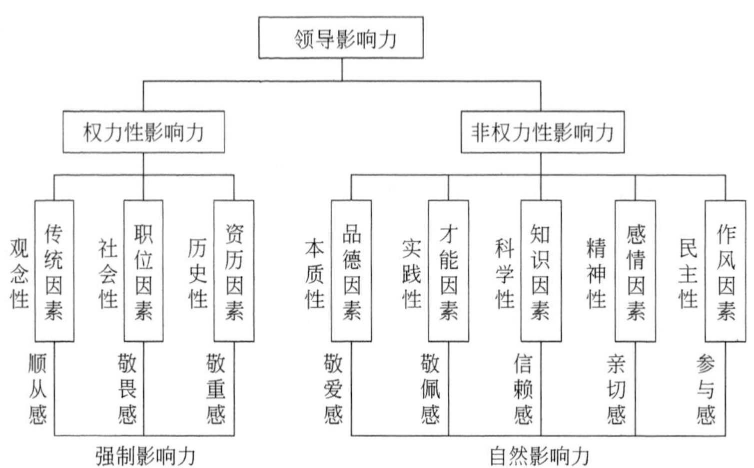

图5.1 领导影响力的构成

(1) 权力性影响力

这是一种领导者作为管理者时所拥有的强制性的影响力，它带有强迫性和不可抗拒性，以外推力的形式发生作用。在权力性影响力的作用下，被影响者的心理与行为表现为被动和服从，因而决定了它对人的激励是有限的。构成权力性影响力的主要因素有传统因素、职位因素和资历因素。

① 传统因素。高人一等的传统概念形成了下级对上级的服从感。

② 职位因素。来自社会分工的管理职权，使得该岗位的角色拥有一定的法定权利，让被领导者对他敬重推崇。

③ 资历因素。由管理者的资格和经历所产生的影响力，使得被领导者对他敬重推崇。

这几项都是与领导者当前的个性行为表现无关，领导者个人在改变其管理职位之前是无法使之改变或增减的。

(2) 非权力性影响力

这是一种自然形成的影响力，即没有正式的规定，也没有上下授予的形式，非权力性影响力与领导者本人的素质、行为密切相关，被领导者是从心里自愿地接受影响。构成非权力性影响力的主要因素有品德因素、才能因素、知识因素、感情因素和作风因素等。

① 品德因素。领导者的品格、道德、思想面貌反映出领导者的崇高本质，使被领导者发自内心地对领导者崇拜敬爱。

② 才能因素。领导者在工作实践中所表现出来的才能和能力,使被领导者对领导者产生敬佩感。

③ 知识因素。领导者所具有的科学知识和专长能力,使被领导者信赖领导者的指引。

④ 感情因素。领导者与被领导者之间的关系融洽,亲如家人,使被领导者对他的领导有一定的亲切感。

⑤ 作风因素。领导者实行民主管理,使被领导者能参与决策,具有"主人翁"自豪感。

非权力影响力因领导者的思想、素质与行为的改变而出现变化,通过领导者素质的提高,可以使其影响力得到提高。

权力性影响力主要依靠职位和权力获得,而非权力性影响力要靠自身的努力来创造,因而显得更为重要。非权力性影响力很高的领导者,他的权力性影响力会得到加强;相反,非权力性影响力很差,则权力性影响力也会下降。所以,组织的管理者认识到,有效领导的关键在于提高非权力性的影响。

案例 5.3　不同的领导方式

A 公司是一家中等规模的汽车配件生产集团。最近,对该公司的三个重要部门经理进行了一次有关领导类型的调查。

(一) 安西尔

安西尔对他本部门的产出感到自豪。他总是强调对生产过程、产量控制的必要性,坚持下属人员必须很好地理解生产指令以提供迅速、完整、准确的反馈。安西尔遇到小问题时,会放手交给下级去处理,当问题很严重时,他则委派几个有能力的下属人员去解决问题。通常情况下,他只是大致规定下属人员的工作方针、完成怎样的报告及完成期限。安西尔认为只有这样才能导致更好的合作,避免重复工作。

安西尔认为对下属人员采取敬而远之的态度对一个经理来说是最好的行为方式,所谓的"亲密无间"会松懈纪律。

如安西尔所说,在管理中的最大问题是下级不愿意接受责任。他讲到,他的下属人员可以有机会做许多事情,但他们并不是很努力地去做。

他表示不能理解以前他的下属人员如何能与一个毫无能力的前任经理相处,他说,他的上司对他们现在的工作运转情况非常满意。

(二) 鲍勃

鲍勃认为每个员工都有人权,他偏重于管理者有义务和责任去满足员工需要的学说,他说,他常为他的员工做一些小事,如给员工两张下月在伽利略城举行的艺术展览的入场券。他认为,每张门票才 15 美元,但对员工和他的妻子来说却远远超过 15 美元。通过这种方式,也是对员工过去几个月工作的肯定。

鲍勃说,他每天都要到工厂去一趟,与至少 25% 的员工交谈。鲍勃不愿意为难别人,他认为安西尔的管理方式过于死板,他的员工也许并不那么满意,但除了忍耐别无他法。

鲍勃说，他已经意识到在管理中有不利因素，但大都是由于生产压力造成的。他的想法是以一个友好、粗线条的管理方式对待员工。他承认尽管在生产率上不如其他单位，但他相信他的雇员有高度的忠诚与士气，并坚持他们会因他的开明领导而努力工作。

（三）查里

查里说他面临的基本问题是与其他部门的职责分工不清。他认为不论是否属于他们的任务都安排在他的部门，似乎上级并不清楚这些工作应该谁做。

查里承认他没有提出异议，他说这样做会使其他部门的经理产生反感。他们把查里看成是朋友，而查里却不这样认为。

查里说过去在不平等的分工会议上，他感到很窘迫，但现在适应了，其他部门的领导也不以为然了。

查里认为纪律就是使每个员工不停地工作，预测各种问题的发生。他认为作为一个好的管理者，没有时间像鲍勃那样握紧每一个员工的手，告诉他们正在从事一项伟大的工作。他相信如果一个经理声称为了决定将来的提薪与晋职而对员工的工作进行考核，那么，员工则会更多地考虑他们自己，由此而产生很多问题。

他主张，一旦给一个员工分配了工作，就让他以自己的方式去做，取消工作检查。他相信大多数员工知道自己把工作做得怎么样。

如果说存在问题，那就是他的工作范围和职责在生产过程中发生的混淆。查里的确想过，希望公司领导叫他到办公室听听他对某些工作的意见。然而，他并不能保证这样做不会引起风波而使情况有所改变。他说他正在考虑这些问题。

思考题：

1. 你认为这三个部门经理各采取什么领导方式？试预测这些模式各将产生什么结果？

2. 是否有一种领导方式在所有的环境下都有效？为什么？

资料来源：作者不详. 不同的领导方式[DB]. 豆丁网. [2014-05-16]. http://www.docin.com/p-492714412.html

5.2 领导理论

众多管理学家和心理学家对领导问题进行了广泛的研究，提出了许多有关理论，以期解决怎样有效领导的问题。这些理论大致可分为三类，第一类是领导特质理论，集中研究有效管理者应有的个人特征，目的是要找出领导者与非领导者的区别；第二类是领导行为理论，集中研究领导者的工作作风和领导行为对领导有效性的影响，并将不同的领导行为分类；第三类是情境理论（或权变理论），研究各种影响领导行为成效的因素，并尝试找出各种环境因素与各种领导行为的最佳搭配。

5.2.1 领导特质理论

从20世纪初到20世纪40年代，有关领导的研究主要关注于领导者的特质，也就是能够把领导者从非领导者中区分出来的个性特点。这些研究旨在分离出一种或几种领导者具备而非领导者不具备的特质,因此被称为领导的特质理论。按照领导特质理论的观点,领导者之所以称其为领导者,是由于他们具有与众不同的优秀品质和特殊能力,而他们的与众不同的优秀品质,有的是由于他们的特殊生活经历造成的,有的则是与生俱来的。领导的特质理论认为,一个领导者只要具备了某些优秀的个人特性或素质,就能有效地发挥其领导作用。其研究的一般方法是调查、归纳那些优秀的领导者在各个方面(包括身体、知识和能力、性格、社会背景等)所具有的共同特性。

尽管研究者付出了相当大的努力,但结果表明不可能有一套特质总能把领导者与非领导者区分开来。领导者并不一定都具有比被领导者高明的特殊品质,实际上他们与被领导者在个人品质上并没有显著的差异。此外,特质理论并不能使人明确,一个领导者究竟应在多大程度上具备某种特质。虽然领导特质理论不能从根本上解决领导的有效性问题,但是这方面的研究却一直没有间断过,因为在一些成功的领导者身上,我们确实看到了一些鲜明的个性特征,研究者发现六项特质与有效的领导相关,即进取心、领导愿望、正直与诚实、自信、智慧和工作相关知识,如表 5.1 所示。

表 5.1　领导者的六项特质

进取心	领导者非常努力,有着较高的成就渴望。他们进取心强,精力充沛,对自己所从事的活动坚持不懈、永不放弃,并有高度的主动性
领导愿望	领导者有强烈的愿望去影响和领导别人,他们表现为乐于承担责任
诚实与正直	领导者通过真诚无欺和言行一致而在他们与下属之间建立相互信赖的关系
自信	下属觉得领导者从没缺乏过自信。领导者为了使下属相信他的目标和决策的正确性,必须表现出高度的自信
智慧	领导者需要具备足够的智慧来收集、整理和解释大量的信息,并能够确立目标、解决问题和作出正确的决策
工作相关知识	有效的领导者对于公司、行业和技术事项拥有较高的知识水平。广博的知识能够使他们作出富有远见的决策,并能理解这种决策的意义

虽然依靠领导特质理论并不能充分解释有效的领导,但由于领导特质理论系统地分析了领导者所应具有的能力、品德和为人处事的方式,向领导者提出了要求和希望,这对企业培养、选择和考核领导者是有帮助的。领导特质理论使我们认识到领导者的素质不是天生的,而是在实践中逐步形成和积累起来的,可通过后天的教育进行培养。

5.2.2　领导行为理论

由于特质理论没有成功的找出有效领导者的特征,从 20 世纪 40 年代至 60 年代,随着行为科学的兴起,领导研究的重点开始从领导者应具备哪些特质转向领导者应当如何行为方面,形成了领导行为理论。领导行为理论认为,领导的作用是通过领导者的特定行为表现出来的,因而应把研究的重点转到领导行为上来。由此可见,与领导特质理论不同,领导行为理论试图用领导者做什么来解释领导现象和领导效能,并主张评判领导者好坏的标准应是其外在的领导行为,而不是其内在的素质条件。由于领导有效性取决于领导者所实际表现出的领导行为,那么人们就可以通过培训和学习而成为有效的领导者。

下面介绍四种具有代表性的领导行为理论。

1. 领导作风理论

德国心理学家勒温(K. Lewin)在实验研究的基础上，把领导者的基本领导方式分为三种类型，即独裁型、民主型和放任型。

（1）独裁型

这类领导者倾向于集权管理，由个人独自作出决策，然后命令下属予以执行，并要求下属绝对的服从。独裁型领导行为的主要表现为：①独断专行，从不考虑别人的意见，组织的各种决策完全由领导者一人制定；②领导者预先安排一切工作内容、程序和方法，下属只能服从；③除了工作命令外，从不把更多的信息告诉下属，下属没有任何参与决策的机会，只能奉命行事；④主要靠行政命令、纪律约束、训斥惩罚来维护领导者的权威；⑤领导者与下属保持着相当的心理距离。

（2）民主型

在民主型领导风格下，领导者倾向于就拟采取的行为和决策同下属磋商，并鼓励下属参与，共同商量，集思广益，然后再作出决策。民主型领导行为的主要表现是：①制定决策时，领导者广泛听取下属的意见和建议，决策不是领导者单独制定的，而是大家共同讨论的结果；②分配工作时，尽量照顾到下属的能力、兴趣和爱好；③给予下属有相当大的工作自由，有较多的选择性和灵活性；④主要通过个人的权力和威信，而不是靠职位权力和命令使人服从；⑤领导者与下属无任何心理上的距离。

（3）放任型

放任型的领导者极少运用其权力影响下属，而是给予下属充分的自由，让下属自己做决策，并按照下属自己认为合适的做法完成工作。放任型的领导者认为其职责仅仅是为下属提供信息并与企业外部进行联系，以此有利于下属的工作。

勒温得出的结论是：以上三种领导方式中，放任式的领导方式工作效率最低，只能达到组织成员的社交目标，但完不成工作目标；专制式的领导方式虽然通过严格管理能够达到既定的任务目标，但组织成员没有责任感，情绪消极，士气低落；民主式领导方式工作效率最高，不但能够完成工作目标，而且组织成员之间关系融洽，工作积极主动、富有创造性。

2. 领导系统模式理论

以伦西斯·利克特(Rensis Likert)为首的美国密执安大学社会调查研究中心，通过对大量企业的调查访问和长期试验展开研究，提出了领导系统模式理论，将领导行为归结为四种基本模式：

（1）专制-权威型

采用这种方式的领导者非常专制，权力集中于领导者，一切决策都由领导者单独制定，不采纳下属的意见，下属没有任何决策权。领导者对下属没有信心、缺乏信任，解决问题时根本不听取他们的意见。领导者经常以威胁、恐吓、惩罚以及偶尔的奖赏来激励下属。组织内部极少沟通，只有自上而下的单向信息流，信息易受歪曲，因而领导者对下属的情况既不了解，也不理解。人们通常怀有恐惧的心理，因而在这类组织中几乎不存在相互作用和协作。在这种领导方式下，最易形成与正式组织的目标相对立的非正式组织。

（2）开明-权威型

采用这种方式的领导者采取了家长制的恩赐式领导方式。领导者采取奖赏和惩罚并用的方式来激励下属。权力控制在最上层，但也授予中下层部分权力。组织内部较少沟通，并且大体上多属自上而下单向的信息流，领导者只接受自己想听到的情报，对下属有一定的了解。组织内部成员之间很少互相交往，而且这种交往也多是在上司屈尊、下属心有畏惧和戒备的情况下进行的，因而极少有相互协作的关系。领导者决定方针政策，下属只能在既定的范围内进行有限的决策，但有时能听取他们的某些意见。这种领导方式下也会存在非正式组织，但其目标不一定同正式组织的目标相对抗。

（3）协商型

这种领导方式的特征是：领导者对下属有相当程度的信任，但重要问题的决定权仍掌握在自己手中。在工作问题上，上下级之间能自由地对话，并能采纳下属的意见。运用奖励、偶尔也运用惩罚手段调动下属。在组织内部有适度的沟通，信息流是双向的，领导者虽然也只接受自己想听到的信息，但对与此相反的信息也都慎重地传递，因而他们对下属的问题有相当的了解。组织内部有适度的交往，并且是在比较信任的情况下进行的，因而形成适度的协作关系。组织目标和实施计划都是在同下属协商后才作为命令下达的，因而能为下属接受。机构中的非正式组织对正式组织的目标一般采取支持的态度，但有时也会表现出轻微的对抗。

（4）参与型

这种领导方式的特点是：在一切问题上，领导者对下属都能完全信任，上下级之间对工作问题可以自由地交换意见，领导者尽力听取和采纳下属的意见。以参与决策、经济报酬、自主地设定目标并自我评价等手段来调动下属，因而组织的各类成员对组织目标都具有真正的责任感，并采取积极的行动促其实现。在组织内部有良好的沟通，信息能得到正确的传递，领导者对下属的问题都非常了解和理解。组织内部有广泛而密切的相互交往，并且是在相互高度信赖的情况下进行的，因而形成紧密的协作关系。决策过程涉及组织的各个层次，由于一切决策都使下属充分地参与，因而能激励他们积极地实施决策。机构中的非正式组织同正式组织结为一体，因而形成组织的全体成员共同致力于组织目标实现的局面。

根据利克特的研究，生产率高的企业大都采取参与型的领导方式，生产率低的企业则大都采取专制-权威型的领导方式。利克特主张领导者应采用参与型的领导方式。主张领导者要考虑下属的处境、想法和期望，支持下属实现目标的行为，让下属认识到自己的价值和重要性。由于领导者支持下属，因而能激发下属对领导者采取合作的态度和抱有信任感，反过来支持领导者。因此，利克特的理论又被称为“支持关系理论”。

3. 领导行为四分图理论

20 世纪 40 年代末期，美国俄亥俄州立大学的工商企业研究所在斯托格弟(Ralph M. Stogdill)和沙特尔(Carroll L. Shartle)两教授的领导下，开展了对领导行为的研究。他们首先提出了1 800项标志领导行为特征的因素，然后经过反复筛选、归纳，最后概括为“抓工作”和“关心人”两大主要因素。

“抓工作”是以工作为中心，内容包括组织结构设计，明确职责、权力，确定工作目标和要求，制定工作程序、方法和规章制度，给下属分配任务等。总之，“抓工作”是要求领导者运用组织手段，通过确定目标、分配任务、制定政策和措施，使其下属的行为纳入预定的轨道，以严密的组织和控制来提高工作效率。

“关心人”是以人际关系为中心，内容包括倾听下属的意见和要求，注意满足下属的需要，以友好、平易近人的态度对待下属等。总之，“关心人”要求领导者与其下属之间建立友谊、信任、体谅的关系，以良好的人际关系来调动员工的积极性。

研究结果表明，以上两种因素可以有多种结合方式，形成不同的领导方式，如图5.2所示。包括：低工作-高关心人型、低工作-低关心人型、高工作-高关心人型和高工作-低关心人型。大量的后续研究发现，一个高工作-高关心人型的领导者常常比其他三种类型的领导者更能使下属达到高绩效和高满意度。但是，高工作-高关心人型领导方式并不总是产生积极的效果，也发现了足够的特例表明这一理论还需加入情境因素。

4. 管理方格理论

在俄亥俄州立大学提出的领导行为四分图的基础上，美国得克萨斯大学教授罗伯特·布莱克(Robert R. Blake)和简·莫顿(Jane S. Mouton)在1964年出版的《管理方格》一书中提出了管理方格理论。他们用横坐标表示领导者对生产的关心程度，用纵坐标表示领导者对人的关心程度，并将代表两类领导行为的坐标轴划分为9等份，1代表关心程度最小，5代表中等的或平均的关心程度，9代表关心程度最大，交叉形成81个方格，每一方格代表这两个方面以不同程度结合而成的领导方式，如图5.3所示。

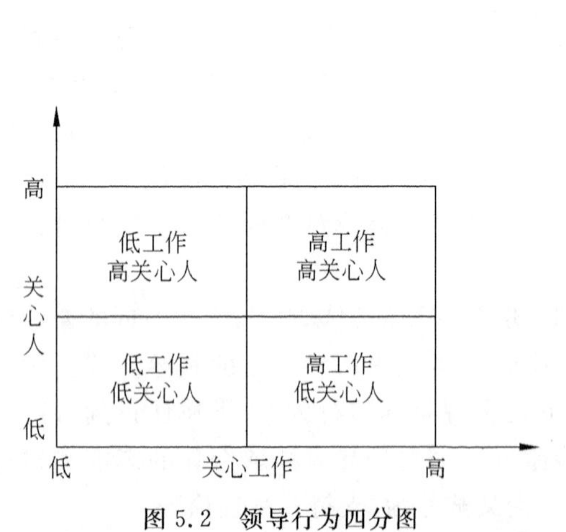

图5.2 领导行为四分图

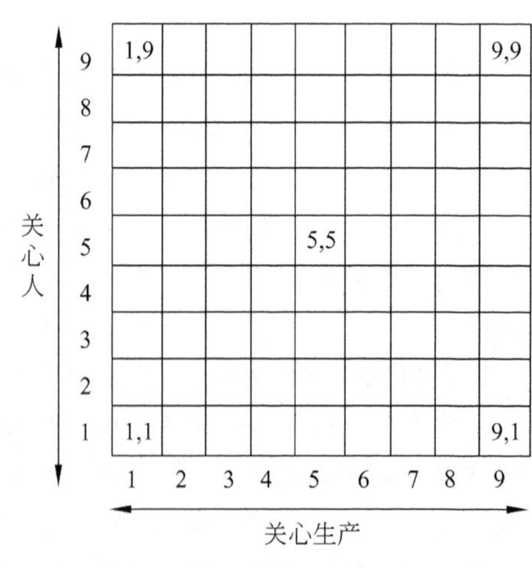

图5.3 管理方格图

布莱克和莫顿在提出方格理论的同时，还列举了五种典型的领导方式：

(1,1)型为贫乏型管理：领导者既不关心生产，也不关心人。表现为只作最低限度的努力来完成任务和维持士气。

(1,9)型为乡村俱乐部型管理：重点在于建立良好的人际关系，领导者重视对员工的支持和体谅，导致轻松愉快的组织气氛和工作节奏，但很少考虑如何协同努力去达到企业的目标，生产管理松弛。

(5,5)型为中间型管理：领导者对人和生产都有适度的关心，兼顾工作和士气两个方面来使适当的组织绩效成为可能。这种领导方式追求平衡，但不追求卓越，从长远看，可能使企业落伍。

(9,1)型为任务型管理：领导者非常关心生产，但对人却是漠不关心。领导者试图将个人因素的干扰减少到最低程度，以求得较高的生产效率。这种领导方式容易导致员工情绪低落，士气较低。

(9,9)型为团队型管理：领导者不但注重生产，而且也非常关心人，把组织目标的实现与满足职工需要放在同等重要的地位。既有严格的管理，又有对人的高度的关怀和支持。力求使个人目标与组织目标利益一致、相互依存，上下一心地完成工作任务。

到底哪一种领导方式最佳呢？布莱克和莫顿组织了许多研讨会，参加者绝大部分人认为(9,9)型最佳，但也有不少人认为(9,1)型最佳，还有人认为(5,5)型最佳。后来布莱克和莫顿指出，哪种领导方式最佳要看实际工作情况，最有效的领导方式不是一成不变的，要依实际情况而定。

案例 5.4　三个厂长的领导方式

任厂长

某汽车公司装配厂的任厂长，从一上任开始，就不同意公司裁员的做法，他给厂里每个人机会以充分证明自己的价值。在他任期内，全厂 5 000 名职工中只有极少数人被解雇。他首先为职工们建造了供职工们使用的餐厅和卫生间。午餐时，他还亲自上餐厅，跟职工们打成一片。他倾听他们的抱怨，征求他们的意见和合理化建议，鼓励班组定期开会来解决共同的问题。通过“一日厂长制”等活动，创造一切可能的机会让职工们参与全厂的长远规划。任厂长不仅坚持每日 2 小时在现场走动办公，而且还为管理人员和一线工人安排了不断解决问题的对话，通过对话，他希望管理人员知道他们为一线工人提供的服务是怎样的“不到位”，从而激发职工对企业的忠诚。

他对下属关怀备至，下属人员遇到什么难处都愿意和他说，只要厂里该办的，他总是很痛快地给予解决。职工私下说他特别会笼络人。当然，任厂长也承认装配厂生产率暂时不如其他同类企业，但他坚信只要他的职工们有高昂的士气，定会取得高的绩效。

严厂长

某钢厂严厂长认为对下属人员采取敬而远之的态度对一个厂长来说是最好的领导方式，所谓的“亲密无间”只会松懈纪律。他一天到晚绷着脸，下属人员从未见他和他们谈过任何工作以外的事情，更不用说和下属人员开玩笑了。他到哪个部门谈工作，一进门大家的神情都变得严肃起来，犹如“一鸟入林，百鸟压音”，大家都不愿和他接近。严厂长把全厂的工作任务始终放在首位，在他看来，作为一个好的领导者，无暇去握紧每一个职工的手，告诉他们正在从事一项伟大的工作。所以他总是强调对生产过程、产量控制的重要性，坚持下级必须很好地理解生产任务目标，并且保质保量地完成。他经常直接找下属布置工作，中层管理人员常常抱怨其越级指挥，使他们无所适从。严厂长手下的几员“大将”被“架空”已成家常便饭。职工们有困难想找厂里帮助时，严厂长一般不予过问，职工们说他“缺少人情味。”久而久之，严厂长感到在管理中最大的问题就是下级不愿意承担责任，他们对工作并非很努力地去做，全厂的工作也只是推推动动，维持现有局面而已。

赵厂长

赵大伟是一位经验丰富的企业家。当某市齿轮厂严重亏损、濒临倒闭时，他开始出任该厂的厂长。他的管理哲学是：“管理既是无情的，又是有情的。对工人既要把‘螺丝’拧得紧紧的，又要给予其温暖。”赵厂长对下属完全信赖，倾听下情并酌情采用。通过职工参与制，让下属参与生产与决策并给予物质奖赏。所形成的全厂长远规划，请职工们“评头论足”，厂里上下级信息沟通快。鼓励下级自己作出相应决定。他认为：生产率的提高，不在于什么奥秘，而在于职工及其领导人之间的那种充满人情味的关系。同时他为员工做出了表率，赵厂长深有感触地说：“走得正，行得端，领导才有威信，说话才有影响，群众才能信服，才能对我行使权力颁发‘通行证’”。

他到该厂上任后不久采取了一系列措施。诸如树立效益、以人为本的观念；推行融效率与人于一体的目标管理法，通过每个管理人员和职工为各自的部门和个人设置目标，并负责完成，想方设法提高工厂的生产率；遵循系统管理和专业化分工的原则，综合考虑管理幅度和层次的合理划分，以及职权划分，建立了责权明确、

分工合理的组织结构体系；突出了产品质量和降低成本两个重点。在赵厂长上任后的一年里，齿轮厂的生产绩效有了显著提高。

思考题：

1. 三个厂长的领导方式分别属于哪种类型？
2. 如果你是其中某个厂的厂长，你是否会采用和他们一样的领导方式？为什么？

资料来源：作者不详. 三个厂长的领导方式[DB]. 豆丁网.[2014-05-16]. http://www.docin.com/p-256952185.html

5.2.3 领导权变理论

从20世纪60年代后期，随着权变理论的出现，又产生了领导的权变理论。该理论认为，并没有万能的、固定不变的有效领导类型，只有结合具体情境，因时、因地、因事、因人制宜的领导方式，才是有效的领导方式。领导权变理论认为领导方式的有效性是受多种变量影响的，即 $S=f(L,F,E)$。其中，S 代表领导方式，L 代表领导者的特征，F 代表被领导者的特征，E 代表环境。

下面介绍几个具有代表性的领导权变理论。

1. 领导方式的连续统一体理论

1958年，美国管理学家罗伯特·坦南鲍姆(Robert Tannenbaum)和沃伦·施密特

(Warren H. Schmidt)，提出了领导方式的连续统一体理论。他们认为，领导方式是多种多样的，并不存在一种固定的理想模式。在领导者与下属的关系中，究竟应当给予下属多少参与决策的机会，是采取专制型领导更好一些，还是采取民主型领导更好一些，取决于多种相关因素，因而要采取随机相宜的态度。在专制型和民主型两种极端的领导方式中间，存在着许多种过渡型的领导方式，这些不同的领导方式构成一个连续的统一体，如图5.4所示。

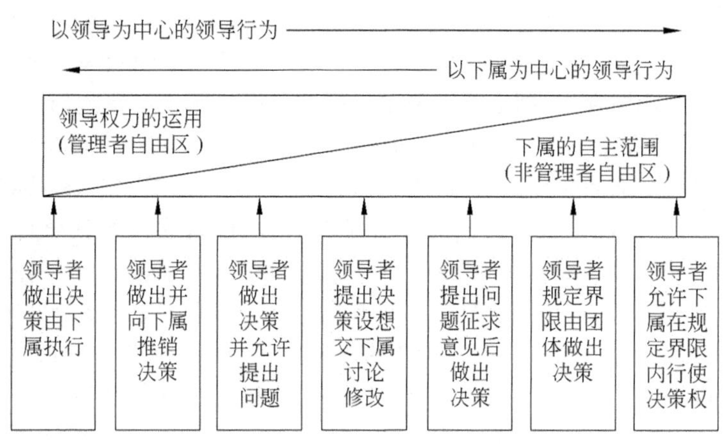

图5.4 领导行为的连续统一体

从图5.4中可以看出，领导者的领导方式或风格可有多种选择，其中有两种极端类型的领导风格：一种以领导者为中心(在连续统一体的左边)，这样的领导者具有独裁主义的领导作风，往往自己决定所有的政策，对下属保持严密的控制，只告诉下属他们需要知道的事情并让他们完成任务；另一种以员工为中心(在连续统一体的右边)，这样的领导者具有民主的领导作风，允许下属对所从事的工作有发言权，不采取严密的控制，鼓励下属参与决策、自我管理。从左到右领导者行使越来越少的职权，而下属人员得到越来越多的自主权。

领导方式的连续统一体理论认为，对上述七种领导方式，不能说哪一种总是正确的，或哪一种总是错误的。领导者究竟应当采取哪一种领导方式，主要取决于以下三个因素：①领导者的因素：领导者的价值观，对下属的信赖程度，对某种领导方式的爱好等；②下属的因素：下属独立性的需要程度，是否愿意承担责任，对有关问题的关心程度，对不确定情况的安全感，对组织目标是否理解，下属的知识、经验和能力等；③组织环境因素：组织的价值标准和传统，组织的规模，集体的协作经验，决策问题的性质及其紧迫程度等。

总之，必须全面考虑以上各方面的条件，才能确定一种适当的领导方式。

2. 费德勒模型

美国管理学家弗雷德·费德勒(F. E. Fiedler)在大量实证调查研究的基础上，提出了有效领导的权变模型。费德勒指出，有效的领导者不仅在于他们的个性，也在于各种不同的环境因素和领导者同组织成员之间的交互作用。

费德勒认为，影响领导有效性的环境因素主要有下列三个方面：

(1) 职位权力。指领导者的职位所能提供的权力和权威是否明确、充分，在上级和整个组织中所得到的支持是否有力，对雇佣、解雇、纪律、晋升和报酬等的影响程度的大小等。

(2) 任务结构。指下属所从事工作的程序化、明确化的程度，如工作的目标、方法、步骤等是否清楚。如果工作任务是例行性、常规化、容易理解和有章可循的，则这种工作任务的结构是明确的；反之，则属于不明确或低结构化的工作任务。

(3) 领导者与被领导者的关系。指领导者得到下属拥护和支持的程度，如领导者是否受到下属的喜爱、尊敬和信任，是否能吸引并使下属愿意追随他等。如果双方高度信任、互相尊重支持、密切合作，则上下级关系是好的；反之，则关系是差的。

费德勒设计了“最难共事者”(least-preferred co-worker，LPC)问卷来测定领导者的领导风格。该问卷是询问领导者对“最难共事者”的评价。如果一个领导者给最难共事者打了低分，说明该领导者对这种同事的评价是充满敌意的，这样的领导者惯于命令和控制，只关心生产不关心人，因此作出“低 LPC 分”评价的领导者是趋向于任务导向型的领导方式。同样，如果一个领导者给最难共事者打了高分，则反映出该领导者对人宽容、体谅，提倡人与人之间的友好关系，该领导者的领导方式趋向于关系导向型。

费德勒通过对 1 200 个企业和团体的调查研究，得出了在各种不同情境条件下的有效领导方式，其结果如图 5.5 所示：

上下级关系	好				差			
任务结构	明确		不明确		明确		不明确	
职位权力	强	弱	强	弱	强	弱	强	弱
情境类型	1	2	3	4	5	6	7	8
情境特征	有利			适中				不利
有效的领导方式	任务型			关系型				任务型

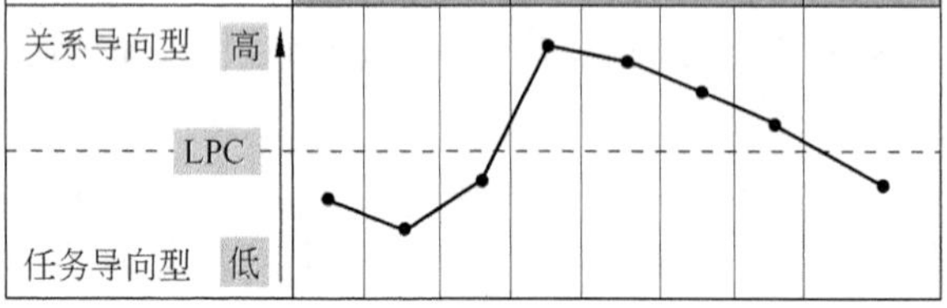

关系导向型 高
LPC
任务导向型 低

图 5.5 费德勒模型

费德勒的研究结果表明，在对领导者最有利和最不利的情况下(如图中 1、2、3、8)，采用任务导向型领导方式将是最有成效的；在对领导者中等有利的情况下(如图中 4、5、6、7)，采用关系导向型领导方式是最有成效的。

因此，费德勒主张，要提高领导的有效性应从两方面着手：一是先确定某工作环境中哪种领导者工作起来更有效，然后选择具有这种领导风格的管理者担任领导工作，或通过培训使其具备工作环境要求的领导风格；二是先确定某管理者习惯的领导风格，然后改变他所处的工作环境(即在上下级关系、任务结构、职位权力等方面做些改变)，使新的环境适合领导者的领导风格。

3. 途径-目标理论

“途径-目标”理论是由加拿大多伦多大学教授罗伯特·豪斯(Robert House)提出的。该理论认为：领导者的效率是以能激励下属达成组织目标，并在其工作中使下属得到满足的能力来衡量的。领导者的主要责任和作用就在于为下属设置和指明目标，帮助他们找到实现目标的途径，并帮助他们解决困难、扫清障碍。影响领导有效性的因素包括：下属的特征，比如下属的需求、自信心和能力等；工作环境，比如任务复杂程度、奖励制度以及与同事的关系等方面。

“途径-目标”理论认为，领导方式可以分为四种类型：

(1) 指示型。领导者对下属提出要求，指明方向，给下属提供相当具体的明确的指导和帮助，使下属能够按照工作程序去完成其工作任务，实现工作目标。

(2) 支持型。领导者和蔼可亲，平易近人，了解下属的疾苦，关心下属的生活和幸福，理解下属的需要。

(3) 参与型。领导者在做决策时，征求下属的意见，同下属商量对策，认真对待和研究下属的建议与要求，有助于激励下属的工作行为。

(4) 成就导向型。领导者给下属设置富有挑战性的目标，诱导下属最大限度地发挥自己的才能，不断提高工作的完善程度，并给予下属极大地信任，相信他们能达到目标。

“途径-目标”理论认为，有效的领导方式取决于下属的特点(控制点、经验和知觉能力)和工作环境(任务结构、正式权力系统和工作群体)这两个因素，如图 5.6 所示。

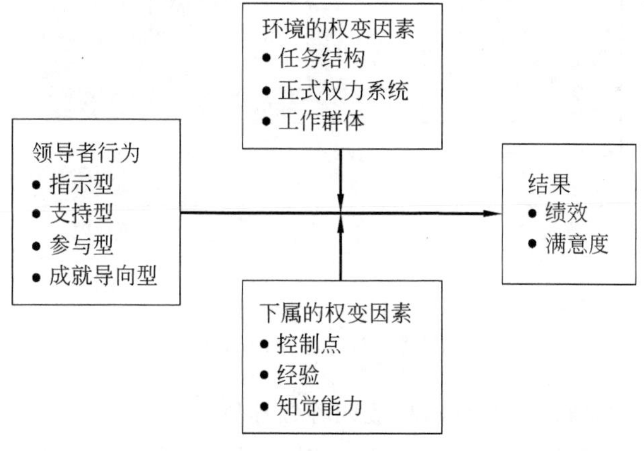

图 5.6　途径-目标理论

我们可以得出这样的结论：

(1) 与具有高度结构化和安排完好的任务相比，当任务不明或压力过大时，指示型领导会带来更高的满意度。

(2) 当下属执行结构化任务时，支持型领导会带来员工的高绩效和高满意度。

(3) 对于知觉能力强或经验丰富的下属，指示型的领导可能被视为累赘多余。

(4) 组织中的正式权力关系越明确、越官僚化，领导者越应表现出支持型行为，降低指示型行为。当工作群体内部存在激烈的冲突时，指示型领导会带来更高的员工满意度。

(5) 当任务结构不清时，成就导向型领导将会提高下属的期待水平，使他们坚信努力必会带来成功的工作绩效。

(6) 内控型下属对参与型领导更为满意，而外控型下属对指示型领导更为满意。

总之，当领导者可以弥补员工或工作环境方面的不足时，则会对员工的绩效和满意度起到积极的影响。反之，如果任务本身已经非常明确而员工的能力足够强的话，过多的领导指示行为就是不恰当的，容易招致员工的反感。

4. 领导生命周期理论

领导生命周期理论也被称为情景领导理论，是由美国管理学家科曼(A. K. Korman)于 1966 年首先提出，后经赫塞(Paul. Hersey)和布兰查德(Kennet. Blanchard)加以发展形成的。

"领导生命周期理论"以领导的"四分图理论"和"管理方格理论"为基础，同时又结合了阿吉里斯(Chris Argyris)的"不成熟-成熟理论"，形成了一个由任务行为、关系行为和成熟程度组成的三维结构，如图 5.7 所示。

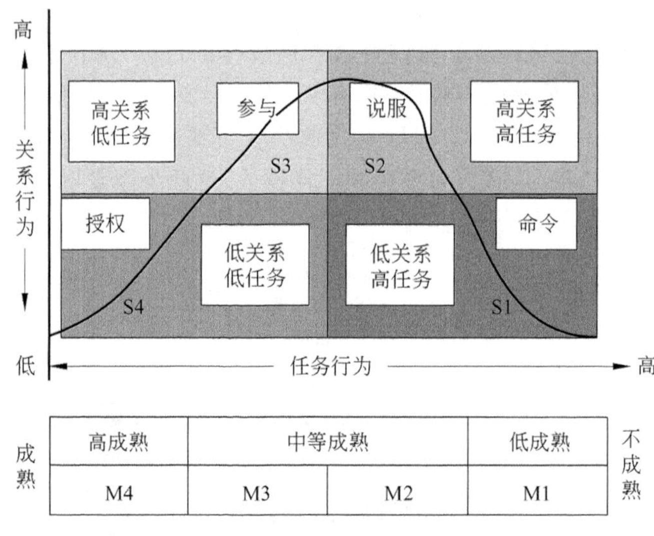

图 5.7　领导生命周期理论

由任务行为和关系行为相组合，形成四种领导风格：

S1：命令式(高任务低关系)——领导者对下属的工作进行详细、具体的指导，明确指出下属应该干什么、怎么干以及何时何地去干。

S2：说服式(高任务高关系)——领导者既给予下属以一定的指导，又注意激发和鼓励其积极性。

S3：参与式(低任务高关系)——领导者与下属共同决策，领导者着重为下属提供便利条件和沟通渠道。

S4：授权式(低任务低关系)——领导者提供极少的指导或支持，授予下属一定的权力，下属独立工作，依靠自己的能力完成工作任务。

同时，赫西和布兰查德又把下属的成熟程度分为四个等级：

M1(不成熟)：下属既无承担工作任务的能力，又缺乏工作意愿，既不能胜任工作又不被信任。

M2(稍成熟)：下属愿意承担工作任务，但缺乏足够的能力，他们有积极性，却缺乏完成任务所需的技能。

M3(较成熟)：下属有能力完成工作任务，却不愿去做。

M4(高成熟)：下属既有能力又愿意去做领导者分配给他们的工作。

领导生命周期理论认为，随着下属从不成熟走向成熟，领导者不仅可以逐渐减少对工作任务的控制，而且还可以逐渐减少关系行为。当下属不成熟阶段(M1)时，领导者必须给予下属明确而具体的指导以及严格的控制，需要采取高任务低关系的行为，即命令式领导方式；当下属稍微成熟阶段(M2)时，领导者需要采取说服式领导方式，即高任务高关系的行为，高任务行为可以弥补下属能力上的不足，高关系行为可以激发下属的积极性，给下属以鼓励；当下属比较成熟阶段(M3)时，由于下属能胜任工作，却没有工作的动力，因此领导者的主要任务是做好激励工作，了解下属的需要和动机，通过提高下属的满足感来发挥其积极性，宜采用参与式领导方式；当下属高成熟阶段(M4)时，由于下属既有能力又愿意承担工作，因此领导者可以只给下属明确目标、提出要求，由下属自我管理，可采用低任务低关系的授权式领导方式。

我们以父母与子女的关系为例来说明领导生命周期理论：当人处在儿童时期，难以独立适应环境，一切都需要父母的照顾和安排，此时父母的行为是高任务低关系。在这里要注意，疼爱不是高关系，高关系涉及尊重、信任、自立、自治等。当孩子进入小学和初中时，父母除安排照顾外，必须给孩子以信任和尊重，增加关系行为，即采取高任务高关系的行为。当孩子进入高中和大学时，他们逐步要求独立，开始对自己的行为负责，父母应该逐步放松控制，给予孩子高度的感情上的支持，应采取低任务高关系。当孩子成年走向社会、成家立业以后，此时父母最适当的方式就是完全放手，即低任务低关系的方式。

总之，“领导生命周期理论”揭示出，随着下属成熟程度的提高，领导者应相应地改变自己的领导方式。从另一方面来说，对于不同成熟程度的下属，领导者应该采用不同的领导方式。

案例 5.5　　激励员工是困难的吗？

悦达公司是一家拥有 6 家工厂共 13 000 名员工的制衣企业，主要承接来自诸如马莎百货的国际一流零售商的订单。公司厂房干净明亮，环境幽雅。公司的创办者陈先生说：“我们已经用行动证明，你不必为了寻求发展和获得利润而把工厂变成血雨腥风之地。实际上我们相信，用我们的方法对待员工照样可以革新技术，拓展业务，实现梦想。我们给予员工的一切，最后都通过效益、质量、忠诚和革新回报了我们。”

赵东旭现在是悦达公司的一名轮班主管，他刚进厂时只是一名缝纫机操作工，两年后晋升为质量控制巡查员。现在，他负责管理 14 支缝纫机操作工团队，确保他们的工作流程畅通无阻，按时完成任务。他说他的工作就是要让员工知道他们是工厂里最重要的人，如果他们工作没有做好，企业就会失去客户。即使如此，像赵东旭这样的管理者还是面对着需要不断激励员工的挑战。

思考题：

1. 悦达公司创办人陈先生的一段话能反映出他的领导风格吗？说明你的理由。

资料来源：作者不详.激励员工是困难的吗[DB]. MBA 智库文档.[2014-05-16]. http://doc.mbalib.com/view/5e41220b3c2c4c6c53a0e2e811c833fd.html

5.2.4 领导理论的新发展

以下介绍三种新的领导理论：

1. 领导的归因理论

归因理论主要用于了解原因和结果之间的关系。领导的归因理论（Attribution Theory of Leadership）指的是，领导者对下级的判断会受到领导者对其下级行为归因的影响。人们倾向于把领导者描述为具有这样一些特质，如：智慧、随和的个性、很强的言语表达能力、进取心、理解力和勤奋。并且，人们发现"高—高"领导者（即在任务结构和关怀方面均高）与人们对好领导具有哪些因素的归因相一致。当组织中的绩效极端低或极端高时，人们倾向于把其原因归属于领导。

2. 超凡魅力的领导者理论

超凡魅力领导者是以个人的号召力来影响下属的行为，超凡魅力的领导者理论（Charismatic Leadership）是归因理论的扩展。超凡魅力型领导理论认为，领导者通过本身的卓越才能和超凡魅力来影响部下，从而使既定目标得以实现。人们会把某些行动或成功归因于伟大的杰出的领导能力。罗伯特·J. 豪斯（Robert J. House）的超凡魅力的领导者理论实际上是马克斯·韦伯理论的发展。豪斯认为，超凡魅力的领导者拥有非常大的权力，其中部分来自于他对影响其他人的一种需求，因此他应该是具备强烈的自信心、强大的支配力，以及对于信念和道德的坚定性，以便使下属确认跟随他是正确的。

超凡魅力的领导者理论指的是当下属观察到某些行为时，会把它们归因为伟大的或杰出的领导能力。因而超凡魅力的中心意思是领导者个体的人格特征。大部分关于超凡魅力领导的研究是想确定具有领袖气质的领导者与无领袖气质的对手之间的行为差异。

总的来说，罗伯特·J. 豪斯等人的超凡魅力领导者理论尚属初创阶段，但是可以预期，这一理论将会日益引起人们的注意。

3. 交易型领导与转化型领导

大多数领导理论都讨论的是交易型领导。这些领导者通过明确角色和任务要求来指导或激励下属向着既定的目标活动。但是还有另一种领导类型，他们鼓励下属为了组织的利益而超越自身利益，并能对下属产生深远而不同寻常的影响。1985 年，美国管理学家伯纳德·M. 巴恩（Bernard M. Bass）正式提出了交易型领导行为理论（Transactional

Leaders)和转化型领导行为理论(Transformational Leaders),这一理论比以往的理论采取了更为实际的观点,是以一个普通人的眼光看待领导行为,具有实际的应用价值,在实践中得到了广泛应用。伯纳德·M.巴恩又进一步将交易型领导行为分为权变奖励领导行为(Contingent Reward Leadership)和例外管理(Management By Exception)领导行为两种主要类型,并随着领导者活动水平以及员工与领导相互作用性质的不同而不同。

5.3 激励

5.3.1 激励概述

1. 激励的概念

激励一词来源于古代拉丁语"movere",该词的本义是"使移动"。在管理学中,激励是指激发、鼓励、调动人的热情和积极性。关于激励的定义很多,比如:兹德克(Zedeck)和布拉德(Blood)把激励定义为是朝着某个特定目标行动的倾向。沙托(Shartle)定义激励是一种能够被感知的驱动力和紧张状态,促使人们为了完成目标而采取行动。盖乐曼(Gellerman)定义激励是引导人们的行动目标,并强化这种行动。沃鲁姆(Vroom)定义激励是对个人及组织的行为进行控制的过程。

所谓激励,就是组织通过设计适当的外部奖酬形式和工作环境,以一定的行为规范和惩罚性措施,借助信息沟通,来激发、引导、保持和归化组织成员的行为,以有效的实现组织及其成员个人目标的系统活动。

2. 激励的作用

(1) 需要的强化

人的需要不仅复杂,有时还相互矛盾。不仅不同种类的需要之间存在着矛盾,即使同类需要之间也存在着矛盾。而激励工作要强化的是那些有利于组织目标实现的需要。

(2) 动机的引导

强化了需要不一定就能得到预期的行为,因为可能有多种行为可以满足同一需要。如一名销售员要想得到更多的报酬,他可以更加努力地工作以获得更多的提成或奖励,也可以考虑保持现状而业余再兼一份销售工作,甚至以不正当手段谋取更高的收入。这时管理者可以通过说服教育以及相应的激励措施来杜绝其不良动机,从而引导其动机导向对组织目标有利的行为上来。

(3) 提供行动的条件

要鼓励人的行动就应该为他们提供条件,帮助他们实现目标。例如,要让销售人员提高业绩,就应该为他提供各种产品和客户信息,让有关部门配合他的工作,为其实现目标提供良好的条件,从而提高他们的工作积极性。可见为人们提供行动条件也是激励工作的重要内容。

(4) 造就良性的竞争环境

科学的激励含有一种竞争精神,它的运行能够创造出一种良性的竞争环境,进而形成良性的竞争机制。在具有竞争性的环境中，组织成员就会受到环境的压力，压力将转变为员工努力工作的动力。正如麦格雷戈(Douglas M. Mc Gregor)所说："个人与个人之间的竞争，才是激励的主要来源之一。"在这里，员工工作的动力和积极性成了激励工作的间接结果。

3. 激励的过程与性质

激励可以看作是一个需要通过努力而获得满足的过程，如图 5.8 所示：

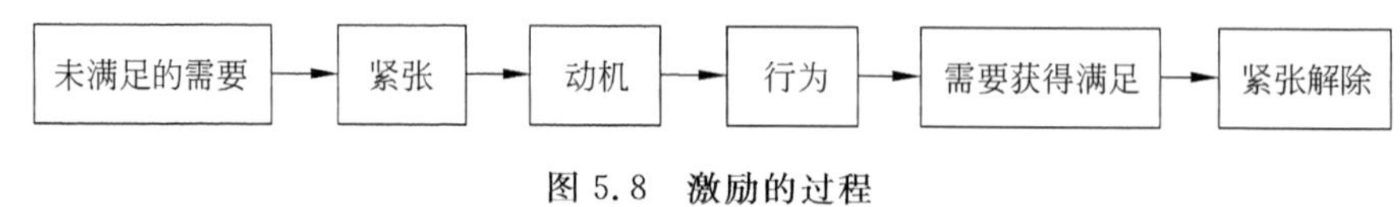

图 5.8 激励的过程

(1) 需要

在心理学术语中，需要是指特定的结果具有吸引力的某种心理状态。通俗地说，需要是人们对某种目标的渴求和欲望。人的需要，既可以是生理或物质上的(如对食物、水分、空气等的需要)，也可以是心理或精神上的(如追求社会地位或事业成就等)。在现实生活中，人的需要往往不只有一种，而是同时存在多种需要。这些需要的强弱不同也会发生变化。

(2) 动机

动机是引起和维持个体行为，并将此行为导向某一目标的愿望或意念。动机是人行为产生的直接原因，它引起行为、维持行为并指引行为去满足某种需要。动机是由需要产生的。当人的需要未能得到满足时，会产生一种紧张不安的心理状态，在遇到能够满足需要的目标时，这种紧张不安就成为一种内在的驱动力，促使个体采取某种行为。

人的行为是由动机决定的，而动机则是由需要引起的。当人们产生某种需要而未能满足时，就会引起人的欲望，多种需要产生多种动机，但动机强度不等。对应动机强度最大的需要，产生行为。随着需要的满足，强度在下降。动机产生以后，人们就会寻找、选择能够满足需要的目标和途径，而一旦策略确定，就会进行满足需要的活动，产生一定的行为。当人们通过某种行为实现了目标，获得了生理的心理的满足后，紧张的心理状态就会消除。这时又会产生新的需要，引起新的动机，指向新的目标。因此，从需要的产生到目标的实现，人的行为是一个周而复始、不断进行、不断升华的循环过程。

管理者实施激励，首先就要研究员工的未满足需要，再根据员工的需要设置某些目标，并通过目标导向使员工出现有利于组织目标的优势动机，强化员工的动机，刺激员工的行为按照组织所需要的方式行动，从而实现组织目标。

5.3.2 激励理论

关于如何激发人们动机的研究成果很多，这些研究成果大致可归纳为三大类：内容型激励理论、过程型激励理论、调整型激励理论。

1. 内容型激励理论

人的未满足的需要是动机产生的根源，内容型激励理论着重对引发动机的原因，即激励的内容进行研究。主要包括马斯洛的需要层次理论、赫茨伯格的双因素理论及麦克利兰的成就需要理论。

(1) 需要层次理论

最广泛地受人注意的激励理论之一，是由心理学家马斯洛(A. H. Maslo)提出的需要层次理论。马斯洛把人类的需要看做是有等级层次的，从最低级的需要逐级地向最高级的需要发展，并且他认为，当某一级的需要获得满足以后，这种需要便终止了它的激励作用。马斯洛将人的需要分为五个层次，如图 5.9 所示。

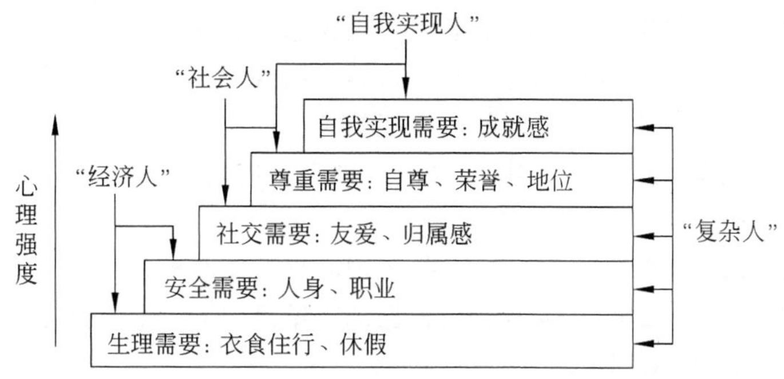

图 5.9　需要层次与人性假说

① 生理的需要。这些是维持人类自身生命的基本需要，如食物、水、衣着、住所和睡眠。马斯洛认为，在这些需要还没有满足到足以维持生命之前，其他的需要都不能起到激励人的作用。

② 安全的需要。这些是保障及维持日常生活稳定性的需要，如人身安全、就业安全、劳动安全以及未来安全，即病、老、伤、残后的生活保障等。

③ 社交的需要。人是社会的人，因此，人们常希望在一种被接受和隶属的情况下工作，也就是说，人们希望在社会生活中受到别人的注意、接纳、关心和友爱，在感情上和组织上有所归属。

④ 尊重的需要。人们在满足了归属的需要后，就要有自尊和受到别人的尊重。自尊是一种取得成绩以后的自豪；受人尊重，是指当自己作出贡献时，能得到他人的承认。这种需要将会产生诸如权力、威望、地位和自信等方面的满足。

⑤ 自我实现的需要。马斯洛认为，在他的需要层次理论中，这是最高层次的需要。它是一种把个人能力充分发挥的愿望，即最大限度地发挥一个人的潜能并有所成就。

马斯洛的需要层次理论，只是各种需要理论中的一种。这种分类方法是否科学引起了很多学者的争论，一些学者经过大量研究提出了反对的意见。但尽管如此，这个理论为我们提供了一个研究人类需要的参照本，管理者应认识到下属工作的动机，根据这些动机的不同，采用不同的激励方法来激励他们努力工作。表 5.2 列举出在企业中可用来满足各层次需要的方法。

表 5.2　马斯洛的需要层次理论在企业中的应用

需要层次	应　用
自我实现的需要	富有挑战性的工作、工作的自主权、决策权
尊重的需要	职衔、优越的办公条件、当众受到称赞
社交的需要	上司的关怀、友善的同事、联谊小组
安全的需要	工作保障、退休保障、福利保障
生理的需要	足够的薪金、舒适的工作环境、适度的工作时间

(2) 奥德弗的三因素(ERG)理论

克莱顿·奥德弗的三因素理论与马斯洛的需要层次论比较相近，不同之处只由三个层次：存在的需要(类似于马斯洛的基本需要)、关系的需要(与他人满意地相处)和成长需要(指自我发展、创造性、成长和能力)。所以，三因素理论指的是存在、关系和成长三个类别。奥德弗认为，人们在同一个时间内可能受到不同层次需要的激励。此外，奥德弗的理论认为，当人们在某一层次上受挫时，他们可能会转向较低层次的需要。

(3) 双因素理论

与马斯洛在理论上研究人的需要不同，美国心理学家赫茨伯格(Frederick Herzberg)是通过大量实例的调查来研究人的需要，根据调查结果(如图 5.10 所示)提出了“激励-保健因素理论”，简称双因素理论。

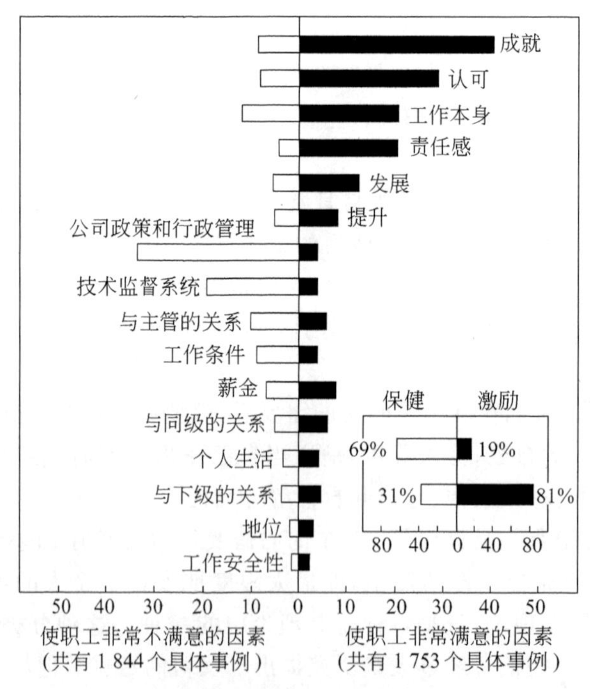

图 5.10　满意与不满意因素的比较

赫茨伯格从 1 844 个案例的调查中发现，造成职工非常不满的原因，主要是由于公司政策、行政管理、监督、与管理者的关系、工作条件、与下级的关系、地位、安全等方面的因素处理不当。这些因素改善后，只能够消除职工的不满，还不能使职工变得非常满意，也不能激发其积极性，促使生产率的增长。赫茨伯格把这一类因素称为“保健因素”。这些因素主要与人们的外在需要相关。另外，他又从 1 753 个案例的调查中发现，使职工感到非常满意的因素主要是工作富有成就感，工作成绩能得到社会承认、工作本身具有挑战性，负有重大责任，在职业上能得到发展和成长等。这类因素的改善能激励职工的积极性和热情，从而提高生产率。如果处理不好，也能引起职工不满，但影响不是很大。赫茨伯格把这一类因素称为激励因素。这些因素主要与人们的内在需要相关。

根据调查结果，赫茨伯格进一步指出，满意的对立面并不是不满意，消除了工作中的不满意因素并不一定能使工作结果令人满意。赫茨伯格提出了这之中存在着双重的连续体，满意的对立面是没有满意，而不是不满意；同样，不满意的对立面是没有不满意，而不是满意。如图 5.11 所示。

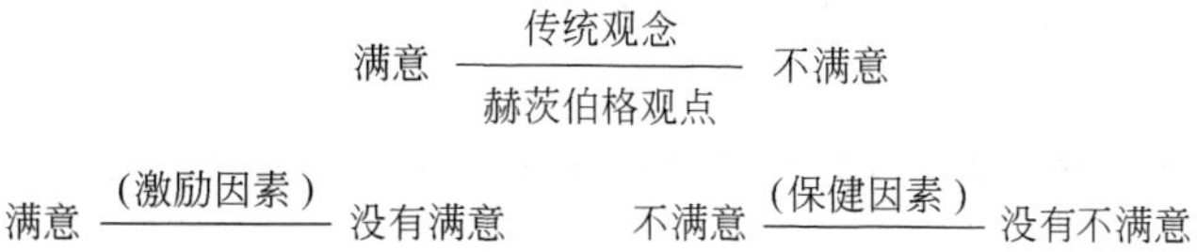

满意 —— 传统观念 / 赫茨伯格观点 —— 不满意

满意 ——（激励因素）—— 没有满意　　不满意 ——（保健因素）—— 没有不满意

图 5.11　满意-不满意观点的对比

分析这两类因素可以看到，激励因素是以工作为中心的，即对工作本身是否满意，工作中个人是否有成就，是否得到重视和提升等；而保健因素则与工作的外部环境有关，属于保证工作完成的基本条件。研究中发现，当职工受到很大激励时，他对外部条件的不利能产生很大的耐性；反之，就不可能有这种耐性。

以双因素理论与需要层次理论对照可见，需要层次论中的高层需要即双因素理论中的激励因素，而为了维持生活所必须满足的低层需要则相当于保健因素，如图 5.12 所示。赫茨伯格划分了激励因素和保健因素的界限，分析出激励因素主要来自于工作本身，为激励工作提出了方向。

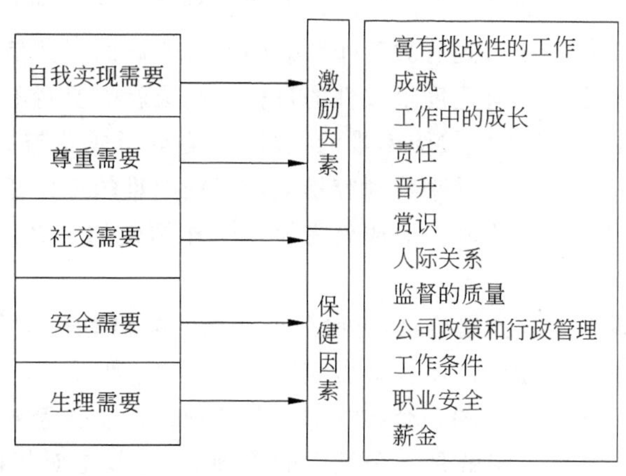

图 5.12　马斯洛理论与赫茨伯格理论的比较

案例 5.6 顺捷公司的激励措施

2002 年小张和两个伙伴合伙共同创立了贵阳顺捷公司，专门从事电杆的生产。随着有利于西部发展的各项政策的出台，小张他们的公司得到快速发展，目前已经成长为拥有员工 42 名，人年均利润超过 10 万元的企业，公司的业务范围也得到扩展。前不久，公司从大学毕业生中招聘了几名员工充实公司各个岗位，以利于公司下一步的发展。小张非常重视公司的可持续发展问题，为充实自我，他经常参与各类管理培训课程的学习。最近，通过学习有关激励理论，小张受到很大启发，并准备着手付诸实践。他为此责令人力资源管理部门制订一系列的培训计划以及工作计划，希望通过赋予下属员工更多的工作和责任，并通过给予员工成长机会以及赞扬和赏识来激励下属员工。然而，当 2006 年 6 月，小张宣布该公司的各项工作安排后，结果却事与愿违，员工的积极性非但没有提高，反而对他的做法强烈不满，包括几名大学生在内的部分员工甚至提出来要公司马上给他们购买养老和医疗保险以及提高工资水平的要求。

思考题：

1. 请根据有关激励等理论，分析小张的激励措施为什么遭到了包括几名大学生在内的员工的抵制？

2. 管理者应该如何激励他的员工呢？请你帮助小张并给他提出建议。

资料来源：作者不详. 顺捷公司的激励措施[DB]. 豆丁网. [2014-05-16]. http://www.docin.com/p-77628364.html

(4) 成就需要理论

美国哈佛大学教授麦克利兰(David McClelland)从另一个侧面研究论述了人们的高层次需要，并提出了成就需要理论。他认为，人的高级需要主要是成就需要、权力需要和归属需要，并以成就需要为主导。

麦克利兰发现高成就需要者的不同之处在于他们有强烈的内驱力，要求事情做得更为完美，使工作更有效率，以获得更大的成功。这种内驱力就称之为成就需要，他们追求的是个人的成就感，而不是成功之后所带来的奖励。他们寻求那种能发挥其独立处理问题能力的工作环境；他们希望得到有关工作绩效的及时明确的反馈信息，从而了解自己是否有所进步；他们喜欢设立具有适度挑战性的目标。高成就需要者不是赌徒，他们不喜欢凭运气而获得的成功。他们愿意接受困难的挑战，并能承担成功与失败的责任。也就是说，他们不喜欢接受那些在他们看来特别容易或者特别困难的工作任务。

在大量研究的基础上，麦克利兰对成就需要与工作绩效的关系进行了十分有说服力的推断。

① 高成就需要者喜欢能独立负责，可以获得信息反馈和中等冒险的工作环境。在这种环境下，他们可以被高度激励。不少证据表明，高成就需要者在企业中颇有建树，如在经营自己的企业、管理大公司中的一个独立部门及处理销售业务等方面。

② 高成就需要者并不一定就是一个优秀的管理者，尤其是对规模较大的组织而言。比如某公司中的一名高成就需要的推销员，并不一定会成为优秀的销售经理。同理，大型组织中的优秀管理者，也未必就是成就需要很高者。

③ 归属需要和权力需要与管理的成功密切相关，最优秀的管理者是权力需要很高而归属需要很低的人。

④ 员工可以通过训练来激发他的成就需要。如果某项工作要求高成就需要者，那么管理者可以通过直接选拔的方式找到一名高成就需要者，或者通过培训方式培养原有的下属。

2. 过程型激励理论

过程型激励理论着重对行为目标的选择，即动机的形成过程进行研究，主要包括弗隆的期望理论和亚当斯的公平理论。

(1) 期望理论

期望理论是被许多人认为具有很大价值的理论，它阐明了激励职工的方法。提出这一理论的是美国心理学家 V. 弗隆(Victor Vroom)。

弗隆在研究中发现，员工是否愿意从事某种工作，取决于个体对具体目标的理解以及员工对工作绩效能否实现这一目标的认识。他将上述发现分解为影响激励的效价和期望值两个因素。后来加上一个关联性因素，即达到一定的工作绩效后可获得理想奖励的可信程度，从而形成一个可操作的过程模型。即

$$M = V \cdot I \cdot E$$

式中：M(激励力)——对行为动机的激发力度；

V(效价)——目标价值的主观估计；

I(关联性)——达到绩效后取得理想奖励的可信程度；

E(期望)——目标实现概率的主观估计。

这三个变量代表了三种关系，也是调动人们工作积极性的三个条件。

第一，努力与绩效的关系。个体感觉到通过一定努力而达到工作绩效的可能性。人总是希望通过一定的努力能够达到预期的目标，如果个人主观认为通过自己的努力达到预期目标的概率较高，就会有信心，就可能激发出很强的工作热情，但如果他认为再怎么努力，目标都不可能达到，就会失去内在的动力，导致工作消极。但能否达到预期的目标，不仅仅取决于个人的努力，还同时受到员工的能力和上司提供支持的影响。这种关系可在公式的期望值这个变量中反映出来。

第二，绩效与奖励的关系。个体对于达到一定工作绩效后即可获得理想奖励结果的可信程度。人总是希望取得成绩后能够得到奖励，这种奖励既包括提高工资、多发奖金等物质奖励，也包括表扬、自我成就感、同事的信赖、提高个人威望等精神奖励，还包括得到晋升等物质与精神兼而有之的奖励。如果他认为取得绩效后能够得到合理的奖励，就可能产生工作热情，否则就可能没有积极性。

第三，奖励与个人目标满足的关系。工作完成后，个体所获得的奖励对个体的重要性程度，即实现个体目标能满足个体需要的程度。人总是希望获得的奖励能够满足自己某方面的需要。然而由于人们各方面的差异，他们的需要的内容和程度都可能不同。因而，对于不同的人，采用同一种奖励能满足需要的程度不同，能激发出来的工作动力也就不同。

弗隆把这三方面的关系用框图表示出来，如图 5.13 所示。

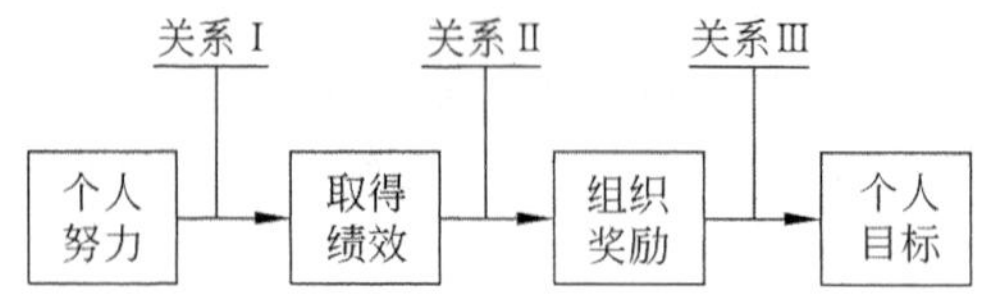

图 5.13　期望理论三方面的联系

期望理论提示我们，管理者如果处理好了以上三个关系，便可有效地提高下属的工作积极性。例如，在处理努力与绩效关系方面，管理者可以在员工招聘时选择有能力完成工作的人，或向员工提供适当的培训；在他们工作时，向他们提供足够的支持。在处理绩效与奖励的关系方面，管理者应尽量做到以工作表现来分配各种报酬，并向员工清楚解释分配各种报酬的原则和方法，而最关键的是奖励要公平。在处理奖励与满足需要的关系方面，管理者应了解各员工不同的需要，尽量向员工提供他们认为重要的回报。

（2）公平理论

公平理论又称社会比较理论，是美国心理学家亚当斯(J. S. Adams)首先提出来的。该理论主要讨论报酬的公平性对人们工作积极性的影响。人们通常通过两个方面比较来判断其所获报酬的公平性，即横向比较和纵向比较。横向比较，即将“自己”获得的“报酬”(包括金钱、工作安排以及获得的赏识等)与“投入”(包括教育、努力及耗用在职务上的时间等)的比值与组织内的其他人做比较，从而对比较作出相应的反应。如以 Q_P 表示自己对所获报酬的感觉；Q_0 表示自己对他人所获报酬的感觉；I_P 表示自己对个人所作投入的感觉；I_0 表示自己对他人所作投入的感觉。在进行比较时，会有以下几种情况出现。

如果$\frac{Q_P}{I_P}=\frac{Q_0}{I_0}$，他会认为报酬是公平的，为此他会保持工作的积极性和努力程度。

如果$\frac{Q_P}{I_P}>\frac{Q_0}{I_0}$，则说明此人得到了过高的报酬或付出努力较少。在这种情况下，一般来说他不会要求减少报酬，而有可能会自觉地增加投入量，但过一段时间他就会因重新过高估计自己的投入而对高报酬心安理得，于是其产出又会恢复到原来水平。

如果$\frac{Q_P}{I_P}<\frac{Q_0}{I_0}$，则说明此人感觉到组织对自己的报酬不公平，他可能会要求增加报酬，或自动地减少投入以达到心理的平衡。

除了“自己”与“别人”的横向比较外，还存在着自己的现在$\left(\frac{Q_{PP}}{I_{PP}}\right)$与过去$\left(\frac{Q_{PL}}{I_{PL}}\right)$的纵向比较。

当$\frac{Q_{PP}}{I_{PP}}=\frac{Q_{PL}}{I_{PL}}$时，此人认为报酬是公平的，积极性和努力程度可能会保持不变。

当$\frac{Q_{PP}}{I_{PP}}>\frac{Q_{PL}}{I_{PL}}$时，一般来说此人不会觉得所获报酬过高，因为他可能会认为自己的能力和经验已提高，其工作积极性不会因此而提高。

当$\frac{Q_{PP}}{I_{PP}}<\frac{Q_{PL}}{I_{PL}}$时，此人觉得不公平，工作积极性会下降，除非管理者增加报酬。

尽管公平理论提出的基本观点是客观存在的,但在实际使用中很难把握。因为员工是凭“感觉”来判断报酬的公平性的,因此个人的主观判断对此有很大影响。人们总是倾向于过高估计自己的投入量,而过低估计自己所得到的报酬,对别人的投入量及所得报酬的估计则相反。因此管理者在运用该理论时应更多地注意实际工作绩效与报酬之间的客观性。管理者应了解员工对各种报酬的主观感觉;此外,为了使员工对报酬的分配有较客观的感觉,管理者应让员工知道分配的标准;最后,应加强与下属的沟通,在心理上减低他们的不公平感觉。当然,对于有些具有特殊才能的人,或对完成某些复杂工作的人,应更多地考虑到其心理的平衡。

案例 5.7　　李立新的不满

李立新已经在数据系统公司工作了五个年头。在这期间,他从普通编程员升到了资深的程序编制分析员。他对自己所服务的这家公司相当满意,很为工作中的创造性要求所激励。

一个周末的下午,李立新和他的朋友及同事林安奇一起去健身锻炼。他了解到他所在的部门新聘了一位刚刚从大学毕业的程序编制分析员。尽管李立新是个好脾气的人,但当他听说这新来者的起薪仅比他现在的工资少 100 元时,不禁大动肝火。他百思不得其解,决定一上班就去问个明白。

星期一早上,李立新找到了人力资源部门经理高德华,问他自己听说的事是否真实。高德华带有歉意的承认,确有这么回事。但他试图解释公司的处境:“小李,编程分析员的市场相当紧俏。为使公司能吸引合格的人员,我们不得不提供较高的起薪。我们非常需要增加一名编程分析员,因此,我们只能这么做。”

李立新马上问高经理能否相应调高他的工资。高德华回答说:“你的工资需按照正常的绩效评估时间评定后再调。你干得非常不错!我相信老板到时会给你提薪的。”李立新在向高经理道了声:“打扰了!”便离开了他的办公室,边走边不停地摇头,很对自己在公司的前途感到疑虑。

假如你是李立新所在部门的主管,你了解这一事件的始末,你本来打算在这位新聘大学生过几天来上班时同大家谈谈此事的。没想到人力资源部高经理这时来了一个电话,跟你说了你部下李立新刚才找他的事和详细经过。你觉得这件事必须尽快妥善处理。

思考题:

1. 李立新的不满可以用什么管理学理论来解释?
2. 李立新的主管对李立新的调资要求,他该怎么办?

资料来源:作者不详. 李立新的不满[DB]. 新浪博客.[2014-05-16]. http://blog.sina.com.cn/s/blog_6114fc60100fz6n.html

3. 调整型激励理论

调整型激励理论,也称行为改造型激励理论,它着重研究如何通过激励来调整和转化人的行为。主要介绍斯金纳的强化理论。

强化理论由美国心理学家斯金纳(B. F. Skinner)首先提出。该理论认为,人的行为与环境对他的刺激相关。如这种刺激对他有利，则这种行为就会重复出现；如对他不利，则这种行为就会减弱直至消失。管理者应采取各种强化方法，使员工的行为符合组织的目标。根据强化手段的不同，可分为如下四类：

（1）正强化

即用某种有吸引力的结果，如认可、赞赏、增加工资奖金、提升等，表示对某一行为的奖励和肯定，使其重现和加强。

（2）负强化

当某种不符合组织要求的行为有所改变时，减少或消除施于其身上的某种不愉快的处境，从而使改变后的行为再现和增加。

（3）自然消退

取消正强化，对某种行为不予理睬，以表示对该行为的轻视或某种程度的否定，研究表明，一种行为长期得不到正强化，会逐渐消失。

（4）惩罚

用批评、降薪、降职、罚款等带有强制性、威胁性的结果，来创造一种令人不愉快以致痛苦的环境或取消现有的令人愉快和满意的条件，以示对某种不符合组织要求的行为的否定，从而消除这种行为重复发生的可能性。

为了达到鲜明的强化效果，还必须注意采取不同的强化方式。强化可以是连续的、固定的，例如，对每一次符合组织要求的行为都给予肯定和奖励，或对每一次不符合组织要求的行为都给予惩罚，或定期地对符合的行为进行嘉奖等。尽管这种强化有及时刺激、立竿见影的效果，但久而久之，人们会产生麻木的感觉，特别是对正强化，人们会对这种正强化有越来越高的期望，或者认为这种正强化是理所应当的，从而失去激励的作用。另一种方式是间断的，时间和数量都不固定，亦即管理者根据组织的需要不定期、不定量地实施强化，使每一次强化都能起到较大的效果。实践证明，后一种方法更有利于组织目标的实现。

4. 激励的综合模型

波特(L. W. Porter)和劳勒(E. E. Lawler)以期望理论为基础，导出了一种本质上更加完善的激励模式，比较全面地说明了整个激励的过程，如图 5.14 所示。从这个图中，我们可以归纳出该模式的几个基本点：

（1）个人是否努力以及努力的程度不仅仅取决于奖励的价值，而且还受到个人觉察出来的努力和受到奖励的概率的影响。但所需做出的努力和实际取得奖励的概率，又要受到实际工作业绩的影响。显然，如果人们知道他们能做或者曾经做过这样的工作，则他们便可更好地判断所需的努力并更好地知道获得奖励的概率。

（2）个人实际能达到的绩效不仅取决于其努力的程度，还受到个人能力的大小以及对任务了解和理解程度深浅的影响。特别是对于比较复杂的任务，就显得更为重要。

（3）个人所应得的奖励应当以实际达到的绩效为前提。要使个人看到，只有完成了组织的任务或达到目标时，才会受到奖励，而不应先有奖励，后有努力成果。这样，奖励才能激励个人努力去达到组织目标。这些奖励可以是外在的，如奖金、工作条件和地位；也

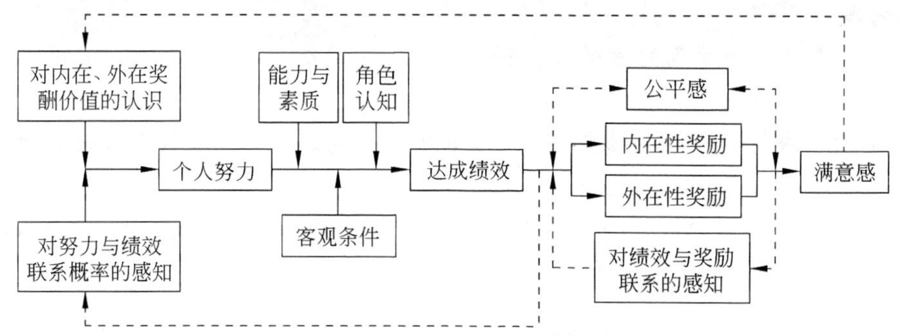

图 5.14　波特和劳勒的综合激励模型

可以是内在的，如成就感或自我实现感。

(4) 个人对于所受的奖励是否满意以及满意的程度如何，取决于受激励者对所获报酬的公平感。如果受激励者感到公平，就会导致满意；否则相反。

(5) 个人是否满意以及满意的程度将会回馈到其完成下一个任务的努力过程中。满意会导致进一步的努力；而不满意则会导致努力程度的下降甚至离开工作岗位。

波特和劳勒的激励模式，是对激励系统比较全面和恰当的描述，它告诉我们，激励和绩效之间并不是简单的因果关系。要使激励能产生预期的效果，必须考虑到奖励内容、奖励制度、组织分工、目标设置、公平考核等等一系列的综合性因素。管理者应将目标—能力—绩效—奖励—满意的体系结合进整个管理工作。

案例 5.8　　怎样搞好突击加班

某第二罐头厂是生产出口专供北美市场罐头的厂家，主要产品是芦笋罐头。但芦笋季节性很强，第二季度是生产旺季。由于原材料价高且不宜保存，必须当天收购当天加工。厂长开会布置，要求全厂职工昼夜突击、加班加点，平均每天工作 12 小时，周日也不休息。为鼓励职工加班，实行计件工资，粗估一下，每位职工每月可增收 600 元。职工参加加班第一周很活跃，第二周主动加班者越来越少。经领导初步了解，有如下几种情况：

1. 该厂位于市郊，工人家有农田，第二季度农活也忙，有些职工星期天加班，家属怨声很大："耽误了农时，影响全年收成啊！"

2. 该厂经济效益较好，工资奖金水平在当地数一数二，加班月增收 600 元，与多付出的劳动和时间比，有职工认为得不偿失。

3. 第二季度正值春夏之交，是旅游的好季节。有些青年工人早就计划好去泰山旅游，有的还计划趁"五一"旅行结婚，已经做好了准备。

4. 加班时，后勤工作跟不上。食堂花色品种少，质次价高，食堂距离车间又太远；加班后末班公交车已过。

5. 实行计件工资以后，质量有所下降，原材料消耗有所上升。一些工人为了多干多挣钱，拼设备，而且不愿意干没有报酬的辅助工作，不愿意帮助别人，职工之间出现协作问题，有些职工因此对突击加班有意见。

6. 实行计件工资后，考勤放松，个别职工不仅不加班，而且出勤率比平时还低。

思考题：

1. 该厂突击加班遇到的主要困难是什么？

2. 试用所学理论分析各类职工的心态。

3. 针对这种情况，如果你是厂长，将采取哪些措施激励职工积极参加出口罐头的突击生产，并确保质量、成本和效益？

资料来源：作者不详.怎样搞好突击加班[DB]. MBA 智库文档.[2014-05-16]. http://doc.mbalib.com/view/252f2687fdc0dbbe2a30c0adb5d49dacf.html

5.3.3 激励的原则与手段

1. 激励的原则

为了保证激励的有效性，在激励过程中，管理者需要遵循一定的原则，采用一些有效的激励手段，来推动激励过程的顺利实施，最大限度地调动员工的积极性，发挥他们的创造性和聪明才智。

(1) 个人目标与企业目标相结合

目标是员工产生动力的源泉，当人们一旦确立了目标，就会在行动的过程中不断地将自己的行为和目标进行比照，所以，目标是最好的激励。正如柳传志所说："目标是最大的激励，给员工一个值得为之努力的宏伟目标，比任何物质激励都来得实在，比任何精神激励都来得坚挺。"尤其是当个人目标和企业目标一致性越高的时候，激励的程度就越高，激励的效果也越明显，因为共同的目标和利益为员工指明了发展的方向，在行动的过程中，两者自始至终保持着默契，扫除障碍，激励实施起来也就更为顺利。

(2) 物质激励和精神激励相结合

众所周知，物质需要是人类最基本的需要，是人类生存和发展的根本要求，但层次较低，其作用也是表面的，仅仅满足员工的物质需要所获得的激励效果有限。随着生产力水平和人的素质的提高，人们开始有较高层次的精神需求。因此，在激励员工的时候，管理者一方面善于运用工资、奖金、福利和工作条件等物质激励手段，通过物质需要的满足来激发组织员工的积极性；另一方面注意满足员工在尊重、发展、成就等方面的需要，以发挥强大、持久的精神激励作用。管理者通过以物质激励为基础，精神激励为根本来实现两者的有效结合，以达到有效激励的目的。

(3) 奖惩结合的原则

在激励的过程中，奖励与惩罚都是必要而有效的，通过树立正面的榜样和反面的典型，扶正祛邪，可以形成一种良好的工作风气。无论是奖励和惩罚都可以产生一种无形的压力，促使员工行为更积极、更富有生气。但鉴于惩罚具有一定的消极作用，容易使员工产生挫折心理和行为，因此，管理者在激励时应把奖励和惩罚巧妙地结合起来，在奖惩实践中，要有主有辅，轻重相宜。一般来讲，奖励的次数宜多，惩罚的次数宜少；奖励的气氛宜浓，惩罚的气氛宜淡；奖励的场合宜大，惩罚的场合宜小；奖励宜公开进行，惩罚宜私下进行；可奖可不奖者以奖为宜，可罚可不罚者以不罚为宜。总之，在对人们的行为进行考察时，要着眼于发掘人们的长处和优点，尽量淡化人们的短处和缺点。

(4) 差别激励

激励应该本着差异化的原则，在制定激励机制时一定要考虑到个体差异。针对不同的员工，采用不同的激励方式，灵活运用多种激励方法。这是从激励的本质出发的，既然激励的本质就是满足个人的需要，而人的需要又是多种多样，所以，相同的激励政策起到的激励效果也会不尽相同。即便是同一个员工，在不同的时间或环境下，也会有不同的需求。例如，有的员工看重奖金、红利等物质刺激；有的员工对尊重、交往等情感需要十分强烈；有的员工则高度重视个人价值的实现；有的员工希望从事有一定难度、创造性的工作；有的员工则乐于从事常规型、程序化的工作；有的员工满足于工作过程的趣味性等。

因此，在实施激励时，管理者首先要调查清楚每个员工真正需要的是什么，将这些需要整理、归类，然后采取相应的激励措施，尽量满足员工的个性化需求，从而达到最佳的激励效果。

(5) 公平原则

激励作为奖赏员工良好行为，调动其积极性和惩罚员工不良行为、约束消极情绪的关键在于公平公正。管理者应该清楚，在激励中如果出现管理者奖惩不当：奖不当奖，罚不当罚的现象，就会使员工产生抵制情绪，不仅不可能收到预期的激励效果，反而会产生消极作用，造成不良的后果。因此，在进行激励时，管理者一定要认真、客观、科学地对员工进行绩效考核，做到奖罚分明，不论亲疏，一视同仁。

(6) 及时、适度原则

要把握激励的时机，“雪中送炭”和“雨后送伞”的效果是不一样的。激励越及时，越有利于将人们的激情推向高潮，使其创造力连续有效地发挥出来。“机不可失，时不再来”，在激励工作中，管理者如果能够敏锐地察觉员工的进步，巧妙地把握时机进行激励，往往会达到事半功倍的效果；反之，如果管理者对员工的成绩反应迟钝，不但会错失良机，还会挫败员工的积极性。

适度原则就是要恰当地掌握激励力度，这直接影响到激励作用的发挥。激励过度和激励不足不但起不到激励的真正作用，有时甚至还会起反作用，造成对工作热情的严重挫伤。比如，过分优厚的奖赏，会使人感到得来轻而易举，用不着进行艰苦的努力；过分严厉的惩罚，可能会导致人的破罐破摔心理，使他们失去上进的勇气和信心。所以，应该坚持适度激励，做到恰如其分，激励程度不能过高也不能过低。

激励及时和适度是互相联系、相辅相成的，只有适度下的及时和及时下的适度，才能最大限度地发挥激励的作用和效应。

(7) 按需激励原则

激励的起点是满足员工的需要，但员工的需要因人而异、因时而异，并且只有满足最迫切需要(主导需要)的措施，其效价才高，其激励强度才大。因此，领导者必须深入地进行调查研究，不断了解员工需要层次和需要结构的变化趋势，有针对性地采取激励措施，才能收到实效。具体来说，要做到以下两点。一是根据不同的需要，采用不同的激励方法。管理者要定期对员工的需求进行调查，并根据员工的年龄、性别、职位、教育程度等归纳各类人员的特点，采用不同的激励方法。二是在组织中建立多种多样的方法满足员工不同的需要，即不同层次的需要都有具体的措施对应，对同一层次的需要，要有不同的选项，使员工有挑选的余地。

2. 激励的手段

根据前面介绍的各种激励理论，常用的激励手段可以归纳为工作激励、成果激励、榜样激励、培训激励和企业文化凝聚力激励五个重要方面。

（1）工作激励

在双因素理论中，我们清楚地看到，在各种因素中，真正能起到激励作用的因素是工作本身，使工作具有挑战性和富有意义以及引导员工参与管理都可以极大地调动员工的积极性。

① 委以恰当的工作

大量的研究表明，当员工与其所从事的工作合理匹配时能够起到激励作用。做到人与工作的合理匹配，需要管理者对员工的深入理解和认识，当然也可以借助一些有效的辅助工具。这主要包括两方面的内容：一是工作的分配要尽量考虑到职工的特长和爱好，人尽其才；二是要使工作的要求既具有挑战性，又能为职工接受。

在企业的生产经营活动中，有许多不同的岗位与工作，这些不同的工作对人的知识和能力的要求各不相同。同时，每个人的文化知识水平和工作能力也存在差异。要根据每个人的特长和爱好，合理地分配工作。

要能在允许的情况下，把分配的工作与个人兴趣爱好尽量加以结合。兴趣和爱好是最好的老师，一个人只有对其工作真正感兴趣，才会千方百计去钻研、去克服困难，努力地干好这项工作。

② 鼓励职工恰当地参与管理工作

让职工恰当地参与管理，既能激励职工，又能为企业的成功获得有价值的知识。参与也是一种赏识的手段，它能满足人们归属的要求和受人赞赏的需要，尤其是它给人一种成就感。这是一种有效的激励手段。

但是鼓励职工参与管理并不意味着领导者要削弱自己的职责。虽然他们鼓励下属做一些有帮助的工作，并且仔细地听取下属的意见，但对那些需要他们来决策的事情，仍然必须由他们自己来决定，因为这是领导者的责任。同时，几乎没有下属会对不负任何责任的上级产生尊敬。

③ 工作丰富化

赫茨伯格的激励理论表明：富有挑战性的工作、成就、赞赏和责任都具有真正的激励作用。工作丰富化，则是企图在工作中建立一种更高的挑战性和成就感，增加责任感，来激励职工的工作热情。工作丰富化是从纵向扩大员工的工作范围，即扩大工作的垂直负荷，要求员工完成更复杂的任务，负更大的责任，有更多的自主性，因而对员工的能力和技能也提出了更高的要求。工作丰富化对提高员工的工作满意程度，提高员工生产效率与产品质量，以及降低员工离职率和缺勤率均能产生积极的影响。

④ 灵活的工作日程

灵活的工作日程是指取消每周五天、每天八小时的固定工作日程，提供灵活的工作时间以满足员工的不同需要。常用的灵活的工作日程安排包括压缩工作周和弹性工作制。

压缩工作周指的是员工每周的工作日减少，但每天的工作时间延长。这种压缩工作周的方式，可以使员工获得更多的自主时间，享受自己的休闲生活。而弹性工作制规定员工每周工作一定数量的时间，并且要遵守一些限制条件，至于什么时候工作可以自己灵活安排。在弹性工作制中，有固定的公共核心时间要求员工必须工作，而工作什么时候开始、什么时候结束，以及午休时间都可以由员工自己灵活掌握。

(2) 成果激励

成果激励是一种重要的激励手段，即利用人们对于成就感的追求来激发人们的工作积极性。成果激励主要包括：正确评价工作、合理给予报酬和创造条件、帮助员工创造成果两个方面。

① 正确评价工作，合理给予报酬

正确评价职工的工作结果，在此基础上给每个职工以合理的报酬，这也是激发职工积极性的一个重要因素。报酬可分为物质上的和精神上的两种，物质上的报酬主要指工资和奖金；精神上的报酬则主要是通过各种形式的表扬以及工作条件的改善和地位的提升等。

对于物质上的报酬——金钱，作为一种激励因素，在经济学家和大多数管理者看来具有高于其他激励因素的地位，然而在行为学家看来则在次要地位。要使其成为一种激励因素，则领导者必须记住以下几点：

第一，对于不同的对象，金钱的激励作用是不相同的。在劳动仍作为人们主要谋生手段的今天，对于大多数职工来说，金钱的作用仍是非常重要的；但对于那些已经"功成名就"的、在金钱的需要方面已不再是那么迫切的人来说，作用就不一定那么大。而随着人们生活水平、生活条件的不断提高，其激励作用就会有所减弱。

第二，在大多数企业中，金钱实际上是用来作为保持一个组织机构配备足够人选的手段，而并不作为主要的激励因素，各企业在本行业和本地区内，应努力使工资和奖金具有竞争性，以便吸引和留住他们的职工。

第三，工资作为一种激励因素的作用往往较弱，因为人们常常更多地注意工资与自己的能力和级别是否相当，并和与自己地位相当的人大体相同。

第四，如果要使奖金成为一种有效的激励因素，就必须根据职工的工作业绩来发放，否则，企业尽管支付了大量奖金，也不会有多大的激励作用。

对于职工来说，无论是物质上的还是精神上的报酬的作用都是两方面的：一方面，通过报酬可以看出领导对自己这一阶段的工作所作的评价；另一方面，可以使职工在物质上和精神上的需要得到满足。根据公平理论，报酬的激励作用不在于绝对数量的多少，而在于职工对于投入和所获的比较，如果报酬合理，可以使职工不断总结经验努力做好工作；如果职工认为努力的成果没有得到正确的承认，其结果可能是企业花了钱，又挫伤了职工的工作热情。

② 帮助职工创造成果

追求成就，满足自我价值的实现是人们高层次的需求，尤其是对于高层人员和专业技术人员可能更显得重要。因此，领导者若能创造条件，帮助职工获得成果，激励作用将是巨大的。对于一般职工，允许他们参与与其工作相关的决策，接受他们的合理化建议，并帮助他们实现这些建议，也会起到很大的激励作用；对于专业技术人员，给予必要的支持，改善他们的研究开发条件，解决他们在研究工作中的各种困难以促进他们的研究获得成果，这要比给他们物质奖励的作用可能要大得多。

（3）榜样激励

榜样激励是指通过树立的榜样使组织的目标形象化，号召员工向榜样学习，从而提高组织绩效以实现组织目标。运用榜样激励，首先要树立榜样，管理者要注意榜样必须名副其实，一定是在组织当中出类拔萃的人或是为组织做出巨大贡献的人才能成为榜样，这样才能使人信服。其次，管理者要对榜样的事迹进行有效地宣传，使组织成员明确知道有什么样的行为才能称其为榜样。要强调的是，管理者一定要给予榜样奖励，这些奖励中不仅要包括物质奖励，更重要的是要有受人尊敬的奖励和待遇，这样才能提高榜样的效价，使组织成员学习榜样的动力增加。例如，学校经常都会树立学习标兵、优秀干部、三好学生等榜样，为他们颁发奖状、奖学金、宣传他们的先进事迹，以激励其他学生更努力的学习和实践。

（4）培训激励

加强教育培训，提高职工的素质和能力，可增强他们的工作热情和进取精神，这也是领导者在激励和引导下属行为时通常可以采用的一种重要的手段。通过对波特和劳勒的激励模型的分析，我们可以看到，人们能否通过努力而获得成果与其自身的能力以及对所需完成任务的了解程度有密切的关系。因此，加强对职工的培训，提高职工的业务知识和业务能力，对于增强职工的工作信心和工作热情，将起到较大的激励作用。

一般来说，自身素质好的人，其进取精神较强，对高层次的追求较多，在工作中自我实现的要求较高，因此容易产生自我激励，能够表现出高昂的士气和工作热情。所以通过对职工的教育、培训，提高他们的自身素质，增强他们自我激励的能力，对于更好地实现企业目标，作用很大。另外，给予职工培训的机会，也可以成为一种精神上的鼓励，促使职工更好地为企业工作。

（5）企业文化凝聚力的激励

如果员工的价值观与企业的核心价值观、核心经营理念不谋而合的话，文化的强大凝聚力就能显示出其在激励上的过人之处。一些大型企业越来越多地通过企业文化进行治理。

案例 5.9　格兰仕："大白鲨"的激励体系

作为微波炉界的"大白鲨"，格兰仕仅用两年便创造了全球第一的神话。我们不禁要问，是什么驱动着格兰仕这只"大白鲨"，斗志不已、不停游弋呢？答案是格兰仕的激励体系。

格兰仕首先看重员工对企业的感情投入，认为只有员工发自内心的认同企业的理念、对企业有感情，才能自觉地迸发出热情，为企业着想。在1万多人的企业里，要让员工都具备主人翁的心态，站在企业利益的角度来做好各环节的工作，在保证质量的同时严格控制住成本，这无疑是很难的。因而他们加强对全体员工的文化培训，用群众的语言和通俗的故事，将公司的理念和观点传达给每位员工。为自己的长远、共同的利益而工作，成了格兰仕人的共识。

在注重感情投入、文化趋同的基础上，格兰仕对待不同的员工，采取不同的激励方法和策略。对待基层工作人员，他们更多的采用刚性的物质激励；而对待中高层管理人员，则更注重采用物质和精神相结合的长期激励。

基层工人的收入与自己的劳动成果、所在班组的考核结果挂钩，既激励个人努力又激励他们形成团队力量。基层人员的考核的规则、过程和结果都是公开的，在每个车间都有大型的公告牌，清楚地记录着各生产班组和每位工人的工作完成情况和考核结果。对生产班组要考核整个团队的产品质量、产量、成本降低、纪律遵守、安全生产等多项指标的完成情况，同时记录着每个工人的完成工件数、加班时间、奖罚项目等。根据这些考核结果，每个人都能清楚地算出自己该拿多少，别人强在什么地方，以后需要在什么地方改进。也许这些考核设计并不高深，但要持之以恒的坚持、保持公正透明的运行，却不是每个企业能做到的。依靠这个严格、公平的考核管理体系，格兰仕将数十个车间和数以万计的工人的业绩有效地管理了起来。

中高层管理层是企业的核心队伍，关系到企业的战略执行的效率和效果，他们往往也是企业在激励中予以重视的对象。格兰仕同样对这支骨干队伍高度的重视，但并没有一味地采用高薪的方式，因为他们认为金钱的激励作用是递减的，管理者需要对企业有感情投入和职业道德，不能有短期套利和从个人私利出发的心态。他们在干部中常常用“职业军人”作比喻来说明这个道理，说抗美援朝战争中，美军的失败是“职业军人”的心态，他们打仗拿着工资奖金，所以从心理上不敢打、不愿打，能打赢就打、打不赢就跑，遇到危险就举手投降。而中国人民志愿军心中有着爱国热情、民族尊严，不因危险、困难而退缩，士气如虹、坚忍不拔，所以才最终赢得了“小米步枪对抗飞机大炮”的战争。

所以格兰仕对中高层管理者更强调用工作本身的意义和挑战、未来发展空间、良好信任的工作氛围来激励他们。格兰仕的岗位设置相当精简，每个工作岗位的职责范围很宽，这既给员工提供了一个大的舞台，可以尽情发挥自己的才干，同时也给了他们压力与责任。在格兰仕没有人要求你加班，但是加班是经常的、也是自觉的，因为公司要的不是工作时间和形式，而是工作的实效。同时这也是公平的赛马机制，众多的管理者在各自的岗位上，谁能更出色地完成工作，谁就能脱颖而出。格兰仕为员工描绘了美好的发展远景，这也意味着给有才能的人提供了足够的发展空间，这大大的激励着富有事业心、长远抱负的管理者们。

在平时，格兰仕对管理者们工作的业绩和表现进行考核，只发几千元的月度工资，而把激励的重点放在财务年度上。他们将格兰仕的整体业绩表现、盈利状况和管理者的薪酬结合起来，共同参与剩余价值分配，从而形成长期的利益共同体。他们采取年终奖、配送干股、参与资本股的方式，递进式地激励优秀的管理者。如所有考核合格的管理者，都会有数量不等的年终奖；另外公开评选优秀的管理者，参与公司预留的奖励基金分配，这个奖励基金是按公司的盈利状况提取的；其中最优秀的几名管理者则配送次年的干股，能够参与公司次年一定比例的分红；通过几个年度考核，能提升到公司核心层的高层管理者，则可以购买公司股权，成为公司正式的股东。目前已有 50 多名中高层管理者拥有格兰仕的股份（资本股）；有 70 多名管理者拥有干股，这构成了格兰仕是各条战线上与公司利益高度一致的中坚力量。这样通过层层的激励方式，不断培养、同化、遴选了格兰仕忠诚度高、战斗力强的核心队伍，构成了格兰仕长远发展的原动力。

“适合就是最好的”，每个企业都有自身的特点，都有千差万别的历史背景、人际关系和经营理念，但最关键的是要设计和运行适合自身特点的激励体系，才能更好地解决好发展的动力问题，格兰仕的激励体系无疑能给我们一些有益的启示。

思考题：

格兰仕的激励体系是怎样的？能够起到有效激励作用的关键在于哪些方面？良好的激励对组织产生怎样的作用？

资料来源：作者不详. 格兰仕的激励体系[DB]. 豆丁网. [2014-05-06]. http://www.docin.com/p-97781880.html

5.4 沟通

5.4.1 沟通的基本概念

1. 沟通的定义

从一般意义上讲，沟通是为了一个设定的目标，把信息、思想和感情，在个人或群体间传达并形成共同协议的过程。具体地说，就是发送者凭借一定渠道（亦称媒介或通道），将信息发送给既定对象（接收者），并寻求反馈以达到相互理解的过程。

沟通主要包含以下几个关键要素：

(1) 信息的发送者。信息的发送者就是信息的来源，他必须充分了解接受者的情况，以选择合适的沟通渠道以利于接受者的理解。

(2) 信息的接收者。接收者是指获得信息的人，接收者必须从事信息解码的工作，即将信息转化为他所能了解的想法和感受。这一过程要受到接收者的经验、知识、才能、个人素质以及对信息输出者的期望等因素的影响。

(3) 信息。信息是指在沟通过程中传给接受者（包括口语和非口语）的消息，同样的信息，输出者和接收者可能有着不同的理解，这可能是输出者和接收者的差异造成的，也可能是由于输出者传送了过多的不必要信息。

(4)沟通渠道。沟通渠道是信息得以传送的载体，可分为正式或非正式的沟通渠道、向下沟通渠道、向上沟通渠道、水平沟通渠道。

2. 沟通的意义

在知识经济时代，沟通能力已经成为21世纪人才竞争的重要要素之一，沟通是事业发展与成功的决定性因素。沟通无论对于组织还是个人都具有十分重要的意义。

(1) 协调人际关系，增强组织凝聚力

对高层管理者来说，沟通提高了信息的传递速度和效率，促使决策者了解企业各个层面的现状，从而为进一步安排生产经营活动和管理决策的制定提供了依据。对基层员工来说，通过与上级的沟通可以了解该干什么、该怎么办、现在成绩如何；通过与同级沟通可以获得必要的支持与配合，交流工作经验；对个人来说沟通还可以提高学习技能，同时加强交流，增进感情。

(2) 实现领导职能的基本途径

沟通可以帮助领导充分地了解自己的下属，并进而影响他的工作方式和工作态度。越是在以人为本的管理中，沟通的地位越重要。

(3) 建立与外部联系的桥梁

组织要存在和发展就必须保持与外部利益相关者和外部环境之间的协调互动，沟通正是实现这种协调互动的重要桥梁和纽带。

3. 沟通的过程

沟通的过程是指信息的发送者通过选定的渠道把信息传递给接收者，这个过程的具体步骤如图 5.15 所示。

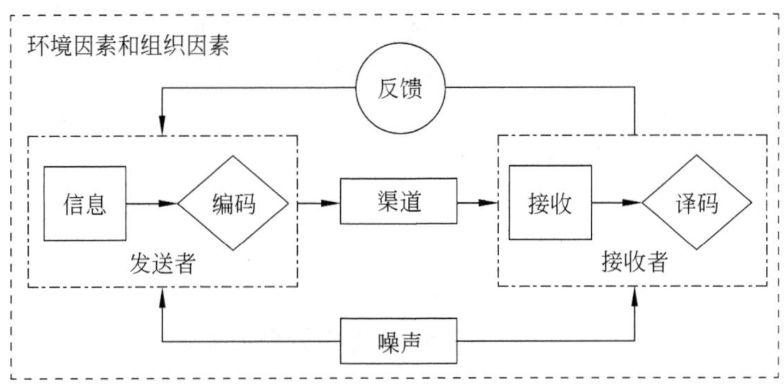

图 5.15 沟通的过程

(1) 发送者

发送者是沟通的主体，是信息的来源，他将要传递的信息加以编码。

(2) 信息

信息是发送者所要传递的内容，范围很广泛。诸如思想、观点、资料、事实、问题等都可以是信息。

(3) 编码

编码是发送者把要传递的思想、观点、情感等信息根据一定的语言、语义规则翻译成可以传递的符号形式的过程，发送者的词汇和知识在这里起着重要的作用。

(4) 渠道

渠道是指信息从发送者传递到接收者所凭借的手段。例如，面谈、书面告知、电话、E-mail、会议等。

(5) 译码

译码是信息接收者的思维过程，是信息接收者根据自己已有的经验和参考框架把所接收的符号进行翻译、解释的过程。

(6) 接收者

接收者也是沟通的主体，是信息到达的客体，即接收信息的人。

（7）噪声

噪声是指对信息的传送、接收或反馈造成干扰的因素。比如，难以辨认的字迹，电子信号干扰，发送者的马虎大意，生产车间的嘈杂环境等。

（8）反馈

反馈就是接收者对于发送者传来的信息所作出的反应。如果接收者能充分译码，并使信息融入沟通系统中，则会产生反馈。通过反馈，可以检验信息传送的程度，从而了解信息是否被准确无误的接收。反馈使沟通的有效性得到确认，从而形成沟通回路。

（9）环境因素和组织因素

环境因素和组织因素左右着信息沟通过程。从外部环境看，教育、社会、法律、政治和经济的因素，都将对信息沟通产生影响。另外，地理上的距离、时间等因素都可能影响信息沟通。远隔千里的电话交谈、电子邮件和信函往来都不可能与面对面交谈结果一样；一个业务繁忙的总经理恐怕没有足够的时间准确无误地接收和发送信息。企业内部的组织因素也影响着信息沟通，如组织结构、管理和非管理过程以及技术等。其中处理大量数据的计算机技术和迅速发展的通信技术对信息沟通有着重要的影响。

5.4.2 沟通类型与网络

1. 沟通类型

（1）按目标对象划分

沟通按照目标对象的不同，可分为人际沟通与组织沟通。

① 人际沟通

人际沟通是指两个人或多个人之间的沟通。人际沟通是组织沟通的基础。人际沟通既包括了信息的传递，同时也包括了人与人之间思想、观点、态度的交流，是一种综合性沟通。

人的社会属性主要来自于人与人之间的沟通。人们通过人际沟通进行思想和感情的交流，满足了情感接受和宣泄的需要，使得人们各种社会需求不断得到激发与满足。而且，由于一个人的精力和能力都是有限的，为了保证组织任务的实施和完成，必须要与他人进行分工与协作。只有善于与人沟通，才能更好地生存和实现目标。

此外，由于沟通双方在知识水平、思维能力、情感、个性、动机、社会背景、价值观等方面存在差异，为实现成功的沟通，必须深入细致地分析沟通的主体和客体，并选择合适的沟通渠道和沟通方式。比如，当专家教授下乡为农民讲授科普知识时，需要注意使用通俗易懂的语言，尽量采用当地人的谈话方式，这样才能保证农民群众的学习效果。

② 组织沟通

组织沟通是指组织内部人与人、部门与部门之间，以及组织与外部进行的信息交流或传递活动，包括组织中沟通的各种方式、网络和系统等。良好的人际沟通是进行组织中部门之间沟通的前提，有效的部门之间沟通又是管理者组织协调各部门工作的重要条件。因此，管理者不仅要具备良好的人际沟通技能，还应该实现组织内部与组织之间的有效沟通。

(2) 按组织系统划分

沟通按照组织系统的不同，可分为正式沟通和非正式沟通。

① 正式沟通

正式沟通是通过组织明文规定的渠道所进行的信息传递与交流。比如，当管理者向某一员工布置工作时，他是在进行正式沟通。员工向上级领导汇报工作情况和提交工作报告时，也是正式沟通。

正式沟通畅通无阻，组织的生产经营活动及管理活动的才会顺利进行；反之，整个组织将陷入紊乱甚至瘫痪状态。正式沟通的优势是正规、权威性强、沟通效果好，参与沟通的人员普遍具有较强的责任心和义务感，从而可以保持沟通信息的准确性及保密性。管理系统的信息都应采用这种沟通方式。其缺陷是对组织机构依赖性较强，容易造成沟通速度缓慢，沟通形式刻板。如果组织管理层次多，沟通渠道过长，容易形成信息流失。

② 非正式沟通

非正式沟通是指在正式沟通渠道以外信息的传递与交流。这类沟通主要是通过个人之间的接触来进行的，非正式沟通不受组织监督，是由组织成员自行选择途径进行的，比较灵活方便。比如，员工之间的感情交流、生日聚会、参加娱乐活动时的交谈，传播小道消息等都属于非正式沟通。

非正式沟通和正式沟通不同，它的沟通对象、时间及内容等各方面，都是未经计划和难以辨别的。其沟通途径是通过组织成员的人际关系，这种关系超越了组织、部门以及级别层次等。其优势是沟通方便，信息交流速度快，能够满足员工的情感需要，且能提供一些正式沟通中难以获得的信息。其缺陷是由于这种沟通多半是口头方式，信息传播人不必负责任，信息遭受歪曲或发生错误的可能性较大，会对组织的正式沟通造成干扰。

(3) 按照信息传递的方向划分

沟通按照信息传递方向的不同，可分为纵向沟通和横向沟通。

① 纵向沟通

纵向沟通是指沿着指挥链进行的上行和下行的沟通。

下行沟通是指自上而下的沟通，是信息从高层次成员向低层次成员的流动。如上级把组织目标、管理制度、政策、工作命令、工作程序及要求等传递给下级。下行沟通可以帮助下级员工明确工作任务、目标及要求，增强其责任感和归属感，协调企业各层次的活动，增强上下级之间的联系。

上行沟通是指自下而上的沟通，即下级向上级汇报情况，反映问题。而与下行沟通方向相反的是上行沟通，上行沟通是指自下而上的沟通，如下级向上级反映意见、汇报工作情况、提出意见和要求等。这种沟通既可以是书面的，也可以是口头的。上行沟通是可以使管理者及时了解工作进展的真实情况，了解员工的需要和要求，体察员工的不满和怨言，了解工作中存在的问题。为了作出正确的决策，领导者应该采取措施如开座谈会、设立意见箱和接待日制度等鼓励下属尽可能多地进行上行沟通。

② 横向沟通

横向沟通是指在同一组织层次的员工之间发生的信息交流。横向沟通是加强各部门之间的联系、了解、协作与团结，减少各部门之间的矛盾和冲突，改善人际关系和群际关系的重要手段。

（4）按照可逆与否划分

沟通按照是否进行反馈，可分为单向沟通和双向沟通。

① 单向沟通

单向沟通是指在沟通过程中，信息朝一个方向前进，信息发送者与信息接收者之间的地位不发生变化，即一方只发送信息，另一方只接收信息。比如，电视新闻广播、报告、演讲、发布公示、下达命令等。这种沟通的特点是速度快、秩序好、无反馈、无逆向沟通，但接收率低，接受者容易产生挫折、埋怨和抗拒心理。一般说来，例行公事、有章可循、无较大争论的情况，采用单向沟通效果较好。

② 双向沟通

双向沟通是指沟通过程中，信息发送者与信息接收者之间的地位不断发生变化，信息在二者之间反复变换传送方向的沟通模式，如讨论、谈话、协商、谈判等。其优点是沟通的准确性高，接收者有反馈意见的机会，双方可以反复交流磋商，增进彼此的了解。缺点是沟通过程中接收者要反馈意见，有时使沟通受到干扰，影响信息的传递速度。此外，由于要时常面对接收者的提问，发送者会感受到心理压力。双向沟通在组织沟通中十分重要，这主要是基于沟通有反馈、交流，能更好的实现沟通的目的。

2. 沟通网络

在信息交流过程中，发送者直接将信息传给接收者，或者经过其他人的转传才到达接收者，这就产生了沟通的途径问题。在组织沟通中，由各种沟通途径所组成的结构形式称为沟通网络。组织的沟通网络包括正式沟通网络和非正式沟通网络。

（1）正式沟通网络

正式沟通网络是根据组织机构、规章制度设计的，用以交流和传递与组织活动直接相关的信息的沟通途经。正式沟通有五种基本的信息沟通网络形式，如图 5.16 所示。在正式组织环境中，每一种网络形式相当于一定的组织结构形式。五种沟通模式分别为链式网络、Y 式网络、轮式网络、环式网络和全通道式网络。

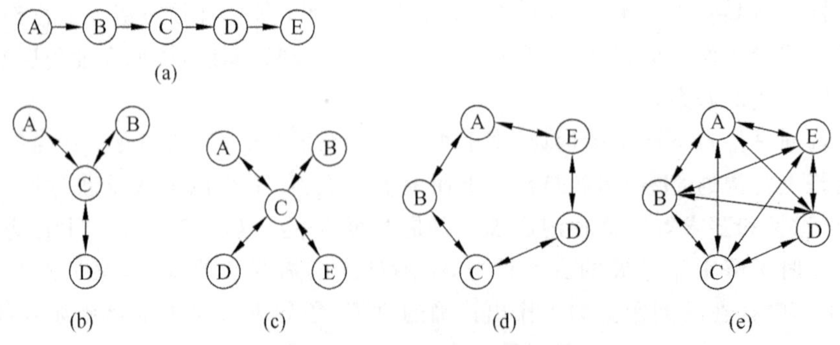

图 5.16 正式沟通网络

(a) 链式；(b) Y 式；(c) 轮式；(d) 环式；(e) 全通道式

① 链式

链式沟通网络是一种平行网络，其中居于网络首末两端的人只能与内侧的一个成员联系，居中的人则可与其相邻的两人沟通信息。在一个组织系统中，它相当于一个纵向沟通网络，代表一个五级层次，逐级传递，信息可自上而下也可自下而上进行传递。这种网络结构严谨、规范。但由于信息传递环节较多，信息传递速度较慢，容易失真，成员平均满意度较低。在管理中，如果某一组织系统过于庞大，需要实行分权管理，那么，链式沟通网络是一种行之有效的方法。

② Y式

Y式沟通网络也是一个纵向沟通网络，其中只有一个成员位于网络的中心，成为沟通的媒介。在组织中，这一网络大体相当于组织领导、秘书班子再到下级管理人员或一般成员之间的纵向关系，秘书是信息收集和传递中心。这种网络集中化程度高，解决问题速度快，除中心人员(C)外，组织成员的平均满意度较低，容易影响工作效率。

③ 轮式

轮式沟通网络属于控制型网络，网络中只有一个成员是各种信息汇集点与传递中心。在组织中，大体相当于一个领导直接管理几个部门的权威控制系统。在网络中，管理者(C)控制力强，具有权威性，网络集中化程度高，信息传递速度快，准确性高。但成员的满意度和士气都比较低。轮式网络是加强组织控制、争时间、抢速度的一个有效方法。如果组织接受紧急攻关任务，要求进行严密控制，则可采取这种网络。

④ 环式

环式沟通网络可以看成是链式沟通网络的一个封闭式控制结构，网络中的每个人都可以同时与相邻的两人沟通信息。在这个网络中，成员的满意度和士气都比较高，但集中化程度低，信息传递速度慢，准确性较低。如果在组织中需要创造一种高昂的士气来实现组织目标，环式沟通是一种行之有效的措施。

⑤ 全通道式

全通道式沟通网络是一个完全开放式的沟通网络，沟通渠道多，成员之间地位平等，所有成员都可以相互联系。由于沟通渠道很多，组织成员的平均满意程度高且差异小，所以士气高昂，合作气氛浓厚。这对于解决复杂问题，增强组织合作精神，提高士气均有很大作用。但是，由于这种网络沟通渠道太多、易造成混乱、费时，影响工作效率。这种网络较适合于专家委员会之类的组织结构的沟通和一些复杂问题的讨论和解决。

上述五种正式沟通网络各有其优缺点。链式沟通网络传递信息的速度最快；Y式网络沟通速度快，但成员的满意感较低；环式沟通网络能提高组织成员的士气；轮式和链式解决简单问题时效率最高；而在解决复杂问题时，环式和全通道式最为有效，如表5.3所示。根据各种沟通网络的特点，管理者应该研究和建立适合本组织需要的信息沟通网络，以保证各部门、各个人员之间的信息能够得到顺利沟通。

(2) 非正式沟通网络

非正式沟通网络是在组织成员进行非正式沟通中自然形成的。美国心理学家戴维斯教授将非正式组织沟通网络归纳为以下四种形态，如图5.17所示。

表 5.3　五种正式沟通网络的比较

评价标准	链式	Y 式	轮式	环式	全通道式
集中性	适中	较高	高	低	很低
速度	适中	快	快(简单任务) 慢(复杂任务)	慢	快
准确性	高	较高	高(简单任务) 低(复杂任务)	低	适中
领导能力	适中	高	很高	低	很低
成员满意度	适中	较低	低	高	很高

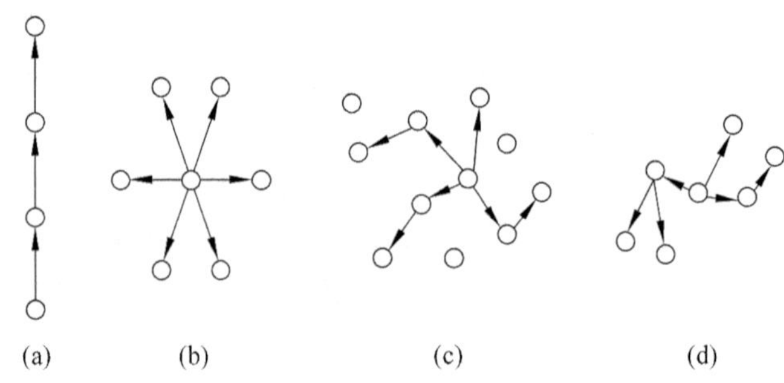

图 5.17　非正式沟通网络

(a) 单向式；(b) 辐射式；(c) 随机式；(d) 集束式

① 单向式

信息是以“一人传一人”的方式进行传递的，一人将消息传给下一人，下一人又传给再下一人，以此类推到达最终的接收者。

② 辐射式

组织中的一个人主动将信息传递给多个人，即“一人传多人”。这种方式连续进行，可使传递的信息成几何级数式扩散。

③ 随机式

组织中的一个人将信息随机地传递给一部分人，这一部分人再随机地将信息传递给其他人，以此类推。信息的传播范围带有相当的偶然性。

④ 集束式

组织中的人员将消息传给特定的一些人(如熟人)，这些人再将信息有选择的传给其他一些人。集束式网络是非正式沟通网络中使用频率最高的。

非正式沟通网络是传播小道消息的主要途径。小道消息对于组织来说更像是一把双刃剑。一方面，小道消息有助于管理者识别员工普遍关注的问题、感到疑惑的问题以及产生焦虑的问题。了解小道消息的传播网络及信息流动方式，管理者就能掌握员工们的关注点，并利用非正式沟通网络传播一些重要的信息。另一方面，小道消息也是谣言的传播工具，管理者需要限定其传播的范围和影响力度，尽量减少谣言的负面作用。

案例 5.10　Bailey & Wick

1975 年春,Bailey&Wick 公司执行委员会同意聘用 HK 传媒公司来解决反馈信息的发送与接收问题。B&W 公司是纽约的一家一流会计公司,共有 150 名会计师和 200 名员工。B&W 公司要求 HK 公司就助理们是否从其合伙公司处收到关于其工作绩效的反馈问题进行调查。1 年前,在 B&W 公司的秋季修养期,助理保护委员会已经提到"缺乏正式和非正式的指导、培训或反馈"的问题。在美国范围内就助理工作满意度开展的调查中,B&W 公司的排名也较低。

执行委员会关注的两个主要问题是:(1)公司是否因为对助理的发展关心不够,正在失去可供提升的杰出候选人?(2)因为合伙人没有帮助助理们改进绩效,生产率是否受到了明显的影响?就此,专家开发委员会认为,反馈问题最值得认真研究。HK 公司的任务,就是评估 B&W 公司目前的情势,并向决策者提出选择方案。

经过准备,HK 公司的咨询人员计划会见负责合作伙伴和助理反馈问题的跨部门总裁,但是,在同 B&W 公司的员工交流前,他们必须为反馈问题界定明确的目标。在同专家开发委员会举行了两次会议后,HK 公司决定把焦点放在下列五个关键问题上:

1. B&W 公司内是否存在问题?B&W 公司不断向助理们暗示:或是被提升或是被解雇,这加剧了竞争的残酷性。一般情况下,经历 3 年考查的助理们可以待到 7 年。如果公司在专业知识方面的培养较弱,这是否真的损害了助理们的绩效?尤其是对希望并且能够留在 B&W 公司取得成功的助理会怎样?

2. 如果问题的确存在,它是怎样损害公司利益的?B&W 公司正在失去它想挽留的助理吗?如果合伙人没有向助理们提供有效的反馈,且助理们正因此没有提高能力,那是否意味着合伙人越俎代庖,在日常任务上浪费了宝贵的时间?在专业知识发展方面的衰落,是否意味着 B&W 公司全面质量管理的倒退?

3. 这是一个感觉的问题、一个没有反馈的问题,还是反馈不够的问题?低级人员总是想得到高级人员更多的注意,也许反馈不足仅仅是他们的心理感觉。

4. 采用何种方式提高合伙人对助理的反馈?在 B&W 公司非正式的环境中,反馈机制能够制度化吗?也许许多助理都欢迎指导和批评,但为此投入的合伙人的时间与公司资源是否合算?B&W 公司的合伙人与助理们应该如何发送和接收反馈?在 B&W 公司这样水平的组织中,对改变文化模式的抵制程度有多高?

除了这些问题外,HK 公司还计划要求交谈者给出关于反馈的随机定义。这个词在 B&W 公司里有多种含义,咨询人员不希望在交谈中因为限制了这个词的用法,阻碍了自由交流。"反馈"当然也包括最重要的对助理的单向评价:绩效评价。助理们在前两年内每年要被评价两次,随后是每年一次。在前两年,是由助理所在部门评价其基本能力,第三年的检查特别重要,因为所有合伙人都会参加。到这时为止,许多合伙人应该已同该助理共事过。过去,这种检查包括一次讨论和书面评估意见,最近,书面报告已经中断了,取而代之的是由两个合伙人会见助理并对检查作出总结。HK 公司的咨询人员想知道除了评价过程以外的反馈的有效性。如果检查的效果比较好,那么对日常反馈的要求就可以少一些。

实际上，反馈包括合伙人给助理的任何影响。经常的是，这意味着修改助理审计的草稿或其他文件。当然，反馈也包括合伙人和助理之间的每次互动：对某项任务的赞扬或批评，对某些客户活动的评论，在社交场合的热情或冷落，对助理问题的响应，在电梯中的问候，甚至包括记住对方的名字。这些互动关系，如果存在的话，哪一种更能受公司影响呢？

最终，HK 公司的咨询人员和 B&W 公司的员工之间共进行了 14 次会谈，其中 7 次同助理们会谈，7 次同合伙人会谈。整理出会谈结果后，HK 传媒公司认为两种综合的观点能够从本质上代表 B&W 公司的反馈问题，其余大多数交谈意见处于这两个极端之间。

中层助理：

我从来就不知道想让我做什么或我应该怎么做。老实说，我需要更多的肯定，仅仅是为了自尊。在这儿，我们浪费了太多的时间担忧别人对我的期望，担心他们认为我在偷懒，担心听到坏消息。我为每个人工作，却又不为任何人工作。一个合伙人喜欢做的事情，另一个合伙人却讨厌做。当我面对从合伙人那里得到的关于我工作的反馈时，我不知道它是一时的建议，还是一般标准。当然，我知道我的报告肯定要由高级人员修改，但我怎样知道它是一份好的提案还是一页废纸呢？对我的评估极难让人理解。它们非常笼统，比如：我们认为你做得很好，但要更上一层楼；我们认为你能够提高向客户的演示水平。我该怎么做？我有一些已经结束考察的助理朋友对成为合伙人非常自信，有些人自动离开了。但我知道大多数助理收到的评价和我类似。我们想具体地知道我们怎样才能做得更好。如果合伙人稍微花点时间给我们反馈的话，我们可能更胜任我们所做的工作，并且节约公司的成本。我不想看到正式的报告卡——我害怕那种东西。我想得到的是一些关于我工作的真诚的直接的评价。

高级合伙人：

让我们面对这种情况：会计师并不善于直接指挥下属。我们不是培训助理。我们是在审查他们。培训只是次要因素，特别是最初的两年，我们需要他们做许多打杂的工作。他们是在新兵训练中心，他们自己也知道这一点。只有杰出的助理才会在前三年有所贡献。但是你可以迅速得出哪一个是优秀助理哪一个不是的结论。那些寻求培训和指导的助理是在外面找到了好差事的人。人们经常说，在 B&W 公司成为合伙人的道路开始于其他地方。我们可能不善于培养。但事实是，我们很容易从中挑出一些人来弥补缺口。低级人员总想改变规则，总想把高级人员圈起来保证自己的安全。但是一个繁忙的合伙人不会有时间充当教师或奶妈。改写一份拙劣的报告要比把其作为培训工具容易的多。如果助理要求更多的直接反馈，就让他们自己在这里等一会儿好了。

就这种情况，HK 公司建议 B&W 公司采取两种方法：一是继续保持目前的状况，虽然这引起了助理的焦虑并可能造成优秀人才流失，但还是可行的；二是 B&W 公司重新认识自身的反馈过程，培养持久的能力。为了提高反馈能力，B&W 公司可以采取的步骤包括：

(1) 鼓励合伙人对助理的反馈要求做出更多的响应。

(2) 教会助理们如何寻求反馈，可能在最初的见面会议上就要这样做。

(3) 增加培训时间。

(4) 通过要求高级人员在每个项目后向低级人员反馈以使反馈制度化。

(5) 要求每个部门提出并执行与其规模和需求相适应的反馈项目。

思考题：

1. 在复杂的、压力大的企业组织中，人们沟通的最主要的方式是什么？

2. 低级人员与高级人员的沟通和高级人员与低级人员的沟通方式之间的区别是什么？

资料来源：作者不详. Bailey & Wick[DB]. 豆丁网. [2014-05-16]. http://www.docin.com/p-314601027.html

5.4.3 沟通管理

1. 沟通的障碍

信息沟通是如此重要，以至于各企业为搞好沟通耗用大量人力、物力和财力。但企业的信息沟通中存在着大量的障碍现象，有时甚至成为管理工作中的最大问题之一。解决信息沟通障碍问题，首先应寻找造成沟通障碍的原因，而不是处理表面现象。信息沟通是一个复杂的过程，沟通障碍可能存在于发送者方面，或存在于传递过程中，或在于接收者方面，或在于信息反馈方面。

(1) 由信息发送者造成的障碍

信息沟通首先由信息发送者开始，如果发送者对信息传送的目的未经思考、计划和说明就发表意见，就会对信息的传递造成障碍。或者尽管发送者头脑中的某个想法很清晰，但由于措辞不当、缺乏条理、表达紊乱，造成信息表达不清，使接收者理解困难。即使意思清楚、用词得当的信息，但由于接收者个人经历、文化等方面的不同也可能产生不同的理解，这种现象尤其在跨文化的管理中容易出现。

(2) 信息传递中造成的障碍

信息从一个人传到另一个人的一系列传递过程中，由于损失、遗忘和曲解等会造成越来越失真。特别是在组织层次过多的企业里或传递环节过多的情况下。一项研究表明，通常每经过一个中间环节信息就将丢失 30%左右，信息失真情况实例如图 5.18 所示。企业董事会的决定通过五个等级后，信息损失可达 80%。其中，副总裁这一级的保真率为 63%，部门管理者为 56%，工厂经理为 40%，第一线工长为 30%，待传达到职工，就仅剩下 20%的信息了。

在自下而上的信息沟通中，由于利害关系，往往存在报喜不报忧的现象，或是下级往往根据自己的理解和需要，对信息进行“过滤”，结果使得高层管理者得不到真实的信息。

(3) 由信息接收者造成的障碍

存在着接收者有选择地接收的现象，即人们拒绝或片面地接收与他们的期望不相一致的信息。研究表明，人们往往听或看他们感情上有所准备的东西，或他们想听或想看到的东西，甚至只愿意接收中听、拒绝不中听的东西。不善于聆听别人的意见及过早的评价，也常常是造成沟通障碍的重要因素，尤其是在听取下属意见时。普遍的倾向是，对别人所说的要加以判断，表示赞成或不赞成，而不是试图去理解谈话者的基本内容。

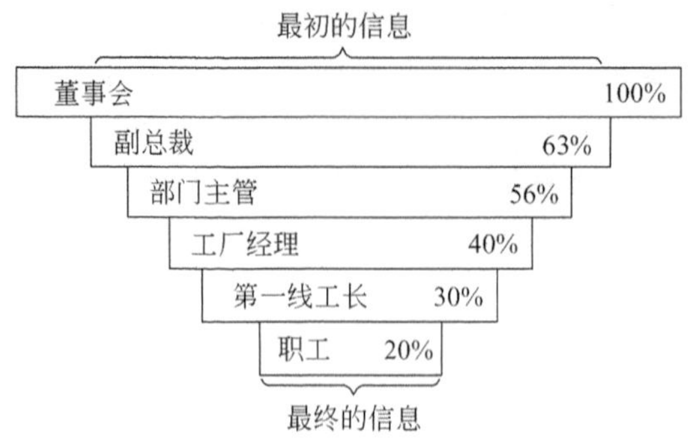

图 5.18 信息失真情况实例

(4) 人际关系对信息沟通的障碍

信息沟通是发送者和接收者之间的"给"与"受"的过程，信息传递不是单方面的，而是双方的事情。因此，沟通双方的相互信任程度，沟通时的气氛，双方在身份、成长经历、性格和爱好等方面的接近程度就显得非常重要。沟通双方的诚意和相互信任至关重要，上下级之间的猜疑只会增加抵触情绪，减少坦率交谈的机会，也就不可能进行有效的沟通。许多研究表明，很多经理自动地认为他们听到的信息是有偏见的，为了防止"偏听偏信"，即根据自己的想象对"偏见"进行"纠偏"。在这种情况下，再准确的信息也无济于事。另外，信息发送者和接收者之间在地位和权力上的差异，也可能造成沟通上的障碍。一个人的地位高，似乎是正确的、可信的；一个人的地位低，其信息也将打折扣。一般说来，地位高的人对地位低的人沟通是无所顾忌的，而下级对上级沟通时往往有所顾忌。

(5) 过量的信息造成的障碍

有人也许认为比较多的且不受限制的信息会有助于克服信息沟通中的问题，但事实恰恰相反，过量的信息会淹没真正有价值的信息，使接收者无所适从。人们可以用多种方式对付超负荷的信息。第一，接收者可能无视某些信息，如要回的信件过多，干脆把某些信件搁置不顾；第二，人们可能会对信息进行过滤，先处理容易对待的事项，可能把难度较大也许是关键性的问题忽视了；第三，人们可能会采用逃避的方法，把信息束之高阁或不进行沟通。

(6) 其他障碍

① 沟通技巧的差异。不同的人在沟通技巧的运用上也很不相同。这跟个人的能力与个性有关，有的人擅长口头表达，有的人擅长文字描述，有的人擅长用动作，还有的人擅长借助环境随机应变。周恩来总理就非常擅长沟通的技巧，正因如此，他才一次又一次的在外交活动中化解尴尬，甚至"化干戈为玉帛"，为我国的和平和发展大业争取了机会，创造了机遇。如果一个人的沟通技巧比较差，没有自己的想法和创意，又不能进行学习和锻炼，那么往往容易在沟通中产生障碍，为小问题三言两语就引发冲突。

② 媒介的有效性。沟通介质、沟通渠道的选择对沟通的效果起着至关重要的作用。因此，沟通媒介的有效性也是需要认真考虑的技术性因素。不同的沟通目的、不同的沟通内容对应着不同的行之有效的沟通媒介。每一种沟通媒介都有各自的优缺点，在实际运用中要选择适当的形式。

③ 文化的差异。当信息从一种文化模式传递到另一种文化模式，文化的差异就会导致沟通的障碍。文化对人们的影响主要表现在语言与交流、衣着与打扮、价值观与规范、信仰与态度、饮食习惯、思维过程与方式、时间意识等方面。比如，具有中国、韩国和日本文化背景的人在沟通时，强调人际关系和亲善，注重在信任的基础上建立工作关系；而具有德国、美国或加拿大等文化背景的人在沟通时，注重清晰、准确的沟通过程，喜欢直截了当的谈工作。

④ 信息安全问题。保密性如何不是衡量信息安全的唯一指标，但是人们在讨论信息安全的时候更多地还是关注保密性。对于那些不愿意被“他人”知道的信息，信息的安全问题往往会成为沟通当事人极为重视的方面。信息不安全带来的损失或者破坏是多方面且可能是巨大的，其对沟通的负面影响也是直接的、间接的都有。如果你传递的信息的安全受到了破坏，信息不能如你所愿传达到某处，当然它就会对你的沟通造成阻碍，这是不难理解的；另外，如果你因为网络的不安全而放弃使用网络，转而选择其他方式，无疑你的沟通速度会大大受限，自然也是有损于沟通有效性的。信息安全问题不解决，信息就很难自由流畅地通行于各方之间，沟通就始终存在着改进的巨大空间。

2. 沟通障碍的克服

克服信息沟通中的障碍，首先要搞清楚造成沟通障碍的因素何在，在此基础上采用相应的方法来改善信息沟通。

(1) 信息发送者必须对他想要传递的信息有清晰的想法，要有认真的准备和明确的目的性，并制订实现预期目的的计划。在进行重要沟通时，事先要征求他人的意见，应同别人协调并鼓励他们参与收集事实、分析信息。另外重要的一点是选用最合适的媒介。沟通的目的是为了统一思想，所以沟通前还应对问题的背景、解决问题的方案及其依据的资料、决策的理由和对下属的要求等做到心中有数。沟通的内容要确切，语言要简明、准确、通俗化、具体化。

(2) 在信息沟通过程中，要尽量减少重复，缩短信息传递链，以减少信息传递中的失真。此外，在利用正式沟通渠道的同时，开辟高层管理者与低层人员的非正式直通渠道，加强直接沟通、口头沟通，直接了解基层情况。同时，加强横向沟通，拓宽信息沟通渠道，以保证信息畅通无阻和完整性。

(3) 有效的信息沟通，不仅是发送者的职责，也是接收者的职责。因此，信息的接收者，尤其是上层管理者要学会“聆听”。有效信息沟通的关键是接收者能正确理解发送者的信息，而做到这一点的先决条件是要对发送者的信息付出时间、同情、共鸣和全神贯注。如管理者认真倾听下属的话，避免打断谈话。为能得到真实的信息反馈，管理者要创造出和谐的谈话气氛，表现出诚意、信任和同情，以此打消下属的防范心理。

(4) 通过建立特别委员会，召开定期会议等方式，形成常规沟通渠道，加强上下级之间、同级之间的信息沟通。并且通过情况通报、报表等书面形式沟通各方面的情况。

(5) 加强沟通的反馈。信息有发送者传递给接收者，这并不是一个沟通过程的完结，还需要信息的接收者向发送者进行必要的意见反馈，以确定信息是否准确无误地进行了传递，这样的沟通才是完整的。

(6) 利用现代计算机技术和通信技术来克服信息沟通障碍。现代计算机技术和通信技术飞速发展,给人们的信息沟通创造了更多的便利条件。组织越来越多地利用各种电子设备来改进信息沟通。比如电子计算机、电子邮件系统、电话、传真、手机,或者是利用远程通讯系统“面对面”的开会等等。有了这些信息技术的帮助,使得信息沟通更加及时、方便,同时提高了信息沟通的准确性,有效地克服了传统沟通方式的弊端。

案例 5.11　华盛集团的有效沟通战略

经济衰退给华盛集团带来沉重压力,公司总部被迫决定进行人事精简。正好现代人力资源管理体系成为公司高层考虑重点,因此二者结合起来成为必然。人事总监叶扬负责实施此项工作。

华盛集团有数量庞大的分支机构,遍布全国。此次精简涉及137名员工,都属于集团下属一家公司。他们都明确知道换岗以及调入集团属下其他公司的机会虽然存在,但数量有限。大多数涉及员工的技能也并非人力资源市场所急需。相当数量人员是外地员工。他们可以选择换岗(薪水更低,公司提供岗位培训),或者自愿退休。

这项行动采用突然中断(Clean Break)模式。相关部门在总部成立,但是各地由专门小组处理。专门小组由一名全职和一名半职人员负责,在日常工作之外,处理相关事宜。全部换岗和自愿退休的详细信息通过他们传给被涉及的员工,这些信息包括,当地人才市场的机会有限,公司内部和集团其他公司的工作调换机会也不多,只有最合适的人才有可能得到,详细岗位信息和要求都被提供。他们必须给予相关员工详细的财务咨询以帮助他们选择,同时会举办一系列讨论会和这些人谈论调换和退休各自的好处。同时,公司总部制定的再就业培训也对全部员工开放。

大多数员工选择自愿退休,但是在统一签约时,员工代表团和集团发生争执,焦点在于员工认为集团没有提供全面的职位调换信息和足够、及时的再就业培训。

此事惊动了行业商会。经过调查发现,虽然总部投入的资源适当,但是地区分部并不足够。地区的人事部门必须在日常工作之外,额外地执行这项工作,无法对每个员工的单独要求给予同等重视。这导致了:

1. 员工个人要求和能力没有充分发掘,也不清楚外地员工是否真正充分理解了他们能够拥有的权益。

2. 虽然每个分部的职位调换机会被充分告知,但是员工并不彻底了解跨地区职位调换的机会。

3. 管理部门和员工关系恶劣,导致摩擦和争拗的产生和激化。

叶扬阅读完报告后,经过仔细思考,向公司高层提出了自己的看法。他认为关键因素是此项行动没有重视人事管理中的沟通,具体来说就是缺乏足够的反馈和监督体系来明确总部和分部的角色和责任。这导致了:

1. 总部作出了错误估计,认为分部员工能够得到足够的帮助。

2. 分部没有向总部报告,它们缺乏足够的资源来进行这项工作的问题。

3. 各分部员工对于全国性、跨地区的换岗的兴趣被忽略了。对员工换岗的可能性局限于当地,而非全国。

4. 华盛集团没有建立有效的沟通网络，来使这些信息在总部、各个分部之间充分共享。

他的汇报引起了高层的重视，并因此受命重新开展这项行动。

思考题：

叶扬应该采取什么策略和行动，来实现他所认为的有效沟通战略呢？

资料来源：作者不详. 华盛集团的有效沟通战略[DB]. 豆丁网. [2014-05-16]. http://www.docin.com/p-822881869.html

5.5 群体与团队管理

5.5.1 群体的概念

1. 群体的定义

群体是指两个或两个以上相互作用、相互依赖的个体，为了实现特定的目标而组合在一起的集合体。群体的定义包含了以下几点含义：

(1) 有明确的成员关系

每一个群体成员都具有成员资格，通过某些可与群体外的人区分开来的标志，这些人不仅被该群体的成员所认同，而且非本群体的成员也一致认为他们是属于该群体的。比如，军装、校服、员工标牌等都是群体成员资格的标志。

(2) 有持续的互动关系

群体成员之间的关系不是临时性的，群体成员彼此之间有经常的、个人对个人的相互接触和联系。

(3) 有一致的群体意识

群体成员共同遵守群体的价值标准和行为规范。

(4) 有共同行动的能力

在群体意识和群体规范的作用下，群体成员为了共同目标的实现，可以产生共同一致的行动。

2. 群体的功能

群体之所以产生和存在，是因为群体具有特殊的社会功能，这也是人们愿意加入群体的原因。

(1) 安全

常言道“人多力量大”。加入群体可以减轻“孤立无援”时的不安全感，人们会感到更为强大，更有自信，也多了一份对外来威胁的抵抗力。不论什么样的人，很少有人喜欢独来独往，人们通过与他人交往和成为群体中的一员而感到安全。

(2) 地位

一个人能够被一个群体接纳，尤其是能被他人看重的群体接纳，将会有一种被承认、受重视和有地位的感觉。

（3）自尊

群体能增强人们的自我价值感，也就是说，加入一个群体，除了提供不同于圈外个体的地位之外，还增强了个体的自尊。尤其是被一个受到高度好评的群体所接纳，则会极大地增强自尊感。

（4）归属

群体可以满足我们的社会需要。人们喜欢与群体的其他成员定期进行相互交流，这种工作中的相互作用是满足人们归属需要的主要手段。

（5）权力

群体的功能之一就是它象征着权力。个人力量难以达到的目标往往可以通过集体行动来实现。非正式群体还能为个体提供额外的机会以行使权力并管理他人。对于那些希望影响他人的高权力需要的人来说，群体是满足这一需要的有力工具。

（6）实现目标

群体的一个重要功能就是用来完成靠个人力量无法达到的目标。一些任务常常需要大家的共同参与，需要汇集多方面的才干、知识和权力，才能完成工作。在这种情况下，管理层就需要依靠正式群体的运作。

3. 正式群体与非正式群体

（1）正式群体

正式群体是由组织建立的工作群体，它有着明确的工作分工和具体的工作任务。如企业中的人力资源部、财务部和市场营销部都是正式群体。在正式群体中，群体成员主要从事组织规定的活动，受到正规的奖惩制度的激励和约束，个体行为趋向于组织目标。

（2）非正式群体

除了正式群体之外，组织中还存在大量的非正式群体。非正式群体是指那些既没有正式结构、也不是由组织确定的群体。这是一种自发形成的群体，而不是有意识的组织设计。非正式群体既可以存在于正式群体之外，也可以在正式群体内部形成。非正式群体能够满足群体成员在正式群体中无法达到的各种需要，比如安全感、自尊、归属感、兴趣爱好、特定利益等，对员工的行为和绩效发挥着非常重要的作用。

5.5.2 群体结构

群体结构塑造着群体成员的行为，使我们有可能解释和预测群体内大部分的个体行为以及群体本身的绩效。群体结构变量主要包括：角色、规范、地位、凝聚力和群体规模。

1. 角色

角色是指在一个社会单元中，人们对于占据特定位置的个体所期望的一套行为模式。在群体中，个体由于自己所处的位置而被期望承担某种社会角色。要注意的是，个体可能同时要扮演多种角色，并需要调整他们的角色以适应他们所属的群体。当个体面对不同的角色期望时，就会产生角色冲突。

2. 群体规范

群体规范在群体成员的共同活动中一经形成，便具有一种公认的社会力量，并不断内化为人们的心理尺度，成为对各种言行的判断标准。群体规范还指示了人们满足需要所采取的方式和相应的行为目标，从而规定了人们日常行为的范围和准则。最后，群体规范由于能够促成群体成员行为的一致和协调，从而发挥了维持群体生存的功能。

3. 地位系统

地位指群体内部的威望等级、位置或是头衔。地位系统是理解群体行为的一个重要因素。当个体认为自己应该处于的地位与别人认为应该处于的地位之间存在分歧和差距时，地位这一因素就会成为显著的激励因素并会引发行为结果。

4. 凝聚力

又称为群体内聚力，群体凝聚力指群体成员之间互相吸引，接纳，同时愿意留在群体中的程度，也就是群体对成员的内在吸引力。一般情况下，当群体目标与组织目标相一致时，高凝聚力群体的工作效率要胜过低凝聚力群体。

5. 群体规模

群体规模是指组成一个群体的人数多少。工作群体规模应视群体任务的性质而定。一般而言，就完成任务而言，小群体要比大群体速度更快。但是，对于复杂和困难的任务，则需要更多的人去完成。有关群体规模的研究得出，成员为奇数的群体比成员为偶数的群体更受欢迎。

5.5.3 团队与团队管理

1. 团队的概念

团队是一种特殊的工作群体，团队成员拥有共同的目标、互补的技术以及相互协作完成任务的方法。我们在界定一个群体是否有效地形成了一个团队的时候，需要判别该群体是否具有团队的以下三个特点：

(1) 清晰的目标

构成团队的一个基本条件就是，所有成员有共同的努力目标。团队的目标赋予团队存在的价值和团队成员的认同感。

(2) 成员之间相互依赖、彼此协作

在团队中，由于每个成员的工作绩效都受到其他成员的影响，因此需要成员之间的相互协作和依赖。所有成员只有通过协作才能提高绩效，以实现共同的目标。

(3) 所有成员负有共同的责任

当一个团队成员开始进入团队并负担一项任务时，就意味着对团队做出了的承诺，而团队目标的实现就成为每一位成员的责任。

将工作群体转化成团队可以拥有以下的优势：

(1) 创造团结精神

团队成员希望，同时也要求相互之间的帮助和支持，以团队方式开展工作，促进成员之间的合作并提高员工的士气。

(2) 使管理层有时间进行战略性的思考

采用团队形式，尤其是自我管理工作团队形式，使管理者大大减少了以往用来监督下属和解决下属矛盾的时间，得以脱身去做更多的战略规划。

(3) 提高决策速度

把决策权下放给团队，由于团队成员离问题更近，更了解工作中的问题，故能使组织在作出决策方面具有更大的灵活性，更迅速得多。

(4) 促进员工队伍多元化

常言道"三个臭皮匠，顶个诸葛亮"，由风格各异的个体组成的团队所作出的决策，要比单个个体的决策更有创意。

(5) 提高效益

上述各因素组合起来，能使团队的工作绩效明显高于单个个体的工作绩效。在对一些推行团队管理的公司研究中发现，相比传统的以个体为中心的工作设计，工作团队方式可以减少浪费，减轻官僚主义作风，积极提出工作改进建议并提高工作产量。

2. 团队的类型

按照存在目的和形态，团队可以分为问题解决型团队、自我管理型团队、多功能型团队和虚拟型团队。

(1) 问题解决型团队

问题解决型团队是最早的团队形式，来自同一个部门的5～12个人组成，他们每周用几个小时的时间来碰碰头，讨论如何提高产品质量、生产效率和改善工作环境。在团队里，成员就如何改进工作程序和工作方法互相交换看法或提供建议。但是，这些团队几乎没有权力根据这些建议单方面采取行动。

(2) 自我管理型团队

自我管理型团队常常是由一些具有不同专业技能共同完成一项相对完整的任务的人组成的。这种团队形式具有很强的自主性，通常情况下他们可以决定要做什么，用什么方法去做，时间进度的安排，以及任务在团队成员之间的分配，等等。组织对该团队的奖惩一般都是以整体来进行评估的，以此减少内耗，增强了团队的凝聚力和办事效率。

(3) 多功能型团队

多功能型团队由来自同一个等级、不同工作领域的员工组成，他们来到一起的目的是完成一项任务。例如IBM的任务攻坚队其实就是一个临时性的多功能型团队。多功能型团队是一种有效的方式，它能使组织内不同领域员工之间交换信息，激发新的观点，解决面临的问题，协调复杂的项目。

(4) 虚拟型团队

市场瞬息万变,组织必须牢牢抓住市场机遇。因此,就需要管理控制那些不在一个空间内工作的成员,甚至很多成员都不向同一个领导负责。这样的团队管理具有非常大的困难。先进的计算机技术是虚拟团队进行交流和管理的必须,成员通过局域网、可视电话系统、传真、电子邮件以及互联网进行沟通和联系。

3. 高效团队的特征

高效团队,是指团队成员之间有着良好的合作沟通品质,并能在良好的外部环境支持下,在优秀领导的引导下,高效率地朝着目标推进的团队。管理实践证明,在工作中加强团队协作,使群体成为高效的工作团队,已成为现代组织的一个主要趋势。近来的一些研究揭示了高效团队的主要特征,为管理者建设高效团队提供了很好的参考。

(1) 团队规模小

高效的团队具有比较小的规模,一般不超过10个人。

(2) 共同的目标

高效的团队必须有一个共同的目标为团队成员提供工作的动力。成员要对这一目标有清楚的了解,并坚信这一目标包含着重大的意义和价值。而且,这种目标的重要性还激励着团队成员把个人目标融合到团队目标中去,实现个人与团队的"共赢"。

(3) 互补的技能

高效的团队是由一群有能力的成员组成的。他们具备实现理想目标所必需的科技专长,分析解决问题的能力和沟通技能,优势互补,而且相互之间有能够良好合作的个性品质,从而出色的完成任务。

(4) 相互的信任

成员间相互信任是高效团队的显著特征,也就是说,每个成员对其他人的品行和能力都确信不疑。

(5) 一致的承诺

高效的团队成员对团队表现出高度的忠诚和承诺。为了能使团队获得成功,他们愿意去做任何事情。我们把这种忠诚和奉献称为一致的承诺。

(6) 良好的沟通

毋庸置疑,这是高效团队一个必不可少的特点。团队成员通过畅通的渠道交流信息,使成员之间可以能迅速而准确地了解彼此的想法和情感,有助于管理者指导团队行动。

(7) 谈判的技能

对于高效的团队来说,其成员角色具有灵活多变性,总在不断地进行调整。这就需要成员具备充分的谈判技能以面对和应付于团队中的问题和时常变换的关系。

(8) 恰当的领导

有效的领导者能够让团队跟随自己共同度过最艰难的时期。因为他能为团队指明前途所在。他们向成员阐明变革的可能性,鼓舞团队成员的自信心,帮助他们更充分地了解自己的潜力。高效团队的领导者往往担任的是教练和后盾的角色。他们对团队提供指导和支持,但并不试图去控制它。

(9) 内外部的支持

成为高效团队的最后一个必需条件就是它的支持环境，从内部条件来看，团队应拥有一个合理的基础结构。这包括：适当的培训，一套易于理解的用以评估员工总体绩效的衡量系统，以及一个起支持作用的人力资源系统。恰当的基础结构应能支持并强化成员行为以取得高绩效水平。从外部条件来看，管理层应给团队提供完成工作所必需的各种资源。

4. 高效团队的建设

团队建设实际运行过程中虽不是一件轻松的事情，但也不像大多数人认为那样是一件非常困难的事情，这里介绍一种大家都非常熟悉的5W1H方法来建设高效团队。

高效团队建设中的5W1H是：who(团队成员是谁)、where(团队目前处于什么样的位置)、what(团队的目标和发展方向是什么?)、when(团队什么时候行动)、how(团队应该如何进行运作)、why(团队为什么运作?)。通过明确这几个方面的问题来建立高效团队。

团队成员是谁(who)？即团队成员自我的深入认识，明确团队成员具有的优势和劣势、对工作的喜好、处理问题的解决方式、基本价值观差异等。通过这些分析，最后获得在团队成员之间形成共同的信念和一致的对团队目标的看法，以建立起团队运行的游戏规则。

团队目前处于什么样的位置(where)？每一个团队都有其优势和弱点，而团队的成功运作又不得不面对外部的威胁与机会，通过分析团队所处内部和外部环境来评估团队的整体实力，找出团队目前的状态和要达到的位置之间的差距，成为团队日后努力的方向，并且进一步明确团队如何发挥优势、回避威胁、提高迎接挑战的能力。

团队的目标和发展方向是什么(what)？以团队的任务为导向，使每个团队成员明确团队的目标、行动计划、发展方向，为了能够激发团队成员的激情，需要设置阶段性目标，使团队成员的任务目标看得见、摸得着，创造出令成员兴奋的幻想。

团队什么时候行动(when)？合适的时机采取合适的行动是团队成功的关键。团队在遇到困难或障碍时，应把握时机来进行分析与解决；在面对内、外部冲突时，什么时机进行舒缓或消除；在何时与何地取得相应的资源支持等必须因势利导。

团队应该如何进行运作(how)？怎样行动涉及团队运作问题。即团队内部如何进行分工、不同的团队角色应承担的职责、履行的权力、协调与沟通等，因此，团队内部各个成员之间也应有明确的岗位职责描述和说明，以建立团队成员的工作标准。

团队为什么运作(why)？团队要高效运作，必须要让团队成员清楚地知道他们为什么要加入这个团队，这个团队运行成功与失败对他们带来的正面和负面影响是什么？以增强团队成员的责任感和使命感。比如，进入某个特殊的团队意味着奖励或者晋升，等等。

5. 促进团队合作的管理行为

团队管理的重要一点是促进团队合作，促进团队合作的方法有很多。

(1) 树立高水平的团队目标和绩效标准是促进团队合作的有效途径。整个团队必须在获得成功的认识上达成共识,使团队合作有一个良好的开端。

(2) 树立一个共同的竞争对手是建立团队精神的最好方法。这种竞争对手最好是来自企业外部。明确了目标可以促进团队更加有效地合作。

(3) 建立团队合作的企业文化。团队领导者可以通过经常说一些鼓励的话来促进团队合作,如称团队成员为队友而避免称下级和雇员等。表 5.4 总结了为了团队合作获得成功,在企业文化上应进行的改变。

表 5.4 发展团队合作的企业文化

个 人 文 化	团 队 文 化
员工为了得到认可、升职和资源而互相竞争	员工学会相互合作
按照每个人的努力给予报酬	根据员工和其他团队成员的努力给予报酬
监督者使用专制的领导或管理方式	监督者更加平易近人,他们与员工协商而不是仅仅下达命令

(4) 实行民主化决策是一种可以增强团队合作的方式。如:为团队成员提供有用的事实和信息、鼓励提合理化建议、避免细节管理等。

(5) 建立团队奖励制度。这是一种更有效的团队激励机制,即把团队的绩效作为计算报酬的主要因素,重点奖励为团队合作作出贡献的人。

(6) 鼓励团队成员进行沟通与合作。

(7) 组织户外的拓展训练,让团队成员在恶劣的物质条件下锻炼一些领导和团队合作的能力。

案例 5.12　管理团队冲突的艺术

雪后的满觉陇空气格外清新,站在农家茶舍的顶楼阳台上,龙井村的美景尽收眼底。新年的第一天天气格外晴朗,碧蓝澄澈的天空中没有一丝云彩,好像身处丽江的感觉。我和王总相约一起去杭州上天竺祈福,为来年图个好彩头。烧香拜佛后,我们就来到满觉陇品茶,享受冬日阳光的温暖。

茶还没喝两口,王总的手机就开始响个不停,电话那头尽是情绪激昂之声。王总显得很不耐烦,没等对方把话说完,就打断说:“好了好了,我知道你想说什么,一切等节后我们一起坐下来再商议吧。”放下电话,王总苦笑着说:“最近我们在调整公司的组织架构,人事部提了个初步方案,其他各部门都不买账,大家为此开了好几次会,每次都吵成一锅粥,没法进行下去。每个部门的老大都想找我谈,弄得我不胜其烦。唉,改革不容易啊!别说这么大个国家,在我们这样一个不大不小的公司都困难重重。”

“对于组织调整这样的大事,团队成员有些不同意见是完全正常的,不用太闹心,关键是管理好冲突,别让它伤害了团队的健康,并利用冲突推动共识的达成。”我一边说一边给王总的茶杯续上水。

“就拿上周的会议来说吧,负责大客户部的陈总一上来就指责华东区的业务总监没有把几个大客户服务好,提出应把相关的几个顾问团队编入大客户部直接管理。华东区的老总立马说他别有用心，大客户部自己就没管理好客户关系，造成他的顾问常常白忙一场。两人针锋相对，各不相让，这会就没法开下去了。”王总一声苦笑。

“你的团队有议事规则吗?”我问。

“什么议事规则？开会不就是大家一起讨论吗?”王总一脸不解。“开会也得有规则，否则就容易陷入会议多又长，问题仍未解的困境。世界上最有名的议事规则是美国国会采用的《罗伯特议事规则》，它是由美国人罗伯特在1876年首次编撰，并在随后不断被完善，后来被美国国会采用的，可以说，它是美国政府和民间组织决策机制的核心组成部分。”我解释说。

“比如说，其中有一条规则说‘面向主持，免得生气’，意思就是说每次会议都要指定一个主持人，主持人是不能有偏向的，他只负责捍卫会议的规则。正反两方的人轮流发言时，必须面向主持人，陈述自己的观点和论据，不能直接辩论，这样就能减少双方发生情绪性冲突的机会，让讨论在理性的状态中进行。所议你看在很多好莱坞大片中，正反双方的律师无论对抗得多么激烈，都始终面向法官发言，整个庭审尽管针锋相对，但不会发生指着鼻子骂娘的情况，可谓火而不乱。”

“哎，我想起我看过的几部美国律政片，还真是这样。想不到这个规则还真是有奥妙在其中啊!”王总频频点头，“但你说，如果一个团队很容易达成共识，没有冲突不是更好吗?”

“如果一个团队根本没有冲突，重大决策常常一致通过，以我的观察，在中国通常只有一种情况，老板非常强势，下面的人不敢把真实的想法说出来，于是齐声附和老板的决定。这样的问题是，在形成决策的过程中，团队成员没有机会充分表达自己的意见，一方面不利于通过充分的讨论来完善决策，另一方面造成阳奉阴违盛行，嘴上不说，执行时打折扣，找借口，导致很多决策难以落地。所以我们说，在变革中冲突本身是难以避免，甚至是健康的，充分的辩论是有利于形成最佳决策的，关键是团队内部要形成一套管理冲突的规则，让冲突发挥建设性作用，而非破坏性作用。”

“《罗伯特议事规则》对于讨论政治话题有用，对企业也有用吗?”王总仍然心存疑虑。

“不管是政治议题，还是商业议题，其目的都是推动共识，形成决策，所议原则都是相通的，这些规则本身并不复杂，难的是领导者要带头遵守，身体力行。比如说，‘举手发言，一事一议’这一条，就是要求与会者发言前先举手，得到主持人的允许才能发言，且每次只能就一个议题展开讨论，不能随便跑题。如果所有人都遵守，会议就能有序高效地展开，否则就容易各说各话，乱成一团。在中国企业中，常见的问题首先是该有规则的地方没有规则；其次是有了规则以后，老板带头违反，于是没有人把规则当回事了。”

王总尴尬地笑了一声说：“还真被你戳到痛处了，上次开会我就要求大家讨论问题要对事不对人，但到了中间我还是忍不住把一个副总数落了一顿，弄得他好几天都不敢正眼看我。”

“这叫管别人容易，管自己难哪，”我笑着回应说，“《罗伯特议事规则》是很容易抄下来贴在会议室的墙上的，难的就是你这个老板是不是能带头做到。比如说其中另一条，‘正反轮流，皆大欢喜’，说的是要让正方和反方轮流有机会发表意见，让大家觉得都有公平表达的权利，但我们很多老板口头民主，真正到了实处就不喜欢别人有不同意见，甚至剥夺下属发言的权利，实行专政。久而久之，下属们就越来越不讲真话了，老板说什么都是对的，这样下去很危险。其实很多时候，反对意见能够帮助我们发现决策思维中的盲点，减少重大的决策失误。”

“但我老给他民主，他老反对，我这变革怎么开展，不是又要退回到老路上去了吗?”王总不无忧虑地说。

“所议《罗伯特议事规则》中还有关键的一条叫‘动议动议，行动的建议’，你反对可以，但你必须提出你的动议，讲明白你觉得要怎么解决这个问题，不允许只反对，不动议。正如你讲的，公司要解决提升内部协调问题，所以要搞重组。如果有人不同意第一个方案，他必须说明理由，并提出他的方案。最后大家把所有的方案放到台面上，充分讨论，看哪个方案最有利于公司的整体发展，最后进行表决。一旦表决通过，少数就要服从多数，不允许再唱反调。这叫‘决策前充分讨论，决策后坚决执行’，既保证决策的科学性，又保证执行的纪律性。只要程序公正，大多数人对结果都能接受。很多时候人们对结果不满，是因为我们不知道这个结果是怎么出来的。就好像这次美国大选，尽管很多人不支持奥巴马，但选举的程序公平正义，结果出来后那些反对派也没有话说。”

王总走到阳台边上，眺望着远处连绵不断的山峦，用力伸伸胳膊说：“谢谢你，兰总，回去我就把《罗伯特议事规则》找来好好看看，活学活用，让我的团队学会在冲突中成长起来!”

思考题：

1. 团队中的冲突都是不好的吗？请详细说明。
2. 团队中爆发冲突的可能原因有哪些？
3. 如果王总向你咨询下一步怎么做，你会如何作答？

资料来源：兰刚. 管理团队冲突的艺术[DB]. 商业评论网. 2013-05-13[2014-05-16]. http://www.ebusinessreview.cn/articledetail-211489.html

讨论案例

案例 5.13　　武行长的领导风格

背景介绍

Z市位于我国南方珠江三角洲东部，是中国的第一个经济特区，也是中国重要的金融中心之一。C股份制商业银行于1984年4月在Z市成立，是我国第一家完全由企业法人持股的股份制商业银行。二十多年来，C股份制商业银行由一个只有资本金1亿元人民币、1个网点、30余名员工的小银行，发展成为净资本额1 170亿元人民币、机构网点700余家、员工3.7万余人的大商业银行，跻身全球前100家大银行之列，并逐渐形成了自己的经营特色和优势。C股份制商业银行总行仍设在Z市，并在Z市有一个分行，下设13个一级支行，每个一级支行下设5～6个二级支行，全市共有65个二级支行。

S二级支行是D一级支行下属的营业机构，和一级支行营业部的规模一样，S二级支行也可以开展公司业务和个人业务，主营业务有：吸收公众存款；发放短期、中期和长期贷款；办理结算；办理票据贴现；代理发行、兑付、承销政府债券；同业拆借；提供信用证服务及担保；代理收付款项及代理保险业务；外汇业务；资信调查、咨询、见证业务；离岸金融业务等。2008年底，S二级支行总资产规模为8.5亿元，其中个贷资产3.2亿元，一般性对公贷余额5.3亿元；总负债规模为20亿元，其中储蓄存款11亿元，对公存款9亿元。S二级支行正式员工为23人，平均年龄为30岁。支行现设行长1人，行长助理1人，下设信贷部、理财中心、会计部、储蓄部共4个业务部门，各部均设一名主管。另有保安部及大堂经理、保洁员等合同工8人。S二级支行组织结构如案例图5.13.1所示。

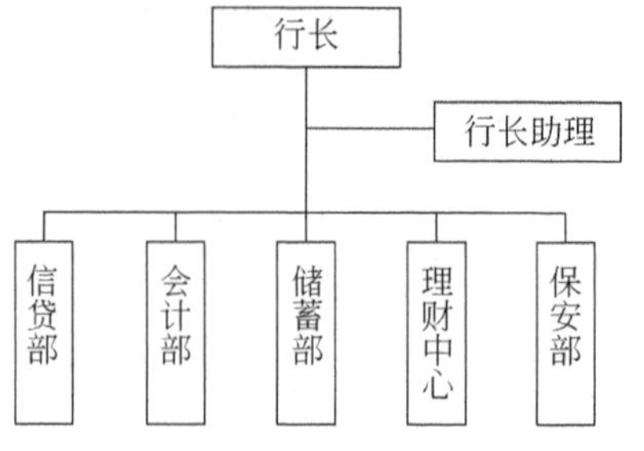

案例图5.13.1　S二级支行组织结构

武行长其人

武兵，男，38岁，为人和善，业务能力很强，并且善于沟通和协调工作。武兵毕业于G省财经类学校，毕业后在江西省某国有银行A市分行工作，9年间先后从事过信贷员、会计、对公客户经理等多个岗位的工作，后被提拔为A市分行办公室主任。由于在办公室主任岗位中工作表现突出，不到一年的时间又被提拔为江西省省行信贷管理处综合科科长，任职3年。2004年，全家迁移至Z市，武兵也由省行信贷管理处调到了C股份制商业银行的下属一级支行D支行。

刚到D支行时，按照该行对新员工“要上基层工作磨炼，在观察半年后再确定岗位”的规定，武兵选择了做一名开拓市场的对公客户经理。这对人生地不熟的他是一个很大的挑战。如果在短时间内打开局面，有了好的业绩，很快就会被委以重任，要是半年时间没有任何建树，就可能会被辞退。

地处南国的Z市一年中的多半时间都是烈日炎炎，武兵和每个处于起步期的客户经理一样，挤着公交车，拎着公文包，在一栋栋写字间发名片、拉关系，这就是行内俗称的“扫楼”。在一次次的碰壁和彷徨后，武兵最终凭着自己的韧劲和毅力，逐渐适应了Z市的快节奏生活，熟悉了D支行的对公客户业务，也建立起了自己的客户资源和人脉关系。半年后，武兵凭着优异的业绩出任了D支行综合部经理，主要负责信贷风险控制和贷后管理工作。工作了两年后，武兵被派到D支行下属二级支行S支行担任行长职务。

S二级支行在分行65个二级支行中综合业绩排名位于中下游，特别是对公银行业务的排名靠比较靠后，排在50名左右。武行长来到S二级支行后，首先要抓的就是公司银行业务，而这也恰恰是他的强项。

培养吕艳

吕艳，某重点大学研究生毕业后，由外地来Z市打拼，2007年进入S二级支行，三年来一直都在从事对公客户经理的工作。她聪敏大方，勤奋好学，做事严谨，又很能吃苦，具备了做一名优秀客户经理的基本素质。更为难得的是，她在工作中有一种锲而不舍的精神，遇到困难决不退缩，反而愈挫愈勇。但是由于毕业不久，又加上不是本地人，缺乏客户资源，所以，吕艳在业绩上一直比较平常，没有明显的、大的突破。

吕艳的工作能力是有目共睹的，很快，武行长就发现了她的优点和潜在的价值，于是经常带她去接见自己的客户，在工作中向她传授了很多经验。吕艳将自己的专业知识和武行长传授的实践经验结合起来，运用到开发客户和产品创新中，很快就取得了不小的进步。

在日常服务中，吕艳发现有位老客户经常来办转账业务，在其支付的对象中，一个名叫东方的公司引起了她的注意，该客户频繁地向东方公司付款，其付款量占该公司对外付款总量的50%以上。吕艳敏锐地捕捉到了这一信息，进而分析到东方公司可能是一家实力很强的大公司。通过查找资料和多方打听，她了解到东方公司是油品添加剂行业的龙头企业，合作对象有中国石化、中国石油等“航空母舰”级别的大公司，一年的进口量超过5 000万美元，银行长期存款达上亿元。

吕艳立即向该客户展开营销，然而东方公司却并不领情，理由很简单：第一，银企间的物理距离遥远，20多公里的路程，穿越大半个城市，办理业务很不方便；第二，与其他行的合作关系已经非常紧密，且私人关系良好，不愿意转换合作行，在经过多方面的努力后依然没有成效。于是，吕艳将这个公司的情况向武行长做了汇报。武行长充分肯定了吕艳的工作责任感和敏锐的市场意识，并表示将全力协助她进行营销。在对潜在客户情况进行了仔细分析后，武行长指出要从两个方面下功夫：一是在感情上打动客户；二是要在业务上重点突出专业性和灵活性。

在接下来几个月的时间里，武行长带着吕艳数次登门拜访东方公司财务总监，并从这位女财务总监的个人业务着手，给她专门办理了贵宾卡，让其感受S支行的优质服务，还让她享受业务办理时免除排队、减低手续费等优惠待遇。经过一段时间的考察，该财务总监对S支行的服务表示认可，更为武行长和吕艳的执着精神所打动，同意先开一个公司账户，并存入一定的存款。

由于东方公司离S支行较远，办理业务很不方便，吕艳向武行长建议协调部分员工为该客户提供上门服务，争取和该客户展开更多的业务。武行长采纳了她的提议，对该客户组织了一个专门的服务小组，包括司机、会计、储蓄等人员，做到只要客户有需要，便立即提供上门服务。有一次客户来电话要办理业务，正巧司机不在行里，武行长就亲自开车带领员工到东方公司为其办理业务。财务总监大为感动，吕艳为此事也对武行长表示非常敬佩和感激。

但是东方公司主要的结算、授信以及银行最有收益的进口结算业务都还在原来的合作银行。吕艳费尽心思，仍然无法打动挑剔的财务总监。武行长安慰吕艳，要想寻求突破，还得“另辟蹊径”。吕艳观察到近期人民币升值显著加快，而该公司与境外供应商的结算货币为美元，一般的做法是提单到达后客户即时在银行用人民币换成美元对外支付，如果能够帮客户推迟购汇的时间，那么就可以为客户节省不少的购汇成本。吕艳将自己的想法再次告诉了武行长，武行长马上与分行国际业务部联系，为其设计了一套贸易融资方案，即付款时以人民币质押，银行发放美元贷款为客户付款。人民币的一年期存款利率要高于同期的美元贷款利率。同时，为客户办理一年期的DF业务，即锁定一年后人民币购汇偿还银行贷款的汇率，这个汇率比即期的购汇利率升值2%。通过这种操作，客户稳赚不赔，银行的风险也在可控范围之内。

武行长和吕艳一起，把这套方案送到东方公司财务总监手中。这一次，财务总监终于露出了难得的赞赏笑容，并主动把他们介绍给公司的最高决策人。很快，东方公司就把大量业务划转到S支行。公司一周内就办理了500万美元的融资业务，半年融资业务量达2 000多万美元，给S支行银行带来2亿多元人民币的存款。

吕艳和客户深入交往中又了解到了一个重要信息，就是该客户每个周一都会有百万元的现金存款业务，由于金额大，面值小，每次点钱都需要专人耗费大量时间，其他银行不愿接手。如果能把该业务争取过来，将会极好地稳定该客户对S支行的忠诚度。因此吕艳向武行长提议由S支行接受这个业务。武行长知道该业务会使本行的储蓄柜面增加很大压力，会影响到柜面人员周一的日常办公，就没有立即答应吕艳的请求。

时间一晃过了两周，在一次周例会上，武行长又将此事提了出来，储蓄部的员工们一下就紧张了起来，在下面交头接耳地议论着。储蓄部考虑到柜员们的工作强度已经饱和，作为主管必须要站出来维护员工的利益，就向武行长解释道："我们每周一都有大量的工作要做，忙都忙不过来，哪有时间十元、五元的数啊！要是用专人来点钱的话，几百万元零钱恐怕最少要点一上午吧！柜台窗口少一个人，排队的客户势必会增加，很可能会引起投诉的！"

武行长并没有生气，他也明白柜面员工的辛苦，在S支行，每个储蓄员和会计员一天人均要办理200笔业务，忙时连上洗手间的时间都没有。柜员们对自己的要求也很高，对客户都是微笑式的标准化服务，每天结算时都互相比较谁的业务办结量多一些。如果现在把这项工作强加在他们身上，于情于理都说不过去。

早在开会之前，武行长就权衡了一个解决办法，就是让信贷部和会计部的员工每周一早到一个小时，帮助储蓄部点钱和扎钱。由于该客户的业务量增加，会使信贷部和会计部的考核指标上升，两个部门人员的收入都会有所增加，就不会有什么意见。武行长将这一想法说了出来，得到了信贷部和会计部人员的响应，武行长又接着补充道："储蓄部的员工就要辛苦一些了，也要早到一个小时。但是，大家的辛苦是有回报的，提前告诉大家一个好消息，由于吕艳的这个大客户给我们行的存款量和业务量带来了大幅增长，分行已经决定在年底授予我行本年度最有突破支行荣誉称号，到时候每个人的奖金都会增加的。"

和以往不同，这一次的加班得到了大家的集体支持。更没想到的是，加班还为部门间交流提供了好的机会。以前几个部门各忙各的，难得有时间一起共事，现在周一大家都在储蓄柜台数钱，很多年轻人在一起嘻嘻哈哈、说说笑笑，很轻松地就将工作做好了。每个员工都觉得自己的付出有了很好的回报，这不仅体现在收入上，更重要的是集体荣誉感的归属。

S支行前几年在D支行下属二级支行中业绩表现一般，每次D支行的表彰大会就只有个别人获得奖项，现在终于获得了分行授予的集体荣誉奖。在表彰大会的颁奖仪式上，喜形于色的武行长是在员工们的欢呼雀跃声中大步跨上领奖台的。灿烂的笑容挂在S支行每个员工的脸上，难言的喜悦装在每个员工的心里，大家都开始觉得在S支行工作是一件很荣幸的事情。

经过一段时间的努力，吕艳在武行长的支持下，也将此客户发展成为行内最大的对公客户，吕艳本人的工作业绩排在了D支行第一名，被分行授予“金牌客户经理”的荣誉称号。

任命信贷部主管

S二级支行信贷部共有5人，前任主管离开已经有一年多了，银行也一直没有找到合适的人选。大学毕业刚刚一年的客户经理小孙，正处于开拓市场和适应工作的阶段；48岁的老姜是银行里的老大哥，人缘很好，但业务能力一般，以前在企业上班，来到银行工作只有3年，一直靠着几个老客户吃老本，一年来也没有开发出新的客户；32岁的林芳，靠着家庭关系掌握了当地财政局的稳定存款，有3亿元左右人民币的资金长期存在S支行，占行内对公存款的30%以上，林芳凭着这一个大客户享受银行一等的薪资待遇，感觉自己有靠山，心思就没放在工作上面，从不出去主动开拓新的市场。即使这样，上任行长还对她照顾有加，担心她一个不高兴跳槽到其他银行而把大客户带走，那样的话S支行的存款规模就会掉下一大截。

武行长在这之前就听说过林芳的其人其事，来到S支行后，和林芳有几次接触，确实和传言中的一样，很难驾驭。数来数去，信贷部真正的干将就是马田和吕艳。马田，38岁，在S支行工作了十来年，对银行的各种业务都非常熟悉，是行里的元老级员工。特别是在对公客户经理岗位上一干就是八年，积累了大量的客户资源，之前业绩排名一直是S支行公司客户经理中的第一名。他本人对自己的工作很是负责，既掌握一批有实力的老客户，也坚持开发新的客户，但是他对管理工作没有兴趣，喜欢我行我素。另外一个原因就是做了信贷主任，薪酬将根据整个部门的绩效来核定，实际收入可能有所降低。因此，他一直没有主动争取信贷部主任职位。吕艳经过近一年的培养，业务能力有了很大提高，个人业绩也已经有赶超马田的势头。而吕艳比马田更有团队合作精神，有勇于创新和大胆开拓的劲头。

经过再三权衡，武行长向行长助理杨洁提出了欲任命吕艳为信贷部主管的想法。在二级支行里，行长助理的级别就是副行长，主要负责内务、考核和个人银行等业务。52岁的杨洁在本行工作了将近20年，认真负责，兢兢业业。这几年孩子出国留学，她更是把所有精力都投入到工作中。由于杨洁年龄大，工作时间长，经验丰富，武行长一直比较敬重她，行内的内务、考核、培训等多由杨洁自行处理，武行长则把工作重点放在了业务发展上。杨洁虽然强势，也很懂得做好一个副职的规矩，大事小情都向武行长请示，武行长当然也很少对其否决。

这一次，杨洁提出了反对意见，她认为和一个毕业三年多的小姑娘相比较，马田从经历和能力上都更适合做信贷部的主管。

武行长沉思了一会儿，点了点头，说：“你说的也有道理。马田有十几年的银行工作经验，业绩也非常突出，这些都比吕艳更有优势。但是一个好的团队管理者，不是个人的单枪匹马，要有团队精神和进取精神，能够充分挖掘并利用每个人的优势，形成团队的凝聚力，从而通提高整个团队的战斗力。相比之下，吕艳比马田更擅长凝聚和发挥团队的力量。”

杨洁并不赞同武行长的观点，她反驳道：“现在马田没有坐在管理岗位上，我们也不能就断定他是否适合担任部门主管。我个人认为应该给他一个尝试的机会。”

武行长觉得杨洁的提议也有一定的道理。如果不任命马田而让一个只有三年工作经验的年轻小姑娘来管理信贷部，难以服众，特别是老姜、林芳等老员工，仗着资历老、有关系，肯定不会轻易服从吕艳的管理，而马田本人也会有抵触情绪，这势必会影响到部门以及行内的团结和发展。因此，武行长提出了试岗的方案，先由马田代理主管，考核一段时间，看他是否适合这个岗位。如果马田能够带领团队在绩效上有所突破，打破原有的沉闷的工作气氛，就任命他为信贷部主管。

对此，马田既没有积极的响应，也没有提出反对意见，只是默然接受了这个任命。在刚开始的一段时间，马田也转变了角色，极力投入到管理和组织协作中，经常协助小孙、老姜开发市场，将一些开发新客户任务派给林芳，适当地给林芳加加担子。但很快，由于个人精力受到牵涉，自己的业绩随之发生了下滑，其他员工业绩并不明显的提升反而被他的业绩下滑给拉了下来。三个月过去后，信贷部的整体考核还是和以前一样，没有什么起色。

武行长并没有指责马田，也没有给他施加更多的压力，还是和以往一样，让他协助公司客户经理继续开发市场，并时常在管理方面给马田提出一些有效的建议。但是，马田本人却有了想法，做了代理主管，不仅要投入更多的精力，压力也大了许多。以前自己的收入完全按照个人绩效考核，现在个人绩效与部门绩效同时考核，相比之前，薪酬有所下降，还不如做客户经理时拿的多。又过了一段时间，马田自己提出了不适合做信贷部主管，要求行内撤销他代理主管的任命。为此，武行长和他进行了一次深入谈话，认真听取了马田的想法，接受了他的提议，并鼓励他在客户经理岗位上继续好好工作，将自己的客户管理好。马田还向武行长提出吕艳有担任主管工作的潜质，经过一段时间的共事，他感觉吕艳不仅专业能力强，还很有团队意识，擅长组织协调。

在征得了杨洁和吕艳的同意后，武行长将吕艳任命为信贷部主管。吕艳在新岗位上施展了她的管理才能，针对每个客户经理的特点，为他们策划了不同的工作方案。比如林芳，建议她不去开发新客户，而是对原有的老客户进一步开发，可以开发将其属下统收统支事业单位的结算业务，还可以推荐个人客户经理将该公司的老总发展为S支行的贵宾客户等。林芳按照吕艳的提议开展业务，取得了很好的成绩，被分行评为年度最佳营销标兵，她对吕艳也开始敬佩起来。大学生小孙，由于还没有开发到优质客户，吕艳就让她多和武行长、马田一起去见客户，向他们学习营销和服务客户的经验，同时，吕艳还协助小孙对一些有潜力的客户进行营销。小孙年纪轻，脑子活，腿脚又勤快，很快就掌握了营销技巧，不久也积累了一些好的客户资源。

在吕艳的带领下信贷部呈现出崭新面貌，杨洁对武行长的用人之道有了新的认识，感觉武行长温和的表面下有着准确的判断力，心里对这个经历丰富的武行长更加敬佩起来。武行长觉得自己松了一口气，可以腾出气力抓一下银行的经营监管和服务水准了。银行的经营风险可是一个不容忽视的重要问题。

孙茂的离开

繁忙而紧张的工作是储蓄柜台后每一个员工每一天都要去面对的，日复一日的规范化操作，不断重复的标准化微笑，以及每笔业务中都要谨慎处理大大小小的金额和数字的工作风险，让每个储蓄部员工时刻都绷紧了神经。武行长也是在储蓄柜台中摸爬滚打出来的，深知“常在河边走，哪有不湿鞋”的道理，他能做的就是怎样要员工把全行的差错率降到最低。为此，武行长在每周一的例会上都会强调规范操作的重要性，要求储蓄部主管王敏每周组织学习总行制定的规章制度，每晚下班后组织行员进行业务培训，并定期考核等。

不管怎么强调规章制度，总是有人为了图省事、贪方便、走捷径而违反规程。原中专毕业生孙茂作为一个从事储蓄柜面工作8年的老员工，就有点喜欢和规章制度打擦边球：一来是他对银行的规章制度、工作流程以及检查制度都了如指掌，知道哪些小动作无伤大雅，即使被发现也不会扣减工资；二来是觉得自己工作近十年了，算是银行里的元老级人物，就连储蓄主管也曾经是他带过的徒弟，总是要给他几分薄面，出了差错也会给他掩饰一下。

这天下午，营业时间结束，保安将大门拉下，柜面的员工在行内整理一天的票据和钱箱。武行长也到了下班时间，想想自己已经有半个月没有到储蓄柜面检查了，武行长一个人来到营业大厅，正巧看到孙茂伏在桌面上飞快的写着什么，一只胳膊挡在前面，上身趴得很低，看似好像在故意避开银行的摄像监控。武行长轻轻走到孙茂身边，看到他正在模仿不同笔迹的客户签名签在客户储蓄单上，这本应该是每办结一笔业务由客户确认后签上名字的。

武行长心里一惊，但并没有发怒，而是带着他惯有的温和式微笑问道：“小孙，在忙什么呢？”

做了亏心事的孙茂原本就心虚，并没有注意到武行长的到来，突然被行长一问，愣在那里。过了好几秒，孙茂才尴尬地笑笑说：“上午急着去洗手间，忘记让一个客户签名确认了，一会儿王主管要检查传票，我就给填上了。”武行长没有言语，脸上的表情看起来有点凝重。

孙茂想了想又说：“我也就偶尔这一次两次的代签，确实是有急事忘了。再说其实这也没什么，分行审计部的人来检查的时候也不认识客户的笔迹，看不出来的。”

听着孙茂的辩解，武行长若有所思地点点头，武行长也知道这种代签一般不会被分行审计部查出来。但是如果柜员这样处理业务，客户就没有在储蓄单上签字核实，一旦有柜员办理业务时填错了金额，客户返回行里查找底单，看到伪造的签名，必然会引起很大的纠纷，银行的信誉也会大打折扣。武行长知道孙茂很清楚这里面的利害关系，但还仍然抱着侥幸心理仿造签名，而且也不会是这么凑巧的“一次两次”，便板起面孔，对孙茂说：“这是最后一次，以后这种事情要坚决避免。类似的事情也不可以做，无论是否会被检查出来，违规操作说到底也是不对的。这种行为也是对客户的不负责任，有违我们行扎实、严格的工作作风啊！”孙茂嘴上答应着好，心里确很不服气，心想：你们当领导的倒是不用天天在柜台对着客户，忙得头晕眼花，又怎么会了解我们的辛苦。

武行长看似风平浪静地离开了营业厅，内心里却涌起了很大的不安。这种伪造客户签名的事情可大可小，但若出了问题就是极大的麻烦。他没有急着回家，而是到了办公室，将行长助理杨洁和储蓄部主管王敏都叫了回来，把刚才发生的事情简单和两个人说了一下。杨洁和王敏都知道此事的严重性，因此，杨洁提出要对孙茂的行为全行通报批评，并立即在全行组织一次规章制度学习。王敏却说没有必要，私下再多进行些个人教育就可以了。武行长综合了她们两人的意见，决定组织柜面员工进行一次强化学习，但不通报批评孙茂，由王敏私下加强监督和教育。

孙茂原本以为这次要被通报批评，并会扣发奖金，没想到居然是在行内开展似乎不光他个人的集体学习，他本人也只被王敏单独叫到办公室里说了几句。于是，在参加了柜面规章制度学习，返回到营业岗位不久，他便又依然我行我素，类似的行为时有发生。这天清晨上班，孙茂从王敏那里接来了自己的钱箱，按惯例将前一天的封条揭下，开锁时发现自己早晨来时，因急忙上班居然忘了带钱箱的钥匙。马上就要到营业时间了，回家去拿钥匙肯定是来不及了，要是被行长助理杨洁知道了，自己又少不了挨一通批评。于是他就把钱箱拖到了没有安装摄像头的洗手间内，找了个工具把锁头撬开，照常工作。中午休息时，一个人去买了把类似的新锁头给换了上去。他事前既没有和主管请示，事后也没有向上级汇报。到了晚上封箱入库的时候，王敏照常给每个员工复核数钱，看到孙茂钱箱锁头看起来很新，不像以前的那个，追问之下，才知道是孙茂私自撬锁，又用新锁头换上。

王敏不敢隐瞒，立即向武行长和杨洁汇报了此事，武行长立即召开了管理层人员临时会议。武行长将此事告诉了大家，并让大家自由发言，讨论对此事的看法。做事向来严谨的杨洁第一个开口："不久前武行长就发现了孙茂有伪造客户签名的行为，向他警告他还是不改。我看他就是一贯对自己要求不严，这一次又私自把锁头撬开，这件事情绝对不能姑息，一定要对他严肃处理，性质太恶劣了。对了，要尽快上报D支行。"王敏看到顶头上司杨洁这样愤然，也不敢袒护孙茂，接着说："孙茂这次的行为是有些过火，严重违反了银行的规定，好在我们及时发现，没有造成什么损失。我看，也可以不上报上级支行，我们内部严肃处理就行了。"王敏不想被上级D支行通报批评，另外，不报告上级支行，孙茂的处理就不会太严重，最多就是行内严重警告。

武行长早就听说王敏和孙茂有私人的交情，但若是隐瞒不报，会带来更多的负面影响。武行长作为一行之长，考虑事情得从全行的角度出发，对此事他也有自己的看法。他正色说："我看此事不必瞒报，不向D支行汇报此事，事后被发现一定会受到更加严肃的处理，可能会牵涉到其他人员，也会极大地损伤全体行员的工作积极性。孙茂的这种主观犯错行为，已经不是第一次了，不严肃处理起不到警示作用。如果其他行员仿效孙茂的行为，银行的风险如何控制？客户的利益怎样来保障？"

理财中心主任吴倩同意武行长的看法，她说："是应该上报D支行的，即便是上报会影响到大家的年终奖金，也好过事后被发现全行通报批评，那样我们的集体荣誉都将受损。"

杨洁对此事十分气愤，在她的管理下还有这种事情发生，这让她不得不重新审视自己的柜面风险控制工作。她说："不仅仅是奖金的问题，不严肃处理孙茂，其他员工也这样做，以后还怎么控制风险？银行的规章制度就成了白纸一张。"这时，其他的主管也纷纷点头称是，同意尽快报告D支行。王敏在大家的争论中体会到了此事的严重性，知道无法挽回，黯然伤心，觉得孙茂的今天自己是负有责任的。

参会的每个人都知道，上报D支行后孙茂很有可能会被解聘，大家内心都有些不忍，但想到孙茂这种违规行为后面隐藏的极大风险，大家都觉得武行长的提议是正确的。大家将目光投向了武行长，武行长说："既然你们都能从全局的角度出发，不计较个人得失，我决定明天一早就将此事报告上级支行。孙茂这种行为是主观犯错，以为这样做不会给行里造成损失，也没有影响到客户办理业务，还感觉自己做了件好事。但是给其他行员造成了极坏的影响，若是被客户知道，更会极大地损害银行的声誉。如果他受到了严肃的处理，不仅是他要为自己的错误行为负责，也是对我们全行员工的警示，并避免以后再有类似事件的发生。"

很快，处理结果出来了，孙茂被开除了，和他朝夕共处的同事除了有些不舍外，也在暗地里松了一口气，和这样的同事共处，说不准哪天会捅下更大的篓子，那后果将更是不堪设想。

旅游地的选择

孙茂的离开让全行的气氛低沉了很长一段时间。员工们在日常工作中更加谨慎，主管们对下属的要求也更加地严格起来。杨洁平日就对员工要求很严格，经常在员工休息时间组织培训、营销等，大家私下里对她颇有意见。最近一个时期，她的脾气大了很多，性情总是捉摸不定，批评犯错的员工时言语时常过激，大家纷纷议论她是进入了更年期。

年轻的行员既佩服杨行长的充沛精力，也震慑于她的暴躁脾气。不可否认的是，由于杨洁在纪律上的严格要求和业务上的大力培训，S支行的差错率一直是分行内最低的，员工的服务质量和服务水平也一直位于前茅。而且，柜面员工每个人都有自己的拿手绝活，每次分行组织翻打传票、假钞识别、快速打字等竞赛，S支行的员工都是力拔头筹。

武行长看到员工们处于这种紧张气氛下，压力越来越大，就找来杨洁商量举行一次全行集体旅游活动，所以费用由银行承担。杨洁很高兴，认可武行长的提议，紧接着就是研究旅游地点。她私下和吴倩等人透露说自己想去海南，那里海水好风景美，最适合旅游度假了。吴倩众人却不想去海南，Z市离海南这么近，大家都去过好多次，觉得并不新鲜。很多人都想去厦门旅游，可是一想到杨洁的脾气，都不敢主动向她提议。

这天武行长到茶水间打水，听到几个年轻行员在议论：

"杨行长的脾气真是一天比一天大啊，我们都快累死了，她还要考核假钞识别，下班比上班还辛苦！"

"就是，她不用照顾家里，我们还要呢，下班了还搞培训！"

"对了，还有旅游，武行长要组织我们旅游，要是由杨行长策划，肯定和以往一样，地点是按杨行长自己的喜好决定。听说她没有去过海南，可能要去海南吧！我不想去，我们部门的人都想去厦门！"

"是啊，海南我们都去过，不想再去了，我们部门的人也说厦门好……"

说话间，大家忽然看到了站在门口的武行长，于是急忙停止了谈论。武行长笑了笑，对大家说："你们这是在声讨杨行长吧？这几年，在杨行长的监督下，大家工作是辛苦了一些，但是大家的技能都有了很大提升，行里的整体差错率下来了，哪个人的奖金没有增长？你们加班，杨行长也在陪着你们加班，她年纪大了，难道就不想回家休息？还不是想让全行的成绩有所提升？”

武行长的几句话说到了大家的心里，几个人都不好意思地低下了头。

“让你们选，你们是愿意因为加班而业务能力和工资待遇都提高，还是选择不加班而什么都没有改变？”武行长又问道，“心理战术”是武行长在多年的工作中积累的有效管理手段。

行员们纷纷说：“当然是能力和奖金都提高好。说起来加点班其实也没什么，我们就是说说而已。”

武行长看到行员都理解了杨洁，感到很欣慰，语气也由一连串的反问变成了安抚，他说道：“这就对了，年轻的时候辛苦一些，增加收入的同时，为将来的发展打下坚实基础，未来提升的进度就会更快。出纳小陈就要被调到别的支行做储蓄主管了，他的业务水平和工作能力也是在杨行长的督促中锻炼出来的。还有，这次旅游也是杨行长从为大家释放压力角度出发向我提议的。目前旅游地还没有定下来，正在讨论此事。有好的建议你们可以随时与我交流。”

事后，武行长考虑，如果按杨洁的选择到海南旅游，大部分行员不感兴趣，个别员工还会有抵触情绪和烦腻心理；而在全行否决杨洁想法，会损伤她的自尊心，也会影响到杨洁在行内的威信。这件事情如果处理不好，就会适得其反，达不到组织此次旅游的目的。好在杨洁还没有向武行长提出旅游活动的方案。

这日，在周例会结束前，武行长看似很随意地问了一句：“过几天我们全行组织一起出去旅游，大家都想去哪里啊？”

行员们都齐声说去厦门。经过举手表决，除了个别人，大家都同意去厦门旅游。杨洁看到这种情况，就不好意思开口提出到海南旅游，于是就把旅游地定在了厦门。武行长把联系旅游线路和行程的事宜全部交由杨洁办理。虽然去的不是自己最满意的地方，但是行程还是按照自己的喜好来定，杨洁也觉得没有那么不愉快了。旅途中，武行长还安排了几个比较活跃的行员策划出游时的集体游戏，武行长也参与到其中，和大家拉近了距离。

这次的旅游活动非常成功，大家抛去了工作中的烦恼和压力，团队凝聚力得到了很大提升，重新振作了S支行的员工士气。

刘萧萧的几次转岗

每一年，S支行都会接收一名新来的大学生进来工作。就在武行长刚到S支行不久，刘萧萧就参加并通过了C行分行的招聘考试来到Z市，被分配到了S支行。能应聘上C行的可以说是同年毕业生中的佼佼者，称得上是百里挑一。刘萧萧，毕业于北方某重点大学金融专业，在校期间成绩优异，是学校的学生会干部，擅长组织、宣传工作。武行长认真地翻阅了她的简历，对其基本情况进行了了解，感觉她是一个难得的可塑之才，开始为刘萧萧职业发展进行规划。

首先，对这种刚走出校园大门没有工作经验的大学生，要把她放在基础岗位上历练一下，这也符合分行人力资源部对新员工工作安排的指导意见。武行长让刘萧萧先后到储蓄、会计柜台实习，全面了解银行的基础业务，同时也可以学到一些简单的营销手段。在行内组织大型宣传活动时，武行长还给她安排一些重要工作，比如担当活动主持人、产品宣讲师等。刘萧萧感到了自己所受的重视，其特长也有了用武之地，暗地里下决心要对自己高标准、严要求，不辜负领导对自己的培养，所以每次活动她也都认真准备。这天，为了一个白金卡推广活动，她在行里加班到晚上9点，做到了胸有成竹才肯下班。第二天，宣讲开展得特别顺利，客户在刘萧萧绘声绘色的讲解下对C行的产品有了全新的认识，很多客户当场就申请了C行白金卡，武行长和杨洁对此非常满意。

时间一晃又过了半年。这天，武行长找到刘萧萧，问道："小刘，这段时间感觉自己的工作怎样？"

"谢谢行长的关心。经过半年的实习，我已经适应了银行的工作节奏，感觉到既有压力，也有动力。"

武行长笑了笑："有压力说明你很重视工作。有没有考虑自己下一步的工作？"刘萧萧知道这是一次转岗的机会，自己一定要争取到个人客户经理的岗位，决定试探一下："行长，我可以说一下自己的真实想法吗？"武行长正考虑将她安排到客户经理岗位，只是没有决定是在对公还是对私的方向。于是，武行长鼓励她道："说吧，只有在自己喜欢的岗位上才能发挥出最大的能力。"

"经过这段时期的学习和观察，我觉得自己比较喜欢研究个人理财产品，我认为为贵宾客户提供专业的理财服务是件很有成就感的事情。而且分行正在将工作重点由对公业务向个人业务转移，在个人客户经理岗位工作，机会可能会更多一些。"刘萧萧说。

武行长看到刘萧萧有自己的思想，而且能准确及时掌握到分行的战略部署并主动迎合，感到十分欣慰，心里暗暗想起一句话："孺子可教啊！"武行长接着说："很好，你有自己的想法，这很重要。既然你很喜欢个人理财工作，我建议你利用业务时间加强学习，报考理财规划师资格认证。目前，我国的中产阶级和豪富阶层正在迅速形成，有相当一部分从激进投资和财富快速积累阶段逐步向稳健保守投资、财务安全和综合理财方向发展，对理财规划师需求必然会有所增加。年轻人要有理想，并要为此付诸行动啊！"

这是武行长对她的真心指点，刘萧萧被他的一番话深深地打动了。

武行长接着说："我和杨行长再商量一下，下周让你到个人理财中心工作。你要好好努力啊！"

理财中心人员力量一直比较薄弱，只有一个中心主任吴倩和两个大专生，刘萧萧的加入对理财中心起到了很重要的作用。她是金融专业出身，对银行的各种理财产品掌握很快，并能够将这些产品融合起来，为行里的贵宾客户提供专业的理财服务，客户对她赞不绝口。每当有新的理财产品推出时，刘萧萧就策划一些新颖独特的营销活动，为S支行发展了大量的贵宾客户。经过几个月的瓶颈期后，刘萧萧的业绩有了大幅增长，成为一级支行个人客户经理中的佼佼者，年度考评中她在武行长的推荐下，被评为了D支行"十佳营销标兵"。

不久前，武行长了解到分行个人营业部正在招聘产品策划人员，应聘的条件刘萧萧都十分符合，如果能在分行工作，这对她个人职业生涯是一个重大的转折。可是，就这样流失掉培养了一年多的干将，武行长也十分不舍。从刘萧萧的职业发展来看，这又是一次难得的机会，几经思量，武行长还是决定将此事告诉刘萧萧，推荐她报名参加考试。

事前，武行长将吴倩约到办公室，对吴倩说："我听说最近分行个人营业部正在招聘，你们中心的刘萧萧符合条件，可以通知她试一下。"吴倩对武行长的提议十分震惊，心里对武行长的想法十分不解，也很不满意。她很激动地说："武行长，刘萧萧在我们行培养了一年多，刚刚才有了今天的成绩，难道现在能把她放走？你也知道培养新员工的艰难，她在客户经理岗位前几个月里基本没什么业绩，理财中心都是靠着老员工的业绩支撑着。现在刚有起色，就要到分行去。另外，刘萧萧走了，谁来维护她的客户？我们这里已经没有多余的人手了，再培养新人还是要花至少一年的时间。一些大客户势必会流失掉，这肯定会影响到我们理财中心的绩效考核。"吴倩越说越激动，她不能理解武行长的决定，更不想让这么优秀的理财经理离开。

武行长看到激动的吴倩，心平气和地说："我觉得这对小刘来说是个机会，让她试一下吧。如果分行有这样的机会适合你，适合王敏，我也都会推荐的。我真心希望你们的路子都能越走越宽。如果为了行里的业绩稳定就阻碍了员工的发展，那我们行的员工恐怕要一辈子在这里工作了！暂时的困难可以想办法克服的，她一旦应聘成功，我会向分行申请一个有经验的个人客户经理来接手她的工作，你不要太担心了。小吴，我们做领导的，要为员工搭建发展的平台，让有能力的人有施展才华的空间啊！"

武行长的一番话让吴倩茅塞顿开，她突然明白在武行长的带领下，自己也会有更好的晋升空间，甚至幻想自己马上就会再升一级，晋升为行长助理了。

刘萧萧不负众望，成功应聘分行的岗位。其他的行员知道刘萧萧是在武行长的推荐下去了分行，都感觉自己的工作更有了奔头，开始为自己的将来着手打算。

坐在办公室里的武行长，也正思考着自己的管理方法和全行的发展规划……

思考题：

1. 根据本章介绍的领导风格的分类，你认为武行长的领导风格属于哪一类？

2. 这样的领导风格是否适合所有其他的行业？如果有不适合的，请你举出一两个例子来。

资料来源：孔文，程云. 武行长的领导风格[DB]. 中国管理案例共享中心. 2011-09[2014-05-16]. http://www.cmcc.dlemba.com/caseshowbyid.php?itemid=639

本章小结

曾有权威人士将领导定义为"地球上最容易观察到的但最不容易理解的现象"。由此可见，给领导下一个统一的定义是很困难的，不同的学者对于领导有着不同的解释。我们认为，领导者是组织中那些有影响力的、有合法职位的、对各类管理活动具有决定权的管理人员，也可能是一些没有确定职位的权威人士。领导者主要有指挥、协调、激励和榜样作用。成功的领导者需要具备思想素质、知识素质、工作能力素质、气质心理素质和身体健康素质。领导者的权力有职位权力和个人权力之分，同时，领导者的影响力也有权力性影响力和非权力性影响力之分。

领导活动是领导者运用权力或权威对组织成员进行引导或施加影响，以使组织成员自觉地与领导者一起去实现组织目标的过程。该定义包括三个要素：追随者、领导者能力和领导目的。

领导与管理是人们通常容易混淆的概念。二者之间有着千丝万缕的联系，领导是伴随着管理的发展而产生的。同时我们也注意到，领导和管理在很多方面都极为相似，但是二者作为两个独立的概念，还是有所不同的。

众多管理学家和心理学家对领导问题进行了广泛的研究，提出了许多理论，以期解决怎样有效领导的问题。这些理论大致可分为三类，第一类是领导特质理论，集中研究有效管理者应有的个人特征，目的是要找出领导者与非领导者的区别；第二类是领导行为理论，集中研究领导者的工作作风和领导行为对领导有效性的影响，并将不同的领导行为分类；第三类是情境理论（或权变理论），研究各种影响领导行为成效的因素，并尝试找出各种环境因素与各种领导行为的最佳搭配。另外还有其他不能简单归结到上述分类中的领导理论，比如：领导归因理论、超凡魅力领导者理论、交易型领导与转化型领导理论等等。

在领导方式及相关理论中，领导的三个作用显而易见；领导者要取得被领导者的追随与服从，必须能够了解被领导者的需求并帮助他们实现各自的愿望，使组织成员保持高昂的士气和良好的工作意愿，因此本章接着介绍了领导的激励作用相关理论。在管理学中，激励是指激发、鼓励、调动人的热情和积极性。激励的定义目前在学术界还没有统一的结论，本书的定义如下：所谓激励，就是组织通过设计适当的外部奖酬形式和工作环境，以一定的行为规范和惩罚性措施，借助信息沟通，来激发、引导、保持和归化组织成员的行为，以有效的实现组织及其成员个人目标的系统活动。理论上，关于如何激发人们动机的研究成果主要分为四类：内容型激励理论、过程型激励理论和调整型激励理论以及波特和劳勒总结的一个综合激励模型。

为了实现组织目标，管理者需要了解内外部信息、需要达成组织内部各个部门、各群体和各级人员的协调工作，而这些都需要通过有效地沟通来实现。因此本章又介绍了信息沟通和相关的团队管理、群体管理的相关理论。

每个企业的管理者，都应该针对组织成员的需要和行为特点，运用适当的方式，正确的指挥和引导组织成员，采取一系列措施去提高和维持组织成员的工作积极性，实现组织成员间良好的信息沟通，使组织成员统一思想、化解矛盾冲突，以便充分发挥他们的技能和水平，进而使组织取得更高的绩效。

第六章 控制职能

学习目标

学习本章之后，你应该能够：

1. 理解控制的含义和重要性。
2. 掌握控制的类型和过程。
3. 了解有效控制的要求。
4. 掌握常见的控制方法。
5. 了解内部人控制问题。

开篇案例

案例 6.1 停车业务中的控制

如果你在好莱坞或贝弗利山举办一个晚会，肯定会有这样一些名人来参加，如尼科尔森、麦当娜、克鲁斯、切尔、查克·皮克。"查克·皮克?"，"当然!"。没有停车服务员你不可能开一个晚会，在南加州停车行业内响当当的名字就是查克·皮克。查克停车公司中的雇员有 100 多人，其中大部分是兼职的，每周公司至少为几十个晚会办理停车业务。在一个最忙的周六晚上，可能要同时为 6～7 个晚会提供停车服务，每一个晚会可能需要 3～15 位服务员。

查克停车公司是一家小企业，但每年的营业额差不多有 100 万美元。其业务包含两项内容：一项是为晚会料理停车；另一项是不断地在一个乡村俱乐部履行停车经营特许权合同。这个乡村俱乐部要求有 2～3 个服务员，每周 7 天都是这样。但是查克的主要业务来自私人晚会。他每天的工作就是拜访那些富人或名人的家，评价道路和停车设施，并告诉他们需要多少个服务员来处理停车的问题。一个小型的晚会可能只要 3～4 个服务员，花费大约 400 美元。然而一个特别大型的晚会的停车费用可能高达 2 000 美元。

尽管私人晚会和乡村俱乐部的合同都涉及停车业务，但它们为查克提供的收费方式却很不相同。私人晚会是以当时出价的方式进行的。查克首先估计大约需要多少服务员为晚会服务，然后按每人每小时多少钱给出一个总价格。如果顾客愿意"买"他的服务，查克就会在晚会结束后寄出一份账单。在乡村俱乐部，查克根据合同规定，每月要付给俱乐部一定数量的租金来换取停车场的经营权，他收入的唯一来源是服务员为顾客服务所获得的小费。因此，在私人晚会服务时，他绝对禁止服务员收取小费，而在俱乐部服务时小费是他唯一的收入来源。

思考题：

1. 你是否认为查克的控制问题在两种场合下是不同的？如查克确实如此，为什么？

2. 在前馈、反馈和同步控制三种类型中，查克应采取哪一种手段对乡村俱乐部业务进行控制？对私人晚会停车业务，又适宜采取何种控制手段？

资料来源：作者不详.查克停车公司[DB].豆丁网.[2004-05-16].http://www.docin.com/p-89585643.html

6.1 控制职能概述

6.1.1 控制的含义

自从1948年美国数学家、生物学家、通信工程师诺伯特·维纳(Norbert Wiener)发表了著名的《控制论——关于在动物和机器中控制和通信的科学》一书以来，控制论的思想和方法已经渗透到了几乎所有的自然科学和社会科学领域。维纳把控制论看作是一门研究机器生命和社会中控制和通信的一般规律的科学，更具体地说，是研究动态系统在变化的环境下如何保持平衡状态或稳定状态的科学。在控制论中，“控制”的定义是：为了改善某个或某些受控对象的功能或变化过程，需要获得并使用信息，以这种信息为基础而选出的、加于该对象上进行反馈控制的作用，就称为控制，如图6.1所示。由此可见，控制的基础是信息，任何控制都有赖于信息的反馈来实现。信息反馈是控制论的一个极其重要的概念。通俗地说，信息负反馈就是指由控制系统把信息输送出去，又把其作用结果返送回来，并对信息的再输出发生影响，起到控制的作用，以达到预期的目的。

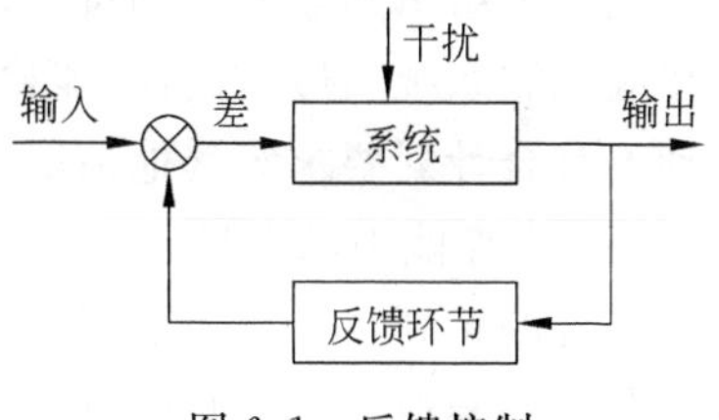

图6.1 反馈控制

在管理工作中，作为管理职能之一的控制工作是指：为了确保企业的目标以及为此而拟订的计划能够实现，各级管理者根据事先确定的标准或因发展需要而重新拟订的标准，对下级的工作进行衡量、测量和评价，并在出现偏差时进行纠正，以防止偏差继续发展或今后再度发生；或者根据企业内外环境的变化或企业发展的需要，在计划的执行过程中，对原计划进行修订或制订新的计划，并调整整个管理工作的过程。也就是说，控制的结果可能有两种：一种是纠正实际工作与原有计划及标准的偏差；另一种是纠正企业已经确定的目标及计划与变化了的内外环境的偏差。

控制工作是每个管理者的职能。有些管理者常常忽略了这一点，认为实施控制主要是上层和中层管理者的职能，基层部门的控制就不大需要了。其实，各层管理者只是所负责的控制范围各不相同，但各个层次的管理者都负有执行计划实施控制之职责。因此，各级管理者，包括基层管理者，都必须承担实施控制工作这一重要职责。

6.1.2 控制和其他职能的关系

1. 控制的必要性

控制的必要性有以下三个方面。

(1) 环境的不确定性

计划是企业对未来一定时期内的努力方向和行动步骤的描述，如果企业所面对的是一个完全静态的环境，市场供求条件不发生变化，每年都以同样的费用取得同样性质的和数量的资源，同时又能以同样的价格向同样的客户销售同样品种和数量的产品，那么企业的管理者便年复一年、日复一日的以相同的方式组织企业经营，工人可以以相同的技术和方法进行生产作业，控制甚至于计划职能都将无用。但事实上，这种静态环境是不存在的，环境一直在发生变化，这些变化要求企业对原先制订的计划进行调整，从而对企业经营的内容作相应的调整。

(2) 管理权力的分散

当企业经营达到一定的规模，高层管理者就不可能直接地、面对面地组织和指挥全体员工。时间与精力的限制要求他委托一些助手代理部分管理事务。同样，这些助手也会委托其他人帮助自己。为了使助手们有效的完成受托的部分管理事务，高一级的管理者必然要授予他们相应的权限。因此，任何企业的管理权限都制度化或非制度化的分散在各个管理部门和相应的层次。企业分权程度越高，控制就越有必要。每个层次的管理者都必须定期或非定期的检查直接下属的工作，以保证授予他们的权力得到正确的利用，利用这些权力组织的业务活动符合计划与企业目的要求。如果没有控制，没有为此而建立的相应控制系统，管理者就不能检查下级的工作情况，即使出现权力被不负责任的滥用或活动不符合计划要求等其他情况，管理者也无法发现，更无法采取及时的纠正行动。

(3) 工作能力的差异

完善的计划要求每个部门的工作严格按计划的要求来协调地进行。然而由于企业的成员存在差异性，他们的认识能力不同，对计划要求的理解可能发生差异；即使每个员工都能完全正确的理解计划的要求，但由于工作能力的差异，他的实际工作结果也可能在质和量上与计划要求不符。某个环节可能产生的这种偏离计划的现象，会对整个企业活动的进行造成冲击。因此，加强对员工的工作控制是非常必要的。

2. 与其他职能的关系

从以上的分析可以看出，控制职能在管理过程中的重要性。可以说一个企业能不能够顺利地实现自己的目标，一要通过计划职能制定出科学合理的目标；二要有控制职能在计划实施过程当中起到保障作用。而在控制当中用来衡量绩效的标准，则来自于计划。

在控制过程中所采用的控制措施，则要通过组织结构中的每个层次贯彻下去。而组织结构的高效运作，为控制措施顺利的执行提供了组织保障。组织结构的设计也要考虑到控制职能的需要，明确命令执行的路径和各级管理者的职责。

控制措施的贯彻和实施除了靠正式的组织结构外，也离不了各级管理者充分发挥领导作用。尤其是对下属工作绩效的控制，更离不了管理者的指挥和激励。同样，有效的控制系统也为管理者充分发挥领导作用提供了有力的保障。

6.1.3 控制的内容

美国管理学家斯蒂芬·罗宾斯(Stepher P. Robbins)将控制的内容归纳为五个方面。

1. 人员控制

控制工作从根本上来说是对人的控制，因为任何企业活动的开展都依赖于员工的努力，其他几方面的控制也要靠人来完成。企业要实现目标，要求员工按照管理者制订的计划去做，从而使员工的行为更有效地趋向于企业目标，这就需要对员工进行控制。人是企业的资源中最活跃的因素，人员控制是控制中最复杂和最困难的一部分。

常用的人员控制方法：一是现场巡视，发现问题及时纠正；二是进行系统化的评估，通过评估，对绩效好的员工予以奖励，对绩效差的，管理者就应该想办法解决。

2. 财务控制

一个企业中的业务活动的开展几乎都伴随着资金的运动，要维持企业的正常运作，必须进行财务控制。

常用的财务控制方法：一是审核各期的财务报表，以保证一定的现金存量，保证债务的负担不至于太重，保证各项资产都得到有效的利用等；二是预算控制，预算控制是一种控制成本的重要手段。

3. 作业控制

一个企业的成功，在很大程度上取决于它在生产产品或提供服务的能力上的效率和效果。作业控制方法就是用来评价企业的转换过程的效率和效果的。

常用的作业控制方法：生产控制、质量控制、原材料购买控制、库存控制等。

4. 信息控制

在信息经济时代，财富的主要来源在于信息。对企业而言，信息能够影响甚至决定一个企业的命运。

常用的信息控制方法：建立管理信息系统，企业借助于管理信息系统实现信息化管理。

5. 企业绩效控制

企业的管理者关心企业的绩效，从而看企业是否能达到目标。同时企业外部的人员也关注企业的绩效，如证券分析家、潜在的投资者、潜在的贷款者和供应商等。常用的企业绩效有：生产率、市场占有率、产量、员工稳定性等，一个企业的整体效果很难用一个指标来衡量，要恰当地衡量企业的绩效，必须采用多种指标。

6.1.4 控制的类型

采取不同的分类方法，可以把控制划分为不同的类型。

1. 按控制信息的性质划分

(1) 反馈控制

反馈控制是指将系统的输出信息返送到输入端，与输入信息进行比较，并利用二者的偏差进行控制的过程。反馈控制其实是用过去的情况来指导现在和将来。在控制系统中，如果返回的信息的作用是抵消输入信息，称为负反馈，负反馈可使系统趋于稳定；若其作用是增强输入信息，则称为正反馈，正反馈可使输入信息得到加强，有可能造成系统的不稳定。反馈不仅是管理系统，也是自然界和人类社会中普遍存在的一种现象。如人体的温度调节系统、电冰箱的温度控制系统、农贸市场上蔬菜供应的数量与价格、无线电信号的放大等等，都体现了反馈的原理。反馈控制是管理控制工作的主要方式，是最常用的控制类型。

反馈控制具有许多优点。首先它为管理者提供了关于计划执行的效果究竟如何的真实信息。如果反馈显示标准与现实之间只有很小的偏差，说明计划的目标是达到了；如果偏差很大，管理者就应该利用这一信息及时采取纠正措施，也可以参考这一信息使新计划制订得更有效。此外，反馈控制可以增强员工的积极性。因为人们希望获得评价他们绩效的信息，而反馈控制正好提供了这样的信息。

反馈控制的主要缺点是时滞问题，即从发现偏差到采取更正措施之间可能有时间延迟现象，在进行更正的时候，实际情况可能已经有了很大变化，而且往往是损失已经造成了。时滞现象对系统的危害极大，它可以使系统的输出剧烈波动和不稳定，导致系统的状况继续恶化甚至崩溃，因此反馈控制与亡羊补牢类似。但是在许多情况下，反馈控制是唯一可用的控制手段。

(2) 现场控制

从名字就可以看出，这是一种发生在计划执行的过程之中的控制，管理者可以在发生重大损失之前及时纠正问题。它是一种主要为基层管理者所采用的控制方法，一般都在现场进行，做到偏差即时发现、即时了解、即时解决。

现场控制主要包括这样一些内容：向下级指示恰当的工作方法和工作过程；监督下级的工作以保证计划目标的实现；发现不符合标准的偏差时，立即采取措施纠正。现场控制的关键就是做到控制的及时性，因此必须有赖于信息的及时获得、多种控制方案的事前储备以及事发后的镇静和果断。但是，在计划的实施过程中，大量的管理控制工作，尤其是基层的管理控制工作都属于这种类型，因此，它是控制工作的基础。一个管理者的管理水平和领导能力的高低常常会通过这种工作表现出来。

在现场控制中，控制的标准应遵循计划工作中所确定了的企业方针与政策、规范和制度，采用统一的测量和评价，要避免单凭主观意志进行控制工作，控制的内容应该和被控制对象的工作特点相适应。例如，对简单的体力劳动采取严厉的监督可能会带来好的效果；而对于创造性的劳动，控制的内容应转向如何创造出良好的工作环境，并使之维持下去。控制工作的重点应是正在进行的计划实施过程。虽然在产生偏差与管理者作出反应之间肯定会有一段延迟时间，但这种延迟是非常小的。控制工作的效果取决于管理者的个人素质、个人作风、指导的方式方法以及下属对这些指导的理解程度。其中，管理者的言传身教具有很大的作用。例如，工人在发生操作错误时，班组长有责任向其指出并作出正确的示范动作帮助其改正。

案例 6.2　项目的有效控制——非现场实时管理

为了迎接 2010 年世博会，上海市政府要在 2010 年之前完成 400 公里的地铁轨道建设。这意味着 3 年左右的时间，400 公里地铁轨道建设，100 多个施工现场、近 100 台盾构机同时下井、6 大集团 12 家施工企业同时开工。如此艰巨的施工任务，给上海地铁盾构设备工程有限公司（以下简称“地铁盾构公司”）带来了诸多管理难题。例如，目前可以投入施工的有近 100 台盾构机，除了地铁盾构公司的 38 台盾构机外，其他分属于 6 大集团、12 家公司。和那么多企业共同参与如此规模的市政建设工程，如何统一、协调合作，是一件非常复杂的问题。

为了改变地铁盾构施工的管理体制，实现施工进度和质量“协同保障”跟进，确定在确保安全的前提下以“协作”为核心理念打造地铁盾构施工的“协同保障系统”，构建虚拟团队，提供 IT 技术手段，实现协同合作理念的价值落地。

第一，在项目实施的前期阶段，我们对地铁盾构公司项目管理部、技术部、设备部、维修部、综合办公室、经营部、财务部等十几个部门进行职责确认并制定相应的岗位职能分析，从而清晰了解各个部门、各个职位、岗位对协同保障系统的潜在需求。由于地铁盾构施工存在着工地多、工程大、事务杂的特点，所以对管理层而言，如何快速、有效、及时地了解到每一个施工现场的进度及实时状况成了一个比较大的难题。在“盾构协同保障系统”中，我们创造性地设置了中央控制台页面，将地铁盾构管理层所关心的进度、安全和设备情况用图形的形式集成展示在一起，通过 Java script 页面技术，以图形化的方式，将“施工线路”、“盾构设备”、“施工单位”三个纬度集成展示出来，便于形象、直观地查询、监控施工的进度和安全状况。

第二，项目组在地铁盾构公司进行项目需求调研时，了解到地铁盾构公司还有一个核心的需求——要强化每个人的责任感。根据这一需求，通过运用 Java 平台，结合 SQL Server 的数据交换，实现了“协同保障系统”和“盾构数据采集系统”的数据交换和数据同步，把两大相对独立的系统——业务系统和管理系统——有机结合在一起。通过“协同保障系统”，可以从管理的角度便捷地了解盾构运行的实时数据状况，而通过“盾构数据采集系统”，则可以把相关的项目、区间和人员的相关信息关联在一起。

第三，我们结合运用流程报表技术，实现了对上百个施工现场的施工日报表中的进度数据的抽取和汇总，由每个“点”的数据汇总成了“线”的数据，最后汇总成了整个上海市施工进度“面”的实时汇总统计；通过图形化的图表形式，实时了解上海市区每一天的掘进进度状况。

第四，地铁开挖建设是一个大的市政建设工程，同时也是多部门、多组织相互协作的一个工程。这么多企业共同参与这么大的一个市政建设工程，如何统一、协调合作，是一个非常复杂的问题。我们将多维度的组织架构设计和“虚拟团队”功能相结合，实现了可以支持复杂组织结构和非常规组织结构（如工作组、推进办等）的功能设置和权限处理。

项目实施以来，由点、线、面三方面入手，使得地铁盾构公司非现场实时管理成为现实——点：随时掌握上海123个施工现场的盾构设备运行、安全等各种状况；线：可以根据每个项目的进度图，随时查询和了解每个项目在准备阶段、进场阶段（吊装、安装、测色、100米试掘进）、盾构掘进阶段、退场阶段等的工作情况和设备状况；面：可以在宏观上，通过图形化的项目进度图，了解到盾构设备公司在全上海（甚至全国）的所有项目的总体进度状况。同时，公司管理机制得到提升，由项目管理的单线管理到交叉管理。

思考题：

上海市政府对该项目的管理控制方式有什么值得学习的地方？又有什么是需要改进的？

资料来源：作者不详. 上海地铁盾构设备工程有限公司参选案例[DB]. 豆丁网. 2009-07-07[2014-05-16]. http://www.docin.com/p-500284126.html

（3）前馈控制

前馈控制是管理者渴望采取的控制类型，因为它能避免预期出现的问题，防患于未然。所谓前馈控制，就是观察那些作用于系统的各种可以测量的输入量和主要扰动量，分析它们对系统输出的影响关系，在这些可测量的输入量和主要扰动量的不利影响产生以前，通常应及时采取纠正措施，来避免它们的不利影响。前馈控制与反馈控制的主要区别是，它是控制产生偏差的原因，而不是控制行动结果，这是前馈控制在现代管理中的一个很重要的特点。

前馈控制的最大优点是克服了某一类时滞现象。在发现偏差后，采取措施来消除偏差的过程中，不可避免要出现时间滞后（简称时滞）现象。时滞现象出现的根本原因可以从物理学的观点中得到解释，一个物体从一个状态能变到另一个状态是需要时间的，即速度的变化——加速度不可能无限大。

图6.2可以清楚地表明在控制过程中时滞现象是如何产生的。在某个因素的影响下，对象偏离了计划，状态出现了偏差，通过一定的装置反映出来为我们所感知，这就有了时滞 δ_1。分析偏差产生的原因，找出可以消除此偏差的措施，如果有2个以上的措施则要从中比较作出选择，这也要有时间，出现时滞 δ_2。然后经过时滞 δ_3，我们采取了适当的措施。从采取措施开始到出现所预想的结果，又要有时滞 δ_4。这样说来，总的时滞 δ 至少要包括 δ_1、δ_2、δ_3 和 δ_4 这四部分。

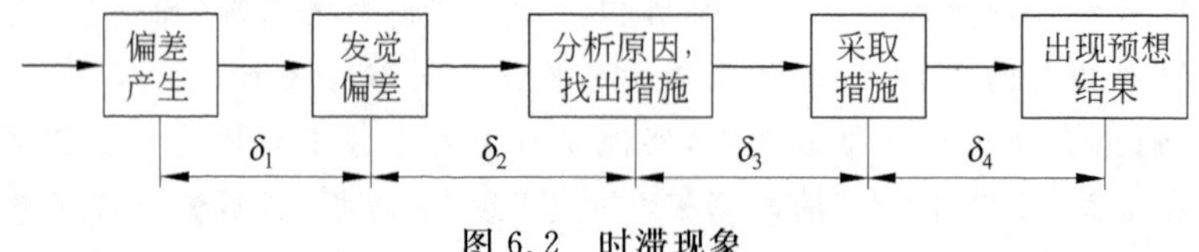

图6.2 时滞现象

时滞越大对控制越不利。因为在时滞 δ 中可能又会产生什么新的偏差恰好抵消或部分抵消了早先出现的偏差，这样来说，我们的控制措施恰恰不能达到预期的结果——消除早先的偏差,而会产生我们所不希望的结果——产生了一个人为的新偏差。

在实际问题发生之前就采取管理行动,可以减小系统的损失,而且可以大大改善控制系统的性能,因此在现实中得到了广泛的应用。例如,提前雇用员工可以防止潜在的工期延误;司机在驾驶汽车上坡时提前加速可以保持行驶速度的稳定;在工程设计的过程中,常常将前馈控制与反馈控制结合在一起,构成复合控制系统,以改善控制效果。

前馈控制需要对系统输出的未来变化趋势进行预测,并要分析可能对系统产生影响的主要扰动量。这一点往往会给管理工作带来很大困难。而且前馈控制系统一般比较复杂,一个可以操作的前馈控制系统一般应满足以下几个必要条件:

① 要对计划和控制系统做彻底的认真的分析,识别重要的输入变量。

② 为该系统建立一个前馈控制的模型。

③ 经常对模型进行检查,以便了解所确定的输入变量及其相互关系是否仍能反映现实情况。

④ 定期收集输入变量数据并将其输入系统。

⑤ 定期评定实际输入数据与计划输入数据的差异,并评估这种差异对预期结果的影响。

⑥ 必须有措施保证。在管理过程中,前馈控制系统像其他计划与控制技术一样,只能向管理者显示问题的存在,管理者必须采取措施才能使这些问题得到解决。

前馈控制要根据偏差出现的时间和大小提前采取适当的措施。这就需要进行预测,这是一件非常困难的事情。因此对一些有规律出现的偏差采用前馈控制是适宜的。

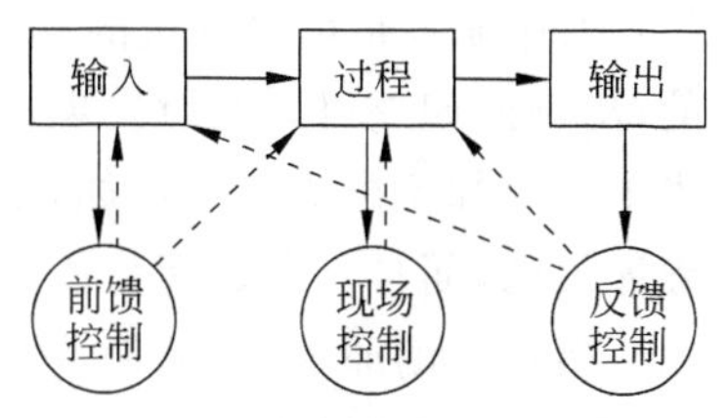

图 6.3　按控制信息划分的三种控制类型

对三种控制类型的比较如图 6.3 所示。图中的实线代表信息,虚线代表纠正措施。

2. 按控制力量的来源划分

按控制力量的来源划分,可以分为外在控制与内在控制。

(1) 外在控制

外在控制是指一个企业或个人的目标和标准的制定以及控制工作是由其他的企业和个人来承担,自己只负责监测、发现问题和报告偏差。例如,上级管理者的行政命令、监督、组织程序规则的制约等,都是这种外在强加的控制。

(2) 内在控制

内在控制是一种自我控制。自我控制的企业或个人,不仅能自己监测、发现问题,还能自己订立标准并采取行动纠正偏差。例如,目标管理就是一种让各级管理者和工人参加工作目标的制定,并在工作中实行自主安排、自我控制的一种管理制度和方法。目标管理通过变"要我做"为"我要做",使人们更加热情、努力的去实现自己参与制定的目标。当然目标管理只有在个人目标与企业目标差异较小、员工素质普遍较高时采用才容易奏效。而在目标差异较大、员工素质较低时,较多的外在强加控制则是更为需要的。

3. 按控制的手段划分

按照所采用的手段可以把控制划分为间接控制和直接控制两种类型。

(1) 间接控制

间接控制是基于这样一些事实为依据的：即人们常常会犯错误，或常常没有觉察到那些将要出现的问题，因而未能及时采取适当的纠正或预防措施。因此间接控制着眼于发现工作中出现的偏差，分析其产生的原因，并追究管理者个人的责任，使之改进未来的工作。

在实际工作中，管理者往往是根据计划和标准，对比或考核实际的结果，研究造成偏差的原因和责任，然后才去纠正。实际上，在工作中产生偏差的原因是很多的。比如，有时是制定的标准不正确，可对标准做合理的修订；或者存在未知的不可控的因素，如未来社会的发展状况、自然灾害等，因此而造成的失误是难免的；但还有一种原因，就是管理者缺乏知识、经验和判断力等，在这种情况下可运用间接控制来纠正。同时，间接控制还可以帮助管理者总结并吸取经验教训，丰富他们的知识、经验和判断力，提高其管理水平。

但是，间接控制存在许多缺点。最明显的是，间接控制是在出现了偏差，造成损失之后才采取措施，因此其花费的代价比较大。另外，间接控制是建立在以下五个假设的基础之上的：工作绩效是可以计量的；人们对工作有责任感；追查偏差原因所需要的时间是有保证的；出现的偏差可以及时发现；有关部门和人员将会采取纠正措施。然而这些假设在实际当中有时却不能成立。比如，工作绩效的大小和责任感的高低有时是难以精确计量或准确评价的，而且二者之间可能关系不大或根本无关；有时管理者可能不愿意花费时间去调查分析偏差的原因；有的偏差并不能预先估计或及时发现；有时发现了偏差并查明了原因，可管理者有时候或推卸责任或固执己见，而不去及时采取措施等等。因此，间接控制尚存在一些局限性，还不是普遍有效的控制方法。

(2) 直接控制

直接控制认为，计划实施的结果取决于执行计划的人，管理者及其下属的素质越高，就越不需要间接控制。因此，直接控制着眼于培养更好的管理者，提高他们的素质，使他们能熟练地应用管理的概念、技术和原理，能以系统的观点看待管理问题，从而防止出现因管理不善而造成的不良后果。

进行直接控制有许多优点：第一，由于直接控制比较重视人的素质，因而能对管理者的优缺点有比较全面的了解，在对个人委派任务时能有较大的准确性；同时，为使管理者合格，对他们经常进行评价，并进行专门的培训，能消除他们在工作中暴露出的缺点及不足。第二，直接控制可以及时采取纠正措施并使其更加有效。它鼓励用自我控制的方法进行控制。由于在对人员评价过程中会暴露出工作中存在的缺点，因此会促使管理者更加努力地担负起职责并自觉地纠正错误。第三，由于提高了管理者的素质，减少了偏差的发生，可以减轻损失，节约开支。第四，直接控制可以获得较好的心理效果。管理者的素质提高后，其自信心和威信也会得到提高，下级也会更加支持他们的工作，这有利于整体目标的顺利实现。

但需注意的是，采用直接控制方法是有条件的。管理者必须对管理的原理、方法、职能以及管理的哲理有充分的理解。虽然这些不容易做到,但不是不能做到,管理者可以通过进修、实际经验的积累、上级的严格要求和精心指导等途径使自己的素质得到提高。

根据上述分析可知直接控制是通过提高管理者和员工的素质和能力使他们在工作中不会造成偏差的出现,而对因外部环境变化而造成的偏差是无法采用直接控制的。

案例 6.3　安全事故发生以后

桂林机务段是隶属于铁道部柳州铁路局的一个基层单位,拥有职工 1 300 人,担负着柳州—永州区段的列车牵引任务。该段有两大主要车间:运行车间和检修车间。运行车间负责 76 台内燃机车的牵引任务,共有正副司机 700 多人。检修车间负责全段机车的检修任务,共有职工 200 多人。

段长张广明毕业于上海交通大学,在该段工作近 30 年。2004 年 11 月 3 日,全段实现了安全运输生产 8 周年,其成绩在全局名列前茅,因此段长召开了全段庆功大会,并请来了局里的主要领导。可是会开到一半,机务处打电话给局长:桂林机务段司机由于违反运输规章,造成冒进信号的险性事故。庆功会被迫停开,局长也阴沉着脸离开会场。

其实段长早感觉到存在许多安全隐患,只是由于该段安全天数较高,因此存在着麻痹思想。他连夜打电话通知各部门主任,查找本部门的安全隐患,第二天召开全段中层干部会议,要求各主任会上发言。

第二天,会议在严肃的气氛中召开。段长首先发言:“这次发生危险性事故主要责任在我,本人要求免去当月的工资和奖金,其他段级领导每人扣 400 元,中层干部每人扣 200 元。另外,我宣布原主管安全的副段长现分管后勤,他的职务暂时由我担任。”随后,各主任进行发言。

运行车间主任说:“这次事故虽然主要是由于司机严重违反规章操纵所致。其实车间一直努力制止这种有章不循的现象,但效果一直不明显。主要问题是:1. 司机一旦出车,将会离开本单位,这样车间对司机的监控能力就会下降;司机能否完全按章操纵,基本上依靠其自觉程度,而司机的素质目前还没有达到这种要求。2. 车间共有管理干部和技术干部二十多名,我们也经常要求干部到现场,但由于司机人数较多,并且机车的利用率很高,因此对司机的监控具有很大的随意性和盲目性。3. 干部中好人现象严重。干部上车跟乘时,即使发现司机有违章操纵行为,也会替其隐瞒,使司机免于处罚。”

检修车间主任说:“这次事故虽然不是由于机车质量造成的,但是检修车间还是存在很多安全隐患。首先,职工队伍不稳定,业务骨干时有跳槽。因为铁路局是按照机修车间定员 160 人发工资,而检修车间现员 230 人左右,超员近 70 人,这样摊到我们头上的工资就很少了,这是职工不稳定的主要原因。”

检修主任继续说:“火车提速后,对机车的质量要求更高,而我段的机车检修水平目前还达不到这种要求。第一,机车的检修作业标准较为过时,缺乏合理性、实用性、可控性。工人按此标准,劳动效率不高,而且漏检漏修现象时有发生。第二,车间的技术人员多是刚毕业的大学生,虽然有理论知识基础,但解决实际技术问题的能力不强。第三,对发生率较高的机车故障难题一直没有解决好。”

教育主任说:“这次事故反映了我段职工素质不高。目前,我段的职工培训工作开展不是很顺利，各车间都以生产任务繁重为由不肯放人脱产学习。因此，每年的职工脱产学习计划很难得以实现。另外，每年一次的职工业务考试没有起到真正督促职工学习的作用。考试结束后只是将成绩公布，对职工考试成绩一视同仁。”

人事主任说：“这次事故从某种意义上说是由于司机疲劳所致，因为现在的司机经常请假，造成司机人手不够。因此司机连续工作，休息时间不能得到保证。司机经常请假的原因是由于吃大锅饭造成的，干多干少一个样。”

段长说：“几位主任讲的都很好，将我段管理上存在的一些弊病都找出来了，会后各有关部门要针对这些弊病迅速制定整改措施。我相信，只要我们共同努力，工作的被动局面会很快扭转的。”

思考题：

1. 事故发生后段长的一系列做法属于哪种控制？
2. 对会上几位主任的发言中所提到的难题，如何运用控制手段来解决？

资料来源：作者不详. 安全事故发生以后[DB]. 豆丁网.[2014-05-16]. http://www.docin.com/p-558161823.html

6.2 控制的程序和要求

6.2.1 控制的程序

控制的程序可以划分为以下三个步骤：一是确定标准；二是衡量实际绩效；三是采取管理行动。

1. 确定标准

标准必须从计划中产生，计划必须先于控制。换而言之，计划是管理者设计控制工作和进行控制工作的准绳，由于计划的详尽程度和复杂程度各不相同，而且管理者也不可能事事都亲自过问，所以就得根据计划制订具体的标准。所谓标准，就是衡量实际工作绩效的尺度。它们是根据整体计划方案制订的，可以给管理者一个信号，使其不必过问计划执行过程中的每一个具体步骤，就可以了解工作的进展情况。

然而，由于不同的企业和不同的部门的特殊性，有待衡量的产品与服务种类繁多，有待执行的计划方案也数不胜数，所以不存在可供所有管理者使用的统一的控制标准。但是，所有的管理者必须使他们的控制和控制标准与其控制工作的需要相一致。

对管理者来说，选择关键性控制点的能力是一项艺术。因为有效的控制取决于控制点。这些控制点有的是一些限制性的因素，有的是一些非常有利的因素，这些因素会影响到将来整个企业的业绩或计划的成败。为此，管理者在确定标准时应当自问：可以最佳地反映本部门目标的是什么？当没有符合这些目标时，可以清楚地反映情况的是什么？能最好地衡量控制点偏差的是什么？应该由谁对哪些失误负责任？哪些标准最省钱？经济适用的信息的标准是什么？

计划方案的每个目标、这些方案所包括的每项活动、每项政策、每项规程以及每项预算，都可以成为衡量实际业绩或预期业绩的标准。但实际上，标准大致有以下几种：

(1) 实物标准

这是一类非货币衡量标准，通常用于比较耗用的原材料、使用的劳动力、提供的产品及服务等。例如，单位产量工时和所耗用的燃料数、单位机器台时的产量、每吨铜导线的尺数、每日门诊的病人数等。标准也可以反映品质，诸如材料的硬度、公差的精密度、飞机的爬升高度、纤维的强度、颜色的牢固度等。

(2) 成本标准

是货币衡量标准，与实物标准一样可以适用于企业的各个层次。这类标准是用货币值衡量经营活动的成本。例如，单位产品的直接成本和间接成本、单位产品或每小时的人工成本、单位产品的原材料成本、单位面积的土地使用成本等。

(3) 资本标准

是用货币来衡量实物项目而形成的，是成本标准的变种。这些标准与企业的投入资本有关，而同资本运营无关。对于新的投资和综合控制而言，使用最广泛的标准是投资报酬率。还有其他的标准如负债比率、债务与资本净值比率、现金及应收账款与应付账款的比率等。

(4) 收益标准

把货币值用于销售量的计算。例如，公共汽车每公里的收入、每名顾客的平均购货额、在某市场范围内的人均销售额、每治愈一个病人的收入等。

(5) 计划标准

为进行控制有时会安排管理者编制一个可变动预算方案，或者一个准备实施的新产品开发计划，或提高销售人员素质的计划。在评估计划的执行情况时，虽然难免会运用一些主观判断，但也还可以运用计划中规定的时间安排和其他因素作为客观的判断标准。

(6) 无形标准

也就是既不能以实物又不能以货币来衡量的标准。管理者经常遇到这样的难题：能用什么标准来测定公司人事部主任的才干？能用什么标准来确定广告计划是否符合长期目标？办公室的职员是否机灵？等等。对于这类问题，要确定既明确定量又明确定性的标准是非常困难的。任何一个企业当中都存在着许多无形标准，这是因为对于一些工作的预期成果还缺乏具体的研究。或者，在工作业绩涉及人际关系尤其是在上层机构中，很难衡量何谓“良好”、“有效果”或“有效率”。虽然心理学家和社会学家提出了测试、调查和抽样方法，使得判断人的行为与动机已有可能，但对于人际关系的许多管理控制却仍要以一些无形标准、主观判断、反复试验有时甚至是以纯粹的直觉为依据。

(7) 以指标为标准

一些管理出色的企业往往要在每一层次的管理部门建立可考核的定性指标或定量指标，这些指标往往反映了企业的一种理想。无形标准尽管也很重要，但在日益减少。通过这些指标来进行复杂的计划工作或衡量管理者的业绩。定量指标一般采取上文讨论过的各类标准。而定性指标的规定意味着标准领域内的一个大发展，尽管它不能像定量指标那样准确地考核，但可以用详细的说明计划或一些具体目标的特征和完成日期来增强其可操作性。

在实际工作当中，不管采取哪种类型的标准，都需要按照控制对象的特点来决定。

案例 6.4　　苹果公司的控制

1977 年，技术专家史狄夫·渥兹尼克和销售天才史狄夫·雅可布创立了苹果计算机公司很快公司就取得了非凡的成功。但是，成功没能持续很久，部分原因是 IBM 个人计算机的问世。在 20 世纪 80 年代早期，一些观察家认为，苹果计算机公司需要更加严格的控制和更为专业化的管理方法。百事可乐公司的约翰·斯科利被请到苹果公司来做指导。

为控制公司，斯科利采用了降低成本的方法来改善盈利状况，并与此同时增加了研究和开发费用以便使公司能保持技术上的领先地位。可后来，斯科利却受到指责，说他研究和开发费用投入不够，广告费用投入过多。为减少重复环节，降低损益平衡点以及部门间的摩擦，苹果公司重组了公司。为提高效益和效率，苹果公司引入了新的汇报程序。此外，在控制库存方面也做了大量的工作，而库存问题又往往是个人计算机公司面对的主要问题。这些措施，连同苹果公司将 Macintosh 引入 IBM 占主导的商务市场这样一个成功的战略以及桌面印刷的普及，使苹果公司 1986 年财政年度的收入增加了 150%多。

思考题：

（1）计划和控制二者之间的关系如何？

（2）其他什么样的计划可用于组织的控制？

资料来源：作者不详. 苹果公司的控制[DB]. 道客巴巴. [2014-05-16]. http://www.doc88.com/p-109817843762.html

2. 衡量绩效

衡量绩效其实也是控制当中信息反馈的过程。在确定了标准以后，为了确定实际工作的绩效究竟如何，管理者首先需要收集必要的信息，考虑如何衡量和衡量什么。这样，一方面可以了解计划的执行过程；另一方面，还可使管理者及时发现那些已经发生或预期将要发生的偏差。

（1）如何衡量

有四种信息常常被管理者用来衡量绩效，它们是：个人观察、统计报告、口头汇报和书面报告。这些信息分别有其长处和短处，但是，将它们结合起来，可以大大丰富信息的来源并提高信息的准确程度。

个人观察提供了关于实际工作的最直接和最深入的第一手资料。这种观察可以包括非常广泛的内容，因为任何实际工作的过程总是可以观察到的。个人观察的显著优势是可以获得面部表情、声音语调以及怠慢情绪等等，它是常被其他来源忽略的信息。

计算机的广泛应用使统计报告的制作日益方便。这种报告不仅有计算机输出的文字，还包括许多图形、图表，并且能按管理者的要求列出各种数据。尽管统计数据可以清楚有效地显示各种数据之间的关系，但它们对实际工作提供的信息是有限的。统计报告只能提供一些关键的数据，它忽略了其他许多重要因素。

信息也可以通过口头汇报的形式来获得，如会议、一对一的谈话或电话交谈等。这种方式的优缺点与个人观察相似。尽管这种信息可能是经过过滤的，但是它快捷、有反馈，同时可以通过语言词汇和身体语言来扩大信息，还可以录制下来，像书面文字一样能够永久保存。

书面报告与统计报告相比要显得慢一些，与口头报告相比要显得正式一些。这种形式比较精确和全面，且易于分类存档和查找。

这四种形式各有其优缺点，管理者在控制活动中必须综合使用方能获得较好效果。

(2) 衡量什么

衡量什么是比如何衡量更关键的一个问题。如果错误地选择了衡量的内容，将会导致严重的不良后果。衡量什么还将会在很大程度上决定企业中的员工追求什么。衡量什么，简单来说就是与计划实施相关的进度、费用、质量等，这些内容往往能反映出计划实施的状况。把计划实施的状况与上述所制定的标准进行比较。

有一些控制准则是在任何管理环境中都通用的。比如，营业额或出勤率可以考核员工的基本情况；费用预算可以将管理者的办公支出控制在一定的范围之内。但是必须承认内容广泛的控制系统中存在着管理者之间的多样性，所以控制的标准也各有不同。例如，一个制造业工厂的经理可以用每日的产量、单位产品所消耗的工时及资源、顾客退货率等进行衡量；一个政府管理部门的负责人可用每天起草的文件数、每天发布的命令数、电话处理一件事务的平均时间等来衡量；销售经理常常可用市场占有率、每笔合同的销售额、属下的每位销售员拜访的顾客数等来进行衡量。

如果有了恰如其分的衡量的内容，以及准确测定下属工作绩效的手段，那么对实际或预期的工作进行评价就比较容易。但是有些工作和活动的结果是难以用数量标准来衡量的。如对大批量生产的产品制定工时标准和质量标准是简单的，但对顾客订制的单件产品评价其执行情况就比较困难了。此外，对管理人员的工作评价要比对普通员工的工作评价困难得多，因为他们的业绩很难用有形的标准来衡量，而他们本身和他们的工作又恰恰非常的重要。他们既是计划的制订者，又是计划的执行者和监督者，他们的工作绩效不仅决定着他们个人的前途，而且关系到整个企业的未来，因此不能由于标准难以量化而放松或放弃对其衡量。有时可以把他们的工作分解成能够用目标去衡量的活动；或者采取一些定性的标准，尽管会带有一些主观局限性，但这总比没有控制标准、没有控制机制要好。

(3) 衡量间隔

在计划实施过程中，外部环境总在变，无非是变得快一些、慢一些，变得大一点、小一点。计划实施的进程随着时间也不断向前推进。偏差随时随地都可能产生。为了及时发现偏差的产生，我们自然会想到 24 小时在线监测是否有偏差的产生，这样做是最有把握的。

衡量的投入是设备、人力、经费等，产出是偏差的发现。如果所有的控制点都要做到 24 小时在线监测，那会需要很大的投入。综合考虑投入和产出的结果，合理的做法应该是：外部环境变化快和大时、计划实施进程快时，对关键控制点的偏差衡量间隔要短些；反之，偏差衡量间隔要长些。

3. 采取管理行动

控制的最后一个步骤就是根据衡量和分析的结果采取适当的管理行动。管理者应该在下列三种控制方案中选择一个：维持原状、纠正偏差、修订标准。当衡量绩效的结果比较令人满意，可采取第一种方案；如果发现偏差，就要分析偏差产生的原因，有时可能是人员不称职或技术设备条件跟不上等造成的，也可能是计划或标准有误造成的，对不同的情况要采取不同的更正行动。在此，重点讨论后两种方案。

（1）纠正偏差

如果偏差是由于计划实施的状况偏离标准而产生的，管理者就应该采取纠正措施。这种措施的具体方式可以是管理策略的调整、组织结构的完善、及时进行补救、加强人员培训、调配资源，以及进行人事调整等。

管理者在采取纠正行动之前，首先要决定是应该及时采取纠正行动，还是彻底纠正行动。所谓立即纠正行动是指立即将出现问题的工作矫正到正确的轨道上；而彻底纠正行动首先要弄清工作中的偏差是如何产生的，为什么会产生，然后再从产生偏差的地方开始进行纠正行动。在日常管理工作中，许多管理者常以没有时间为借口而不采取彻底纠正行动，或者因为采取彻底纠正行动会遇到思想观念、组织结构调整以及人事安排等方面的阻力，而满足于不断的救火式的应急控制。然而事实证明，作为一个有效的管理者，对偏差进行认真的分析，并花费一些时间从根本上纠正这些偏差是非常有益的。

（2）修订标准

工作中的偏差也可能来自不合理的标准，也就是说指标定得过高或过低，或者是原有的标准随着时间的推移已不再适应新的情况。这种情况下，需要调整的是标准。

但是应当注意的是，在现实生活中，当某个员工或某个部门的实际工作与目标之间的差距非常大时，他们往往首先想到的是责备标准本身。比如，学生会抱怨扣分太严而导致他们的低分；销售人员可能会抱怨定额太高致使他们没有完成销售计划。人们不大愿意承认绩效不足是自己努力不够的结果，作为一个管理者对此应保持清醒的认识。如果你认为标准是现实的，就应该坚持，并向下属讲明你的观点，否则就应做出适当的修改。

除了上述情况外，也可能出现的一种情况是：外部环境变化的太大，造成偏差无法消除，以至于原定的目标无法实现，这样的话，就需要重新制订新的计划。

图 6.4 总结了控制的过程。控制过程其实可以看作是整个管理系统的一个组成部分，并且是和其他管理职能紧密相连的。管理者可以运用改变航道的原理重新制订计划或调整目标来纠正偏差；可以运用组织职能重新委派职务或进一步明确职责来纠正偏差；可以采用妥善地选拔和培训下属人员或重新配备人员来纠正偏差；也可以通过改善领导方式方法或运用激励政策来纠正偏差。控制活动与其他管理职能的交错重叠，说明了在管理者的职务中各项工作是统一的，说明管理过程是一个完整的系统。

6.2.2 有效控制的要求

要进行有效的控制需要注意下述方面。

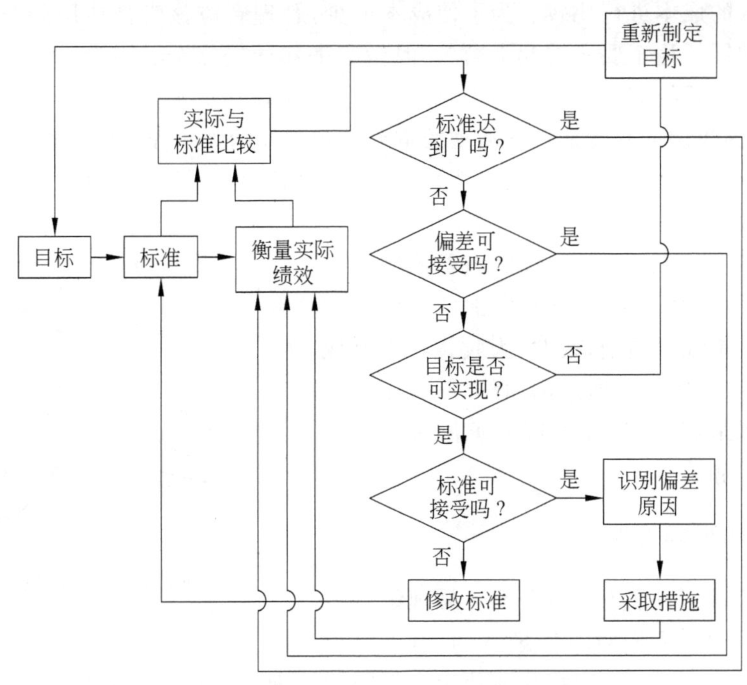

图 6.4　控制过程

1. 控制的客观性

控制应该客观，这是对控制工作的基本要求。在对员工的工作绩效进行评价时，比较容易受主观因素的影响。这可能来自两种心理方面的作用，一种是"晕轮"效应，即以点代面，把人的行为的某一点覆盖于人的全部行为之上；另一种是"优先"效应，即把第一印象看得很重要，先入为主以至于影响今后的评价。管理者应严防上述两种心理效应在评价工作中的出现，因为如果没有对绩效的客观的评价或衡量，就不可能有正确的控制。

保证控制客观性的最有效的办法就是建立客观的、准确的和适当的标准。这种标准可以是定量的，也可以是定性的。但不论形式怎样，标准必须合理、高低适度、能够达到而且应该是可以测定和可以考核的。

2. 控制的灵活性

控制系统应该具有足够的灵活性以适应各种不利的变化，或利用各种新的机会。面对已经更改的计划，或者出现了未预料到的情况，控制职能应能够发挥作用。况且，几乎没有处于极稳定的环境而不需要适应性的企业，任何企业都需要随时间和条件的变化而调整其控制方式。

3. 控制的经济性

控制是一项需要投入人力、物力、财力的事情，从经济角度上看必须是合理的，如果控制所付出的代价比它得到的好处要大，那么就失去了意义。任何控制系统产生的效益都必须与其投入的成本进行比较。为了使成本最少,管理者应该尝试使用能产生期望结果的最少量的控制。这个要求看起来简单,但做起来却比较复杂。因为一个管理者有时很难确定某个控制系统究竟能带来多少效益,也难以计算其费用到底是多少。是否经济也是相对的,因为控制的效益随业务活动的重要性和规模的大小而不同。在实际工作中,我们应尽可能有选择地进行控制,精心选择控制点;另外,尽可能改进控制方法和手段以降低消耗提高效益。

在图 6.5 中,可以明显地看出随着控制要求的提高,所付出的成本是非线性增加的。假设控制带来的收益是线性递增,效益(为收益与控制成本之差)是一条如图 6.5 所示的曲线,在一定的控制要求下达到最高,此后随控制要求的进一步提高而呈下降趋势。

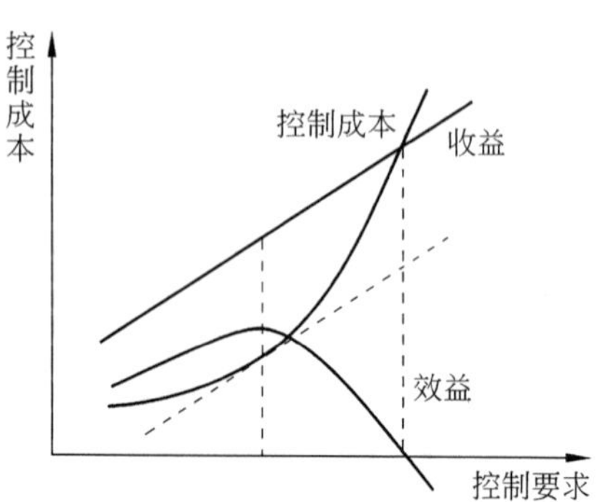

图 6.5 控制的经济性

4. 控制的可操作性

控制为管理者所使用,一个不容易理解的控制是没有价值的。人们对不能理解的,就不会信任;而对不信任的,就不会去操作或使用。不同的管理者适合或者擅长不同的控制技术。即使是很聪明的管理者也可能被专家的某些复杂技术而难倒。这方面的专家一定不会对别人炫耀自己如何内行,而是宁愿去设计一种让人们容易理解、容易掌握的方法或系统。如果从一个相当粗糙的系统中能够获得 80%的效益,那么这个系统远比一个虽然完善但难以使用而得不到任何好处的系统更有价值。

5. 控制的及时性

控制时机的选择十分重要。较好的控制必须能及时发现偏差,及时提供信息,使管理者能迅速采取措施加以更正。再好的信息,如果过时了,也将是毫无用处的,而且往往会造成不可弥补的损失。时滞现象是反馈控制中一个难以克服的困难。虽然从检查实施结果、将结果同标准比较、到找出偏差,可能不会花费很长的时间;但分析偏差产生的原因,并提出纠正偏差的具体办法也许旷日持久,当真正采取这些办法去纠正偏差时,实际情况可能有了很大变化。解决这一问题的最好办法是采取预防性控制措施。一个真正有效的控制系统应该能及时发现出现的偏差,采取措施的力度要大,或及时调整计划,而不是等问题大了后再去解决。

6. 控制的全局性

在组织结构中,各个部门及其成员都在为实现其各自的或局部的目标而活动着。许多管理者在进行控制工作时,往往从本部门的利益出发,只求能正确实现自己局部的目标而忽视了企业目标的实现。其实企业的总目标是要靠各部门及全体成员协调一致的活动才能实现的。因此对一个合格的管理者来说,在进行控制工作时,不能没有全局观点,要从整体利益出发来实施控制,将各个局部的目标协调一致。

7. 控制应突出重点

管理者不可能控制企业中的每一件事情，即使是能这样做，也将是得不偿失。因此，管理者应该控制那些对企业行为有战略性影响的因素。控制应该包括企业中关键性的活动、作业和事件。也就是说，控制的重点应放在容易出现偏差的地方，或者放在偏差造成的危害很大的地方，而不是眉毛胡子一把抓。要做好这一点，必须准确识别关键控制点。

8. 控制的纠正措施

有效的控制不仅可以指出偏差，而且还应能揭示哪些环节发生了偏差，应由谁负责，并能建议如何纠正这种偏差。也就是说，它应该在指出问题的同时给出解决问题的办法，确保能采取适当的纠正措施，否则这个系统就等于名存实亡。只有通过适当的计划工作、组织工作、领导工作来纠正偏差，才能证明该控制系统是有效的。

6.3 控制的原理和方法

6.3.1 控制的原理

要使控制工作发挥应有的作用，在建立控制系统或进行控制活动时应遵循以下几个原理。

1. 未来导向的原理

未来导向的原理，是指控制工作应当着眼未来，而不是只有当出现了偏差才进行控制。由于在整个控制系统中存在着时滞，所以一个控制系统不能完全以信息反馈为基础，而要在科学预测的基础上，做好应付各种问题的预案，才能使管理者能够有效地预防偏差或及时采取措施纠正偏差。也就是说，控制应该是前向的，这才合乎理想。实际上这条原理往往被忽视。主要原因是大多数管理者一般依赖历史数据，在现有的管理工作水平下不容易做到未雨绸缪。但时滞问题促使我们要投入更大的精力来从事面向未来的控制，这是一件很有意义的事情。

2. 反映计划的原理

反映计划的原理，是指计划越明确、越完备和越综合化，则控制越能用来体现这类计划，控制也越能有效地为管理者的需要服务。每一项计划每一项工作都各有其特点。所以，为实现每一项计划每一项工作所设计的控制系统和所进行的控制工作，尽管基本过程是相似的，但在确定用什么标准、控制哪些关键点、收集什么信息、采用何种方法评定绩效、由谁来控制和采取纠正措施等方面，都必须按不同计划的特殊要求和具体情况来设计。因为控制的任务是保证计划能按预期的目的得到执行，所以一个控制系统就不能在没有计划的情况下设计，而且设计还要反映计划的要求。

3. 适宜性原理

适宜性原理，是指一个企业的结构如果是明确而完善的，则控制就能很好地反映出组织结构中哪个部门或人员应对采取措施承担责任，也就能及时地纠正偏差。因为计划是由人来执行的，所以一旦出现偏差就必须由相应的管理者来负责，而这些管理者的职责正是通过组织机构而被授权的。因此，控制工作除了要能及时地发现执行过程中发生偏差的情况外，还必须知道发生偏差的责任和采取纠正措施的责任应由谁来承担，这需要由相应的组织机构的设计来完成。

4. 关键点控制的原理

关键点控制的原理，是指管理者选择计划的关键点来作为控制的标准可以使控制更为有效。因为人的精力是有限的，控制的费用也是有限的，所以管理者没有必要考察计划执行的每个细节，他们只需注意那些对计划的执行起举足轻重作用的关键性问题或因素，并能够以此来掌握任何一个偏离了计划的重要偏差，而不必事事留意。管理者如何选择关键点也体现了个人的管理艺术和水平。

5. 例外原理

例外原理，是指管理者的控制应当顾及例外情况的发生，不至于面临重大的偏差而不知所措。也就是说，管理者应把主要注意力集中在那些出现了特别好或特别坏的情况上。这一点常常同关键点控制原理混淆起来。其实，关键点控制原理是强调控制应当重视一些关键的点，而例外原理是强调必须留意在这些关键点上偏差的规模。如果把两者很好地结合起来就可以使控制工作既有好的效果，又有高的效率。

6. 采取措施原理

采取措施原理，是指脱离计划的已知偏差，只有通过适当的计划工作、组织工作和领导工作得到了纠正，才能证明控制的有效。在实际工作中，有许多例子表明这样简单的真理被人遗忘了。如果控制工作不辅之以措施，则管理工作只是管理部门人力与时间的浪费而已。如果发现已经或将要出现的偏差，就要提出纠正措施；或者重新制订计划，使计划的执行纳入正轨。这可能会要求重组或培训下属人员，使之胜任所承担的工作；也可能只是指导下属理解计划或激励他们去实现计划而已。不管怎样，采取措施是必需的。

6.3.2 控制的方法

1. 预算控制

(1) 预算的概念与作用

预算是以财务术语（如收入、费用以及资金等），或者以非财务术语（如直接工时、材料、实物销售量和生产量等）来表明企业的预期成果，它是用数字编制的反映组织在未来某一个时期的综合计划。预算可以称为“数字化”或“货币化”的计划，它通过财务形式把计划分解落实到组织的各层次和各部门中去，使管理者能清楚地了解哪些资金由谁来使用、计划将涉及哪些部门和人员、多少费用、多少收入以及实物的投入量和产出量等。管理者以此为基础进行人员的委派和任务的分配、协调和指挥组织的活动，并在适当的时间将组织的活动结果和预算进行比较，若发生偏差及时采取纠正措施，以保证组织能在预算的限度内去完成计划。同时，预算可使组织的成员明确自己及本部门的任务和权责，更好地发挥作用。因此，预算从战略和全局的角度保障组织计划顺利地执行。

(2) 预算的种类

预算的种类很多，概括地可以分为以下几种：

① 收支预算。这是以货币来表示企业的收入和经营费用支出的计划。由于企业主要是依靠产品销售或提供服务所获得的收入来支付经营管理费用并获取利润的，因此销售预测是计划工作的基石，销售预算是预算控制的基础，是销售预测的详细的和正式的说明。表 6.1 是一个简单的销售预算的例子。

表 6.1　某企业的销售预算(截至 2008 年 12 月 31 日)

产品	地区	销售量/件	单位销售价/元	总销售额/元
A	东北	2 500	80	200 000
	华北	1 500	80	120 000
	其他	2 000	80	160 000
	总计	6 000		480 000
B	东北	3 000	110	330 000
	华北	2 000	110	220 000
	其他	2 400	110	264 000
	总计	7 400		814 000
总销售营业收入				1 294 000

② 时间、空间、原材料和产品产量预算。这是一种以实物单位来表示的预算。因为在计划和控制的一定阶段采用实物数量单位比采用货币单位更有意义。常用的实物预算单位有直接工时数、台时数、原材料的数量、占用的平方米面积和生产量等。此外，用工时或工作日来编制所需要的劳动力预算也是很普遍的。

③ 资本支出预算。资本支出预算概括了专门用于厂房、机器、设备、库存和其他一些类目的资本支出。由于资本通常是企业最有限制性的因素之一，而且一个企业要花费很长的时间才能收回厂房、机器设备等方面的投资。因此，对这部分资金的投入一定要慎重地进行预算，并且应尽量与长期计划工作结合在一起。

④ 现金预算。这实际上是对现金收支的一种预测，可用它来衡量实际的现金使用情况。它还可以显示可用的超额现金量，因而可以用来编制剩余资金的赢利性投资计划。从某种意义上来说，这种预算是组织中最重要的一种控制。

⑤ 资产负债表预算。它可用来预测将来某一特定时期的资产、负债和资本等账户的

情况。由于其他各种预算都是资产负债表项目变化的资料依据，所以，此表也就验证了所有其他预算的准确性。

⑥ 总预算。通过编制预算汇总表，可以用于企业的全面业绩控制。它把各部门的预算集中起来，反映了公司的各项计划，从中可以看到销售额、成本、利润、资本的运用、投资利润率及其相互关系。总预算可以向最高管理层反映出各个部门为了实现企业总的奋斗目标而运行的具体情况。

(3) 预算的不足与改进

尽管预算是一种普遍使用的、行之有效的计划和控制方法，但它也存在着一些不足之处：

① 容易导致控制过细。某些预算控制计划过于烦琐，详细地列出细枝末节，以致束缚了管理者在管理本部门时所必需的自由，出现了预算工作过细过死的倾向。

② 容易导致本位主义。有些管理者只把注意力集中在尽量使自己部门的经营费用不超过预算，而忘记了自己的首要职责是实现组织的目标。因而，部门的预算目标有时会取代组织目标。

③ 容易导致效能低下。预算通常是在上年度成果的基础上按比例增减来编制，所以许多管理者也常常以过去所花的费用作为今天预算的依据；同时他们知道他们的申请多半是要被削减的，因此预算的申请数总要大于它的实际需要数。

④ 缺乏灵活性。这也许是预算最大的缺陷。因为实际情况常常会不同于预算时的情况，情况的发展变化可以使一个刚编出来的预算很快过时。若这时管理者还受预算约束的话，那么预算的有效性就会减弱或者消失，甚至会有碍于企业目标的实现。

为了克服预算存在的不足，使预算在控制中更加有效，有必要采用可变的或灵活的预算方案。

这类预算通常是随着业务量(生产量或销售量)的变化而做出不同的安排，其编制依据是对费用项目进行分析，以此来确定各个费用项目应怎样随着业务量的变化而变化。这种预算主要适合于在费用预算中的应用。

编制可变预算的另一种方法是编制可选择的和补充的预算。这种预算是按预测的各种不同情况，编制上、中、下三种不同经营水平的预算，使管理者可根据本部门的经营情况，灵活选择使用其中的一种。

人们还可以通过追加预算的办法来增加预算的弹性。即在中期或长期计划的基础上，通过预测该月业务量来编制每月的补充计划，这样可使每个管理者有权在基本预算的基础上，安排生产进程和所要使用的资金。

另外还有一种以零为基础的“零基预算”，同样可以克服不灵活的缺陷。这种方法的基本思想是，把组织的计划分为由目标、业务和所需要的资源等所组成的几个“分计划”，然后从零开始计算每个分计划的费用。由于每个分计划的预期费用都是以零为基础开始重新计划的，因而避免了预算控制中只注意前段时间变化的倾向。这种方法的优点在于：它迫使管理者重新安排每个分计划，这样可以从整体出发，连同新计划及其费用一起来考察现有的计划及其费用。但是，这种方法一般仅应用于一些辅助性业务领域而不适用于实际生产性企业。这是因为在辅助生产的部门，例如，销售、人事、计划、财务和研究与发展等方面的大多数计划，对各项费用的安排都拥有一定的自主权。

(4) 预算的编制

在编制预算之前，应首先建立一套预算制度。通过规章制度的建立，为预算的制定和执行提供保障；同时，选择出预算的类型，确定预算的期限、分类等。在此基础上，可以参考下述步骤来编制预算：

① 上层管理者将可能列入预算或影响预算的计划和决策提交预算委员会。预算委员会在综合考虑各种因素后，估计或确定未来某一时期内的业务量。根据预测的业务量、价格与成本，又可预测该时期的利润。

② 预算负责人向各部门管理者提出有关预算的建议并提供必要的资料。

③ 各部门管理者根据企业的计划和拥有的资料，编制出本部门的预算，并由他们相互协调可能发生的矛盾。

④ 企业预算负责人将各部门的预算汇总整理成总预算，并预拟资产负债表及损益表计算书，以表示组织未来预算期限中的财务状况。最后将预算草案交预算委员会和上层管理者核查批准。

预算批准后，在实施过程中，必须经常检查和分析执行情况，必要时可修改预算，使之能适应企业发展的需要。

(5) 有效预算控制的要求

如果要使预算控制很好地发挥作用，那么，管理者必须明确：预算仅仅是管理的手段，而不能代替管理的工作；预算具有局限性，而且必须切合每项工作。另外，预算不仅仅是财务人员和总会计师的管理手段，而且也是所有管理者的管理手段。有效的预算控制必须注意以下几个方面：

① 高层管理部门的支持。要使预算的编制和管理最有效果，就必须得到高层管理部门全心全意的支持。首先要给下属编制预算的工作在时间、空间、信息及资料等方面提供方便条件。另外，如果公司的高层管理部门积极地支持预算的编制工作，并将预算建立在牢固的计划基础之上，要求各下属单位和各部门编制他们各自的预算，并积极地参与预算审查，那么，预算就会促使整个企业的管理工作完善起来。

② 管理者的参与。使预算发挥作用的另一种方法就是高层部门的直接参与，也就是希望那些按预算从事经营管理的所有管理者都置身于预算编制工作。多数预算负责人和总会计师都有这样的感觉，即真正地参与预算编制工作是保证预算成功的必要条件。不过在实际中，参与往往变成了迫使管理者仅仅去接受预算而已，这是不足取的。

③ 确定各种标准。提出和制定各种可用的标准，并且能够按照这种标准把各项计划和工作转换为对人工、经营费用、资本支出、厂房场地和其他资源的需要量，这是预算编制的关键。许多预算就是因为缺乏这类标准而失效的。一些管理者在审批下属的预算计划时之所以犹豫不决，就是因为担心下属提供审查的预算申请额度缺乏合理的依据。如果管理者有了合理的标准和适用的换算系数就能审查这些预算申请，并提出是否批准这些预算申请的依据，而不至于没有把握地盲目削减预算。

④ 及时掌握信息。如果要使预算控制发挥作用，管理者需要获得按照预算所完成的实际业绩和预测业绩的信息。这种信息必须及时向管理者表明工作的进展情况，应当尽

可能地避免因信息迟缓导致发生偏离预算的情况发生。

案例 6.5 深航公司预算控制

公司基本情况

深圳航空有限责任公司 1992 年 11 月成立，1993 年 9 月开航，是一家由广东广控（集团）公司、中国国际航空公司、全程物流（深圳）有限公司、深圳鼎协实业有限公司、深圳众甫地有限责任公司 5 家企业共同投资经营的股份制航空运输企业，主要经营航空客、货运输业务。目前拥有 24 架 B737 系列飞机，总资产 36.2 亿元，员工 1 900 多人，下辖 2 个分公司、5 个子公司、30 多个驻外营业部，经营国内航线 80 多条。深航连续 12 年保持盈利，是目前中国单位成本最低、盈利能力最强的航空公司之一。在深航的管理实践中，其"低成本预算管理"被评为国家创新成果二等奖，在内部推行的"平衡计分卡"等管理方法也已取得明显成效。

简化机型

飞机的机型一旦确定，后期的维护和人员训练费用就基本确定下来。因此，前期的飞机机型引进非常重要。该公司开始只引进"波音"系列飞机，一般只引进两种基本机型。这样，后期的飞机维护和人员训练费用将大大降低。

低成本预算管理

以公司的战略规划和综合计划为依据，以降低成本为主线，将公司的预算管理与目标成本管理有机结合，强调科学合理规划目标成本，并将其作为预算标准分解到责任部门和责任人；通过预算控制，对企业生产经营活动中影响成本的各种因素加以管理，一旦发现与目标成本之间存在差异，立即采取有效的措施加以纠正；最终，以预算目标考核责任人和责任部门。

预算控制的主要做法有：(1)组建成本控制机构：公司级的成本控制委员会由公司总裁挂帅，总会计师具体负责；在财务部门设立成本控制工作小组，负责日常管理；在各部门和分公司设立成本控制专员，负责成本控制工作的组织、协调和报告等。(2)成本项目管理，针对可控制性最强的航油、维修、配餐、后勤等成本成立专门控制小组，对相关成本进行研究分析，提出具体措施。通过这些具体措施，降低了公司成本，例如：人均旅客餐食份数降低了 10%，机供品回收率控制在 20%以下。(3)控制方式向流程化、系统化转变，通过改善流程来提高管理效益。

思考题：

结合所学知识，谈谈对预算控制的看法；想一想如何才能有效地发挥预算控制的最大作用。

资料来源：作者不详. 深圳航空公司的全面预算管理[DB]. 豆丁网. [2014-05-16]. http://www.docin.com/p-523228148.html

2. 非预算控制

上面介绍的预算控制是一种传统的而又广泛使用的控制方法。随着社会的发展和科学技术的进步，企业的规模越来越大，劳动分工越来越细，管理活动越来越广泛而复杂，信息量也越来越大，控制的技术和方法在传统的基础上也得到了很大的丰富和发展。在这里，我们根据管理对象的不同，简要介绍几种其他的控制方法和技术。需要指出的是，不管采用哪种控制方法和技术，都必须有一个管理系统作为保障，而且在实际管理活动中，必须随机应变，灵活应用。

(1) 审计法

审计是一种常用的控制方法，财务审计与管理审计是审计控制的主要内容，近来推行以保护环境为目的的清洁生产审计。所谓财务审计是以财务活动为中心内容，以检查并核实账目、凭证、财物、债务以及结算关系等客观事物为手段，以判断财务报表中所列出的综合的会计事项是否正确无误，报表本身是否可以信赖为目的的控制方法。通过这种审计还可以判明财务活动是否符合财经政策和法令。所谓管理审计是检查一个单位或部门管理工作的好坏，评价人力、物力和财力的组织及利用的有效性。其目的在于通过改进管理工作来提高经济效益。此外，审计还有外部审计和内部审计之分，外部审计是指由企业外部的人员对企业的活动进行审计；内部审计是企业自身专门设有审计部门，以便随时审计本企业的各项活动。

审计工作有一些公认的原则，以保证审计的有效性。这些原则具体包括：

① 政策原则，即审计工作必须符合国家的方针政策；

② 独立原则，审计监督部门应能独立行使职权，不受任何干涉；

③ 客观原则，审计一定要实事求是地进行，客观地做出评价和结论；

④ 公正原则，审计工作必须站在客观的角度上，不偏不倚，公正地进行判断；

⑤ 群众原则，审计工作要走群众路线，依靠群众才能解决许多困难问题；

⑥ 经常性原则，审计工作应经常化、制度化。

(2) 财务报表分析

财务报表是用于反映企业经营的期末财务状况和计划期内的经营成果的数字表。财务报表分析，也称经营分析，就是以财务报表为依据来判断企业经营的好坏，并分析企业经营的长处和短处。它主要包括三种分析：第一，利润率分析，指分析企业收益状况的好坏；第二，流动性分析，指分析企业负债与支付能力是否相适应，资金的周转状况和收支状况是否良好等；第三，生产率分析，指分析企业在计划期间内生产出多少新的价值，又是如何进行分配将其变为人工成本、应付利息和净利润的。

财务报表分析法主要有实际数字法和比率法两种。实际数字法是用财务报表分析中的实际数字来分析，但有时这种绝对的数字不能准确地反映企业的不同时期或不同企业间的实际水平，因为企业在不同的时期以及在不同的企业之间条件不同，规模大小不同，行业标准不同。比率法是求出实际数字的各种比率后再进行分析，更好地体现出了相对性，所以比较常用。

（3）网络分析法

网络分析法就是应用网络图来反映出一项计划中的任务、活动过程、工序、工期及费用的先后顺序或相互关系，通过计算确定出关键路径作为控制的重点，寻求最佳的控制方案。网络分析法可以有效地对项目中使用的人力、物力、财力等进行平衡，能够合理而经济地控制项目的进度和成本，能够在实施过程中出现偏差时找出原因和关键性的因素，并从总体上进行调整，以保证项目如期完成。从某种意义上说，网络分析法是一种前馈控制，它可以及时弥补由于前面项目拖期而造成的时间短缺，而不致影响整个工期；另外，网络分析法体现了关键点控制的原理，通过把握关键路径，可以使控制工作更加简化、经济、高效。

（4）统计分析法

统计分析法是运用各种数量分析方法，对有关的历史数据进行统计分析，从而了解有关因素的发展情况，并据此进行趋势预测的方法。对组织运作和管理的各个方面进行数量化统计分析以及进行趋势预测，对于管理者进行控制来说是十分重要的。根据分析的结果，管理者就可以采取相应的措施，纠正已经发生的错误，预防可能发生的偏差。

（5）专题分析法

专题分析法是指有专门的人员针对某一专题作出专门的报告和分析的方法。专题分析法有助于对具体问题的控制。高层管理者聘用数名训练有素的分析人员组成一个参谋小组，在自己的控制下专门从事某些事项的调查研究和分析，往往可以揭示出例行的统计图所无法反映出来的一些不正常的工作情况或更好地运用资源的机会。

（6）现场观察

管理者不应忽视通过亲自观察来进行控制的重要性。预算、图表、审计人员的建议以及其他控制方法对控制都很重要，但管理者如果完全依赖这些控制方法是很难做好控制工作的。通过现场观察，即使是偶然到车间或办公室走马观花的转一圈，也能得到相当多的信息，这就是所谓的“走动管理”。

3. 作业控制

作业控制是指从劳动力、原材料等资源到最终产品和服务的转换过程中的控制。任何一个企业都是通过一个作业系统将输入转换成输出而创造价值。系统接受输入，即人、设备和材料，然后将其转换成能满足需要的商品或服务。

目前，提高生产率已成为每一个企业控制的首要目标。生产率是指，产出的所有产品或服务与得到这些产出所需的全部投入之比。对国有企业而言，高生产率会使员工可以得到更高的工资，公司的利润得以增长而又不至于引起通货膨胀。对私人企业而言，增加了生产率则表明有了一个更具竞争力的成本结构和定出一个更具竞争力的价格的能力。在企业中，诸如生产设施的规模和布局、生产能力的利用、库存管理和维护控制等，这些都是实施作业控制，全面提高一个企业整体生产率绩效的重要决定因素。

（1）设备布局

一个企业生产设备的布置或设计方式是影响企业效率的重要因素。设备布局是一种运营管理技术，其目的是设计人—机界面来提高生产系统的效率。有三种安排车间、布局设备的基本方式：产品布局、过程布局和定位布局。

产品布局是指机器的组织方式是按照生产产品的工序来安排的。一般情况下，属于这种安排方式的工人位置是固定的，由传送带把正在制造的产品传送到下一个车间继续组装。过去，只有在生产大量产品的情况下产品布局才会有效率，然而，引入计算机控制的模块化组装线使生产小批量的产品也有效率。

过程布局，车间并不是由固定的顺序组织的。每个车间都相对独立，产品在需要进行下一步处理时被送入相应的车间，直至完成生产。过程布局通常适合于批量客户化生产产品，每种产品都根据顾客的不同需求而制造。过程布局在需要转换产品时具有灵活性，然而这种灵活性通常降低了效率。

定位布局，产品在一个固定的地点生产。它所需要的零部件由远处的车间生产，然后被送到生产区域进行最后组装。定位布局通常用于喷气式机、大型计算机和燃气涡轮机等产品的生产。这些产品要么结构复杂，难于组装；要么体积庞大，在车间之间移动非常困难。

柔性制造系统是将计算机、辅助设计、工程和制造集成为一个整体，能生产小批量的定制产品，其成本可以与大批量生产时的成本差不多。在柔性生产系统中，管理者想生产一种新部件，不用改变机器，只用调整计算机程序中的参数和设置就可以了。柔性制造系统，大大减少了生产准备的时间和调整所需的时间，大大提高了生产效率。

(2) 库存控制

企业的生产要正常连续的进行，供应流不能断，就需要有一定的库存。但库存占用了一定量的流动资金，有时会造成极大的浪费，所以必须进行库存控制以降低各种占用，提高经济效益。

库存控制主要是对量大面广的原材料、燃料、配件、在制品、半成品和产成品等存货品种和数量的控制。

① 库存品种控制

企业生产所需的物资材料种类成千上万，如果每种物资的控制方法都一样胡子眉毛一把抓，将得不偿失，应根据其数量和资金占用等情况分别对待，其中常用的方法有 ABC 分类法。ABC 分类法，也称 ABC 分析法或分类管理法，ABC 分类法主要运用二八法则对企业生产经营活动中的问题进行分类、排列，进而找出关键的少数，保证重点，关注重点问题。二八法则揭示的是在特定的群体中，重要的因子通常只占少数，而不重要的因子却占多数，只要在管理活动中控制住重要性的少数因子，便可以控制住全局。

ABC 分类法将企业的物资按其资金占用比重排列，分为 A、B、C 三类。A 类资金占用比重很大，但品种较少；C 类则相反，品种较多，但资金占用比重很小；B 类介于两者之间，其具体分类标准如下：

A 类：品种约占 10%～15%，资金占用约 70%～80%；

B 类：品种约占 20%～30%，资金占用约 15%～20%；

C 类：品种约占 60%～65%，资金占用约 5%～15%。

通过分类，对各类物资实行不同的管理。A 类品种较少，但资金占用大，是库存控制的重点，应严格控制库存品种；C 类品种多，但资金占用小，可以采用比较粗放的管理方法;B类介于A类和C类两者之间,其控制方式可根据具体情况,采取适当的管理方式。

② 库存量控制

订货的方式有定期订货和定量订货两种。定期订货控制系统是按照预先确定的时间间隔,周期性地检查库存量,随后订货,将库存补充到目标水平。定量订货控制系统就是要确定具体的订货点,当存储量降至该订货点时,立即订货。

③ JIT生产方式

JIT生产方式是由日本丰田公司发明的,称为准时制库存系统,其目标是实现零库存。它的基本思路是企业不储备原材料库存,一旦需要时,立即向供应商提出。由供应商保质保量按时送到,生产不间断进行。这种方法对供应商提出了很高的要求。供应商必须在规定的时间,按照规定的数量和质量,将原材料或零部件生产出来,并且准确无误的运输到规定的地点。但是,许多研究指出准时制库存系统事实上将库存及带来的风险转嫁给了供应商,供应商所能做的是自己消化或再次转嫁给那些为自己供货的供应商。

(3) 维护控制

企业只有拥有一个高设备利用率和最低限度的停工时间的作业系统,才能以高效率的方式提供产品或服务。一台设备的故障,就像一种库存物资缺货一样,也许就意味着成本增加、交货延迟或损失销售。

① 预防维护是指在故障发生前进行维护。

② 补救维护是故障发生后对设备进行全部检修、替换或修复。

③ 条件维护是指对设备状态进行检查后进行全部检修或部分修复。

例如,美国航空公司当飞机每飞行1 000小时就将发动机拆卸,这是一种预防维护。当条件允许时,每24小时就替换飞机轮胎,这就是条件维护。美国航空公司对机上洗手间设施的作业规定是:只有当设施出现故障时才登机修理,这就是补救维护的一个例子。

(4) 质量控制

质量有广义和狭义之分。狭义的质量指产品的质量;广义的质量还包括工作质量。

美国质量管理学会将质量定义为:“对一种产品或服务能满足对其明确或隐含需求的程度产生影响的该产品或服务特征和性质的全部。”这是目前国际上最为流行的和权威的质量定义,被各国政府和企业广泛接受。在具体的实践中,不同的人员对质量的定义又有一些不同的理解,大体上可以分为四类:

第一类定义是以用户为基准的,认为质量“在顾客服务中”,能够达到客户满意度的东西就是质量。坚持这种说法的主要是企业营销人员以及广大消费者。对他们来说,高质量意味着更优的性能、更好的品质以及尽可能少的投诉。

第二类定义是生产制造部门的理念,以制造过程为基准。他们认为,质量就是按照设计、工艺等业务流程所规定的要求去做,“第一次就做好”,没有次品和废品,严把出厂关,返修率降到最低。

第三类定义以产品为基准,主要是从质量控制和检验人员的角度出发,视质量为精确和可测量的变量。比如,他们视优质冰淇淋为乳脂含量高,高档商品房为建材坚固耐用且符合环保标准等。

第四类定义为管理专家和营销专家所下,正在成为一种被普遍接受的时尚,即:质量不仅是指产品本身，而且还反映在服务上，包括售前、售中和售后服务，这是国际市场竞争的一个直接结果。企业产品的质量、价格、供销渠道等，都是该产品需求的决定性因素。

迄今为止，质量管理和控制已经经历了三个阶段，质量管理的三个发展阶段即质量检验阶段、统计质量管理阶段和全面质量管理阶段。

质量检验阶段大约发生在20世纪20年代至40年代，工作重点在产品生产出来之后的质量检查。

统计质量管理阶段发生在20世纪40年代至50年代，管理人员主要采用统计方法作为工具，对生产过程加强控制，提高产品的质量。

从20世纪50年代开始的全面质量管理是以保证产品质量和工作质量为中心，企业全体员工参与的质量管理体系。它具有多指标、全过程、多环节和综合性的特征。如今，全面质量管理已经形成了一整套管理理念，风靡全球。

全面质量管理主要包括：①全过程质量管理。对质量管理“始于市场、终于市场”。②全企业质量管理。质量管理与各部门休戚相关，质量是做出来的不是检查出来的。③全员质量管理。④全面科学的质量管理。

(5) 时间控制

时间是一种不可再生的资源，正因为如此，我们每一个人都要珍惜时间，合理地运用每一秒钟。时间不像其他资源，有的人多，有的人少，时间对于每一个人都是公平的，每一个人每天都拥有24小时，只不过有的人利用得好，有的人利用得差。通过对时间的计划，将有助于管理者有效地利用有限的时间资源。

① 响应时间和自由时间

作为一个企业的管理者，他的时间并不都是可控的。他们常常会被要求去处理各种各样的事务和意外事故。一般地，管理者的时间可分成为两部分：一部分为不可控时间，用于响应其他人提出的各种请求、要求和问题，这部分时间称为响应时间，管理者一天的大部分时间属于响应时间；另一部分是管理者可以自行控制的，叫自由时间。正因为自由时间是可控的，所以时间管理的重点也就在如何用好自由时间上。

② 时间管理的方法

时间管理的目的是为了有效地利用时间。这要求管理者明确在一定的时期内所要达到的目标、所需进行的活动和每一项活动的重要性和紧迫性。时间管理一般包括以下几个步骤：

第一，列出目标清单。即列出你或你所管理的部门在未来一段时间内所要实现的目标，假如你运用了目标管理方法，那么这些目标应该是清楚的。

第二，将这些目标按其重要程度排序。不会所有的目标都是同等重要的，既然每一个人所拥有的时间是有限的，我们首先要做的应该是重要的事情。

第三，列出实现目标所需进行的活动。即明确为了实现上述目标，应开展哪些活动。假如运用了目标管理方法，那么这些活动也应该是清楚的。

第四，对实现每一个目标所需进行的活动排出优先顺序。排序时按每一项活动的重要性和紧迫性程度排列。可将所有活动按其重要性和紧迫性程度分成四类：必须做的、应该做的、有时间就应该做的和可授权给他人做的。必须做的是非常重要的或非常紧迫的事，应该做的是重要且紧迫的事，不紧迫的事可留到有时间的时候做，而不重要的事可授权他人来做。

第五，按所给出的优先顺序制定每日工作时间表或备忘录。在每天早上或前一天晚上，将当天或第二天所要做的事情按其重要性和紧迫性程度列出一个清单，并制定相应的时间表。

第六，按工作时间表开展工作。在工作中，要严格按时间表进行，每做完一件事都要看一看下面一件事是什么，可以有多少时间来处理这件事。尽可能地按时完成，若不能按时完成，则要重新评价其重要性和紧迫性，并据此确定将此事推后或修改工作时间表。

第七，每天结束工作时，要回顾一下当天的时间运用情况，并安排第二天的活动。通过不断地总结经验，管理者会不断地提高工作效率。

③ 时间管理中应注意的问题

在时间管理中，管理者应注意以下几个问题：

第一，掌握生物钟。每一个人在一天的不同时间里，其工作效率是不同的。管理者应掌握自己的效率周期，并以此制订自己每天的工作计划，把最重要的事情放在自己效率最高的时候做，而把日常事务和不重要的事安排在生物钟处于低潮的时候做。一般而言，这样安排将大大提高工作效率。

第二，牢记帕金森定律。帕金森定律指出，只要还有时间，工作就会不断地扩展，直至用完所有的时间。按此，在时间管理中，我们不要给一项工作安排太多的时间。如果你给一项工作分配了较多的时间，你很可能就会慢慢来，直至用完所分配的所有时间。

第三，把不太重要的事集中在一起处理。在每天的日程中安排一段固定的时间用于处理信函、接待下属、回答问题等。一般而言，这段时间应安排在生物钟处于低潮时。

第四，尽可能减少干扰。为了充分利用时间，可把生物钟处于高潮时的时间固定为自由时间。在这段时间里，要排除干扰，关起门来静心考虑问题，不接电话、不接待下属，把这些事情放在另外一段时间里。能拥有的自由时间的多少主要取决于你在组织中的地位，一般，高层管理者的自由时间多，而基层管理者的自由时间少。

第五，提高会议效率。开会在管理者的时间表中占有较大的份额。因此，提高开会效率是有效利用时间的一个重要方面。当举行一个会议时，应事先规定好会议议程和会议时间，并严格执行。

④ 时间控制的表现

时间是一种重要的资源，从某种意义上来说，时间是比人、财、物等更加重要的资源。任何企业的活动都是在一定的时间内进行的，对时间进行控制，可以使企业对其实现目标过程中的各项工作，作出合理的安排，以求按期实现企业目标。因此时间控制是管理控制的一个重要方式。

时间控制在企业生产过程中表现为控制产品的生产周期、投入时间、完工时间、工时定额、交货日期等。时间控制的目的：一是缩短单位产品的加工时间，以减少制造单位产品的工时消耗；二是使劳动对象在车间之间、班组之间、工作地之间运动时，在时间上相互衔接和配合以缩短生产周期。时间控制有利于提高工时利用率，降低生产成本，有利于按时交货，提高合同履约率，从而提高企业声誉。

时间控制的关键是要确定各项活动的进行是否符合预定时间表的时间安排。在时间控制中，甘特图和网络技术是两种常用的工具，它们都有助于物资、设备、人力在指定的时间到达预定的地点，使之紧密地配合以完成任务。

6.4 内部人控制

目前，我国国有企业公司治理还面临着许多问题，“内部人控制”就是其中最为突出的问题之一。

6.4.1 问题的由来

所有权和经营权的分离是现代公司经营的重要标志之一。随着生产力的发展，产业日渐升级，规模日益扩大，对经营能力的要求越来越高，而所有者大多力所未及，故把企业委托给经营能力强的管理者来组织经营活动，把所有权和经营权两权分离开来。在现代企业中，所有者以委托的方式将资产托付于高层管理者经营，所有者与高层管理者之间形成了所有权与经营权之间的委托代理关系，这是第一层委托代理关系。随着企业规模的扩大，高层管理者不得不再次通过授权委托中、下层管理者对部分业务加以管理，各管理层之间又形成了第二层、第三层的委托代理关系，高层管理者对下层的控制比较简单。

经营权和所有权相分离的最大的优点就是可以突破所有者自身能力的限制，委托经营能力强的管理人员来代替自己经营，从而可以获得比自己经营更高的经济效益。但是两权分离也带来了很多的弊端：第一，所有者和高层管理者的目标不同，所有者授权给高层管理者管理企业，要求高层管理者要采取措施保证股东利益最大化，而高层管理者需要对有关人员进行责权利分配，以确保企业实现经营目标。这就使得所有者与高层管理者之间存在较大的利益冲突。第二，高层管理的经营积极性不高，两权分离导致是在帮助别人经营，故经营的积极性肯定会有所下降。第三，成本高，两权分离时，所有者需要给高层管理者支付相应的薪水、酬金，提供轿车、住房、必要的办公设置等，甚至包括家属的安置问题，这些成本是高层管理者必须得到的，是所有者必须支付的显性成本。除此之外，高层管理者由于掌握着企业的经营权，也会产生一些徇私舞弊、贪污浪费等不良行为，使得所有者的资产遭到侵蚀，这些就属于所有者支付的隐形成本。而隐性成本的大小与所有者对于高层管理者的监控有着非常重要的关系。若监控有效，隐性成本就会很低；若监控失效，隐性成本就会无限制的膨胀，使得所有者的资本大量流失。这就失去了所有权和经营权相分离的初衷。因此，加强对于高层管理者的监控对于企业的良性发展刻不容缓。

目前我国上市公司有明显的内部人控制现象。所谓内部人控制，是指独立于所有者（股东）的高层管理人员处于企业的核心管理层和决策层，掌握了企业的实际控制权，由于所有者和经营者信息不对称，在公司的战略决策过程中经营者为了充分体现自身的利益，常常无视内部控制规章制度，将自己的行为凌驾于内部控制之上，滥用职权，从而获取不正当利益或做出其他不合法行为，架空了所有者的控制和监督，使所有者的权益和资产受到损害的现象。许多重大舞弊和财务信息失真案件就是因为高层管理人员的越权干预而发生的。

《会计法》已明确规定，单位负责人负有执行《会计法》的法律责任，因此必须明确企业高层管理者的职责，加强对企业高层管理者的控制。只有这样，才能使企业由上而下共同执行内部控制要求，从而推动我国企业健康发展。

6.4.2 监控措施

为了更好地对高层管理人员进行监控，切实发挥其能力和作用，同时能够有效地应对"内部人控制"问题，认为有必要从以下几个方面着手。

(1) 完善企业的法人治理结构

公司治理是指股东、董事会、监事会、经理层之间形成的权责分配、激励与约束、权力制衡关系。它所形成的一套有效的委托代理关系，可以保障投资者的最终控制权，可以维系公司各个利益相关者之间的平衡。有效的公司治理结构可以为经营管理者施展才能提供舞台。建立有效的公司治理结构的宗旨就是，在股东大会、董事会、监事会和经理层之间合理配置权限。

管理者的权力必须受到董事会的限制和监督，执行职务不兼容制度，杜绝高层管理人员交叉任职。如今董事长与总经理两职合一现象严重。董事长和总经理两职合一，本身就意味着自己监督自己，这必然导致董事会监督功能的弱化和丧失。同时，对管理者的权力实施有效监控，防止权力乱用，从而给企业带来经济损失。

(2) 设置科学合理的组织结构

组织结构设计的合理与否，直接影响到企业的经营成果。科学合理的组织结构，能够起到相互检查与制约、防止和纠正错弊的作用。

组织结构设立的一项重要任务就是权责分派。企业在设置组织结构时，首先要根据自身特点，按照不同的管理幅度划分不同的管理层次，要根据责、权、利相结合的原则，设计不同的组织结构，明确规定各职能机构的权限与责任，根据各职能机构的任务划分岗位系列，确定需要的岗位，根据岗位的需要选择合适的人才。

(3) 强化激励措施

在现代企业制度中，公司所有权与经营权的分离，使得公司的高层管理人员与公司的所有者(股东)的利益常常出现背离的倾向，公司的高层管理者对追求剩余索取有强烈的欲望。只有健全的激励机制才能正确地引导和约束公司的高层管理者不背离公司价值最大化的目标，促进高层管理者和公司所有者的目标相一致，从而促进企业经营管理活动的顺利开展。

健全高层管理者的激励机制主要可以从以下几个方面着手：一是采用年薪制和期权激励相结合，提高企业高层管理者报酬水平与企业长期绩效之间的关系，促进所有者和经营者目标的一致性。二是推行管理层收购(MBO)，使高管人员的利益与企业的利益相统一，从而提高企业的经营业绩，实现股东利益的最大化。三是大力培养经理人市场，对经理人员的选择采取市场化的标准，从而使经理人市场的竞争和声誉机制对经理人员构成外部的压力和约束。四是完善资本市场的收购接管机制，鼓励敌意收购，易于转移的公司控制权将会有效地约束高层管理人员的行为，迫使其努力工作。

(4) 健全重大事项的决策和执行程序

重大事项主要包括对外投资、资产处置、资金调度和其他重要事项。对于对外投资，规定对外投资的核算和监督的主管部门。在办理联营、合资企业立项时必须进行可行性论证和经济效益的预测，并要吸收财务人员参加，掌握投资对方的资信和资产情况。对于资产处理，制定流动资金管理、固定资产管理、无形资产、递延资产和其他资产等资产理办法，对每类资产的处置做出明确的规定。对于资金调度和其他重要事项，企业资金的筹集、调度、使用、分配等要进行严格控制，防止资金体外循环。规定各单位的所有收入和支出一律入账，不允许存在账外资金；各单位的所有资金都要纳入资金预算收支安排，资金预算安排必须经过集体讨论。

(5) 加强审计监督

对于审计部门的设置应高于其他职能部门，这样才能保证内部审计的独立性和权威性，否则形同虚设。同时要把审计工作的主要职能从查错防弊转到对公司的管理和内部控制作出分析、评价，提出建议。管理层应授予审计部门足够的权限，保证对重大疑点拥有相关的审查权力。当审计人员报告的信息显示公司必须采取某些行动时，管理层必须及时对此做出反应。

企业可以采取财务总监委派制，即由出资人向企业委派财务总监参与企业的重大经营决策，组织和监控企业日常财务活动的一种经济监督制度。实施的目的在于规范高层管理者的行为，维护所有者的合法权益。

6.5 信息技术在管理中的应用

现代企业所面临的环境已发生巨大的变化，如：市场全球化、需求多元化、竞争激烈化、战略短线化。由于环境变化的加快，企业的决策越来越依赖于获得的信息的数量、质量及利用方式的有效性。快速获得、大量汇集、准确处理、高效利用才能够迅速适应环境，跟上市场节奏。

6.5.1 管理信息系统

1. 管理信息系统的含义

管理信息系统(Management Information System，MIS)可以有广义和狭义两种理解。

广义的理解是，用于管理的信息系统都称为管理信息系统，这包括正式的和非正式的，使用计算机等工具和不使用这类工具的。因为早在计算机出现以前，在一个企业或机构之内为了进行管理活动，已经形成了信息渠道，构成了有形与无形的系统。如果冠以计算机作为限制词，则是指建立在计算机上的系统。

狭义的管理信息系统，则是指能够从内部和外部收集数据，经过加工处理，形成有用的信息，以预先确定的形式提供给各管理层次使用的、建立在计算机上的系统。

管理信息系统的结构原理如图 6.6 所示。

系统的输入是内部及外部的有关数据，数据有的来自事务处理系统(TPS)或子系统

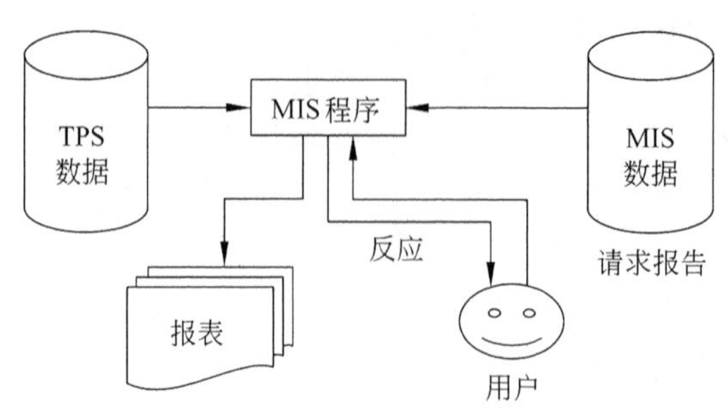

图 6.6　系统的结构

(是整个管理信息系统的有机组成部分)，有的来自其他数据源(如生产现场)。这些数据经过管理信息系统程序处理后可以存入数据库(DB)。当用户请求生成报告时，系统能够打印出书面形式报表，也可在用户终端屏幕上显示，或在其他屏幕设备上显示，例如，机场候机室中显示航班与时间的翻动屏。

管理信息系统可以为各层次、各部门服务，它常常是由许多个子系统构成的，各子系统有自己的功能与输入输出设备。数据与信息在初期是集中保存，如今有了计算机网络，就可以分散保存，随时相互沟通。

2. 管理信息系统的发展

第一台用于商业目的的计算机于 1954 年在美国安装成功，从某种程度上说这标志着管理信息系统的开始。早期的管理信息系统只能处理一些工资、账单和类似的文书工作。后来发展到能帮助不同的职能部门的管理者做出更好的决策，由单纯的财务控制手段变成越来越重要的管理工具，至此管理信息系统变成了企业内一个独立的组成部分，远程终端也引入到系统中。随后，集中式的数据处理迅速地被分布式系统所取代，即部分或全部的计算机的逻辑功能是在中央主机之外实现的，管理者变成了终端用户，个人计算机变得非常普及，数据系统部门演变成了信息支持中心。同时，计算机软件开始大量涌现，用户界面的友好程度也大大改善，使计算机的使用更加简单、方便。

在目前阶段，管理信息系统主要依赖通信软件来实现其系统目标，重点是建立和实现终端用户间的联络机制。借助于交互网络，一位管理者的计算机可以与其他计算机进行通信联系，这样就形成了电子邮件、电视会议和企业间的互联等。管理者可以携带一个小巧的移动电话和一个轻便的笔记本电脑，就可以随时与办公室中的计算机保持联系。

3. 管理信息系统在控制系统中的作用

管理信息系统的目的是向管理者提供用于决策和控制的准确而又适时的信息。而且，管理信息系统作用于企业及其所使用的资源，使得企业在多方面受到影响，使整个控制系统更加完善。

(1) 管理信息系统可以产生并提供决策和控制的信息

对于企业的上层管理者来说，健全的管理信息系统向他们提供的信息应包括：国家和上级管理部门对企业长远规划的设想、国内外市场需求的预测、国内外同类产品主要技术经济指标和主要措施等企业外部情报。根据这类信息，管理者可以制定出企业的长远计划、战略决策和经营方针等；此外，还包括一些企业内部信息，如产品产量、质量、品种、计划完成情况，利润税收计划，资金利用率指标完成情况，经济合同完成情况等。

管理信息系统可以给企业的中层管理者提供：来自下属的各种报表，各职能部门主持制定的各种定额、技术标准、技术规程和其他规章制度，来自上层的决策，企业外的情报等。

管理信息系统还向基层管理者提供上级的计划和下属的执行情况等。

这些重要的信息可以帮助不同层次的管理者做出决策或采取控制行动。

(2) 管理信息系统可以提高获得信息的效率

企业中传统的信息交流方式是，从管理者开始沿着权力结构向上交流或向下交流，主要的正式信息交流是垂直进行的。而管理信息系统允许更多的正式信息以横向或超级方式进行交流。也就是说，利用企业内部网络可以更有效地完成工作，避免“正常交流渠道”的障碍，直接地获得数据或信息，而不必拘谨地通过层次结构依次上下传递信息。管理信息系统还可以减少对信息的篡改和过滤现象。另外，高级的管理信息系统可以使管理者不必到现场就能得到及时准确的信息，这样可以提高控制的效率并降低控制的成本。

(3) 管理信息系统可以提高管理者决策和控制的能力

当一个人不能及时处理完他所接收到的所有信息时，超载现象就产生了。由于信息系统具有扫描、过滤、处理、存储和传送信息的功能，超载现象可以减少。比如，一位销售经理不再需要花费几个小时来查找几十份报告和几千个统计数据来分析某一地区的销售量为什么下降；一个功能完备的管理信息系统可以在几秒钟内迅速而准确地完成这位经理的绝大部分工作，并为他提供相应的答案。因此，管理信息系统可以提高信息处理的数量和质量，有利于管理者及时而准确地采取控制措施。

(4) 管理信息系统对组织管理方式的影响

利用计算机的信息系统与手工作业方式进行比较，它所提供的信息快速、准确且简单省力。因此，它能为管理者的决策提供详尽的、全面的、准确的数据资料，使管理者有可能及时掌握企业活动的全貌，从而促进在管理中运用系统的观点来考虑问题，并为在预测、库存、订货等计划和控制中运用数学模型来定量分析企业中的问题提供了可能。

在企业活动中，遇到的最大问题之一就是难以进行实验。特别是在相互关系复杂、变化因素多、持续时间长以及控制方法可能对企业活动带来损害的情况下，就更难以进行实验。然而，利用计算机可突破这个难关。信息系统能结合管理的需要，快速、准确地收集大量的资料为模型的建立和分析提供依据。总之，采用信息系统促使管理方法由定性向定量发展。

(5) 管理信息系统可以优化组织结构

利用管理信息系统，一方面可以整理资料、编制表格和分析数据，使管理者能直接查询使用信息，减少了管理人员的工作量，将他们从大量烦琐的事务性工作中解脱出来，从而有更多的精力去考虑具体的工作过程中的问题。另一方面，由于计算机控制代替了人的监督，其结果是控制的范围更加广泛。因此，在组织中可以减少一些专门从事数据整理、报表编制及简单操作的人员的数量，通过减员增效，优化组织结构。同时，由于计算机技术和通信技术的迅速发展，使得信息传递越来越快，提供信息不受时间和空间的限制，因而出现了促进分权管理的趋势，这对于大型的从事多种产品生产和销售性质的企业来说，有利于抓住机遇、占领市场。

此外，管理信息系统的建立还会对企业中的个人产生影响，使他们对机器和技术的看法发生改变，使他们的一些工作性质或工作方式发生改变，使人-机关系和人际关系的发展达到一个新的水平，等等。但管理工作毕竟是一项具有高度创造性的工作。任何一个管理信息系统，只能部分代替人的工作，而绝不能代替人的创造性劳动。因此，在利用信息系统时，必须充分考虑人的因素，要采用人—机系统，发挥人的能动作用，使控制的思想变为现实。

4. 管理信息系统的开发

管理信息系统是以上层管理者在决策中所要求达到的目标以及职能管理部门所提供的业务活动目标为依据，按照完成企业管理活动所应遵循的顺序而建立起来的，这个系统的建立过程，通常简称为系统开发。

(1) 系统开发的三个阶段

① 系统分析。它决定系统目标及需要。所面临的问题是：什么是需要的信息，谁要，什么时候要，什么地方要，是什么形态，这样的信息可以得到吗，从什么地方得到，资料应该什么时候用，用什么方法收集，等等。

② 系统设计。它是研究详细的系统规格来作为将来实施的依据，以达到系统的目的，满足系统的需要。一般面对的问题是：有多少人、财、物、设备及技术等资源可以应用？如何适当地利用这些资源来达成信息的需要。

③ 系统实施。包括装置、测验、转换及操作。它一般面对的问题是：人员需要什么样的培训，系统应该如何测试，有哪些必要的措施来转换现有的系统成为新的系统，什么时候才算实施完成。

(2) 系统开发的基本条件

① 建立管理体系。没有管理体系，系统将无法输入，无法加工处理，当然也就无从输出。或者由于输入数据的不正确，输出也将是无益的，甚至使管理更加混乱。

② 配备专门人才，培训企业成员。这是因为开发系统需要两方面的专门知识，即管理知识和计算机技术知识。而这两方面知识又必须结合起来才能有利于系统开发。

③ 选用计算机主机和外围设备。要明确的一点是，计算机主机和外围设备是根据信息系统的要求配备的，因此它的选用应在系统开发之中，而不是在开发之前，否则将会造成不必要的损失。

案例 6.6 戴尔公司与电脑显示屏供应商

戴尔公司创建于 1984 年，是美国一家以直销方式经销个人电脑的电子计算机制造商，其经营规模已迅速发展到当前 120 多亿美元销售额的水平。戴尔公司是以网络型组织形式来运作的企业，它联结有许多为其供应计算机硬件和软件的厂商。其中有一家供应厂商，电脑显示屏做得非常好。戴尔公司先是花很大的力气和投资使这家供应商做到每百万件产品中只能有1 000件瑕疵品，并通过绩效评估确信这家供应商达到要求的水准后，戴尔公司就完全放心地让他们的产品直接打上"Dell"商标，并取消了对这种供应品的验收、库存。类似的做法也发生在戴尔其他外购零部件的供应中。

通常情况下，供应商将供应的零部件运送到买方那里，经过开箱、检查、重新包装，经验收合格后，产品组装商便将其存放在仓库中备用。为确保供货不出现脱节，公司往往要贮备未来一段时间内可能需要的各种零部件。这是一般的商业惯例。因此，当戴尔公司对这家电脑显示屏供应商说道："这种显示屏我们今后会购买400万到500万台左右，贵公司为什么不干脆让我们的人随时需要、随时提货"的时候，商界人士无不感到惊讶，甚至以为戴尔公司疯了。戴尔公司的经理们则这样认为，开箱验货和库存零部件只是传统的做法，并不是现代企业运营所必要的步骤，遂将这些"多余的"环节给取消了。

戴尔公司的做法就是，当物流部门从电子数据库得知公司某日将从自己的组装厂提出某型号电脑××部时，便在早上向这家供应商发出配额多少数量显示屏的指令信息，这样等到当天傍晚时分，一组组电脑便可打包完毕分送到顾客手中。如此，不但可以节约了检验和库存成本，也加快了发货速度，提高了服务质量。

思考题：

1. 戴尔公司对电脑显示屏供应厂商是否完全放弃和取消了控制？如果是，戴尔公司的经营业绩来源于哪里？如果不是，那它所采取的控制方式与传统的方式有何切实的不同？

2. 戴尔公司的做法对于中国的企业有适用性吗？为什么？

资料来源：作者不详.戴尔公司与电脑显示屏供应商[DB].豆丁网.[2014-05-16]. http://www.docin.com/p-374381879.html

案例6.7 A公司怎样建立管理信息系统为好

A公司想编制其产品的生产计划，为此他们组织了一次市场调研活动。A公司首先进行了一次问卷调查，他们选取了北京、上海和广州三个城市作为代表城市，在这三个城市中随机发放问卷。他们向消费者所提供的问卷中，问答项目达几百个，而且十分具体。该调查所获得的数据被存入计算机，进行详细的分析。

此外，A公司为了改进其刚刚研制成功的产品，还邀请消费者担当"商品顾问"，让他们使用这种新的产品，然后"鸡蛋里挑骨头"，从他们那里收集各种改进的意见。A公司担心"商品顾问"有时也会提供不真实的信息，因此，研究所的市场调查人员经常亲自逛市场，"偷听"消费者购买时的对话，或者干脆装扮成消费者，四处探听店员和顾客对产品的意见。他们的目的只有一个，就是一定要搞到真正准确的信息，而不是虚假的赞誉。在亲自获取市场信息的同时，A公司还把其他部门所提供的市场分析进行加工和整理，来补充市场调查所获取信息的不足。这些从公开出版物、报纸、杂志、政府和有关行业获取的统计资料，为A企业了解整个市场的宏观信息提供了帮助。

思考题：

1. A公司收集了哪些类型的信息？

2. A公司收集的资料属于管理信息系统的何种功能？此外，还有哪些功能？

3. A 公司建立现代管理信息系统，应做好哪些工作？

资料来源：作者不详. A 公司怎样建立管理信息系统为好[DB]. 考试资料网. [2014-05-16]. http://www.ppkao.com/tiku/shiti/40754.html

6.5.2 企业资源计划

1. 企业资源计划(Enterprise Resources Planning，ERP)的产生

20 世纪 40 年代以控制库存量为目的，基于定期、定量采购方式产生了订货点法。对于某种物料或产品，由于生产或销售的原因而逐渐减少，当库存量降低到某一预先设定的点时，即开始发出订货单来补充库存，直至库存量降低到安全库存时，发出的订单所订购的物料刚好到达仓库，补充前一时期的消耗，此一订货的数值点称为订货点。订货点法本身具有一定的局限性，如某种物料库存量虽然降低到了订货点，但是可能在近一段时间企业没有收到新的订单，近期内没有新需求产生，暂时可以不用考虑补货。因此订货点法有时会造成一些较多的库存积压和资金占用。

20 世纪 60 年代，随着计算机技术的发展，企业为加强物料的计划与控制，最大限度降低库存量、减少资金占用，产生了物料需求计划 MRP(Material Requirements Planning)。MRP 系统借助计算机的运算能力，依据客户订单确定主生产计划 MPS(Master Production Schedule)，根据产品结构确定物料清单 BOM(Bill of Material)，通过将主计划展开，计算确定物料需求量，再根据在库物料，编制零件的采购或生产计划。但这种方法没有考虑到生产企业现有的生产能力和采购有关条件的约束，没有信息反馈，也谈不上控制。

20 世纪 70 年代，为了兼顾企业的生产能力，新增了生产能力需求计划 CRP(Capacity Required Plan)，CRP 模块与主生产计划 MRP 模块之间通过反馈关系形成一个封闭的回路系统，即闭环 MRP 系统。闭环 MRP 系统实现了企业生产管理中的物流管理，成为生产计划与控制系统，但与物流关系密切的资金流的管理没有涉及。

20 世纪 80 年代，随着计算机网络技术的发展，MRP 系统进一步与企业的财务、销售、技术、采购等方面的管理职能直接联结，产生了一种新的综合计划管理系统，即制造资源计划(Manufacturing Resources Planning)，为区别于物料需求计划 MRP，定名为 MRPⅡ。

MRPⅡ系统是以产品生产为核心，把企业作为一个有机整体，从整体最优的角度出发，运用计算机网络，将企业的生产、财务、销售、技术、采购等部门的管理信息综合起来，对生产全过程进行计划与控制，形成闭环生产信息管理系统，达到企业资源的最佳配置。

MRPⅡ系统包含财务会计功能，可以由生产活动直接产生财务数据，把实物形态的物料流动直接转换为价值形态的资金流动，实现物流和资金流的统一，保证生产和财务数据的一致，改变了过去资金信息滞后于物料信息的状况，有利于实时作出决策。但 MRPⅡ系统只能管理企业内部的物流和资源流。随着全球经济一体化的加速，企业与其外部环境的关系越来越密切。MRPⅡ已不能满足需要。

随着计算机通信技术的飞速发展，新的技术不断产生，如计算机辅助设计 CAD、计算

机辅助制造 CAM、计算机集成制造 CIM、客户导向制造管理系统等。为了克服 MRPⅡ的缺陷，吸收新的技术应用的成果，进而从整体上有效利用企业的资源，企业资源计划 ERP 由此产生。

信息技术发展推动了 ERP 的产生。ERP 是一种以市场和客户需求为导向，以实行企业内外资源优化配置，消除生产经营过程中一切无效的劳动和资源，实现信息流、物流、资金流、价值流和业务流的有机集成和提高客户满意度为目的，以计划与控制为主线，以网络和信息技术为平台，集客户、市场、销售、计划、采购、生产、财务、质量、服务、信息集成和业务流程重组等功能为一体，面向供应链管理的现代企业管理思想和方法。从本质上看，ERP 仍然是以 MRP 为核心，但在功能和技术上却超过了传统的 MRPⅡ，打破了 MRPⅡ只局限于传统制造业的旧的观念和格局，把触角伸向各个行业，特别是金融业、通信业、高科技产业、零售业等，大大地扩展了应用范围。

2. ERP 的管理思想

ERP 就是在 MRPⅡ的基础上通过反馈的物流和反馈的信息流及资金流，把客户需求和企业内部的制造活动以及供应商的制造资源整合在一起，体现完全按用户需求制造的一种"供应链"管理思想的功能网链结构模式。ERP 具有先进的三层客户、机、服务器结构，这种结构由数据服务器、应用服务器和客户机组成。ERP 采用多数据库集成技术，支持多种硬件平台的运行。ERP 具有图形用户界面(GUI)，方便用户使用。ERP 采用面向对象技术和第四代编程语言和开发工具。ERP 能够结合或支持其他诸如数据仓库、工作组、Internet/Intranet、电子数据交换 EDI、电子商务等技术。ERP 是现代管理思想的产物，它将许多先进的管理，如敏捷制造、精益生产、并行工程、供应链管理、全面质量管理等体现在 ERP 系统中，成为崭新的现代制造企业的管理手段。

对于企业来说，ERP 首先是管理思想，其次是管理手段与信息系统。管理思想是 ERP 的灵魂，不能正确认识 ERP 的管理思想就不可能很好地去实施和应用 ERP 系统。ERP 的核心管理思想就是实现对整个供应链的有效管理，主要体现在以下几个方面：

(1) 对整个供应链资源进行管理的思想

现代企业的竞争已经不是单一企业与单一企业间的竞争，而是一个企业供应链与另一个供应链之间的竞争，即企业不但要依靠自己的资源，还必须把经营过程中的有关各方如供应商、制造工厂、分销网络、客户等纳入一个紧密的供应链中，才能在市场上获得竞争优势。ERP 系统正是适应了这一市场竞争的需要，实现了对整个企业供应链的管理。

(2) 精益生产和敏捷制造的思想

ERP 系统支持混合型生产方式的管理，其管理思想表现在两个方面：一是"精益生产"的思想。企业把客户、销售代理商、供应商、协作单位纳入生产体系，同他们建立起利益共享的合作伙伴关系，进而组成一个企业的供应链。二是"敏捷制造"的思想。当市场上出现新的机会，而企业的基本合作伙伴不能满足新产品开发生产的要求时，企业组织一个由特定的供应商和销售渠道组成的短期或一次性供应链，形成"虚拟工厂"，把供应和协作单位看成是企业的一个组成部分，运用"同步工程"，组织生产，用最短的时间把新产品打入市场，时刻保持产品的高质量、多样化和灵活性，这即是"敏捷制造"的核心思想。

(3) 事先计划与事中控制的思想

ERP系统中的计划体系主要包括：主生产计划、物料需求计划、能力计划、采购计划、销售计划、利润计划、财务运算和人力资源计划等，而且这些计划功能与价值控制功能已完全集成到整个供应链系统中。另外，ERP系统通过定义事务处理相关的会计核算科目与核算方式，在事务处理发生的同时自动生成会计核算分录，保证了资金流与物流的同步记录和数据的一致性。从而实现了根据财务资金现状，可以追溯资金的来龙去脉，并进一步追溯所发生的相关业务活动，便于实现事中控制和实时做出决策。

(4) 信息集成和资源优化配置的思想

ERP系统体现了信息集成和资源优化配置的思想。一方面，它以市场和客户需求为导向，以实现赢利为目标，通过运用各种先进管理思想和方法对企业内外资源实行优化配置，消除生产经营过程中一切无效的劳动和资源，进而提高有效客户反应和客户满意度。另一方面，它还借助互联网技术，沟通和集成了供应链上各个合作伙伴的信息资源，使得信息在整个供应链范围内得以集成和共享，实现了供应链范围内信息流、物流、资金流、业务流和价值流的整合，极大地提高了企业和供应链的管理水平和生产力水平。

3. ERP系统的功能模块

ERP是操作性的IT系统，它搜集各方面信息，掌握了整个企业的原材料、订货、生产安排、成品库存及其他信息，它包含许多职能模块。

(1) 财务模块：记录不同部门的财务信息，如收益和成本资料。

(2) 物流模块：具有不同物流职能的几个子模块，包含了运输、库存管理和仓库管理等。

(3) 生产模块：记录生产过程的流程，标明了在什么地方、什么时间、生产什么。

(4) 订单完成模块：记录全部订单完成的循环，记录企业满足需求的过程。

(5) 人力资源模块：处理有关人力资源的任务，如人员安排。

(6) 供应商管理模块：记录供应商的表现与原材料的配送情况。

这些模块相互关联，因此每一领域的管理者都能知道其他领域的情况，使得信息资源共享，在管理中的视野更广阔。ERP系统适应了以客户为中心的管理模式。

4. ERP在中国的应用和发展

自从1981年沈阳第一机床厂从工程师协会引进了第一套MRPⅡ软件以来，MRPⅡ/ERP在中国的应用与推广经历了近30年的风雨历程。据不完全统计，我国目前有数以万计的企业购买或使用了这种先进的管理软件。然而，其应用的效果大不相同，差距较大。下面就MRPⅡ/ERP在中国的应用和发展做一个回顾和分析。

(1) 启动期

20世纪80年代是中国MRPⅡ/ERP的启动期，其主要特点是MRPⅡ的引进、实施以及部分应用。应用范围局限在传统的机械制造业内。由于受多种条件的制约，应用的效果不是很理想，被人们称之为“三个三分之一论”阶段，即：“国外的MRPⅡ软件三分之一可以用，三分之一修改之后可以用，三分之一不能用。”

在 20 世纪 80 年代，中国刚进入市场经济的转型阶段，企业参与市场竞争的意识尚不具备或不强烈。企业的生产管理问题很多，如机械制造工业人均劳动生产率大约仅为先进工业国家的几十分之一、产品交货期长、库存储备资金占用大、设备利用率低等。这时我国机械工业系统中的一些企业如沈阳第一机床厂、沈阳鼓风机厂、北京第一机床厂、北京第一汽车制造厂等先后从国外引进了 MRPⅡ软件。作为 MRPⅡ在中国应用的先驱者，他们曾经走过了一段坎坷而曲折的道路。

分析其原因。第一，存在着管理软件本身的技术问题。当时引进的国外软件基本上是运行在大、中型计算机上，多是相对封闭的专用系统，开放性、通用性极差，设备庞大，操作复杂，系统性能的提升困难。而且国外的软件没有完成本土化的工作，在中国只有极少数人能够使用，同时耗资巨大等。第二，缺少 MRPⅡ应用与实施的经验。当时对 MRPⅡ理论系统的认识只停留在初级阶段，基础较差。第三，存在着思想认识上的障碍问题。当时企业的领导大都对这一项目重视程度不够，只是将其视为一项单纯的计算机技术。

(2) 成长期

1990 年至 1996 年是 MRPⅡ/ERP 的成长期。在这期间，MRPⅡ/ERP 在中国的推广应用取得了较好的成绩，从实践上否定了以往的观念，被人们称为“三个三分之一休矣”的阶段。

随着改革开放的不断深化，我国的经济体制已从计划经济向市场经济转变，产品市场形势发生了显著的变化。MRPⅡ软件的应用领域突破了机械行业扩展到航天航空、电子与家电、制药、化工等行业，如北京第一机床厂的管理信息系统实现了以生产管理为核心，连接物资供应、生产、计划、财务等各个部门，可以迅速根据市场变化调整计划、平衡能力、效率提高了 30 多倍，为此于 1995 年 11 月获得了美国制造工程师学会(SME)授予的“工业领先奖”，成都飞机制造公司实施 MRPⅡ后，仅在进口器材管理方面就节约了 300 万元，库存积压下降 20%，生产周期缩短了 1/10，纸质信息单据减少了 50%，节约工时费用和材料费用 600 万元。

之所以取得这样的成绩，分析其原因：第一，计算机技术的发展。如客户机/服务器体系结构和计算机网络技术的推出和普及、软件系统在 UNIX 小型机/工作站上以及微机平台上的扩展和软件开发趋势的通用性和开放性。第二，中国企业已进入体制转变和创新阶段，积极地革新企业管理制度和方法，并采用新型的管理手段来增强企业的综合实力。第三，一些国外的软件公司已完成了本地化的工作，同时我国的财务制度和市场机制也逐渐向国际化靠拢。第四，人们在经历了一段学习和探索之后，在观念上开始转变，实践上也积累了一定的经验。

这段时期 MRPⅡ的应用也存在不足之处。如实施 MRPⅡ是缺少整体规划；应用广度不够，局限在制造业内；管理的范围和功能只局限于企业内部，尚未将触角伸向市场。

(3) 成熟期

由于 MRPⅡ的局限性，1997 年后开始引入 ERP 概念。不少国外 ERP 软件出现在中国市场上。许多中国软件公司开始向 ERP 领域进攻。有些企业购置了商品化 ERP 软件，并在本企业实施 ERP 管理。有些企业则与软件公司合作开发 ERP 系统。ERP 浪潮来势凶猛。因为 ERP 体现了以市场为核心的现代企业管理思想，成为新世纪中国企业管理的基石。

分析其原因:第一,中国改革开放取得了丰硕成果,中国出现了一批具有现代企业运行机制、管理规范、效益良好的企业。为了更好地发展,这些企业必然要接受先进的ERP管理思想,实施ERP软件系统。对于那些管理不善、效益不好的企业,虽然不宜匆忙实施ERP系统,但可以运用ERP的管理思想来改造企业管理、挖掘内力、提高效益,待以后条件具备再实施ERP系统。第二,中国完全具备开发高质量国产ERP软件的能力。中国有了一批高素质的管理人才和计算机软件人才。全国拥有200多家实力较强的专业软件公司。第三,政府部门的系统规划和宏观引导,将成为ERP事业的首要推动力量。政府已将ERP软件的开发列为国家“863”重大目标产品项目。

讨论案例

案例 6.8 龙翔阀门公司 ERP 项目

龙翔阀门公司的基本情况

龙翔阀门公司地处天津市津南区,是一个集科研、生产、销售、储运,进出口经营为一体的企业。现有职工2 000多人,占地面积40万平方米,建筑面积17万平方米,总资产3.5亿元。主要产品为低、中压闸阀、蝶阀系列阀门,年销售收入4亿元。公司的拳头产品是具有“中国驰名商标”之称的“立”字牌阀门,共有150多个系列,4 000多种规格。公司在全国设立了30多个办事处,并将产品出口到俄罗斯、非洲等国家。公司1997年通过IS09001质量体系认证,为顾客提供售前、售中、售后服务。龙翔阀门公司组织结构如案例图6.8.1所示。

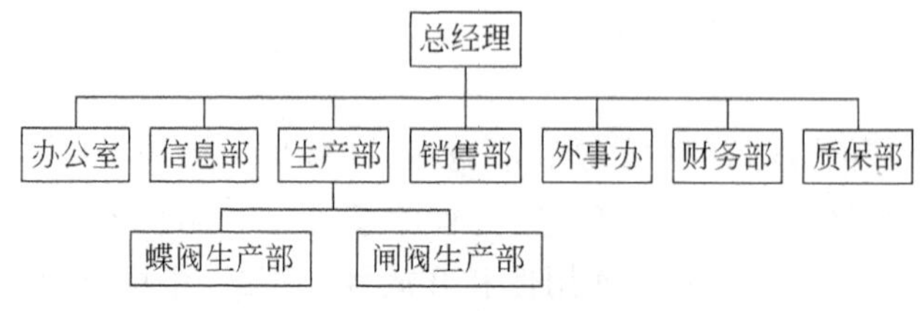

案例图 6.8.1 企业的组织结构

龙翔阀门公司的信息化之路

龙翔阀门公司经理王会来和生产部部长方恩全、信息部主任龚志强自1982年企业创建时就在生产一线工作,一直到现在各自都从事了不同的管理工作。他们有丰富的生产实践经验,都希望通过不断创新使企业再创辉煌。然而,由于企业的历史比较长,企业的大部分员工是老职工,文化水平低且年龄偏大,计算机水平参差不齐。

公司1995年通过与软件公司合作的方式,开发了原料库及在制品管理系统。在合作开发过程中培养了自己的软件开发人员。之后,1998年至2002公司自己组织人员开发了成品库管理系统、生产物流核算系统、工资计算系统等管理应用软件。2008年,销售部购买了佳和 ERP 软件的销售模块，主要用于发货记录与发货报表统计。其余各部门的计算机使用情况仅限于基础数据的收集与整理，虽然公司的很多数据及报表均采用计算机管理。但整个企业的数据不能统一，没有建立企业内部网络，没能实现各部门数据的共享。

多年来产品一直处于供不应求的状态。然而，激烈的市场竞争，对阀门企业在速度、质量、服务、成本以及敏捷性等多方面提出了更高的要求，而传统的管理模式缺乏相应的应变能力。因此，寻求采用以计算机技术为核心的企业管理系统，实现对财务和供应链等的现代化管理成为龙翔阀门公司生产经营能够持续发展的关键之一。特别是 2009 年秋天，销售部邢海林部长与太原办事处签订一笔合同，而生产部虽承诺生产但却不能按期生产出来后，矛盾更加激化了……

邢海林的烦恼

每年北方进入供暖期前，各地对供暖系统的维修会使企业产品出现季节性过量的需求。企业也会利用每年 9、10 月份，努力完成全年销售目标。这天，销售部长邢海林桌上的电话又响了。对方是太原办事处，有些着急的催问两周前我们签订 4 000 万的闸阀产品合同，为什么现在还没见到货物送到。邢海林回忆一会，说："我清楚记得，该批货物的发货单一周前已经下发了。我再帮你查查什么原因吧"。放下电话后，邢海林知道情况不妙。太原市场一直是公司在全国各大地区市场中销售最好，保住太原市场的份额对企业的未来发展也很重要。这一点王会来经理多次提醒过自己。

邢海林起身要去成品库看一下这几天公司发货落实情况。路上，邢海林碰到了公司生产部部长方恩全，于是告诉了他关于太原方面对闸阀产品的订单需求，并且特别强调了交货时间紧迫。方恩全听罢，脸色泛白，说道："这根本不可能！十天前生产部接到了黑龙江办事处一张 2 000 万元的订单，我们正在赶工，需要在 1 个月之内完成。这怎么可能呢？你得赶紧通知太原方面。此外，我还不能肯定我们有足够的毛坯备件。坦白地说，闸阀产品最快也得三个月才能交货。"看来，只有王会来经理出面才能把事情摆平。邢海林心里想着，也仍然希望王会来经理会支持他，因为正是王经理建议邢海林对太原市场尽量获得更多订单，稳住太原市场地位。

邢海林在王会来经理的办公室，把相关人员召集起来，开了一个生产调度会。期间没有人打断邢海林的汇报。生产部部长方恩全在默默阅读着有关太原地区这份 4 000 万的闸阀产品订单。采购部部长高恩华坐在方恩全旁边，邢海林汇报结束时，他们交换了一下眼色。

王会来问："我知道太原这份合同已经签了，不可能再毁约。而且，这份订单对于完成我们全年销售目的，稳住现有市场地位都是有益的。"

高恩华说："我插一句。在我们讨论要做什么之前，有必要了解一些采购方面的背景。我们不要再为这个合同付出过大的代价。请不要再搞加班，倒夜班，也不要再紧急对供应商和外协商下达采购需求，更别找转包商。每次我们需要急件时他们总会提出很高的价格。太原的合同没有明确指出我们延迟交货受到什么处罚，因此我建议利用这一点，尽可能延迟交货。现在主要考虑的应该是如何及时供应原料，因为巧妇难为无米之炊。"

方恩全说："太原这批产品我们以前一直在抓，可是到装配时才发现铜铃（一种零件）库存不足。因此，我认为太原这份订单仅是加班生产也得花一个半月时间。今后两周我们还要加班生产黑龙江的订单。为什么我们不能有一个严肃的计划来保证生产的正常进行？人们都想知道自己该做什么，什么时候做。而且，很多时候我们也很被动，总是出现在装配环节才发现生产任务由于缺少某些零件而不能按期完成。"

高恩华说："就采购而言，我得先查一下现在的库存，再做一个详细的采购计划，这至少需要一周的时间。粗略看来，我们可能有大部分所需的原料。但关键是，我们以前也经常发生到总装环节才发现某些零件不足，而影响生产和按时交货。由于销售的订单变化频繁，我更不能保证采购物料总能保障齐套性生产。"

王会来说："现在的问题是我们每个人只掌握了一部分情况，看来我们确实需要把所有不同的信息集成起来。这样我们的销售、生产和采购就可以集成化管理，避免大家工作中的不协调。问题是有没有这样一个系统能满足我们的要求？"

"有的，"在旁边一直没有作声的信息部主任龚志强接上了话头，"也就是ERP，现在很多企业都在搞这个东西。简单地说，ERP就是把企业的各种资源通过网络进行共享。前几年ERP还不是很成熟，成功率比较低，这几年好一些。目前我们的问题是数据不能高度共享，信息交流差，ERP能比较好地解决这个问题。"

王会来说："龚主任，ERP系统我也一直在关注，是不是能解决我们现在的困难，我心里也没底。你把这个问题研究一下，如果可以的话，你就负责把这个项目搞起来。"

前期准备

从那天王经理在会议上肯定了ERP系统之后，信息部部长龚志强就没闲着。从搜集资料到分析整理，从接触各软件公司的销售人员到对系统进行了解，整整忙了两个月。前后考察了十几家ERP厂商。因为国外ERP软件产品价格相对较贵，最后入围的公司均是国内ERP公司，如金蝶、用友、新中大、利玛等几家比较知名的ERP公司，经过讨论，最终选择了用友的U8系统。用友公司在国内知名度较高，特别是北方地区的市场占用率及售后服务质量更高。龚志强特别看重了用友ERP提供的数据导入功能。这样就可将现有系统数据进行充分利用。

接下来就是一系列的销售合同以及实施合同的签订。签订合同的第二天，用友公司实施顾问王栋就来到公司进行项目调研。进行基础调研之后，王栋与王会来和龚志强坐到了会议室桌前。

王栋说："王经理，企业的基本情况我已经大概了解。在项目正式开始之前，我想知道您对项目实施的态度，您的态度关系到项目的成败。因为我们的系统涉及企业的方方面面，可能会损害某些人的个人利益。"

"这个您放心，我会不遗余力地支持你们。同时，我也希望能在你的帮助下完成项目，真正解决我们公司的问题。前期邢海林的事情你大概也听说了，我希望这套系统能让我们摆脱目前的困境。"

王栋说："当然，如果我们能够相互配合的话，这个不成问题。关键是您的态度，而且我需要您真正的支持。另外，我们的系统非常复杂，必须要成立一个项目小组，您要派一个合适的人选出任项目经理，项目经理要有100%的时间与我共同进行项目的实施，而且项目小组的成员要有精通业务的骨干参加。请王经理尽快拟定一份项目小组成员名单，我们要在最短时间内把项目开展起来。”

龚志强在一旁把话头接了过来：“对于ERP我们公司是重视的，只是王经理和我们几位部长都很忙，恐怕没有太多的精力来搞ERP，所以具体问题你们可以和业务人员一起决定，大的问题可以向王经理汇报。另外，最近我们的生产任务比较重，人手很紧，业务骨干都已身负重任，再加上员工对计算机不是很熟悉，所以项目小组中的业务骨干不能太多，我可以找一些新招的毕业生，让他们边学业务边学ERP，你看怎么样?”

王栋对龚志强的话并没有太在意，而且面对公司现在的处境王栋只能说：“具体的项目小组成员你们自己来定吧，定好之后把名单给我就可以了。”考虑到项目的实施可能会遇到许多人的反对，王经理决定亲自担任项目实施小组的组长，但是在确定项目经理人选的时候王经理犯难了。公司现在的信息部部长龚志强对生产及其他业务的参与有限，而且企业所有骨干成员的年龄都有些偏大，没有几个人精通计算机，更不要说是ERP了。

为了能在短时间内把ERP搞上去，王经理已经没有选择，只有让龚志强担任项目经理，关键是让他在工作中一定要带几个精通ERP的能手出来。为此，王经理特意从销售、生产及采购部门抽调了几名年轻、熟悉业务的人员作为龚志强的助手。项目小组成员结构如案例图6.8.2所示。

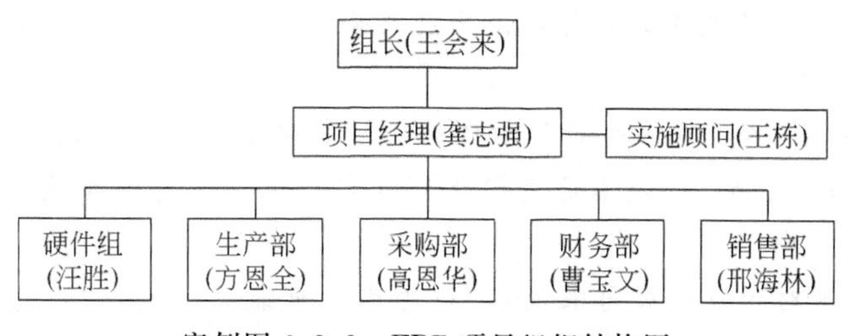

案例图 6.8.2　ERP项目组织结构图

初步确定项目组织结构后，王栋花了几天的时间对企业进行了详细的调研。在这期间，王栋向王经理简单介绍了用友U8的实施方法。

在制订实施进度计划的过程中双方发生了分歧，龚志强坚持要把实施周期压得短一些，他的理由代表了王会来的观点——ERP要解决公司目前面临的困难，所以他希望的时间是两个半月。王栋的观点是要严格按照实施流程来做，因为ERP系统比较复杂，需要龙翔阀门公司的全力配合才能够保证系统的实施成功，而且企业员工的素质较低，管理上并不是很规范，要想在两个半月之内完成是不可能的。按龙翔阀门公司的实际情况，王栋认为至少需要八个月的时间才能完成。经过一番激烈的争论，双方都妥协了，最后确定的周期是六个月。

启动大会

开会那天清早，王栋及用友天津分公司的负责人早早地来到了公司的会议室，简单的寒暄后，龚志强宣布项目启动大会正式开始。会议主要由三部分内容组成：首先由项目经理龚志强介绍关于龙翔阀门厂上ERP项目的原因和实施ERP后的可能达到的效果；其次由王栋讲解用友U8-ERP实施的意义以及实施六步法的过程；最后由王经理做动员讲话。

龚志强的讲话可以概括为以下几方面内容：

(1) 龙翔阀门厂实施ERP的原因。比如：进一步推进公司的数字化管理工作，公司内部生产协调的困难，本行业企业给公司带来的竞争压力。

(2) 实施用友U8-ERP软件的主要目的。比如：提高公司的运营效率，提高公司在销售方面的响应时间及对客户应收账款的跟踪程度，提高公司物流及资金流动的速度，降低公司材料及产品的库存量；提高部门间信息共享，增强内部业务的协调。特别是销、产、供和库存信息在保证信息准确情况下，实现实时共享；转变管理理念，在实施过程中将公司的管理由生产管理的概念逐步向物流、资金流、信息流集成管理的概念转变，大大提高公司内部的信息反馈速度及准确度；具体目标：销售部门处理订单的时间从3天缩短到1天，采购部门由月采购计划改为周采购计划，仓库信息每日更新，财务部门的报表处理时间提高到2天……

龚志强话音未落，财务部长曹宝文第一个站起来发难："我不知道龚部长是不是做过财务，你知道在两天之内做出公司的财务报表是什么概念吗？除非你给我增加一倍的人手，我才能在三天之内把所有的数据收集完整，可能的话再有两天的时间才能做出资产负债表和损益表。再说，你能保证计算机做出的报表一定准确吗？如果不准确，谁来进行核对？核对需要多长时间？"

方恩全质疑道："我们现在生产管理已经有计算机系统来统计数据，制作报表。如果这套系统能够实施成功的话，是不是我们就可以完全脱离现有的系统？我们负责生产安排的人去干什么？"

龚志强说："这对于我们公司来说，实施的难度可能大一些，但我想只要我们共同努力，是会成功的。"

方吉荣毫不客气地说："我所负责的各部门仓库。比如说原料库，里面由于空间布局受限，太多的物料不能排放整齐。所以，库存数量也不准确。目前，我们计算机管理系统中的库存数据都不能保证正确。请问，ERP如何使我的库存数字更准确呢。不要这些空洞的说法，最好能用数字来说话……"

王会来看局面难以控制，赶紧出来打圆场："大家不要吵，让我们先请用友公司的实施顾问把他们的实施方法和步骤讲解一下，然后大家再讨论。"见总经理发话了，几个反对者也就没再坚持。接着，王栋着重就实施的方法和步骤做了讲解，然后又对实施ERP的意义以及可能产生的效果进行了说明。会议上的议论声小了许多，但很明显，大部分人持反对意见。

趁大家在下面讨论的时候，龚志强把王会来拉到一边小声地说："王经理，现在看来要马上说服他们可能性不大，我看还是先压一压他们，然后再找适当的时机跟他们沟通，你看行吗？"

王会来说："看来只有这样了，要不然这会是没法再开下去了。"

王会来理了理思路，十分严肃地说："大家刚才可能对ERP的实施有点看法，这是正常的，我们欢迎大家提出不同的意见，但我更希望大家能把眼光放得远一些。以前，我们搞过 ISO9000 的质量认证。当时，很多人也有质疑。但现在，大家都承认通过质量认证我们企业管理有了很多提高。其实，我们也一直很重视数字化管理工作。一切用数据说话！我们把 ERP 项目当成是我们数字化管理的深入吧。在 ERP 实施过程中龚志强拥有绝对的权力，希望大家能够给予支持，我不想看到任何人对这个项目的干扰。如果实施不成功，我们总结经验，以后还要实施。另外，会后大家到龚志强那里领学习材料，散会。”会议就这样不欢而散了。

培训

系统培训工作贯穿于项目实施的始终，在系统实施的每个阶段均有相应的培训工作。在系统实施前，培训内容相对集中，主要包括 ERP 原理和相关知识的培训、实施培训和产品培训。系统培训是让大家对 ERP 有个清醒的认识和定位，即 ERP 能帮企业解决什么问题。同时，也是将用友 U8 系统传递给客户的第一步，培训效果将直接影响后面实施的进度和效果。以前公司利用自己编写和购买的软件进行统计管理时，培养了一些懂计算机基本操作的员工。然而龙翔阀门厂员工的计算机水平较低，尤其是年龄偏大的中高层领导，像王经理连基本的计算机操作都成问题。如何让他们在短时间内能够使用 U8 系统，确实给王栋、刘朋和龚志强出了一个大难题。为了能使每个人在最短的时间内熟悉 U8 系统，消除大家对 ERP 软件的抵触情绪，龚志强和王栋制定了严格的培训要求。

培训的要求制定出来了，但在培训计划上产生了一点小冲突。

王栋说：“按照我们实施的方法，培训要集中一段时间来进行，大概需要三周的时间。”

龚志强说：“这个恐怕不行，因为这段时间大家都在忙着生产，这个时候集中起来难度太大。另外，还有几个出差的，你看这样行不行，把我们的培训分成几段时间穿插在项目中进行，找他们空闲的时间来做培训，多搞几次。如果可以，咱晚上也可以培训。”就这样，本来是一周的整体培训，被拆成了不定期的几段。

刚开始上课的时候大家还很有热心，时间一长，就都找借口跑了出去。尤其是中层干部的手机时不时地响，导致王栋有时候无法讲课，只能等这些人打完电话才能继续。

王栋看到这种情况无可奈何，龚志强也没有办法，因为生产或工作中的一些突发问题，员工需要向部门主管请示。龚志强跟王会来也说了好几次，但效果也不明显。

唯一让王栋感到欣慰的是培训过程中基层的人员比较认真，他们每次都认真地听讲，认真地做笔记，认真地上机练习。由于一些人以前操作过计算机，所以对 ERP 操作的学习速度令人满意。然而，由于 ERP 是一种基于流程的管理软件，不同于以前员工用的各自的管理或统计软件。王栋和龚志强不得不一遍遍地讲解 ERP 软件中各个岗位是如何按流程顺序进行操作，并给他们准备了大量的练习题，甚至利用晚上的时间辅导他们上机。经过断断续续七八次的培训，培训终于告一段落。至于培训的效果如何，恐怕只有每个人的心里才有数。

规范业务操作流程

公司以前的库存管理混乱，特别是原料库。由于原料的种类多，每日的进入量大，原料库本身保持数量的准确比较困难。再加上，有时候采购回来的原料不经过原料库直接进入车间，对原料进入的统计就更困难。因此，采购人员不能及时、准确的掌握库存信息。采购工作很被动，计划外采购时常发生，工作量大，且仍不能保障齐套性生产。

销售部门业务员接到订单后，要打电话给仓库看没有没足够的库存，但得到的回答只能是当前的现存量，不能确定未来还有多少订单要发货，也不能确定未来生产可以完工入库多少产品。所以，再打电话给生产部，问是否有足够的能力生产所需要的产品，由于原材料供应不及时，生产部往往也是不能确切保障未来生产计划准确执行。这样，销售部门只能估算未来的可用库存，与客户签订合同。这样不但直接影响公司的利润，而且订单不能按时交货对公司的信誉也带来一定的影响。

实际上，各部门的业务条块分割严重，信息沟通不灵活，数据不能充分共享，这些都阻碍了企业的发展。

由于龙翔阀门公司在权限处理上有点特殊，往往是部门主管负责制。与用友 U8-ERP 的实际流程不符。为了解决这个棘手的问题，龚志强请王会来召开中层干部大会，商讨关于业务权限的问题。

王栋说："王总，我们的用友 U8-ERP 提供了业务流程审核，而公司业务流程中执行的却是部门职能审核，您看能不能把现在以纵向职能管理向横向流程管理进行转变呢？这样，不但使业务处理速度加快，另外，也可以更好地与 U8-ERP 相吻合，您也能轻松一些。"王会来说："在理顺流程，分清岗位职责的情况下，可以考虑调整我们现有的业务流程。但，我建议在 U8-ERP 的流程中前后岗位间应加强监督。如果有必要，我们可以设一部分人专门进行核实。"

王栋见王总如此说，对流程的调整困难度就小了很多。

曹宝文说："王总，我们有很多报表，U8-ERP 现在不能完全满足需要您的帮助，另外，我们在处理办事处业务时发现了一个特殊情况。如果我们各地办事处或代理商之间相互调货，我们的存货核实如何处理？我们的资产负债表如何调整？需要您的帮助"。

高恩华问："王总，我们的供应商数据需要保密，特别是供应商的报价，如何处理才能不让其他无关人员看到？另外，仓库管理人员是不能看到物料的库存价格的，这一点能做到吗？"

王栋问："其实大家都问到点子上了，只是这方面的东西涉及管理方面的东西较多，希望大家还是要从管理上下功夫，在软件上我会尽力帮你们做的，请大家放心。"

权限问题解决了，剩下的就比较好办了。经过王栋和龚志强的努力，标准业务流程很快就做好了。

系统切换运行

按计划，在试运行阶段企业要老系统与新系统并行一个月，然后用一个月的数据进行对账。王栋建议：供应链和财务分别起两套账，各自试运行。如果没问题，一个月后再合成一套账。但龚志强为了能够缩短试运行时间，让 ERP 在企业中尽早地应用，强烈要求把供应链和财务两个模块同时上线，数据集成，同时在一套账里完成供应链和财务的业务。如果系统对账成功，直接甩掉老系统，正式启用 ERP 系统。王栋听到这个消息后，也没有表现出强烈的反对，这么长时间了，他对龚志强的性格也了解了，只好走一步看一步了。

经过半个月的实战演习，两个月的数据全部录入系统，经过不断的调整，两个月的报表与老系统做账的报表基本相符。王栋和龚志强感到有些收获，然而脱离指导正式运行后还能这么顺利吗？现在还不能下结论。

并行两周后，几位中层干部一起来找王会来。因为他们手下的大部分系统操作员感觉到新老系统同时操作太累，账本太多，手续太繁。如果有差错，找起账来就更烦琐，要从一大堆的数据中一一查对才能发现错误，而且新老系统都要相互查错。有时为了一笔小账查一两个通宵，很费时间和精力；

面对这种情况，王会来又一次妥协了，各部门如果上月的账新老系统对账成功，那么老系统可以甩账，正式启用 U8-ERP 新系统。

从 ERP 实施开始到系统切换，共忙了 165 天，在进行实施工作的同时，还要做员工的思想工作，所以他们都显得很疲惫。系统的最后测试结果让他们悬了五个多月的心放了下来。

王会来也很高兴，这一段时间大家为了 U8-ERP 系统付出了很大的精力。系统切换后，王栋会同龚志强和王会来等几个人对系统进行了验收，总的来说，王会来是满意的。验收合格后，王栋带着王会来签字的验收报告回去了。

龚志强的烦恼

在王栋走后的第二天，龚志强办公室内的电话骤然多了起来：

“龚部长，我为什么不能审核出库单？”

“龚部长，我的物料库存记录为什么是负数？”

“龚部长，我有笔与供应商的换料业务该如何在 U8-ERP 中操作呀？”

龚志强当时的感觉就像是掉进了狼群里，简直让他无法招架。让他困惑的是，为什么用友实施顾问在的时候什么事都没有，王栋一走天都要塌下来了。没有办法，龚志强只好亲自出马来做王栋以前做的事情。

事情并没有想象的那么简单，看来只有再把用友公司的实施顾问找回来。但是目前公司正在紧张地进行生产，而且我们与用友公司刚签了项目实施验收合同。由于 U8-ERP 系统现在处于半瘫痪状态，大部分系统操作员都碰到了或多或少的问题。如果现在再进行 ERP 系统的调整，在没有实施顾问帮助情况下，公司是没有力量去把工作开展的。

龚志强真是黔驴技穷了，他想不明白，为什么当时王栋在的时候，一切都那么简单，王栋一走，大家好像都没有了大脑一样。问题出在哪呢？培训？流程？数据？龚志强此时的大脑是一片空白。

他现在唯一能做的就是向王会来汇报，让他来收拾残局，于是，他拨通了正在天津开会的王总的电话……

尾声

在过去的 3 个多月里，王会来对 ERP 项目给予了很多的支持与期望。当然，龚志强带领的项目实施人员更是做了大量工作。然而，脱离软件公司指导后的ERP系统并没有在企业中顺利的运行起来。

思考题：

结合本章内容谈谈，假如你是王会来，你将如何来收拾残局？

资料来源：张维存.龙翔阀门公司ERP项目[DB].中国管理案例共享中心.2012-10[2014-05-16].http://cmcc.dlemba.com/caseshowbyid.php?itemid=1031

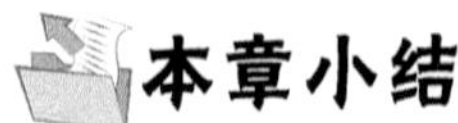

本章小结

控制是保证组织的计划与实际相适应的必不可少的职能。控制就是检查工作是否按既定的计划、标准和方法进行，发现偏差，分析原因，进行纠正，以确保企业目标的实现。对企业进行计划控制的基本原因三个：适应环境的需要；企业规模扩大导致的管理权利分散；完善的计划要求每个部门的工作严格按计划的要求来协调的进行。

美国管理学家斯蒂芬·罗宾斯将控制的内容归纳为：人员控制、财务控制、作业控制、信息控制和组织绩效控制。按控制信息的性质分为反馈控制、现场控制和前馈控制；按控制力量的来源分为外在控制与内在控制；按所采用的手段可以把控制分为直接控制和间接控制。

控制的基本过程包括确立标准、衡量绩效和采取管理行动。要使控制工作发挥应有的作用，在建立控制系统或进行控制活动时应遵循六个原理：未来导向的原理；反映计划的原理；适宜性原理；关键点控制的原理；例外原理和采取措施原理。企业中的控制活动是通过企业的控制系统来完成的，有效的控制系统需满足七个基本要求：客观性、灵活性、经济性、可操作性、及时性、全局性、突出重点及纠正措施。控制的方法主要包括三类，预算控制、非预算控制和作业控制。常用的预算控制方法有：收支预算；现金预算；资本支出预算；产品、材料、时间和空间预算；资产负债表预算；总预算；可变预算和零基预算。非预算控制方法有审计法、财务报表分析、网络分析法、统计分析法、专题分析法和现场观察。作业控制方法包括设备布局、库存控制、维护控制、质量控制和时间控制。

目前，我国国有企业公司治理还面临着许多问题，“内部人控制”就是其中最为突出的问题之一。内部人控制是指独立于所有者（股东）的高层管理人员处于企业的核心管理层和决策层，掌握了企业的实际控制权，由于所有者和经营者信息不对称，在公司的战略决策过程中充分体现自身的利益，他们常常无视内部控制规章制度，将自己的行为凌驾于内部控制之上，滥用职权，从而获取不正当利益或做出其他不合法行为，从而架空了所有者的控制和监督，使所有者的权益和资产受到损害的现象。为了更好地对高层管理人员进行监控，应从五个方面着手：完善企业的法人治理结构；设置科学合理的组织结构；强化激励措施；健全重大事项的决策和执行程序和加强审计监督。

教学支持说明

尊敬的老师：

您好！为方便教学，我们为采用本书作为教材的老师提供教学辅助资源。鉴于部分资源仅提供给授课教师使用，请您填写如下信息，发电子邮件或传真给我们，我们将会及时提供给您教学资源或使用说明。

课程信息

书　　名			
作　　者		书号(ISBN)	
课程名称		学生人数	
学生类型	□本科　□研究生　□MBA/EMBA　□在职培训		
本书作为	□主要教材　□参考教材		

您的信息

学　　校			
学　　院		系/专业	
姓　　名		职称/职务	
电　　话		电子邮件	
通信地址		邮　　编	
对本教材建议			
有何出版计划			

________年____月____日

清华大学出版社

E-mail：tupfuwu@163.com　　网址：http://www.tup.com.cn/

电话：8610-62770175-4903/4506　　传真：8610-62775511

地址：北京市海淀区双清路学研大厦B座506室　　邮编：100084